现代企业管理

主　编　薛丽红　　李晓宁

副主编　彭　丽　　吕贵鑫　　闫彩玲　　冯卉苒

参　编　郜玉环　　宋书芹　　赵艳芳　　姚嘉顺
　　　　王成钢　　王素伟

北京理工大学出版社

BEIJING INSTITUTE OF TECHNOLOGY PRESS

图书在版编目（CIP）数据

现代企业管理／薛丽红，李晓宁主编．—北京：北京理工大学出版社，2019.10 (2022.9重印)

ISBN 978-7-5682-6946-9

Ⅰ.①现…　Ⅱ.①薛…②李…　Ⅲ.①企业管理-教材　Ⅳ.①F272

中国版本图书馆CIP数据核字（2019）第068251号

出版发行／北京理工大学出版社有限责任公司

社　　址／北京市海淀区中关村南大街5号

邮　　编／100081

电　　话／（010）68914775（总编室）

　　　　　（010）82562903（教材售后服务热线）

　　　　　（010）68944723（其他图书服务热线）

网　　址／http：//www.bitpress.com.cn

经　　销／全国各地新华书店

印　　刷／廊坊市印艺阁数字科技有限公司

开　　本／787毫米×1092毫米　1/16

印　　张／18　　　　　　　　　　　　　　　　责任编辑／申玉琴

字　　数／415千字　　　　　　　　　　　　　　文案编辑／申玉琴

版　　次／2019年10月第1版　2022年9月第4次印刷　责任校对／周瑞红

定　　价／49.80元　　　　　　　　　　　　　　责任印制／施胜娟

中国的高等教育在应对全球化的教育竞争中，越来越重视知识应用能力导向。管理学的发展很快，新模型、新理论不断涌现，这就要求管理学教学人员进行基于工作过程的情境模拟教学改革，与时俱进，紧跟管理学的发展趋势，把管理学的新理念、新理论、新方法体现到教材、教学中。本教材采用项目驱动模式，各项目中穿插大量的管理案例，便于学生在学习中不断思考，并附有相关的练习、案例分析题和实训题，便于学生巩固所学知识并能学以致用。

本教材具有如下特色：

1. 企业参与。本教材的编写，结合了石家庄工商职业学院工商企业管理骨干专业的建设，采用了订单合作企业北京永辉超市有限公司大量的真实材料，并在知识结构的取舍上与专业教师进行了充分沟通，这些都使得该教材的知识结构真正与企业需求对接，保证了学生所学知识的实用性。

2. 定位明确。本教材的教学定位为培养学生服务于基层管理岗位所需的综合管理技能与素质，突出针对性、应用性，充分体现应用型高等教育的特色。本教材的读者对象主要定位于应用型高等教育院校的管理类、经济类专业学生，它也可供对管理学有兴趣的读者阅读。

3. 结构新颖。本教材突破常规，不拘泥于传统管理学体系的框架，采取学习与工作任务相结合的方式，以"项目驱动"教学法构建教材框架。结构上以管理活动的核心职能为主线，每个教学项目根据技能培养需要设计若干模块，在各模块中提出具体的任务要求，围绕完成任务要求讲授必需的理论知识，进行必要的技能训练。这一变革打破了"老师教、学生被动学"的传统知识传授方式，使学生在完成学习任务的过程中掌握所需的管理知识与技能。

4. 内容适用。在准确定位的基础上，按照"项目驱动"的要求，本教材行文力求生动、鲜明，内容表达遵循简明扼要、深入浅出、循序渐进的原则，对一些重点、难点讲解透彻。合理选择讲授内容，做到知识精练、适度，紧密结合实际。为了更好地进行教学，本教材在兼顾学科体系的前提下，采用理论与情境模拟、案例相结合的教学手段来加强课程的应用特色，力求营造一个师生互动的教学环境。

本书由石家庄工商职业学院组织编写，薛丽红和李晓宁任主编，彭丽、吕贵鑫、闫彩玲和冯卉苒任副主编，郜玉环、宋书芹、赵艳芳和姚嘉顺也参与了一些案例资料的收集和编纂工作。北京永辉超市有限公司王成钢经理和河北永辉超市有限公司王素伟经理为本书提供了大量的企业案例资料和指导意见。同时，本教材参阅了目前已经出版的国内外部分优秀教材、专著和相关资料，以及永辉超市的内部期刊《同道》中的大量案例。本教材在编写过程中得到了石家庄工商职业学院领导和同人的大力支持和帮助，得到了北京永辉超市有限公司相关管理人员的支持，在此一并由衷地表示感谢！

由于编者的知识和能力有限，书中难免存在不足、疏漏甚至错误之处，恳请广大读者批评指正，并将意见反馈给编者，以便进一步修改完善。

目 录

管理基本理论探究

学理管理学理学人一

知识目标 ////

- 掌握管理的含义、职能、性质。
- 掌握管理学的含义、特点及研究方法。
- 了解西方管理理论的主要内容。
- 了解中国管理理论的发展历史及主要内容。

核心能力 ////

- 学会用管理的理念观察、思考和分析问题。
- 具有运用科学管理理论分析与处理实际问题的能力。
- 能将中国古代与近代的管理思想灵活应用到实际工作中。

案例导入 ////

鸭子只有一条腿

某王爷手下有个著名的厨师，他的拿手好菜烤鸭深受王府里的人喜爱，王爷对他更是倍加赏识。不过，这个王爷从来没有给予厨师任何鼓励，这让厨师闷闷不乐。

有一天，王爷有客从远方来，在家设宴款待贵宾，点了数道菜，其中一道是王爷最喜爱吃的烤鸭。厨师奉命行事，然而，当王爷夹了一个鸭腿给客人时，却找不到另一条鸭腿，他便问身后的厨师说："另一条腿到哪里去了？"厨师说："禀王爷，我们府里养的鸭子都只有一条腿！"王爷感到诧异，但碍于客人在场，不便问个究竟。

饭后，王爷跟着厨师到鸭子笼去查个究竟。时值夜晚，鸭子正在睡觉。每只鸭子都只露出一条腿。厨师指着鸭子说："王爷您看，我们府里的鸭子不全都是一条腿吗？"王爷听后，便大声拍掌，鸭子当场被惊醒，都站了起来。王爷说："看，鸭子不全是两条腿吗？"厨师说："对！对！不过，只有鼓掌拍手时，才会有两条腿呀！"

管理启示：故事中的厨师不但菜做得好，也是一个好老师，善于引导别人。"只有鼓掌拍手时，才会有两条腿呀！"这句话很妙。每个人都渴望被认可、被承认、被欣赏。当然，情绪不只是来自某人的言行或者环境的转变，而是来自我们对他们的态度。一个聪明的领导人，应该正确地利用部属的力量，发挥组织的力量，这样不但能使团队很快成熟起来，而且能减轻管理者的负担。

任务一　认识管理与管理学

任务目标

- 了解管理及管理学的基本知识。
- 掌握管理工作的性质、职能。
- 熟悉管理学的特点。
- 认识学习管理学的重要性。

管理从人类社会存在的那一刻起就已经存在，跨越了几千年的历史长河，管理一再为社会发展与进步所用。特别是 21 世纪，现代社会生活正在发生巨大的变化，管理成为各种组织的重要工具。大到一个国家的治理、国民经济的发展，小到一个企业的兴办运营、一个项目的实施，乃至一个人工作、生活的安排，都离不开管理活动，社会各个领域都离不开管理。

一、管理的含义

从字面解释，管是主其事，理即治其事，管理就是管辖治理，有"管人""理事"等意，即对一定范围的人员及事务进行安排和处理。

关于管理的含义，至今仍未得到公认和统一，可谓多种多样。

"科学管理之父"泰勒给管理下的定义是："管理就是确切地知道你要别人去干什么，并使他用最好的方法去干。"

亨利·法约尔认为，管理是所有的人类组织（不论是家庭、企业或政府）都有的一种活动，这种活动由五项要素组成，即计划、组织、指挥、协调和控制。管理是由计划、组织、指挥、协调及控制等职能为要素组成的活动过程。

小詹姆斯·H·唐纳利认为："管理就是由一个或更多的人来协调他人的活动，以便收到个人单独活动不能收到的效果而进行的活动。"

哈罗德·孔茨指出："管理就是设计并保持一种良好环境，使人在群体里高效率地完成既定目标的过程。"

斯蒂芬·P·罗宾斯对于管理的定义是："管理是指同别人一起，或通过别人使活动完成得更有效的过程。"

赫伯特·A·西蒙教授对于管理的定义是："管理就是决策。"

国内学者杨文士关于管理的定义："管理是指一定组织中的管理者，通过实施计划，组织、领导、控制等职能来协调他人的活动，使别人同自己一起实现既定目标的活动过程。"

周三多认为："管理是指组织中的如下活动或过程：通过信息获取、决策、计划、组织、领导、控制和创新等职能的发挥来分配、协调包括人力资源在内的一切可以调用的资源，以实现单独的个人无法实现的目标。"

综上所述，我们对管理可以这样定义：管理就是在特定的环境中，为了实现组织目标，管理者对组织可支配的资源进行有效的计划、组织、领导、协调、控制，以取得最大效益的过程。这个定义可以从以下几个方面进行理解：

- 任何管理活动都是在一定环境下进行的。
- 管理的对象是组织的资源（如人、财物、技术、信息等）。
- 管理的目的是实现组织目标。
- 管理都是以组织为载体。
- 管理是一个动态的过程。

二、管理的性质

管理的根本属性在于：管理具有二重性——自然属性和社会属性。

（一）管理的自然属性

管理是由许多人进行协作劳动而产生的，是由生产社会化引起的，是有效地组织共同劳动所必需的，因此它具有同生产力、社会大生产相联系的自然属性。

管理的自然属性也称为生产力属性或管理的一般性。在管理过程中，为了有效实现目标，要对人、财、物等资源进行合理配置，对产供销及其他职能活动进行协调，以实现生产力的科学组织。这种组织生产力的管理职能是由生产力引起的，反映了人与自然的关系，故称为管理的自然属性。它只受生产力决定，而与生产关系、社会制度无关。

（二）管理的社会属性

管理是在一定的生产关系下进行的，体现出生产资料占有者指挥劳动、监督劳动的意志，因此，它具有同生产关系、社会制度相联系的社会属性。管理是有目的地组织活动，其目的就是如何高效率地实现组织的目标；管理是一种社会现象，只要有人类社会存在，就会有管理存在，而且这种管理活动必然体现不同时期、国家和民族的人文背景及特色。从科学的定义上讲，存在管理必须具备两个必要条件，二者缺一不可：必须是两人以上的集体活动，例如生产的、行政的活动；有一致认可的、自觉的目标。在管理过程中，为维护生产资料所有者利益，需要调整人们之间的利益分配，协调人与人之间的关系。这是一种调整生产关系的管理工作，反映的是生产关系与社会制度的性质，故称为管理的社会属性。管理的社会属性是由管理所处的生产关系和社会制度的性质决定的。

（三）管理二重性的意义

认识和掌握管理的二重性原理具有重要的理论意义和实践指导意义。

- 管理的二重性体现着生产力和生产关系的辩证统一。
- 掌握管理二重性，使我们能够正确评价管理理论、技术和方法。
- 掌握管理二重性，有助于我们认清和理解管理的本质。
- 掌握管理二重性，结合先进模式和管理经验，因地、因时、因事制宜，从而取得良好的效果。

三、管理的职能

关于管理职能的划分，至今还未有统一的看法。管理学是一门发展中的科学，随着社会、经济的发展，管理的内容、方法、侧重点也不一样，管理的职能是随着社会的发展而发展的。管理最基本的职能有四项，即计划、组织、领导、控制。

（一）计划

计划是管理的首要职能，是指管理者为实现组织目标而对工作所进行的筹划活动。计划工作一般包括三方面的内容：预测、决策和计划。

（二）组织

制订出切实可行的计划后，就要组织必要的资源去执行既定的计划，也就是进行组织工作。组织工作是管理者为实现组织目标而建立与协调组织结构的工作过程，包括设计与建立组织结构、合理分配职权与职责、选拔与配置人员、推进组织的协调与变革等。

（三）领导

组织是由人力资源和其他资源有机结合而成的，人是组织活动中唯一具有主观能动性的因素。管理的领导工作就是管理者指挥、激励组织中的员工，以有效实现组织目标的过程。领导工作主要包括选择正确的领导方式，运用权力、实施指挥，激励下级、调动其积极性，以及进行有效的沟通等。

（四）控制

为了确保组织目标以及为实现目标而制订的行动方案能够顺利地进行，管理者须自始至终地根据计划派生出来的标准，对组织中的各项活动的执行情况进行监督检查，发现或预见到偏差后及时采取纠正偏差的措施，以保证组织目标的顺利实现。控制工作主要包括制定标准、衡量工作、纠正出现的偏差等。

管理的四个职能各自发挥着独特的功能和作用，但它们不是割裂分开的，而是密切联系的，它们围绕着管理目标而构成有机整体。其关系如图 1 - 1 所示。

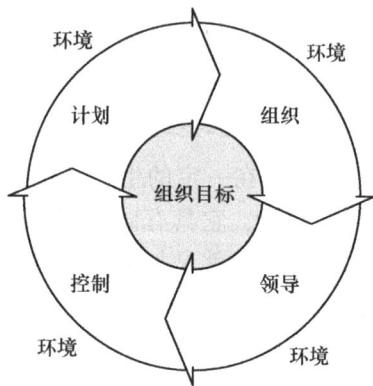

图 1 - 1　管理的职能

四、管理学的含义及特点

（一）管理学的含义

管理学是系统研究管理活动的基本规律和一般方法的科学。管理学是适应现代化大生产的需要而产生的，它的目的是：研究在现在的条件下，如何通过合理的组织和配置人、财、物等因素，提高生产力的水平。管理学是研究管理现象及其发展规律的科学。管理学是一门综合性的交叉学科。这个定义可以从以下几个方面进行理解：

- 管理学的研究与管理的本质联系在一起。
- 管理学在研究和把握管理本质含义的前提下，也对管理的具体形态进行研究。
- 管理学以探索管理现象的发展规律作为自己的目标和任务。
- 管理学是一门科学。

（二）管理学的特点

管理学研究的是一般管理中的共同的、带有规律性的原理和方法。了解管理学的特点，有助于我们正确认识管理学的性质，掌握管理学的学习方法和研究方法，并运用管理学的知识和方法去指导管理实践。

1. 管理学是一门边缘科学

管理学的研究用到许多其他学科的知识，既有社会科学，也有自然科学。管理学既涉及生产力，又涉及生产关系和上层建筑，它与经济学、政治学、心理学、数学以及各种技术科学有密切的关系，是这些科学交叉渗透的产物。所以，管理学不同于一般文科，也不同于一般理科，而是文理交叉的学科。管理学研究的内容十分广泛，所涉及的学科也非常多，因此管理学是一门综合性的、多学科性的边缘学科。

2. 管理学是一门软科学

人们把具有物质形态的技术称为硬技术或硬科学，把研究具有知识形态的技术称为软技术或软科学。而管理学是研究组织资源的合理配置和利用的原理、程序和方法，以期达到组织的目标。所以说，管理学是一门软科学。

3. 管理学是一门应用科学

科学的门类，一般由基础科学、技术科学和应用科学组成。基础科学是研究基础理论的，如自然科学方面的物理学、化学、生物学等，在社会科学方面如哲学、史学、经济学等。技术科学是说它偏重于用一些工具和方法来解决管理上的问题，如用运筹学、统计学等来定量分析。应用科学则是将基础理论和技术用于实践，解决应用理论和生产技术的矛盾。

4. 管理学是一门模糊科学

管理学发展不过 100 多年历史，其许多原理是建立在调查、访问、观察、归纳的基础上的，没有经过严格的证明。另外管理学还有许多未知的空白区等待人们去研究，管理学还有许多概念、观点等问题没有统一的定论，所以管理学是一门不精确的科学。

5. 管理学是一门科学，更是一门艺术

管理学研究管理活动的一般规律，但在实践过程中，要根据具体环境条件实施管理活动。管理者利用自身的知识、技能、方法和经验去解决各种复杂多变的管理问题，以取得最优的管理效果。这种创造性的管理活动，体现了管理的艺术性。

五、学习管理学的必要性

斯蒂芬·P·罗宾斯认为我们学习管理的首要原因，是改进组织的管理方式以优化我们每个人的切身利益。为什么这样说呢？因为我们一生中每天都要和它们打交道。假如你在机动车办公室花 3 个小时办你的新驾驶执照，你不感到沮丧吗？假如你在百货商店里售货员全都不搭理你，你不感到困惑吗？当你几次打电话给航空公司询问去某地的机票价格，而每次办事人员答复你的都不一样时，你不生气吗？这些都是低劣的管理导致的问题。学习管理的第二个原因是，当你从学校毕业开始你的事业生涯时，你所面对的现实是管理别人或是被别人管理。

（一）管理的普遍性

1. 管理的历史与人类社会一样久远

人类社会的初级阶段是氏族社会。在氏族社会中，人们联合起来与大自然、与猛兽做斗争。据研究，当时就有议事会，议事会选举和撤换酋长，讨论生产活动的安排及产品分配，酋长指挥众人劳动及抵御侵害。由此可见，那时已经形成了管理活动。另外，素以"世界奇迹"著称的埃及金字塔、巴比伦古城和中国的万里长城，其宏伟的建设规模也足以证明人类的管理和组织能力。在当时的技术条件下，如此浩大的工程，不但是劳动人民勤劳智慧的结晶，也是历史上伟大的管理实践。

2. 管理渗透到现代社会生活的方方面面

可以这样说，凡是存在组织的地方，就存在管理。按组织的性质分，有政治管理、军事管理、文化教育管理、宗教管理、家庭管理，等等。按组织的层次分，有宏观管理和微观管理。所谓宏观管理，就是规模比较大、层次比较高的组织的管理，如整个国家或地区的国民经济管理，整个军队建设的管理，等等；所谓微观管理，就是规模较小、层次较低的组织的管理，如企业管理、学校管理、俱乐部管理、家庭管理，等等。宏观管理与微观管理的区分是相对的。对于整个国民经济来说，企业管理属于微观范畴，但对于大型企业而言，如包括许多分厂或车间的企业，则企业的决策、组织等管理活动属于宏观范围，而各分厂、车间、班级管理则属于微观范畴。

3. 管理涉及我们每一个人

我们生活在各种各样的组织中，要和各种各样的组织打交道，每个人不是扮演管理者的角色，就是扮演被管理者的角色。在家庭里，你也许受父母管理，同时也可能管理弟弟、妹妹；在学校里，你接受校长、系主任、班主任的管理，同时又可能管理一个球队；在企业中，你接受各级领导的管理，同时作为职代会代表，在讨论决定奖金分配方案或某个中层干部的处分时，却又直接参与管理活动。一个管理有素的家庭、学校、企业可使你终身受益，相反，管理不善的组织往往会给人以烦恼和损害。

（二）管理在现代社会中的地位和作用决定了学习管理学的必要性

1. 管理是一种生产力

生产力，可以理解为人们运用各种资源获取物质财富的能力。管理作为生产力，表现在通过管理者的预见性及合理的计划、组织及协调，可以完成分散个人无法完成的生产作业，可以以较少的资源耗费获取较多的物质财富。众所周知，大多数生产企业，特别是较大的工程，如修铁路、挖运河、筑大坝，只有许多人协作才能完成，而协作劳动离开统一的指挥，根本无法进行。正如美国著名的管理学家孔茨所说："管理工作是一切有组织的协作所不可缺少的。"

北宋真宗时期，皇城因遭雷击而失火，宏伟的昭君宫被烧毁。宋真宗命丁谓进行修复。丁谓经仔细分析，提出了一个方案：先把皇宫前的大街挖成沟河，利用挖出来的土做原料烧制砖瓦；把京城附近的汴河水引入沟河，利用它把大批建筑材料运到皇宫前；新宫建成，用废墟杂土填平沟河，就地处理碎砖乱瓦，再修复原来的大街。丁谓一举解决了就地取土烧砖、建材运输和清理废墟三个问题，既节约了人力、物力、财力，又提高了工作效率，加快了皇宫的修复速度。这个例子说明管理得当，可以节约资源，提高效率。

2. 管理是社会进步的物质力量，是实现现代化的关键因素

可以说，管理是社会进步不可忽视的物质力量之一。18世纪，英国依靠技术进步首先完成了产业革命，成为当时世界第一强国。然而到了20世纪初，美国逐渐超过英国成为西方各国的盟主。许多英国专家小组为学习工业方面的经验去美国访问，他们了解到，英国在技术和工艺方面并不比美国落后很多，而生产率水平与美国有显著差距的主要原因是，英国的组织和管理水平比美国要低很多。美国之所以能够取胜，与其说是依靠技术装备，还不如说是靠较高的管理水平。20 世纪七八十年代，日本的经济发展又超过美国，他们横扫英国的摩托业，超越美国和德国的汽车生产，抢夺瑞士的钟表市场，打击美国在钢铁、造船、电子产品上的传统优势。原因是什么？无论是日本还是美国的专家都一致认为是日本成功地建立了特殊的管理体系。

在当代人们普遍认为，先进的科学技术和先进的管理科学是推动现代社会发展的"两个车轮"，缺一不可。这一点已为许多国家发展经验所证明。大家知道，科学技术决定了社会生产力水平，从而推动社会发展的进程，但是，仅有先进的科学技术，没有先进的管理水平，没有相应的管理科学的发展，先进的科学技术无法得到充分的发挥，而且还有可能阻碍社会生产力的提高。还有人认为，管理是现代社会文明发展的三大支柱之一，它与科学和技术三足鼎立。国外的社会学者一般认为，19 世纪时经济学家特别受欢迎，20 世纪 40 年代后却是管理人才的天下了。这些都表明管理在现代社会的发展中有很重要的地位，起着很大的作用。

我国的工业生产技术水平落后于发达国家，我们的管理水平与发达国家的差距更不容忽视。20 世纪 80 年代初，据日本某些经济学家的估计，我国工业从某些部门的情况来看，在技术上相当于日本 70 年代的水平，落后日本 10 多年；但是在管理上我们只相当于日本 60 年代的水平，落后了 20 多年。这种估计不一定十分准确，但是不能不承认我们管理水平比技术水平相对落后这个客观事实。当前，包括我国在内的发展中国家面临着如何实现现代化的课题，而发展中国家普遍面临技术落后、资金短缺的困难，因此，几乎所有的发展中国家都从引进发达国家的资金和技术开始现代化的进程。然而，严酷的现实是，有了大量资金和先进技术并不一定能获得预期的发展，管理水平落后常常成为这些国家实现经济腾飞的严重障碍，引进的资金往往被浪费，设备和技术往往得不到有效的利用。所以，要促进经济的发展和各方面的进步，提高管理水平是当务之急。

（三）管理是一个组织生存和发展的重要条件，学习管理学是提高各级主管人员管理能力的重要途径

管理的作用犹如组织的神经系统。众所周知，离开了神经系统的联络、指挥、控制，有机体便无法在复杂变化的环境中生存发展。对于整个社会来说其道理也一样。以经济管理为例，它所面对的是分工精细、协作广泛、变化节奏快、活动连续并要严格保持资源的合理比例的一个有机整体，显然，如果没有科学的管理，分工协作就难以实现，比例和节奏更无法保证，社会生产必然陷入一片混乱。管理有方的组织，像沃尔玛公司、丰田汽车公司等都赢得了顾客的忠诚，获得了增长和繁荣；而那些管理不善的组织，如英国巴林银行、日本住友银行等，顾客在减少，生存受到威胁。美国银行在 1973 年出版的《小企业通讯员》中写道："归根到底，90% 以上的企业破产是由于管理上的无能与缺乏经验。"

管理知识总的来讲是来源于经验的，这个经验包括直接经验和间接经验。直接经验是主管人员在亲身的管理实践中获得的，而间接经验则是通过各种方式学习他人的经验获得的。主管人员要提高自己的管理能力，关键就在于把这两种经验有机地结合起来，而管理学的学习正是获得他人的成功经验的最有效、最迅速的途径。用较短的时间掌握必要的管理基本理论和方法，然后在实践中因地制宜地运用这些知识来指导自己的工作，

与过去那种完全凭权威、凭直觉和自己摸索出零散经验进行管理的方式相比，往往能够获得事半功倍的效果。

（四）管理在未来社会中显得更加重要

人类社会进入 21 世纪，全球的政治、经济、文化格局发生了巨大的变化，世界正进行着全新的整合，市场竞争更为激烈，组织及其管理的发展面临新的环境、机遇和挑战。随着未来社会共同劳动的规模日益扩大，劳动分工协作更加精细，社会化大生产日趋复杂，比起过去和现在，管理在未来的社会中将处于更加重要的地位。

任务二　了解管理学的内容与研究方法

任务目标

- 从生产力、生产关系和上层建筑三个方面来了解管理学的内容。
- 掌握管理学正确的研究方法。

一、管理学的内容

管理学研究的内容十分广泛。

（一）生产力方面

主要研究如何合理配置企业中的人、财、物，使各生产要素充分发挥作用；研究如何根据企业目标及社会需求，合理使用各种资源，以求得最佳经济效益和社会效益。合理组织生产力，在企业里包括很多具体内容，如市场预测、产品开发、制订经营计划、企业日常生产活动的组织和控制、物流管理、质量管理、科技管理、设备管理、销售管理，等等。总之，就是要合理地组织产品的生产经营过程，按质、按量、按期、低消耗地为市场提供所需的产品。

（二）生产关系方面

主要研究如何正确处理生产经营过程中人与人之间的关系和其他关系问题；研究如何完善组织机构与各种管理体制的问题，从而最大限度地调动各方面的积极性和创造性，以达到最大的经济效益。为了处理好这些关系，企业就要建立和完善管理体制、经济责任制、工资奖励制、经济核算制等。

（三）上层建筑方面

主要是研究如何使企业内部环境与企业外部环境相适应的问题；研究如何使组织的各项规章制度、劳动纪律与社会的政治、经济、法律、道德等上层建筑保持一致，从而维持正常的生产关系，促使生产力的发展。

二、管理学的研究方法

科学的研究，要掌握正确的方法。毛泽东曾指出："我们不但要提出任务，而且要解决完成任务的方法问题。我们的任务是过河，但是没有桥或没有船就不能过，不解决桥或船的问题，过河就是一句空话。不解决方法问题，任务也只是瞎说一顿。"因此，掌握一定的科学方法是研究和学习本学科不可少的。

1. 理论联系实际的方法

理论联系实际的方法有两个方面：一是把已有的管理理论与方法运用到实践中去，通过实践来检验这些理论与方法的正确性与可行性；二是通过管理实践和试验，把实践经验加以概括和总结，使之上升为理论，去补充和修正原有的管理理论。

2. 历史研究的方法

历史研究的方法就是对以往的管理理论与方法以及管理实践进行研究，以便从中发现和概括出规律性的东西，做到"古为今用，洋为中用"。中华民族是一个具有悠久历史的伟大民族，我国历史上的管理思想和管理经验为世界所瞩目。这些思想与经验有待于我们去总结和发扬。

3. 调查研究法

管理的理论和方法来自实践。毛泽东曾说过："没有调查研究就没有发言权。"调查研究是我们进行管理活动的一个最基本要求，是搜集第一手材料的好办法。只有通过调查才能掌握全面、真实的材料，弄清管理中的经验、问题、发展趋势，并从大量事实中概括出规律性的东西，作为理论的依据。

4. 试验研究法

这也是一种常用的研究方法，是在一定的环境条件下，经过严格的设计和组织，对研究对象进行某些试验考察，从而揭示管理的规律、原则和方法。试验研究法是一种有目的、有约束条件的研究方法，只有事先做好计划和安排，才能收到良好的效果。

5. 比较研究法

比较研究法是研究管理的一个重要方法，是当今管理学产生与发展的一个基础。通过历史的纵向比较和各个国家的横向比较，寻异同，权衡优劣，取长补短，以探索管理的规律。这一方法为当今世界管理科学的发展和先进的管理经验、方法、理论的传播发挥着巨大的作用，推动了管理科学和管理实践的迅速发展。

6. 定量分析的方法

任何事物（包括管理现象），不仅有其质的规定性，还有其量的规定性，量的变化突破了一定的临界点之后，就会引起质的变化。现代管理离不开数量分析的方法。在研究管理问题时，应尽可能地进行定量分析。一门科学只有同数学相结合，才能成为较完善的精确科学。

7. 案例分析法

案例分析法通过对管理活动的典型案例进行全面分析，从而总结出理论、经验和规律。这一方法在西方国家的管理教学中被广为采用，无论在理论上还是实践上效果都很好。

阅读材料

弗兰克·W·贝茨是 LMT 公司的总裁，这个公司是一家规模很大的公司，生产的产品有飞轮、制动器、弹簧、无线电和其他为汽车制造公司配套的零部件。这家公司还有一个分部，从事开发和制造宇航计划的零部件。该部门是由一位总经理朱莉娅·桑德斯担任领导。她的人事经理刘易斯·莱姆基向她提出建议，为使这个分部中的各级主管人员得到发展，应该让他们在心理学和人际关系方面进行学习并给予训练。他提出这点是因为，归根结底，管理工作是"人"的问题。

桑德斯同意了他的计划并要他立即实行。这位人事经理于是尽力而认真地贯彻执行。几年以后，这个分部从最高层到基层的全部主管人员，都通过了一系列课程的学习和训练，理解了自己和别人，也理解了人际关系的所有方面。

然而，桑德斯小姐发现，纵然清楚地表明人们之间有了更好的了解，而这个分部的管理质量并没有因此而有所改进。事实很明显，LMT 公司其他部门的成绩要比宇航分部好得多。贝茨总裁要求桑德斯小姐对此做出解释。贝茨先生在听完该计划的内容后说："我怀疑他们是否走在正确的轨道上。"

管理启示：管理应该抓住管理的本质，应用相应的方法调查研究出公司实质的问题，并有针对性地进行管理。

任务三　认知中外早期管理思想及管理理论的演进

任务目标

- 认识中国早期管理实践与管理思想。
- 了解西方早期的、传统的和古典的管理思想。
- 掌握行为科学理论、科学管理理论、现代管理理论及现代新思潮的思想，并理解它们在企业中的运用。

在人类历史上，自从有了有组织的活动，就有了管理活动。管理活动的出现促使人们对来自这种活动的经验加以总结，形成了一种朴素、零散的管理思想。从已有的文字记载中，可以寻觅到中外思想家所提出的丰富的管理思想。但遗憾的是，只是到了 19 世纪末，管理理论才得以出现，而且出现在西方。管理理论是对管理思想的提炼与概括。

回顾管理思想的起源及其发展过程可从中得到借鉴，对提高管理者的认识能力和辨别能力是十分有益的。

一、中国早期管理实践与管理思想

中国是世界四大文明古国之一，曾为人类文明的发展做出过重要贡献。长城、京杭大运河、都江堰等伟大工程，都是古代管理实践的典范。中国古代劳动人民在劳动和生活中总结出许多管理经验。这些古代的管理思想散见于一部分代表人物的著作中，有些管理思想是先于西方几千年提出来的，有些管理思想至今还具有借鉴意义。下面将这些管理思想归纳为组织、经营、用人、理财和管物等。

（一）组织

春秋时期的孙武所著的《孙子兵法》一书，闪烁着智慧的光芒。"知己知彼，百战不殆"，这种辩证的策略思想在书中比比皆是。孙武的策略思想不仅在军事上而且在管理上都具有指导意义和参考价值。日本和美国的一些大公司甚至把《孙子兵法》作为培训经理的必用书籍。

《周礼》一书，对封建国家的管理体制进行了思想化的设计，内容涉及政治、经济、财政、教育、军事、司法和工程等方面。该书对封建国家的经济管理的论述和设计都达到了相当高的水平。

战国时期，墨翟提出分工的思想。他说："譬如筑墙然，能筑者筑，能实壤者实壤，能欣者欣，然后墙成也。"

元代董抟霄曾提出"百里一日运粮术"，即"每人行十步……三千六百人可行百里。每人负米四斗，以夹布囊盛之，用印封识，人不息肩，米不着地，排列成行，日行五百回，计路二十八里，轻行一十四里，重行一十四里，日可运米二百石，每运给米一升，可供两万人"。这里讲的"米不着地"，可减少不必要的停滞时间。"排列成行""人不息肩"可缩短操作过程，提高工作效率，符合科学管理原则。

（二）经营

中国历史上著名的经营理论有范蠡、计然的"待乏原则"和"积著之理"。"待乏原则"提到"夏则资皮，冬则资绤，旱则资舟，水则资车"。根据市场上的物资供应预测未来的需要，方有利可图。夏天贩运皮货，冬天销售葛麻，天旱经营船，水灾时制作车，都是预测将来的需求。"积著之理"是指获取利润的方式。《史记·货殖列传》中记载："务完物，无息币。以物相贸易，腐败而食之货勿留，无敢居贵。论其有余不足，则知贵贱。贵上极则反贱，贱下极则反贵。贵出如粪土，贱取如珠玉，财币欲其行如流水。"经营的物品必须质量完好，货币不能停滞不用；对易腐烂的食物，切勿长期存储、贪图高价。通过商品数量的多寡，预测其价格贵贱。其商品价太贵必转而下跌，太贱则又会回涨。货物和货币要像流水一样经常流动和运行，才能得到经济效益。

（三）用人

中国古代，素有"选贤任能""任人唯贤"的主张。据《尧典》记载，尧在选拔贤能、委以重任这一问题上与氏族首领进行讨论，主张凡担任职有功绩的人都作为委以重任的条件，而品德恶劣、不能采纳善言、违抗命令、残害好人的人都不能重用。《尧典》还记载了试用和考绩的制度。对于已经任用的，有"三载考绩"的规定。经过三次考核，昏庸的给予降职，明智的给予升级。

（四）理财

中国古代曾实行会计制度和审计制度。在会计方面，南宋郑伯谦在《太平经国之书》中提出会计原则："出纳移用之权"（主管财务行政官吏的职能）和"纠察钩考之权"（主管会计官吏的职能）要分别由不同的"官司"掌管，就是主张出纳和会计分离。还主张将司会和司书（掌管簿书图籍）分开，便于实行会计监督。在成本核算方面，清代魏源在他的改革建议中提出在经营盐务、漕运、造船和外贸等方面要降低成本。在资金流转和利润方面，汉代司马迁在《史记·货殖列传》中指出，一定数量的经营资金可获得一定数量的合理利润，年利率可达20%。若低于此数，则认为没有得到合理利润。在统计分析方面，明代丘濬曾将元朝从至元二十年（1283年）到天历二年（1329年）的海运、漕运记录逐年按起运实收和损失数量做了详细统计，从而得出了海运损耗较河运为小的结论。

（五）管物

古代对财物的保管和收纳支出早有制度，并有专职官员分类管理。钱、账、物必须一致，出入库手续严格。请领物资，有预报制度等。

一箭三雕

宋真宗年间，因皇城失火，宏伟的昭君宫殿被烧毁，大臣丁渭受命全权负责宫殿的修复。这是一项浩大的工程，需要解决很多问题，特别是运输问题。丁渭提出了一个巧妙的"一箭三雕"方案：先在皇宫前的街道挖沟，将取出的泥土烧砖烧瓦；再把京城附近的河水引入沟渠中，形成一条运河，用船把各地的木材石料等建筑材料运至皇宫前；最后沟渠撒水，把清墟的碎砖烂瓦和建筑垃圾就地回填，修复原来的街道。

管理启示：在这则案例中，丁渭为了解决修复皇宫所用材料的运输问题，运用了许多在现在看来都非常先进的管理思想，如运筹学思想、科学管理理论（劳动管理）、第五项修炼（改善心智模式和系统思考）、战略管理、决策理论等。在科学技术尚不发达的当时，能完成这样浩大的工程，没有大量的计划、组织、领导、控制等管理活动几乎是不可能的。它是中国古代管理实践的典型范例，是许多现代管理思想在中国古代的成功应用。

二、外国管理思想的发展

外国管理思想的发展经历了早期管理思想的产生、传统管理、古典管理、行为科学、管理科学、现代管理和文化知识管理等阶段，每一阶段的理论发展都出现若干代表性管理理论及杰出理论人物。

（一）外国早期管理思想的产生

外国早期的管理实践和思想主要体现在指挥军队作战、治国施政和管理教会等活动之中。古巴比伦人、古埃及人和古罗马人在这些方面都有过重要贡献。例如在古埃及，它有着严密的金字塔式的管理机构，他们在法老之下设置了各级官吏，最高为宰相，宰相之下设有大臣、书吏、监工等，各有专职，形成了以法老为最高统治者的金字塔式的管理机构。为了强化法老专制政权的统治，埃及法老为自己修建了被后世称为"世界七大奇迹"之一的金字塔。其工程之浩大、技术之复杂，至今仍被视为难以想象的奇迹，以致被蒙上许多神秘的色彩。仅从管理角度来看，成千上万人的劳动，就需要严密的组织和管理。

（二）传统管理阶段

进入18世纪60年代后，以英国为代表的西方国家，开始了第一次产业革命，使生产力有了很大发展。在一个工业化的社会中，工商企业本身的管理成为专门分析的主题。正是在这个时候，从事管理的人们开始思考把科学思想运用到管理过程中去的可能性，开始通过写文章来沟通彼此的见解。因此虽然管理的实践有史以来始终存在，然而管理学文献的历史却仅仅有两百多年。这个时期（18世纪末至19世纪末）出现了一批卓有贡献的思想家、经济学家和管理学家，开始了所谓的传统管理阶段或称经验管理阶段。代表人物有亚当·斯密、查尔斯·巴贝奇和罗伯特·欧文。

1. 亚当·斯密的劳动分工观点和经济人观点

亚当·斯密在1776年发表了《国富论》一书，系统阐述了其政治经济学观点，认为劳动分工能带来劳动生产率的提高。此外，他还提出了"经济人"观点。他认为，人们在经济行为中，追求的完全是私人利益。

2. 查尔斯·巴贝奇的作业研究和报酬制度

查尔斯·巴贝奇是一位精通数学、机器制造的经济学家，他进一步发展了亚当·斯密的一些学术论点，阐述了许多关于生产组织方面的科学管理思想。1832 年，他发表了《论机器与制造业的经济》一书。他认为要提高工作效率，必须仔细研究工作方法；同时，还提出了一种工资加利润的分配制度，为现代劳动工资制度的发展和完善做出了重要贡献。

3. 罗伯特·欧文的人事管理

罗伯特·欧文是一位空想社会主义者。他曾在自己经营的一家大纺织厂中做过试验。他提出要缩短工人的劳动时间，提高工资，改善住房。他的改革试验证明：重视人的作用，尊重人的地位，可以使工厂获得更大利润。从一定程度上说，欧文是人事管理的创始者。

传统管理阶段，管理学基本上处于积累实际经验的阶段，这为后来泰勒等人创立科学管理体系打下了良好的基础，因而开始了从经验管理向科学管理的过渡。

（三）古典管理阶段

古典管理理论产生于 19 世纪末至 20 世纪 20 年代，是现代管理学理论的一个重要部分，它为我们探讨管理的性质与范畴提供了某些重要见解，后面其他学派的科学家们也都是在它的基础上做出自己的贡献的。

1. 泰勒及其科学管理理论

弗雷德里克·泰勒（1856—1915）18 岁进厂当学徒，4 年后进入米德维尔钢铁公司当技工，由于他工作勤奋，钻研技术，很快被提升为工长、总技师，直至任美国管理咨询协会主席。泰勒一生致力于工厂生产管理，系统地进行各种工序操作方法和工时研究，形成被后人称为"泰勒制"的一套管理理论和方法，是当时科学管理的主要倡导者，被西方管理学界称为"科学管理之父"。科学管理理论的主要观点有：

- 科学管理的核心是提高生产劳动效率。
- 为提高劳动生产率，必须雇用"第一流的工人"。
- 实行具有刺激性的差别计件工资报酬制度。
- 企业管理中实行标准化原理。
- 将管理工作予以细分和专业化，实行"职能管理"。
- 规模较大的企业在管理工作中，应实行例外原则。

2. 法约尔及其组织管理理论

亨利·法约尔（1841—1925）出身于法国。1860 年，他毕业于采矿学校，后长期担任法国一家矿冶公司的采矿工程师和总经理。由于他出色的经营管理，该公司业务大有起色，蒸蒸日上。因为他在管理研究上的突出贡献，被称为"现代经营管理理论之父"。

法约尔的主要贡献在于首次提出了管理职能，并确立了管理的基本原则。即他提出了一个研究管理过程的手段（职能），以及指导管理过程的方针（原则）。

- 企业的基本活动和管理的五种职能。法约尔认为，任何企业都存在六种基本的活动——技术活动、商业活动、财务活动、安全活动、会计活动和管理活动，管理只是六种活动中的一种。管理活动指计划、组织、指挥、协调和控制，即管理的五种职能。
- 管理的 14 条原则。法约尔根据自己的管理经验总结了指导管理人员如何解决具体问题的 14 条原则：分工、权责相等、纪律、统一指挥、统一指导、个人利益服从整体利益、报酬合理、集权、等级链、秩序、平等、人员保持稳定、主动性和集体精神。

这 14 条原则在管理中具有非常重要的意义，但在管理工作中，它又不是绝对和死板的东西，其中有一个度的问题，关键在于了解其真正的本质，并能灵活地应用于实践。

3. 韦伯及行政组织理论

马克斯·韦伯（1864—1920），德国人，是一位学者、教授、作家，担任过政府的顾问，与泰勒、法约尔属于同时代人，他是古典管理学派在德国的杰出代表。他在管理理论上的研究主要集中在组织理论方面，他提出了所谓理想的行政组织体系理论，被称为"组织理论之父"。

●权力论。韦伯认为，任何社会组织的管理都必须以某种形式的权力为基础。他将社会所存在的权力分为合法合理的权力、传统的权力和神授的权力三种类型。

根据对权力的分类，韦伯在描述其理想行政组织体系时使用的是合法合理的权力。以这种权力为基础，韦伯设计出了一种组织系统，他称之为"理想的行政组织体系"。

●理想的行政组织体系的特点。韦伯将理想行政组织体系的特点归纳为：明确的分工；清晰的等级系统；人员的任用；管理人员专职化；遵守规则和制度；组织中人员的关系；等等。

阅读材料

都是玩笑惹的祸

军犬黑子目光如电，精神饱满，威风凛凛，每逢甄别嫌疑人时总能让做贼者先心虚起来。

随着训导员的一声号令，黑子很快就用嘴把丢失的东西从隐秘处叼了出来，接着又向站着的人群跑去，没费多少工夫，就叼住了那个小偷。

黑子兴奋地望向训导员，等待着嘉奖。但训导员却使劲摇着头对黑子说："不！不是他！再去找！"

黑子大为诧异，眼睛里闪出迷惑的光。平时对训导员的绝对信赖，又使它转回头重新开始了更为谨慎的辨认。可是黑子认为：它没错！于是重新又把那个小偷叼了出来。可是训导员却不容置疑："不对！再去找！"

黑子迟疑地盯着训导员，转回身去花更长时间去嗅辨。最后，它还是站在了小偷的身边，向训导员坚定地望去：就是他！不会是别人！

"不！绝对不是！"训导员大声吼着，表情也严峻起来。

黑子的自信心被击溃了，他相信训导员超过相信自己。它放弃那个小偷，去找别人。可是不对啊！气味骗不了黑子。它焦急地踱着步，在每个人的脚边都停一会儿，忽儿急促地嗅辨，忽儿扭回头去窥测训导员的眼神……最后，它根据训导员的眼色把一个假小偷给叼了出来。

训导员与那些人一起哈哈大笑起来。黑子糊涂了，愣在当场。之后，训导员告诉黑子："你本来是对的，可错就错在没有坚持。"

当黑子明白这是一场骗局之后，它极度痛苦地"嗷"了一声，几大滴热泪流了出来，世界顿时失去了光彩。一个没有准则、没有对错的荒唐世界，把它所有的信念击得粉碎。或许训导员只是想考验黑子，或许这只是一个玩笑，可是，从此以后，黑子不再信任训导员，不再信赖任何人，不再目光如电，不再奔如疾风，更没有了威风凛凛……

由此联想到了我们的领导。作为管理者，你的信念和评判有可能影响你下属一生的旅程。管理者与被管理者之间有一种无形的氛围，一不小心就会上演黑子的悲剧。

有时在被管理者眼里，管理者就代表了正义、秩序和真理。如果管理者的言行出了格，玩笑过了火，假当真，真当假，就会给被管理者一种误导，他不知道什么是真的，什么是假的，他失去了衡量真伪的标准。而管理者在被管理者心目中的形象也会大打折扣，说话前后矛盾，言行不一，喜怒无常，不能在恰当的时候给出正确的褒奖与惩罚，这样不只会打击被管理者工作的信心，有时甚至会改变他积极的人生态度。

管理者啊，请慎用你的权力吧，切不可用你的权势去胡乱愚弄你的下属呀！

身为管理人员的你，本身的情绪不管好或坏，不可避免地会反映在为你工作的那些部属身上。你必须控制这些情绪，不要让情绪来控制你。

（四）行为科学管理阶段

以泰勒为代表的科学管理理论多着重于生产过程、组织控制方面的研究，较多地强调科学性、精密性、纪律性，而对人的因素则注意较少，把工人当作机器的附属品，不是人在使用机器，而是机器在使用人。因而出现向某些古典理论提出挑战的新思潮，这就是管理学的行为科学学派。该学派在初期（20世纪20年代以后）主张人际关系学说，著称于20世纪40年代和50年代初期。这个学派的第二个时期则是"行为科学"学说，在20世纪50年代初期开始受到欢迎（如图1-2所示）。

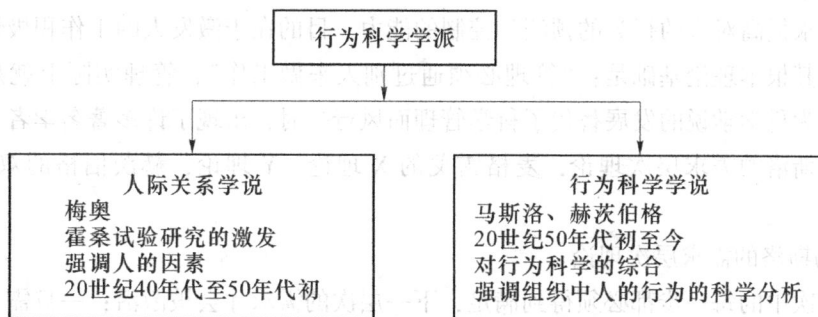

图1-2　行为科学学派

1. 人际关系学说

梅奥原籍澳大利亚，后移居美国。作为一位心理学家和管理学家，他领导了1924—1932年在芝加哥西方电气公司霍桑工厂进行的一系列试验（即霍桑试验）中后期的重要工作。霍桑试验的目的是要找出影响员工生产效率的因素，从而寻找提高企业劳动生产率的途径。霍桑试验在管理科学史上的重大贡献就是在人的管理方面创立并发展了人际关系理论。

人际关系理论的主要内容是：职工是"社会人"的假设；满足工人的社会欲望，提高工人的士气，是提高生产效率的关键；企业内存在非正式组织这种无形组织特殊的感情和倾向，左右着成员的行为，对生产效率的提高有举足轻重的影响；存在霍桑效应。

人际关系学说内在的逻辑体系为：人性假设是"社会人"假设，管理方法是满足工人的需要，管理的目标是追求企业的效率化。梅奥人际关系理论的贡献在于克服了古典管理理论的不足，奠定了行为科学的基础，为管理思想的发展开辟了新的领域。

鹦鹉

有一个人去买鹦鹉，看到一只鹦鹉前面标着：此鹦鹉会两门语言，售价 200 元。另一只鹦鹉前面则标着：此鹦鹉会四门语言，售价 400 元。

该买哪只呢？两只都毛色光鲜，灵活可爱。这人溜达来溜达去，拿不定主意。

此时他忽然发现一只老掉牙的鹦鹉，毛色暗淡散乱，标价 800 元。

这人赶紧将店主叫来问："这只鹦鹉是不是会说八门语言？"

店主说："不。"

这人奇怪了："为什么一只又老又丑，又没有能力的鹦鹉会值大价钱呢？"

店主回答："因为另外两只鹦鹉叫这只鹦鹉老板。"

管理心得：真正的领导人，不一定自己能力有多强，只要懂信任、懂放权、懂珍惜，就能团结比自己更强的力量，从而提升自己的身价。相反，许多能力非常强的人却因为过于完美主义，事必躬亲，以为什么人都不如自己，最后只能做最好的业务人员、销售代表，却成不了优秀的领导人。

2. 行为科学学说

行为科学是研究人类行为的一门综合性的科学，它研究人的行为产生的原因和影响行为的因素，以求提高对人的行为的预测和控制的能力，目的在于激发人的工作积极性，达到组织的目标。其根本理论基础是："管理必须通过别人来做工作"，管理实际上就是行为科学的运用。行为科学学说的发展替代了科学管理而风行一时，出现了许多著名学者和行为科学理论，如马斯洛的需求层次理论，麦格雷戈的 X 理论、Y 理论，赫茨伯格的双因素理论，等等。

（1）马斯洛的需求层次理论。

需求层次中的每一步都必须得到满足，下一层次的需求才会被激活；一旦需求被充分满足，它就不再对行为产生激励作用。如图 1－3 所示。

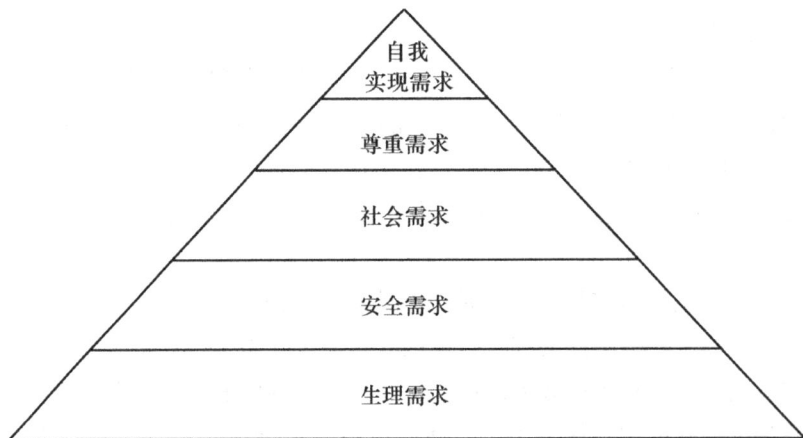

图 1－3　需求层次理论

所长无用

古代，有个鲁国人擅长编草鞋，他妻子擅长织白绢。他想迁徙到越国去。友人对他说："你到越国去一定会贫穷的。""为什么？""草鞋，是用来穿着走路的，但越国人习惯于赤足走路；白绢，是用来做帽子的，但是越国人习惯于披头散发。你们虽有一技之长，却无用武之地，要使自己不贫穷，难道可能吗？"

管理启示：一个人要发挥其专长，就必须适合社会环境的需要。如果脱离社会环境的需要，其专长也就失去了价值。因此，我们要根据社会需要，决定自己的行动，更好地发挥自己的专长。

（2）麦格雷戈的 X 理论、Y 理论。

X 理论：是一种关于人性的消极观点。它假设人们缺乏雄心壮志，不喜欢工作，总想回避责任，需要在严密的监督下才能有效地工作。

Y 理论：是一种积极观点。它假设人们能够自我管理，愿意承担责任，并把工作看作像休息和玩一样自然。

（3）赫茨伯格的双因素理论。

弗雷德里克·赫茨伯格 1959 年提出双因素理论——保健因素与激励因素。

（4）弗鲁姆的期望理论。

只有当一个人预期某行为会给他带来有吸引力的结果时，他才会采取该行为。

（5）洛希和莫尔斯的超 Y 理论。

J·J·莫尔斯和 J·W·洛希（1970 年《哈佛商业评论》）在 X、Y 理论的基础上，又提出了超 Y 理论。该理论认为 X 理论不一定过时，Y 理论也不是灵丹妙药，主张组织和工作的适合性，个人的胜任感和工作的效率要相辅相成、互为补充。

行为科学既是管理理论的发展又是管理实践的总结，它的产生和发展使管理者重新认识到员工的地位。员工已不是一般意义上与资本、土地等相同的生产要素，而是具有相当重要意义的主动因素，这对工人人身地位在企业中得到一定的尊重有很大的帮助，在某种程度上缓解了劳资关系。因此行为科学对管理理论及管理实践都有巨大的贡献。

（五）管理科学阶段

管理科学理论在第二次世界大战初期形成，是继科学管理、行为科学理论之后，管理理论与实践发展的结果。管理科学理论有以下四个特征：以决策为主要着眼点；以经济效益作为评价依据；依靠正规数学模型；依靠电子计算机。管理科学理论的贡献表现在以下三个方面：

- 科学技术的引入与运用。
- 运用数学模型进行数量决策。
- 运用最新的信息情报系统提高管理效率。

（六）现代管理阶段

现代管理理论是指 20 世纪 70 年代开始至今的管理理论，它是科学管理、行为科学和管理科学三阶段演进之后的必然产物，也是现代经济发展和现代企业制度进步的必然结果。

1. 社会系统学派

社会系统学派的创始人是美国的切斯特·巴纳德。该学派认为，人与人之间的相互关系就构成一个社会系统，形成一种在彼此力量、意愿及思想方面的合作关系。该学派从社会学的角度来分析各类组织，将组织看作一个社会系统，即整个社会大系统中的一部分，会受到社会环境各方面因素的影响。

该学派的理论要点：

- 组织是一个社会协作系统。
- 社会协作系统的基本要素。
- 经理人员的职能。

2. 决策理论学派

决策理论学派的杰出代表人物是美国卡内基—梅隆大学教授赫伯特·A·西蒙。决策理论学派认为：管理活动的核心是决策；管理的根本目的就是要减少各种决策的失误，减少决策的风险性，提高决策的成功率。因此管理科学的发展过程，也就是决策科学化的过程。

该学派的理论要点：

- 管理就是决策。
- 根据决策对象是否重复出现，决策可分为程序型决策和非程序型决策。
- 在决策标准上应实事求是，用"令人满意"这一准则替代"最优化"的准则。

3. 系统管理学派

系统管理学是应用系统论、控制论、信息论的理论和方法，来分析和研究企业和其他组织的管理活动过程，并建立起系统模型以便于分析。这一学派的代表人物是卡斯特、罗森茨威克和约翰逊等美国管理学家。

该学派的理论要点：

- 企业是由人、物资、设备等多种资源组成的复杂系统，企业经营目标的实现受到各种组成要素的影响。而在构成企业系统的若干要素中，人是决定性要素，具有主观能动性。
- 企业是一个开放型的社会技术系统。企业是社会大系统中的一个子系统，企业的生存与发展受到周围环境因素的影响，同时企业也影响环境。而在企业系统内部，又包含许多子系统、分系统。

4. 经验学派

经验学派的代表人物有美国人彼得·德鲁克、欧内斯特·戴尔和威廉·纽曼等。

该学派的理论要点：

- 管理是将群体的努力向共同目标的引导、控制。
- 重视对企业合理组织结构模式的研究。
- 提出了目标管理。

5. 权变理论学派

权变理论是 20 世纪 70 年代在美国产生的一种管理理论。伯恩斯和斯托克是最早运用权变思想来研究管理问题的人。

该学派的理论要点：

- 权变管理理论认为环境变数同相应的管理变数相适应。
- 权变管理理论的核心是函数关系。
- 任何组织只是社会大系统中的一个分系统，组织的活动只有适应外部环境的特点与变化，组织才能得以生存和发展；反之，则往往要被淘汰。

阅读材料

李华是一个食品厂厂长。在过去的 4 年中，该厂每年的销售量都稳步递增。但是，今年的情况发生了较大的变化，到 8 月份，累计的销量比去年同期下降了 17%，生产量比所计划的少 15%，缺勤率比去年高 20%，迟到早退现象也有所增加。李华认为这种情况的发生，很可能与管理有关，但他不能确定发生这些问题的原因，也不知道应该怎么去改变这种情境。他决定去请教管理专家。

管理启示：具有不同管理思想的管理专家在分析企业问题时都会有不同的见解，关键是综合专家的意见，找到问题的核心，解决企业存在的问题。

（七）文化知识管理阶段（现代管理理论的新思潮）

现代管理理论发展到 20 世纪 80 年代初，随着世界政治、经济、技术和社会环境的剧烈变化，管理理论和管理实践获得了飞速的发展。到目前为止，已经出现了一些新的管理思潮。这些管理新思潮各有各的特点，都为管理理论和管理实践做出了突出的贡献。它们的人性假设是"文化人"假设，管理方法是倡导文化管理和知识管理，管理的目标是追求综合效益和企业的可持续发展。因此我们把这个阶段称为文化知识管理阶段，主要理论有：企业文化管理、Z 理论、学习型组织和公司再造理论。

项目小结

管理学总论	管理	管理的含义	
		管理的性质	二重性：自然属性和社会属性
		管理的职能	计划、组织、领导、控制
	管理学	管理学的含义	
		管理学的特点	边缘科学、软科学、应用科学、模糊科学、艺术
		管理学的内容	关于生产力、生产关系和上层建筑方面
		管理学的学习意义	普遍性、一种生产力、现代化的物质基础、组织的生存条件
		管理学的研究方法	理论联系实际，历史研究，调查，试验，比较，定量分析，案例分析
	中国早期管理实践与管理思想	中国古代管理思想	组织、经营、用人、理财和管物

续表

管理学总论	外国管理思想的发展	早期管理思想的产生	
		传统管理阶段	亚当·斯密的劳动分工观点，查尔斯·巴贝奇的作业研究，罗伯特·欧文的人事管理
		古典管理理论	泰勒科学管理理论，法约尔组织管理理论，韦伯行政组织理论
		行为科学理论	人际关系学说，组织行为学说
		管理科学理论	
		现代管理理论	社会系统学派，决策理论学派，系统管理学派，经验学派，权变理论学派
		文化知识管理阶段	

能力自测

一、单选题

1. 对管理最形象的描述是（　　）。
   A. 艺术　　　　　B. 科学　　　　　C. 艺术和科学　　　D. 上述均不是

2. 不属于管理职能的是（　　）。
   A. 组织活动　　　B. 控制活动　　　C. 获取资源　　　D. 计划

3. 管理者在作为组织的官方代表对外联络时，他扮演的角色是以下哪一方面？（　　）
   A. 信息情报方面　B. 决策方面　　　C. 人际关系方面　D. 业务经营方面

4. 对高层管理人员来说，相对更重要的技能是（　　）。
   A. 形成概念的技能　　　　　　　　B. 人际关系技能
   C. 计划技能　　　　　　　　　　　D. 技术技能

5. 科学管理中能体现权力下放的分权尝试的原理是（　　）。
   A. 差别计件工资制　B. 职能原理　　C. 例外原理　　　D. 工时研究

6. 下面属于第一线管理人员的职位是（　　）。
   A. 总裁　　　　　B. 厂长　　　　　C. 部门经理　　　D. 工厂

7. 在管理过程中采用科学方法和数量解决问题是（　　）学派的主张。
   A. 组织管理学派　B. 行为科学学派　C. 管理科学学派　D. 经验管理学派

8. 被称为"科学管理之父"的是（　　）。
   A. 法约尔　　　　B. 泰勒　　　　　C. 巴纳德　　　　D. 韦伯

9. 有"组织管理之父"称号的是（　　）。
   A. 厄威尔　　　　B. 韦伯　　　　　C. 梅奥　　　　　D. 甘特

10. 对基层业务管理人员而言，其管理的技能侧重于（　　）。
    A. 技术技能　　　B. 财务技能　　　C. 谈判技能　　　D. 营销技能

11. 奠定了管理过程思想基础的是（　　）。
    A. 泰勒的科学管理理论　　　　　　B. 法约尔的一般管理理论
    C. 韦伯的理想政治组织理论　　　　D. 西蒙的管理决策理论

12. 梅奥通过霍桑试验得出，人是（　　）。
    A. 经纪人　　　　　B. 社会人　　　　　C. 理性人　　　　　D. 经济人
13. 认为不存在"最佳的""能适应一切情况的""一成不变的"管理方法与管理理论的学派是（　　）。
    A. 经济学　　　　　　　　　　　　B. 权变学派
    C. 决策理论学派　　　　　　　　　D. 社会系统管理学派
14. （　　）学派提出用"满意原则"来代替"最优原则"。
    A. 经济学　　　　　　　　　　　　B. 权变学派
    C. 决策理论学派　　　　　　　　　D. 社会系统管理学派
15. 针对知识本身的，包括对知识的创造、获取、加工、储存、传播和应用的一种新型管理是（　　）。
    A. 学习型组织　　　B. 流程再造　　　C. 知识管理　　　D. 虚拟组织
16. 在学习型组织的五项修炼中，（　　）整个五项修炼的核心，并渗透于前几项修炼之中。
    A. 系统思考　　　　B. 改善心智模式　　　C. 团队学习　　　D. 自我超越

二、简答题

1. 管理的含义是什么？
2. 你认为管理活动对你有什么影响，请举例说明。
3. 你认为管理的职能应该有哪些？
4. 西方早期管理思想主要代表人物及其主要观点各是什么？
5. 泰勒的科学管理的主要内容有哪些？
6. 梅奥的人际关系理论的主要内容是什么？如何评价？
7. 简述现代管理思想有代表性的管理学派及其主要内容。

案例分析

伦迪汽车分销公司是一家新成立的企业，下设若干销售门市部。

公司刚成立时，为具体体现民主管理，制订了若干的责任制度，运转尚属顺利。随着时间的推移，员工中相互推诿的事情时有发生，但在处理这种事情时，又说不清谁应承担责任，以致有的事情就不了了之。为了推进民主管理，公司力争让下属参与某些重要决策。他们引进了高级小组制度，从每一个销售门市部挑选一名非管理者，共挑出五人，公司主管人员每月与他们开一次会，讨论各种问题的解决方法和执行策略。尽管如此，但人们的积极性并没有被充分地调动起来。

经过两年的经营，公司的营业收入有了一定的增长，但企业的税前利润增长不快，第二年比第一年只增长 1.8%。这给主管人员带来很大的苦恼。

问题：

（1）公司制定了责任制度，却又出现责任不清，请分析原因。

（2）从人本管理分析调动员工积极性的方法。

（3）请你为公司经济效益增长慢的原因作简要分析。

实训练习

与企业家对话——管理的重要性

实训目标

1. 与企业家双向交流。

2. 了解管理的重要性。

实训内容与要求

1. 通过对话交流使学生与企业家真诚交流，对管理的概念和重要性有大概的了解；对企业家应具有的素质和人格魅力有初步认识，知道管理在社会生产实践中的大量应用。

2. 学生提问的主要问题可参考如下：

（1）您是如何管理您的企业的？

（2）您在管理中遇到的主要困难有哪些？

（3）什么是最重要的管理学知识？

（4）您的企业最需要哪种类型的人才？

3. 以采访的形式或直接对话（有条件的可在课堂上进行），并录制采访录音和录像保存起来。

实训成果与检测

1. 针对不同的企业家，大家组织讨论并写下自己的感想。

2. 根据每个同学在对话中的表现和课后书面材料进行评估。

企业认知及现代企业制度分析

- 了解企业、企业管理和现代企业制度的概念。
- 了解企业管理产生和发展的过程。
- 熟悉企业的特征、企业的类型。
- 掌握企业管理的影响因素和模式。
- 明确企业管理信息化的目标和需要。
- 了解现代企业制度存在的难点和多元化模式。

核心能力

- 掌握现代企业核心问题的发现策略。
- 掌握现代企业多元化发展的具体方向。
- 掌握企业管理的分析策略。

案例导入

海尔的崛起

  海尔集团是在 1984 年引进德国利勃海尔电冰箱生产技术成立的青岛电冰箱总厂基础上发展起来的国家特大型企业。经过短短 15 年的时间,海尔集团从一个亏空 147 万元的集体小厂迅速成长为拥有白色家电、黑色家电和米色家电的中国家电第一品牌,到 1999 年海尔产品包括 58 大门类 9 200 多个品种,企业销售收入以平均每年 81.6% 的速度高速、持续、稳定增长,1999 年,集团工业销售收入实现 215 亿元。1997 年 8 月,海尔被国家经贸委确定为中国六家首批技术创新试点企业之一,重点扶持冲击世界 500 强。

(信息来源:百度文库)

任务一 企业认知

任务目标

- 了解"企业"一词的来源，企业的含义。
- 熟悉企业的特征。
- 掌握企业的类型。

一、企业的概念

（一）"企业"一词的来源

对于中国而言，"企业"一词并非我国古文化所固有，它是在清末变法之际由日本借鉴而来的。而日本则是在明治维新以后引进西方企业制度的过程中，从西文翻译而来的。因此，探询企业的语源绝不能从我国和日本的词语构成入手，只能着眼于移植的"母体"，即西方语汇。

与"企业"一词相对应，英语中称为"enterprise"。由于欧洲语言大多受到拉丁语的强烈影响，且基于历史原因与地理因素，各国之间不断地移植与融合，使其词汇构成与内涵极为相似。以英语为例，企业一词由两个部分构成，"enter－"和"－prise"，前者具有"获得、开始享有"的含义，可引申为"盈利、收益"；后者则有"撬起、撑起"的意思，引申为"杠杆、工具"。两个部分结合在一起，表示"获取盈利的工具"。

日本在引进该词时，意译为"企业"，从字面上看表示的是商事主体企图从事某项事业，且有持续经营的意思。据此，可以认为，"企业"一词在语源意义上是作为权利客体存在的，它是"主体从事经营活动，借以获取盈利的工具和手段"或者"创制企业和利用企业进行商事营业活动并非商事主体的终极目标"，其最终目的无非是"谋求自我利益的极大化"。

（二）企业的定义

企业是从事生产、流通、服务等经济活动，以生产或服务满足社会需要，实行自主经营、独立核算，依法设立、具有经济法人资格的一种营利性的经济组织。

传统的企业大多是劳动密集型企业，现代的高科技企业大多是知识型创造企业，中国的企业正在向知识经济转型。

简言之，企业就是指依法设立的以营利为目的、从事商品的生产经营和服务活动的独立核算经济组织。

需要注意的是：公司是依照公司法设立的以营利为目的的企业法人。企业的概念大于公司。

（三）重新给"企业"定义

只有把企业定义搞清楚了，战略管理、企业文化等问题才会清楚。随着发展形势的变化，传统意义上的企业也发生了变化，无论从形态还是本质上看，亟须突破传统概念上的企业定义的思维定式。

第一，企业是契约性组织。

第二，企业是市场性组织。过去，企业作为契约性组织由上级负责；现在，企业是市场性组织，人对市场负责，市场化程度的高低决定了企业盈利能力的高低。

第三，企业是学习型组织。过去的观念认为企业只是制造产品的；现在来看，企业是制造思想的。企业内部有两条价值链：一是意识形态价值链，由信息和知识到能力，再到思想。二是物质形态价值链。

第四，企业是宗教性组织。企业文化成为资本，企业也就被称为一种经营方式。企业强调文化，越来越成为一宗教性组织，必须在核心理念、价值观上统一。

第五，企业是虚拟组织。现在大家都讲虚拟生产、虚拟营销、虚拟运输、虚拟分配，一切都虚拟化了。

第六，企业是无边界组织。过去认为企业是有边界的，后来发展了，企业成为无边界的，再后来，企业既有边界又无边界，边界模糊，一切都模糊化。现在看来，一个企业边界，按照边际成本乘以边际收益来看，许多企业边际成本小于边际收益，或者边际成本为零。边际收益不变，那么边际成本、边际收益递增的规律发挥主导作用，即边界可以无限大，这对于企业的运作意义是很大的。

第七，企业是系统性组织。现在的企业分成两条线：第一条线是产品和服务；第二条线是使企业具有持续竞争力的保障系统。一般来讲，国外成功的大企业都是系统化运作，讲究系统性。

第八，企业是网络化组织。价值链组织对于一个企业来说还不够，它不一定形成一个圆环。成为网络组织，使企业成为链主，企业和网络企业就要对价值链的运作整合，这样企业就可以成为一个联合体。对于中国企业来讲，该融入这个网络，融入更大的价值网络、更多的价值网络。

第九，企业是全球性组织。过去的企业根据木桶理论认为最短的那根木板决定企业利润，经营的重点是把最短的那根补齐，企业总在经营劣势。现在新木桶理论出现了，也就是说短的那一块不做了，就做最擅长的那一块，每个企业都经营优势，就像每个人做自己最感兴趣的事。成本很低，效率很高。由木桶理论发展到新木桶理论，每个企业根据全球定位，你做一段，我做一段，全球集成，融入全球化过程中。最终的企业就是全球化组织。

第十，企业是体系性的组织。最终把企业打造成一个体系，也就是让平凡的人做出不平凡的事。通过打造这个体系，使管理达到最高境界，即没有管理；使战略达到最高境界，即没有战略。

阅读材料　民生超市、百姓永辉——永辉超市

　　永辉超市是福建省在推动传统农贸市场向现代流通方式转变过程中培育起来的民营股份制大型企业集团。2001年3月，已经经营有几家小超市的张轩松积极响应省、市政府"杜绝餐桌污染，改善社区生活，建设放心市场"的号召，开设了福州市首家"农改超"超市——永辉屏西超市，尝试把生鲜农产品引进现代超市。永辉屏西超市经营面积为1 500平方米，其中"生鲜区"的经营面积就占到整个超市的50%～70%，以家庭主妇、上班族为主要客户群，涵盖了各种海鲜、农副产品、餐桌食品等，他们还投入资金，营造干净、有序、舒适的购物环境，配备果蔬农药残留检测设备，告别了传统农贸市场的脏、乱、差。

这种经营业态刚一出现，就以其独特的经营模式、准确的市场定位大获成功，并迅速得到滚雪球式的快速发展，得到百姓的广泛认可，被誉为"民生超市、百姓永辉"，被国家七部委誉为中国"农改超"的开创者，其经营模式被列入《中国零售十大创新案例》，永辉黎明店被福建省经贸委评为"福建十佳超市"。

2010年，张轩松带领永辉成功上市，被誉为"生鲜第一股"，按当时股价计算，张轩松身价百亿。被誉为"生鲜第一股"的永辉超市由张轩松带领着团队走出福州，攻占全国市场。2015年，永辉全国门店数量超过360家，经营面积超过300万平方米，收入接近500亿。2015年8月7日，京东宣布战略入股永辉超市，双方协议规定，京东以每股9元人民币（约1.45美元）的价格入股永辉超市，总价值为43.1亿元（约7亿美元），持股10%，两者主要通过联合采购的方式，加强供应链管理能力，并会继续探索O2O等领域战略合作的发展机遇。

（材料来源：《永辉超市：怎样逆袭成就百亿商业帝国》商海精英）

二、企业的特征

（一）经济性

企业的经济性是作为经济细胞的组织区别于从事非经济活动的政府机关、政治组织，事业单位、群众组织和学术团体等非经济组织的最本质的特征。

首先，企业是经济组织，它在社会中所从事的是商品生产和服务的经济活动，以谋求利润为基本目的。其次，企业必须依法成立。依法成立的企业是经济的细胞，是市场中的经营主体。它以自己生产的产品或提供的服务，通过交换来满足社会需要，并从中获得利润。企业如果没有盈利，就不能发展，就会在市场竞争中失败。而且，如果没有盈利，就没有企业财产所有者和经营者的利益，他们也就没有搞好企业生产经营的积极性，企业就会消亡，社会经济就难以快速和持久发展。

（二）社会性

企业是一个社会组织，它与社会发生着广泛的、各种各样的社会关系。从商品生产角度看，企业所从事的生产经营活动是社会化大生产的一个组成部分。企业是社会经济系统中的一个子系统，它与其他子系统发生着广泛的经济联系；从企业与社会其他各部门、各单位的非经济关系看，它既依赖于社会的进步和国家的富强，也依赖于党和政府对社会的管理，它从属于一定的政治和社会体系，还要承担一定的社会责任。因此，它具有社会性。

（三）自主性（独立性）

企业还是一种在法律和经济上都具有独立性的组织，它（作为一个整体）对外、在社会上完全独立，依法独立享有民事权利，独立承担民事义务、民事责任。它与其他自然人、法人在法律地位上完全平等，没有行政级别、行政隶属关系。它不同于民事法律上不独立的非法人单位，也不同于经济（财产、财务）上不能完全独立的其他社会组织，它拥有独立的、边界清晰的产权，具有完全的经济行为能力和独立的经济利益，实行独立的经济核算，能够自决、自治、自律、自立，实行自我约束、自我激励、自我改造、自我积累、自我发展。

（四）发展性

企业是一个人、财、物、技术、信息等综合的能动的有机体。企业的发展性表现在对外部环境的适应能力、自我改造能力。从系统论的角度讲，企业是一个耗散结构系统，它通过不断地与外界进行能量、物质和信息的交换，调整自己的内部结构，以适应市场环境的变化，并发展和壮大自己。

（五）竞争性

竞争无处不在，个人、单位、公司、组织、国家所处的地位是在与其他的个人、单位、公司、组织、国家的竞争中确立的。企业是市场经济的主体，同时也是竞争主体。竞争是市场经济的基本规律，企业要生存，要发展，就必须参与市场竞争，并在竞争中取胜。企业的竞争性表现在它所生产的产品和提供的服务的竞争力上，要在市场上接受用户的评判和挑选，要得到社会的承认。市场竞争的结果是优胜劣汰，企业通过自己有竞争力的产品或服务在市场经济中求生存、求发展。

（六）组织性

企业不同于个人、家庭，它是一种有名称、组织机构、规章制度的正式组织；而且，它不同于靠血缘、亲缘、地缘等组成的家族组织、同乡组织或宗教组织，而是由企业所有者和员工通过契约关系自由地（至少在形式上）组合而成的一种开放的社会组织。

（七）商品性

现代企业不同于自给自足的自然经济组织，它是商品经济组织、商品生产者或经营者、市场主体，其经济活动是面向、围绕市场进行的。不仅企业的产出（产品、服务）和投入（资源、要素）是商品——企业是"以商品生产商品"，而且企业自身（企业的有形、无形资产）也是商品，企业产权可以有偿转让——企业是"生产商品的商品"。

（八）营利性

企业作为商品经济组织，却不同于以城乡个体户为典型的小商品经济组织，它是发达商品经济即市场经济的基本单位，是单个的职能资本的运作实体，是以赢取利润为直接、基本目的。企业以生产、经营某种商品为手段，通过资本经营，追求资本增值和利润最大化。

三、企业类型

企业类型的确定一般有两个标准，即学理标准和法定标准。学理标准是研究企业和企业法的学者们根据企业的客观情况以及企业的法定标准对企业类型所作的理论上的解释与分类。这种分类没有法律上的约束力和强制性，但学理上的解释对企业法的制定与实施有着指导和参考作用。法定标准是根据企业法规定所确认和划分的企业类型。法定的企业类型具有法律的约束力和强制性，但因企业的类型不同，法律对不同类型企业规定的具体内容与程序上的要求有很大区别。

（一）企业的学理分类

（1）根据企业所属的经济部门分为农业企业、工业企业、交通运输企业、金融企业等。

（2）根据企业使用的技术装备及生产力要素所占比重分为技术密集型企业、劳动密集型企业。

（3）根据企业规模分为大型企业、中型企业和小型企业。

（4）根据企业内部结构分为单厂企业、多厂企业和联合企业。

（5）根据企业在法律上的主体资格分为法人企业和非法人企业。

（6）根据投资人的出资方式和责任形式分为个人独资企业、合伙企业、公司制企业。

（7）根据投资者的不同分为内资企业，外商投资企业和港、澳、台商投资企业。

（8）根据所有制结构的不同分为全民所有制企业、集体所有制企业和私营企业。

（9）其他划分。

（二）企业的法定分类

企业的法定分类是国家通过立法，对该国的企业所进行的分类，亦即国家通过立法来规定的企业种类。国家通过立法对各类企业进行法律上的界定，使企业的类别规范化、标准化，并具有法律约束力。国家通过立法对企业的种类进行界定，使企业的设立人（包括企业的投资者）根据企业的法定种类，确定自己对企业种类的选择。一般情况下设立人应在法律规定的范围内确定对企业种类的选择。同时，企业的设立人在设立企业时必须按照法律对不同类别企业的具体需求，如设立的条件、设立的程序、内部组织机构等来组建企业。

1. 按照经济类型对企业进行分类

按照经济类型对企业进行分类是我国对企业进行法定分类的基本做法。根据宪法和有关法律规定，我国目前有国有经济、集体经济、私营经济、个体经济、联营经济、股份制经济、外商投资经济、港澳台投资经济、其他经济等经济类型。相应的，我国企业立法的模式也是按经济类型来安排，从而形成了按经济类型来确定企业法定种类的特殊情况。

（1）国有企业。这是指企业的全部财产属于国家，由国家出资兴办的企业。国有企业的范围包括中央和地方各级国家机关、事业单位和社会团体使用国有资产投资兴办的企业，也包括实行企业化经营、国家不再核拨经费或核发部分经费的事业单位及从事生产经营性活动的社会团体。

（2）集体企业。这是指一定范围内的劳动群众出资举办的企业。它包括城乡劳动者使用集体资本投资兴办的企业，以及部分个人通过集资自愿放弃所有权并依法经工商行政管理机关认定为集体所有制的企业。

（3）私营企业。这是指企业的资产属于私人所有，有法定数额以上的雇工的营利性经济组织，在我国，这类企业由公民个人出资兴办并由其所有和支配，而且其生产经营方式是以雇佣劳动为基础，雇工数额应在 8 人以上。这类企业原以经营第三产业为主，现已涉足第一、第二产业，向科技型、生产型、外向型方向发展。

（4）股份制企业。企业的财产由两个或两个以上的出资者共同出资，并以股份形式而构成的企业。我国的股份制企业主要是指股份有限公司和有限责任公司（包括国有独资公司）两种组织形式。某些国有、集体、私营等经济组织虽以股份制形式经营，但未按公司法有关规定改制规范的，未以股份有限责任公司或有限责任公司登记注册的，仍按原所有制经济性质划归其经济类型。

（5）联营企业。这是指企业之间或者企业、事业单位之间联营，组成新的经济实体。具备法人条件的联营企业，独立承担民事责任；不具备法人条件的，由联营各方按照出资比例或者协议的约定，以各自所有的或者经营管理的财产承担民事责任。如果按照法律规定或者协议的约定负连带责任的，则要承担连带责任。

（6）外商投资企业。这类企业包括中外合营者在中国境内经过中国政府批准成立的，中外合营者共同投资、共同经营、共享利润、共担风险的中外合资经营企业；也包括由外国企业、其他经济组织按照平等互利的原则，按我国法律以合作协议约定双方权利和义务，经中国有关机关批准而设立的中外合作经营企业；还包括依照中国法律在中国境内设立的，全部资本由外国企业、其他经济组织或个人单独投资、独立经营、自负盈亏的外资企业。

（7）港澳台投资企业。这是指港、澳、台投资者依照中华人民共和国有关经济法律、法规的规定，以合资、合作或独资形式在大陆举办的企业。在法律适用上，均以中华人民共和国涉外经济法律、法规为依据，在经济类型上，它是不同于涉外投资的经济类型。

（8）股份合作企业。这是指一种以资本联合和劳动联合相结合作为其成立、运作基础的经济组织，它把资本与劳动力这两个生产力的基本要素有效地结合起来，具有股份制企业与合作制企业优点的新兴的企业组织形式。

2. 企业法定分类的基本形态

企业法定分类的基本形态主要是个人独资企业、合伙企业和公司。法律对这三种企业划分的内涵基本做了概括，即企业的资本构成、企业的责任形式和企业在法律上的地位。目前，我国已颁布公司法、合伙企业法和个人独资企业法。

（1）个人独资企业：是指依法在中国境内设立，由一个自然人投资，财产为投资人个人所有，投资人以其个人财产对企业债务承担无限责任的经营实体。

个人独资企业的优势主要在于：①投资者独自享受利润。无须像其他企业那样先缴纳企业所得税，然后缴纳个人所得税。②经营完全自主，所受到的制约因素较其他企业形式要少得多。③比较容易设立和解散。④企业的目标和个人的目标完全一致。

不利的地方主要是：①风险责任大。②容易出现决策失误。③企业的规模有限。④企业存续时间较短。

（2）合伙企业：是指依法在中国境内设立的由各合伙人订立合伙协议，共同出资、合伙经营、共享收益、共担风险，并对合伙企业债务承担无限连带责任的营利性组织。

合伙企业的优势在于：①合伙企业的资本来源比个人独资企业相对广泛，并且可以发挥企业和合伙人的力量，增强经济实力，使企业规模相对扩大。②合伙企业的风险相对于个人独资企业来讲是分散的。③多数国家中合伙企业不缴纳企业所得税，相比公司的投资人来讲，在税收上有一定的优惠。④法律对于合伙企业的干预比较少，有自主性和灵活性。⑤适合需要资本不大、经营规模不大的企业，但是个人的信誉、能力和责任感对企业来讲是非常重要的。

不利的地方在于：①相对公司，资金来源和企业信用能力较差。②合伙人的责任比公司的股东大得多。③合伙人个性色彩浓，一定程度上会影响企业。

（3）公司：是指依法在中国境内设立的有限责任公司和股份有限公司。

公司的优势在于：①突破单个资本的限制，尽可能地将分散的资金集中，而且这种集中是非常迅速的，从而适应了社会化的大生产。②资本的高度集中经营，使得企业的组织、管理制度化、专门化、科学化。③有限责任可以使得投资者放心大胆地进行投资，保护好投资者的利益。④通过法律机制形成法人制度，创制了法律上的人格，使得公司能够长时期地存续下去，比较稳定地经营某项事业。

另外，公司也存在一定的劣势，如：与合伙经营比较，成立公司的程序较为烦琐；程序复杂，公司必须保存某些登记册，如成员登记册、董事及秘书登记册等。

任务二 掌握企业管理方法

任务目标

- 掌握企业管理的定义和特点。
- 了解企业管理产生和发展的过程。
- 了解企业管理的影响因素和模式。
- 掌握企业管理信息化的方法。

一、企业管理的定义和特点

(一) 企业管理的定义

企业管理采用的措施是计划、组织、控制、激励和领导这五项基本活动。这五项活动又被称为管理的五大基本职能。

企业管理就是利用计划、组织、控制、激励等措施来协调人力、物力和财力方面的资源。所谓协调是指同步化与和谐化。一个组织要有成效，必须使组织中的各个部门、各个单位，直到各个人的活动同步与和谐；组织中人力、物力和财力的配备也同样要同步、和谐。只有这样才能均衡地达到多元的组织目标。一个以汽车为主要产品并且管理良好的企业，它在人力、设备、厂房和资金方面都有一个适当的比例，每个部门、每个单位，以至每个人什么时间做什么，何时完成，送到什么地点，都将有严格的规定。这样才能保证用较低的成本，生产出高质量的汽车。这就如同一支配合良好的乐队，尽管大家各奏各的音调，配合起来则是一首美妙的交响曲。

| 阅读材料 | 历久弥坚中铸就的永辉法则 |

永辉靠着农副产品的业务迅速打开局面，取得了市场的认可。接着张轩松又开始建立生鲜商超壁垒，秀出了独门"杀手锏"。据了解，永辉超市有三个生存法则。

1. 生鲜自营和直采

张轩松养了一支三百多人的采购团队，常年驻守分布在全国的二十余个农产品生产基地。为了采购新鲜的水产品，永辉的采购船可以直接开到海上与捕鱼船对接；在福建的一些永辉店铺，早晨五点半就开门迎客，只为将新鲜的食品第一时间提供给顾客。

2. 专注聚焦，单品暴利

大多做生鲜产品电商的企业容易亏损，因为毛利太低，甚至基本为负，但永辉超市的毛利可以达到16%，简直就是业界奇迹！为什么？秘密都在单品控制上。值得一提的是，永辉超市对香蕉单品的运营逆天。从源头开始，采购员到农田大规模采摘未成熟的香蕉，价格便宜，保鲜期也长。通过冷库运输到仓库，经过简单的制作工艺催熟香蕉，再统一配送到各门店进行销售，无论是价格还是品质，在市场上都占绝对优势，利润也很丰厚。

3. 全员持股，极致防损

大家都知道，很多超市的一线员工干着最脏、最累的活，却拿着最低微的薪水，每天上班事实上就是"当一天和尚撞一天钟"，没干劲，码放果蔬的时候经常"往那一丢""往那一砸"，反正卖多少都和他没关系、超市损失多少果蔬和他没有关系。为了提升员工激情，张轩松画了一个大饼：一线员工全员持股，工资绩效和销售额与企业的利润挂钩。

（材料来源：《永辉超市：怎样逆袭成就百亿商业帝国》商海精英）

（二）企业管理的特点

1. 无形资产经营所创造的利润将超过有形资产

一些企业将自己的核心业务逐渐转向研究与开发、品牌经营、资产重组、产权经营等价值增值高、利润高的业务领域，而将那些需要大量有形资产投资和重复性劳动的物质产品生产、物流配送业务外包或委托出去，交给那些专业化公司来完成。这些专业化公司不断提高其作业的智能化水平，提高其产品的知名度和客户信赖度，增加其产品或服务的知识含量和价值含量，进而不断提高企业无形资产的价值及其在创造利润中的重要性。

2. 知识所有者和资本所有者将共同治理企业

制约企业发展的主要因素已经不是资金和生产能力，而是企业的技术创新能力和管理能力，是企业技术知识或管理知识对企业的贡献程度。因此，让知识所有者拥有企业部分股权，参与企业治理，以调动他们的积极性也顺理成章。许多企业的所有者将企业所有权的一部分，以技术入股、职工持股等方式让渡给企业的知识所有者，以留住他们，让他们作为股东参与企业治理。

3. 创新将是企业取得竞争优势的根本途径

技术创新是企业在生产上、市场上占据竞争优势的根本途径。没有技术创新的企业，不仅得不到新的市场，还会失去原有的市场。市场和技术的发展变化，需要企业不断进行管理创新（包括制度创新）。

阅读材料 **创新是"永辉超市"跨越发展、做大做强的不二法门**

从2000年开始，商超行业发生了翻天覆地的变化，台湾零售业连锁巨头"好又多"及世界500强企业麦德龙、沃尔玛进入福建市场，中小超市死伤大片，永辉超市的创始人张轩松知道如果不转型做大做强，只有关门倒闭。在零售巨头面前，只有赢或死，再细小的利润也会被它们吞噬。2001年3月，永辉开出第一家生鲜食品超市，以家庭主妇、上班族为主要客户群，放弃服装、日用品、家电一切主流业务，卖的是蔬菜、水果、肉禽、活鲜、冰鲜和干货，貌似成了一个新的农贸市场，像超市卖快消品一样卖生鲜，但价格却低于农贸市场的10%。其地址也不像一般超市那样选择在闹市区、商业中心，而是选址在居民区、次干道及城乡接合部。这次创新可以说是被逼的，其目的是避免与实力雄厚的洋巨头正面交锋，但这次困境中的创新却开拓出了一块潜力无限的大市场。沃尔玛、麦德龙等洋超市不可能介入生鲜超市这一领域，也就不可能对张轩松形成威胁。自此，永辉超市走上了持续而快速发展的康庄大道。张轩松高调提出了"家门口的永辉超市"这一口号。这句口号的第一层含义是"开在每个人家门口"；另一层含义是要"开到每一个人的家门口"。

（材料来源：《永辉超市：怎样逆袭成就百亿商业帝国》商海精英）

4. 经营战略将围绕发挥和塑造企业的核心竞争能力来制定

进入20世纪90年代之后，全球范围内的工农业产品价格下跌和市场竞争格局的重新调整，迫使企业将自己的主要精力集中到附加价值高、自己拥有垄断优势的核心业务领域，而将不创造价值或创造价值较少、其他企业能够比自己干得更好的业务外包或剥离转移出去。

5. 市场营销活动将以赢得客户信赖为目标

随着工业化和信息化的发展，围绕满足顾客需要这个核心，逐渐形成了 4Cs 整合营销（指消费者、成本、方便、沟通的有效整合）、概念营销、网络营销、客户关系管理等营销新概念、新方法，这些新的营销活动将以赢得客户信赖为核心。

6. 企业生产将向个性化、柔性化、分散化方向发展

企业通过生产、管理、技术多方面的创新，已经形成了比较先进和稳定的计算机应用系统。生产管理技术和软件的发展和完善，使企业生产的个性化、柔性化水平大大提高。

7. 生产配送体系以快速满足客户需求为核心

互联网的发展使单个企业变成了整个满足顾客需要的产供销链条上的一个环节。顾客可以在进入这个链条的所有企业里寻找自己满意的产品或服务，并直接和他们签订合同。在这种物流和资金流有可靠保证的情况下，企业之间的竞争实际上就是满足顾客需求的能力和速度方面的竞争。

8. 财务管理将向战略型、集成化方向发展

随着经济全球化、网络化、知识化的进程，企业的财务管理主要发生了以下变化：财务管理从静态的事后核算向动态的、参与经营过程的财务管理方向发展；财务管理从战术性、事务性的管理向战略性、全局性的经营理财方向发展；财务管理从内部的、独立的职能管理向开放的、"三流（物流、信息流、资金流）合一"的集成管理方向发展，等等。总之，这些变化和发展，使企业的财务管理向战略、集成化方向发展。

9. 信息资源管理将向知识资源管理转变

自计算机技术应用以来，企业的信息管理经历了围绕产品设计、财务管理、库存管理、职工档案等的单机信息处理阶段，人、财、物、产、供、销等多环节信息综合起来的企业管理信息系统阶段，以及基于内部网络的数据库管理阶段，目前正向知识资源管理方向发展。

10. 人力资源管理将以发挥员工的潜能为目标

企业人事管理的目的是使企业工作成为员工的一种享受，而不是刻板的义务；使企业成为员工学习知识、发展自我、实现人生价值的地方，而不应成为不容差错和失误、束缚个人自由发展的流水生产线。

二、企业管理的产生和发展

三十多年的改革开放让中国经济快速崛起，也让中国的企业家群体不断壮大、不断成熟，更让"华商"成为继"世界第一商人——犹太人"之后又一个引人注目、受人尊重的群体。

在经济全球化的今天，中国的企业家们，既要面对来自外部的挑战，又要探询符合本土国情特质、企业现状的经营之路。如何将"一法、二理、三情"的西方现代管理科学理念与"一情、二理、三法"的中国式传统管理理念有机融合，形成具有中国特色的企业管理之道，已经是一种大势所趋。

（一）企业管理的产生

企业管理是社会化大生产发展的客观要求和必然产物，是由人们在从事交换过程中的共同劳动所引起的。

在社会生产发展的一定阶段，一切规模较大的共同劳动，都或多或少地需要进行指挥，以协调个人的活动；通过对整个劳动过程的监督和调节，使单个劳动服从生产总体的要求，以保证整个劳动过程按人们预定的目的正常进行。尤其是在科学技术高度发达、产品日新月异、市场瞬息万变的现代社会中，企业管理就显得越发重要。

（二）企业管理的发展

企业管理的发展大体经历了 3 个阶段。

1. 18 世纪末至 19 世纪末的传统管理阶段

这一阶段出现了管理职能同体力劳动的分离，管理工作由资本家个人执行，其特点是一切凭个人经验办事。

2. 20 世纪 20—40 年代的科学管理阶段

这一阶段出现了资本家同管理人员的分离，管理人员总结管理经验，使之系统化并加以发展，逐步形成了一套科学管理理论。

3. 20 世纪 50 年代以后的现代管理阶段

这一阶段的特点是：从经济的定性概念发展为定量分析，采用数理决策方法，并在各项管理中广泛采用计算机进行控制。

三、企业管理的影响因素

（一）企业环境

企业要生存和发展，就必须不断地适应环境的变化，满足环境对组织提出的各种要求。因此，环境是决定管理者采取何种类型组织架构的一个关键因素。

外部环境是指企业所处的行业特征、市场特点、经济形势、政府关系及自然环境等。环境因素可以从两个方面影响组织架构的设计，即环境的复杂性和环境稳定性。外部环境对组织的职能结构、层次结构、部门结构以及职权结构产生影响。

（二）企业规模

企业规模是影响企业组织设计的重要因素。企业的规模不同，其内部结构也存在明显的差异。随着企业规模的不断扩大，企业活动的内容日趋复杂，人数逐渐增多，专业分工不断细化，部门和职务的数量逐渐增加，这些都会直接导致组织架构复杂性的增加。

企业规模越大，需要协调与决策的事物将会不断增加，管理幅度就会越大，但是，管理者的时间和精力是有限的。这一矛盾将促使企业增加管理层级并进行更多的分权。因此，企业规模的扩大将会使组织的层级结构、部门结构与职能结构发生相应的变化。

（三）业务特点

如果企业业务种类众多，就要求组织有相应的资源和管理手段与之对应，以此来满足业务的需要。因此部门或岗位设置就会更多，所需要的人员就更多，组织相对就复杂一些。一般情况下，业务种类越多，组织内部部门或岗位设置就越多。

企业的各个业务联系越紧密，组织机构设计越需要考虑部门及部门内部的业务之间的相互作用，越不能采用分散的组织机构。这种情况下采用直线职能制或矩阵式组织机构更合适。一般而言，业务相关程度越大，越要进行综合管理。

（四）技术水平

组织的活动需要利用一定的技术和反映一定技术水平的特殊手段来进行。技术以及技设备的水平，不仅影响组织活动的效果和效率，还会作用于组织活动的内容划分、职务设置等方面。

有些企业技术力量较强，他们以技术创新和发展作为企业发展的根本。这时候组织机构关键是考虑技术发展问题，组织设计也以技术及其发展创新为主。当技术能够带来高额利润时，技术管理和利用就显得相当重要，技术管理成为企业组织机构设置的核心问题，成为组织机构设置的主线。生产技术越复杂，组织架构垂直分工越复杂，这将导致组织的部门结构增加，从而也增加了企业横向协调的工作量。

在传统企业中，各个企业的技术都差不多，企业的主要利润点不在技术上，那么技术就不会过多地影响企业组织机构的设置，组织机构的设置更多地考虑诸如渠道管理、成本降低等，并以这些因素作为组织机构设计的主线。因此，这类惯性高的工作可考虑采用标准化协调与控制结构，组织架构应具有较高的正式性和集权性。

（五）人力资源

人力资源是组织架构顺利实施的基础。在组织架构设计中，对人员素质的影响考虑不够会产生较严重的问题。员工素质包括价值观、智力、理解能力、自控能力和工作能力。当员工素质提高时，其本身的工作能力和需求就会发生变化。对于高素质的员工，管理制度应有较大的灵活性。例如，弹性的工作时间、灵活的工作场所（如家庭办公）、较多的决策参与权以及有吸引力的薪资福利计划等。

人力资源状况会对企业的部门结构产生影响，如实行事业部制，就需要有比较全面领导能力的人担任事业部经理；若实行矩阵结构，项目经理人就要有较高的威信和良好的人际关系，以适应其责多权少的特点。

人力资源状况还会对企业的职权结构产生影响，企业管理人员管理水平高，管理知识全面，经验丰富，有良好的职业道德，管理权力可较多地下放。

（六）信息化建设

网络技术的普及和发展使企业组织机构的存在基础发生巨大的变化，电子商务技术的发展使信息处理效率大幅提高。企业网络内每一终端都可以同时获得全面的数据与信息，各种计算机辅助手段的应用使中层管理人员的作用日渐式微。因此当企业建成高水平的信息系统后，应及时调整其组织架构，采用扁平化的组织架构来适应新兴电子商务经营方式，以减少中层管理人员，提高效率，降低企业内部管理成本。

信息技术使企业的业务流程发生根本性的变化，改革了企业经营所需的资源结构和人们之间劳动组合的关系，信息资源的重要性大大提升。组织架构的设计应该从原来庞大、复杂、刚性的状态中解脱出来，这样的组织更有利于信息的流动并趋于简化。

四、企业管理的特征

（一）亲情化

这种管理模式利用家族血缘关系中的一个很重要的功能，即内聚功能，也就是试图通过家族血缘关系的内聚功能来实现对企业的管理。从历史上看，虽然一个企业在其创业的时期，这种亲情化的企业管理模式确实起到良好的作用。但是，当企业发展到一定程度的时候，尤其是当企业发展成为大企业以后，这种亲情化的企业管理模式很快就会出现问题。因为这种管理模式中所使用的家族血缘关系中的内聚性功能，会转化为内耗功能，因而这种管理模式也就应该被其他的管理模式所替代。这种管理模式的存在只是因为我们国家的信用体制及法律体制还非常不完善，使得人们不敢把自己的资产交给与自己没有血缘关系的人使用，因而不得不采取这种亲情化管理模式。

（二）友情化

这种管理模式在企业初创阶段也是有积极意义的，是很有内聚力量的。但是当企业发展到一定规模，尤其是企业利润增长到一定程度之后，如果友情出现裂痕，就会导致企业很快衰落，甚至破产。我国有一个民营企业叫"万通"，一开始就是五个情投意合的人创办的一个友情化企业，当时大家都同甘共苦，完全不计较个人得失。但是，当"万通"拿到第一桶金的时候，五个人就开始产生摩擦。后来，"万通"由于创业者各自另起炉灶而孵化了好几个企业。

（三）温情化

这种管理模式强调管理应该是更多地调动人性的内在作用，只有这样，才能使企业很快地发展。在企业中强调人情味是对的，但是不能把强调人情味作为企业管理制度的最主要原则。人情味原则与企业管理原则是不同范畴的原则，因此，过度强调人情味，不仅不利于企业发展，而且往往会导致失控，甚至还会破产。温情化管理模式实际上是想用情义中的良心原则来处理企业中的管理关系。在经济利益关系中，所谓的良心是很难谈得清楚的。良心用经济学的理论来讲，实际上就是一种伦理化的并以人情味为形式的经济利益的规范化回报方式。因此，如果笼统地讲什么良心，讲什么人性，不触及利益关系，不谈利益的互利，实际上是很难让被管理者好好干的，最终企业都是搞不好的。管理并不只是讲温情，而首先是利益关系的界定。只有那种在各种利益关系面前"毫不手软"的人，尤其对利益关系的界定能"拉下脸"的人，才能成为职业经理人。

（四）随机化

在现实中，具体表现为两种形式：一种是民营企业中的独裁式管理。把独裁式管理作为一种随机化管理，是因为有些民营企业的创业者很独裁。他说了算，他随时可以改变任何规章制度，他的话就是原则和规则，因而这种管理属于随机性的管理。另外一种形式，就是发生在国有企业中的行政干预，即政府机构可以任意干预一个国有企业的经营活动，最后导致企业的管理非常随意化。可见，这种管理模式要么是表现为民营企业中的独裁管理，要么是表现为国有企业体制中政府对企业的过度行政干预。好多民营企业的垮台就是因为这种随机化管理模式的推行而造成的，因为创业者的话说错了，别人也无法发言矫正，甚至创业者的决策做错了，别人也无法更改，最后只能是企业破产。

（五）制度化

所谓制度化管理模式，就是指按照已经确定的规则来推动企业管理。当然，这种规则必须是大家所认可的、带有契约性的规则，同时这种规则也是责权利对称的。因此，未来的企业管理的目标模式是以制度化管理模式为基础，适当地吸收和利用其他几种管理模式的某些有用的因素。为什么这样讲呢？因为制度化管理比较"残酷"，适当地引进一点亲情关系、友情关系、温情关系确实有好处。甚至有时也可以适当地对管理中的矛盾及利益关系做一点随性的处理，"淡化"一下规则，因为制度化太呆板了。如果不适当地"软化"一下也不好办，终究被管理的主要对象还是人，而人不是一般的物品，人是有各种各样的思维的，是具有能动性的，所以完全讲制度化管理也不行。适当地吸收一点其他管理模式的优点，综合成一种带有混合性的企业管理模式，这样可能会好一点。这恐怕是中国这十几年来在企业管理模式的选择方面，大家所得出的共识性的结论。

（六）项目化

项目化管理就是指在一定的条件与资源情况下，通过一系列的方法与手段，对所有的项目进行有条理、有效的管理活动，并且对所管理的项目进行优化的过程。具体来说，就是对一活动从决策开始到结束的全过程进行详细的有条理的管理。将项目化管理应用在企业管理过程中，改变了以往较为传统的管理观念，主要有如下优势：

（1）项目化管理注重在整个项目的实施过程中进行全方位的监督与管理，有效地补充了传统管理方式中对某些部门的遗漏。

（2）将参加整个项目的员工整合到一个流程之内，有效地增加了企业内部员工的团队意识，形成企业的内部文化。不论是管理层还是普通员工，都有参与这个项目的意识，都认为自己是项目中的一分子，不知不觉中就将员工都组织到了一起，有效地改善了企业管理水平。

（3）通过整个项目的整合与细致化的管理，加强了企业的内部管理能力，减少了相关部门之间的冲突与矛盾，在同一个工作项目中优化了工作流程，有效降低了企业成本，实现了企业资源的优化配置。

以上是中国企业管理的特征，我们可以通过图 2-1 来了解一下国外企业管理的特征。

	美国	德国	日本
公司治理	●平衡不同利益群体 ●股东利益最大化 ●强势CEO ●绩效至上、短期行为 ●对CEO的股权激励	●平衡大小股东利益 ●资本市场影响有限 ●管理监督机制并存 ●稳固发展、目标长期 ●股权激励相对较弱	●内部董事为主体 ●注重利益群体利益 ●公司之间相互持股 ●银行贷款监管无力 ●重视经理长期表现
人力资源管理和激励机制	●总裁决策至高无上 ●工会强势、集体谈判 ●详细分工、专业性强 ●绩效评估、优胜劣汰	●股东、员工利益平衡 ●工会、政府参与管理 ●重视技术、培养学徒 ●就业稳定、福利优惠	●经理、员工共同决策 ●公司、工会利益趋同 ●粗犷分工、多种技能 ●内部培训、长期发展
政府就业政策和企业社会责任感	●政府法律规则细腻 ●工会影响日趋下降 ●股东利益高于一切 ●工商管理教育发达	●政府就业法律全面、健全、实用 ●教育制度强调学以致用：工程+技能	●政府制定宏观就业政策 ●公司强调企业的理念和社会责任感 ●高等教育重视通才内容

图 2-1　美德日企业管理特征比较

五、企业管理信息化

管理信息化是信息的集成，其核心要素是数据平台的建设和数据的深度挖掘，通过信息管理系统把企业的设计、采购、生产、制造、财务、营销、经营、管理等各个环节集成起来，共享信息和资源，同时利用现代的技术手段来寻找自己的潜在客户，有效地支撑企业的决策系统，达到降低库存、提高生产效能和质量、快速应变的目的，增强企业的市场竞争力，如图 2－2 所示。

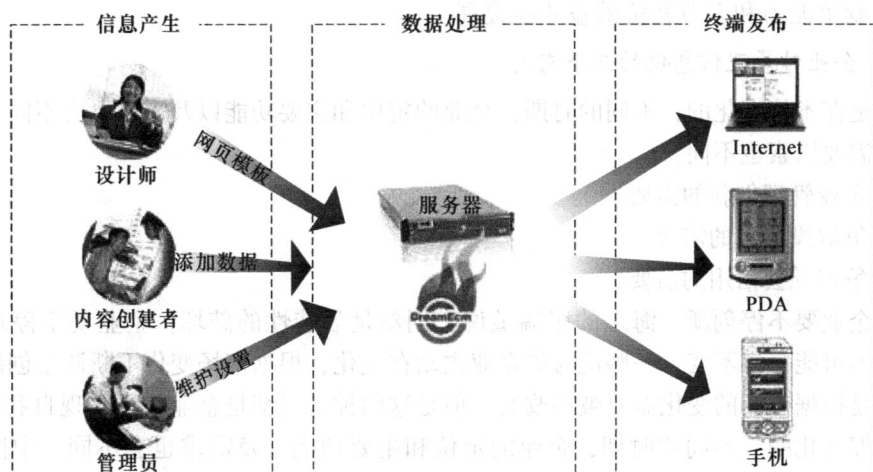

图 2－2　企业管理信息化

企业信息化是先进的管理思想与现代信息技术相结合的应用过程，而信息技术的商业应用价值也在于促进企业管理的科学化。随着信息技术在企业各个管理层次的应用和渗透，其影响必然波及企业的战略发展、组织结构、规划策划、管理制度、协调控制、企业文化，等等。

（一）企业管理信息化的三个目标

企业管理信息化是企业管理方式的一次深刻变革，它不只是在企业建立一个或几个信息系统，而是要从整体上对企业管理进行全面的重组优化。这种整体的变革和优化包括三个方面的内容：

（1）决策过程科学化（目标优化）。

（2）工作流程科学化（结构优化）。

（3）员工行为科学化（知识优化）。

随着市场变化和信息技术的飞速发展，以前企业直线式、直线职能式的管理模式越来越显得不合时宜，现代管理模式正在向扁平化转移，企业组织模式向哑铃型方向发展。这样的机构可以使企业把更多的精力放在研发、供应链和客户关系管理上去，使内部变得简洁、有效，而两端具有很大的向外扩张的能力。要使管理结构扁平化，企业就需要对组织结构进行调整，企业的总经理也必须要面对更多的管理点。要适应这种新的管理模式，仅仅凭借企业家个人的力量是不够的，企业必须借助新的管理武器，通过信息化这一有效手段实现新的管理方式。企业信息化的目标就是去掉个人和组织的不当习惯和做法，通过科学决策、规范工作流程来优化员工行为，提高全要素生产率，把人财物等资源有效结合，产生出新的效率。中国 1978 年的全要素生产率是 −3%，1999 年达到 39%，这主要是改革开放带来了人的自由度，人可以在最适合于自己的岗位工作，公司能够选择最适合于自己的方式来经营，而地区也会选择最有自己区域特色的东西发展自己的经济，结果使社会在结构优化和制度优化的基础上获得了全要素生产率的提高。工作流程科学化是从结构优化来提高企业效益。行为科学化主要是指知识优化。这两方面结合起来就是企业的全要素生产率，它涉及知识、人才、技术等多个方面。决策过程的优化就是目标的优化。只有结构优化、知识优化和决策优化相结合，企业的资源配置能力才能提高，企业竞争能力和企业经济效益才能提高。

（二）企业对管理信息化的三个需要

社会是在不停变化的，不同的时期，企业的定位和主要功能以及需求也会不同，对管理信息化的需要因素也不同。

（1）企业管理创新的需要。

（2）争取投资者的需要。

（3）争取社会信用的需要。

好的企业要不停创新。海尔的张瑞敏说，创新是创造性的破坏！企业要不停地提高自己，所以不可能多年不变。一些优秀的企业主动在变化，根据市场变化不断调整创新；而另一类企业是根据市场的变化需要被动改变。但是这两种情况都是企业为了实现自我创新。社会是在不停变化的，不同的时期，企业的定位和主要功能以及需求也会不同。中国加入了WTO，企业生存的制度基础和游戏规则都与国际接轨，所以企业自身的创新势在必行。另外，企业要想获得更大的发展，及时从资本市场上获取投资是必由之路。而要引起投资人的注意，信息化系统的完善是一个很主要的因素。信息系统应该使公众很容易了解到该企业的情况和变化，这样才能使投资者愿意投资。公众对企业投资以后，当然有权利对企业进行监督，有权索取投资回报。企业的信誉的好坏是企业能否获得长期发展的关键，而信息系统的可信度也会决定信誉的程度。

（三）企业功能的三次变化

不同的市场环境使得人们从不同的角度去认识企业的功能问题，从而产生了不同的定义。

（1）70 年代及以前——生产者。

（2）80 年代——经营者。

（3）90 年代及以后——资源转换增值的竞争者。

什么是企业？为什么要企业？什么企业能存续？这是一串有趣味又有争议的老问题。不同的市场环境使得人们从不同的角度去认识这些问题，从而产生了不同的定义。在我国，20世纪 70 年代以前，由于物品短缺，生产是按计划进行的，产品一般不愁卖不出去，组织好生产是企业的天职。到了 80 年代，企业逐步有了生产自主权，社会上的物品日趋丰富，有些产品已经出现富余，并不是所有的东西都有人买，所以这时候生产必须以市场为导向，企业也逐渐变成了经营者，企业效益分化，有好有差，但都还能活下去。到了 90 年代，买方市场出现，这时候，产品必须根据市场来生产，企业能否存在都由市场来决定。企业的工作就是将人财物、信息、技术和管理有效地组织起来，实现更多的增值。企业的角色成了资源转换增值的竞争者。如果企业有资源转换增值的能力，那么就能够产生一个个企业，如果资源转换增值能力不够，那么企业就会出问题，甚至会破产倒闭。

（四）企业管理重心的三种转变

通过企业管理信息化再造企业的"神经系统"，就能改善企业的"血液循环系统"，优化企业的"消化系统"，强化企业的"运动系统"。

（1）物流解决有无、多少、好坏问题——搞好"消化系统"。

（2）资金流解决规模、成本、周转问题——搞好"血液系统"。

（3）信息流解决快慢、准确、市场问题——搞好"神经系统"。

在生产者的时代，产品第一，企业最重要的事情是抓好物流，着重要解决的问题是产品的有无、多少以及好与坏的问题，要搞好企业的"消化系统"；而在经营者的时代，效益第一，资金流这个"血液循环系统"变成了企业管理的重心，这时企业要解决的是规模、资金周转速度以及降低成本问题。

现在资源转换增值的竞争时代，信息第一，企业以信息为中心，协同物流、资金流、工作流及时、有效地运作，企业在准确的信息指导下，以最快的速度占有多种资源，以先进的技术组织产品生产，按用户要求提供服务。在这场更快、更好、更强的竞争中，抓管理信息化就是抓企业的"神经系统"。

任务三　现代企业制度分析

任务目标

- 了解现代企业制度的含义和基本特征。
- 掌握现代企业制度的核心问题。
- 了解现代企业制度存在的难点和多元化形式。
- 掌握现代企业制度的内容。

一、现代企业制度的含义及基本特征

（一）现代企业制度的含义

现代企业制度是指同现代市场经济体制相适应的有关企业的各种制度的总称。它是以市场经济为主体，以完善的企业法人制度为基础，以有限责任制度为保证，以公司企业为主要形式，以产权清晰、权责明确、政企分开、管理科学为条件的新型企业制度，其主要内容包括企业法人制度、企业自负盈亏制度、出资者有限责任制度、科学的领导体制与组织管理制度。

公司制度是现代企业制度中最典型的企业制度，有其固有优势。它有利于国有资产决策的民主化和利用的分散化，能适应市场经济的决策模式和市场竞争的需要。用法律来规范现代企业制度的建立，是现代企业制度建设规范化、正规化的唯一途径。但目前的企业法、公司法和民法以及劳动法都只是从把国有企业重构为一个独立的经营市场主体这一层面来建立现代企业制度，即偏重于明确企业的民事或商事主体地位。也就是在没有把国有企业内部关系调整好（政策性、社会性负担没有剥离，自生能力、内部活力没有产生）之前就把它们推向市场，让它们去与形式平等而实质不平等的具有"狼"性的非国有企业去竞争，其结果是可想而知的。很多大中型企业徒具公司制的形式，而人员、管理体制、运行机制还是跟以前一样。要么是政府的执行机构，要么"内部人控制"，无法建立起科学的法人治理结构，原因是多方面的，但是与我国企业立法不完善性有关。

（二）现代企业制度的基本特征

现代企业制度要求企业具有法人财产权，并且有独立经营和支配法人财产的权利。资本市场和证券市场的建立，为法人财产权的独立创造了条件。从现代企业制度的建立、发展及运作看，现代企业制度具有其自身的特征，确保了其制度本身科学合理地正常运作，又保证了其在市场经济条件下，不断健康、稳定地发展和日臻完善，促进现代企业制度向更科学、更合理、更完善方向发展，适应社会主义市场经济的发展需要。

（1）产权关系明晰。企业中的国有资产所有权属于国家，企业拥有包括国家在内的出资者投资形成的全部法人财产权，成为享有民事权利、承担民事责任的法人实体。随着生产社会化的发展，要求有适应社会生产力需要的、稳定的企业制度。在现代企业制度阶段，企业财产的所有制已经与企业的组织制度和形式脱离了因果关系，不管是私有财产还是公有财产都可在现代企业制度的架构中得到联合。因此，在这种条件下，企业可以成为拥有包括国家在内的出资者投资形成的全部法人财产权的法人实体。同时，现代的社会制度、法律制度及社会大生产的发展需要，都要求企业独立进行生产经营活动，必须具备法人资格，成为独立享有民事权利、承担民事责任的法人实体。

（2）企业以其全部法人财产，依法自主经营、自负盈亏、照章纳税，对出资者承担资产保值增值的责任。企业既然依法成为享有民事权利、承担民事责任的法人实体，企业就有权依法运用其法人财产，独立自主地进行生产经营活动，不受其他任何机构、组织的干涉，只受市场因素的调节；企业独立承担，享受生产经营过程的结果；企业要依法照章纳税，为社会做出贡献。同时，企业要对出资者投资形成的资产承担保值的责任。此外，企业还要确保出资者的投资能正常、合理地增长，使投资行为能得以维护和保障。

（3）出资者按投入企业的资本额享有所有者的权益，即资产受益、重大决策和选择管理者的权利。企业破产时，出资者只以投入企业的资本额对企业债务负有限责任。出资者的权益和责任，都以其投入企业的资本额为限，包括资产受益、决策、选择管理者及企业破产时所承担的债务责任。因此，出资者的投资额是出资者对企业行使权利和应尽义务的唯一标准与界限，也是出资者承担责任的唯一尺度。

（4）企业按照市场需求组织生产经营，以提高劳动生产率和经济效益为目的。政府不直接干预企业的生产经营活动，企业在市场竞争中优胜劣汰。长期亏损，资不抵债的企业应依法破产。

二、现代企业制度的内容

现代企业制度有着十分丰富的内涵，它是当前最为发达的一种企业体制。在我国社会主义市场经济条件下建立现代企业制度，主要包括现代企业产权制度、现代企业组织制度、现代企业管理制度三个方面的主要内容。

（1）现代企业产权制度产权归属的明晰化、产权结构的多元化、责任权利的有限性和治理结构的法人性是现代企业产权制度的基本特征。国有企业建立现代企业制度，首先要求对其进行公司化改造，明晰企业的产权划分和归属主体，在此基础上引导出多元化的投资来源。同时，根据投资的多少确立对称的责任和权利，打破国家对企业债务负无限责任的传统体制。在所有权与经营权分开的前提下，企业依照自己的法人财产开展各项经济活动，独立地对外承担民事权利和民事义务。在现代企业产权制度的规范下，企业不再是国家行政机关的附属物，国家也不再是企业的唯一投资主体。在企业的所有资产中，所有权属分散的股东，企业通过自己独立的法人地位运营全部资产。企业与国家之间、企业与分散的股东之间，各自的责任与权利是明确的。国有企业经过公司化改造后，在其内部建立股东大会、董事会、监事会和经理部门相互制衡的公司治理结构，确保企业产权关系的有效实施。建立现代企业产权制度是我国的国有企业建立现代企业制度的基础和前提。

（2）现代企业制度有一套完整的组织制度，其基本特征是：所有者、经营者和生产者之间，通过公司的决策机构、执行机构、监督机构，形成各自独立、责权分明、相互制约的关系，并以国家相关的法律法规和公司章程加以确立和实现。

现代企业组织制度有两个相互联系的原则，即企业所有权和经营权相分离的原则，以及由此派生出来的公司决策权、执行权和监督权三权分立的原则。在此原则基础上，形成股东大会、董事会、监事会和经理层并存的组织机构框架。公司的组织机构通常包括股东大会、董事会、监事会和经理人员四大部分。按其职能，分别形成权力机构，执行机构、监督机构和管理机构。股东大会作为权力机构，它由国家授权投资的机构或部门以及其他出资者选派代表组成。股东实际上就是公司的所有者，股东大会所形成的决议是最终决议，具有法律效力。董事会作为公司的常设机构，是股东大会的执行机构，也是公司的经营决策机构，其主要职责是执行股东大会的决议，制定公司的大政方针、战略决策、投资方向、收益分配。监事会作为公司的又一常设机构，其主要职能是对董事会和经理人员行使职权的活动进行监督，审核公司的财务和资产状况，提请召开临时股东会等。经理人员是企业的管理阶层，包括公司的总经理、副总经理和部门经理等，负责公司日常的经营管理活动，依照公司的章程和董事会的决议行使职权。经理层对董事会负责，实行聘任制，不实行上级任命制。由股东大会、董事会、监事会及经理层相互制衡的现代企业组织制度，既赋予经营者充分的自主权，又切实保障所有者的权益，同时又能调动生产者的积极性，它是我国的国有企业建立现代企业制度的核心依托。

（3）现代企业管理制度包括以下几个方面的内容：有一套股东大会、董事会、监事会与经理层相互制衡的公司治理结构；具有正确的经营思想和能适应企业内外环境变化、推动企业发展的经营战略；建立适应现代化生产要求的领导制度；拥有熟练地掌握现代管理知识与技能的管理人才和具有良好素质的职工队伍；在生产经营各个主要环节普遍地、有效地使用现代化管理方法和手段；建设以企业精神、企业形象、企业规范等内容为中心的企业文化，培育良好的企业精神和企业集体意识。按照市场经济发展的需要，积极应用现代科学技术成果，在企业内部设置科学合理的治理机制，建立起现代企业管理制度是建立现代企业制度的根本保障，如图2-3、图2-4所示。

现代企业产权制度、现代企业组织制度、现代企业管理制度三者之间是相辅相成的，它们共同构成了现代企业制度的总体框架。

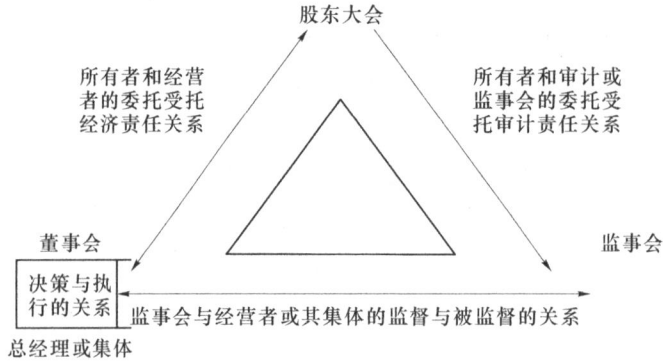

图 2-3 股东大会、董事会、监事会相互制衡图

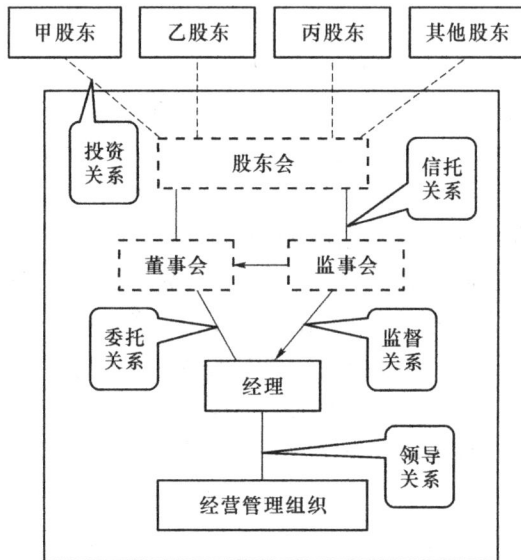

图 2-4 股东大会、董事会、监事会与经理层相互制衡图

三、建立现代企业制度存在的难点

(一) 产权主体未能真正实现多元化

产权主体多元化是将现行企业制度创新为现代企业制度的一个根本要求，是削弱政府直接干预企业的一个重要措施。这个多元化的实质含义，不但在于主体形式上的多元，而且还在于多元化的主体在实际中是否真正享有独立的法人地位，自主经营，自负盈亏，名副其实地发挥其应有的作用。过去，一些企业通过行政手段把企业的固定资产一次性变为国家股；另一些虽在改制中吸收了其他股份，但国家股保持绝对优势。其结果使产权主体形同虚设，即多元主体虚位，政府仍可以"唯一股""优势股"继续干预、控制企业，斩不断，理还乱，多元化流于形式。

(二) 企业的法人财产权如何确立并由谁代表尚不明确

产权明晰，是现代企业制度的另一个根本要求。我国在公司法中也以法律形式界定了企业法人财产和出资者的所有权，理顺了产权关系。这种关系的理顺在理论上优点比较明显：

①企业可拥有自己支配的资本金，自主经营，自负盈亏；②可通过法人财产的损益机制，约束经营行为，按市场法则办事；③割断企业与国家之间的各种联系，摆脱束缚，开拓进取；④强化利益激励机制，调动生产经营者的积极性等。但现实当中这种产权由谁代表，由谁管理，目前还没有明确的答案。

（三）现行企业领导体制功能失衡

（1）欠缺民主监督功能。企业领导升降去留依靠行政命令，厂长经理不是职业的企业家，其中部分人"官本位"意识浓厚，身在曹营心在汉，无法集中精力管理企业，出现问题"易地交流"，甚至还可原地做官，民主管理监督不力。

（2）欠缺组织监督功能。现行企业是"两心"（党委是"核心"，厂长经理是"中心"）并存，这种局面导致"两心"不合或摩擦现象亦非鲜见，党员生活会、民主集中制等亦多流于形式。

（3）欠缺法律功能。国有资产流失、企业亏损，但厂长经理仍可游山玩水，有的甚至可美言为"考察""取经"，缺乏专门的法律条款来约束。

（四）现代企业管理意识淡薄，管理人才短缺

目前，人们对公司制、股份制、现代企业制度的认识仍有待普遍提高，有悖于现代企业运行的官本位思想亦有待进一步消除。许多人还未摆脱传统企业管理的框套，亦未能在更高的层次看待企业家的作用，更未能把企业及企业家阶层视为社会经济发展的主体之一。此外，具有专门知识与丰富经验的现代企业管理人才也十分紧缺，尤其具有良好素质的职业化企业家更亟待培育。总之，思想的解放、观念的更新、高品位高层次管理精英的荟萃，是影响现代企业制度建立的"制高点"，而要攻破此制高点，亦非朝夕就可做到。

（五）制度创新的外在条件的完善还有待时日

首先，政府职能尚未真正转换，政府机构也必须进一步改革。企业改革很大程度上可以说是政府改革，即改革政府的多重身份、多种职能并兼的不正常现象。其次，市场体系尚未健全，产权、资金、劳动力等市场严重滞后，规范市场运行的法规仍不完善。再次，改革的配套措施亦有待进一步制定与择时出台，在改制的过程中，新问题也会不断产生。这些都说明建立现代企业制度难度很大，它是一个复杂的系统工程，还需要包括体制、政策、措施等方面的配合与支持。

（六）现行企业的内在负担仍然沉重

主要包括历史债务和企业办社会。历史债务不但影响企业自身的发展，也影响到企业与银行的关系，尤其随着专业银行改制为商业银行，银行可择优贷款，这会使某些企业贷款无着、还款艰难。企业办社会是高度集中的计划经济体制的产物。不但分散了生产者经营管理的精力，而且更重要的是消耗了企业的利润，使企业背上沉重的包袱。因此，如何根据不同的情况，减轻企业负担，也是企业制度创新的一个难点。

阅读材料　　　　　　　　　**永辉超市的合伙人制度**

整个超市业的一大问题是，一线员工干着最脏、最累的活，却拿着最低微的薪水，整个行业员工的流动性更是高得要命。

永辉超市董事长张轩松曾在一次进店调研中发现，当一名一线员工每个月只有2 000多

元的收入时，他们可能刚刚温饱，根本就没有什么干劲，每天上班事实上就是"当一天和尚撞一天钟"而已。顾客几乎很难从他们的脸上看到笑容，这对于网络冲击下的实体零售业来说，更是一个巨大的问题。

如果一线员工是一种"当一天和尚撞一天钟"的状态的话，在他们码放果蔬的时候就会出现"往一边丢""往那一砸"的现象，反正卖多少都和我没关系、超市损失多少果蔬也和我没关系。受过撞击的果蔬通常几个小时就会变黑，这样就无法吸引消费者购买，进而对整个超市造成影响。

超市员工怠工原因：

激烈的市场竞争让零售企业更多地关注于如何获取外部客户，既包括维系老顾客，又包含吸引新的客户。但是过度的竞争却也让企业忘了"内部客户"，也就是员工，尤其是一线员工。

尽管内部客户给企业带来的是"间接受益"，但他们对消费者的购买、购买行为有着不小的影响：如果非要按照数据来折算的话，那么内部员工的意义是，他们到底是让80%客户能多买一点，还是让80%的客户少买一点。可问题在于，直接提升一线员工收入的情况也是不现实的。

（1）单纯增加员工薪资，就会增加企业成本负担，影响超市盈利。

（2）加多少合适，加多了老板不愿意，加少了激励性弱，效果短暂。

比如永辉超市在全国有6万多名员工，假如每人每月增加100元的收入，永辉一年就要多付出7 200多万元的薪水——大概10%的净利润。况且100元对于员工的激励是极小的，效果更是短暂，总不能每隔几个月就全员提薪100元吧。

为此，既为了增加员工的薪酬，也为了节约成本（果蔬的损耗）以及提升营运收入（吸引更多消费者的购买），所以永辉超市在执行副总裁柴敏刚的指挥下开始了运营机制的革命，即对一线员工实行"合伙人制"。

作为超市业实施合伙人制的代表企业，永辉超市合伙人制于2013年开始在福建大区试点，并对合伙制进行了革新，并通过"新式合伙人制度"给一线员工们注入了强大的活力和旺盛的斗志。最开始，合伙人制度只在某些生鲜品类的销售岗位进行试行。因为销售岗位的业绩比较容易量化。在随后的2014年，永辉超市在全公司进行推广，合伙人制度的阳光普照到了所有的基层岗位。

"这也是一个试错的过程，我们希望能够在未来找到一个科学的机制，像华为和万科那样，与每一位员工共享利益。"柴敏钢表示，"永辉合伙人制度，最多的时候有七八个版本，到目前也是根据区域的不同，存在两三种方案。"

在永辉超市位于福建省福州市闽侯县竹岐乡汶州村的果蔬合作社，负责温州村的买手告诉记者，他已经在永辉工作10年了。"这一切都得益于我们的股权激励制度。"林忠波说。

而除了和这些企业的内部员工建立中、高层级的合伙制外，事实上，永辉超市更和当地的农户建立了一种类似"合伙人制度"的合作。

对此，林忠波提道："和农户签署合作协议是法律基础，但是法律永远都是底线，经过十几年的探索和沉淀，我们发现和农户间最重要的是'信任'二字。"

在多年的合作后，永辉得到了一批忠实的合作伙伴，这也成就了永辉超市在果蔬方面的核心竞争力，这些也就是永辉和农户间类似于"合伙人制"所带来的优势。

（材料来源于网络整理）

项目小结

企业及现代企业制度	企业认知	企业的定义	从事生产、流通、服务等经济活动，以生产或服务满足社会需要，自主经营、独立核算、依法设立、具有经济法人资格的一种营利性的经济组织
		企业的特征	（一）经济性；（二）社会性；（三）自主性（独立性）；（四）发展性；（五）竞争性；（六）组织性；（七）商品性；（八）营利性
		企业的类型	（一）企业的学理分类；（二）企业的法定分类
	掌握企业管理的方法	企业管理的定义	利用计划、组织、控制、激励等措施来协调人力、物力和财力方面的资源
		企业管理的发展阶段	①18 世纪末至 19 世纪末的传统管理阶段。②20 世纪 20—40 年代的科学管理阶段。③20 世纪 50 年代以后的现代管理阶段
		企业管理的模式	（一）亲情化；（二）友情化；（三）温情化；（四）随机化；（五）制度化；（六）项目化
	现代企业制度分析	现代企业制度的定义	以市场经济为主体，以完善的企业法人制度为基础，以有限责任制度为保证，以公司企业为主要形式，以产权清晰、权责明确、政企分开、管理科学为条件的新型企业制度
		现代企业制度的特征	产权清晰、权责明确、政企分开、管理科学
		现代企业的内容	现代企业产权制度、现代企业组织制度、现代企业管理制度

能力自测

一、单选题

1. 合伙企业属于（　　）。

    A. 自然人企业   B. 法人企业

    C. 公司企业   D. 企业集团

2. 1927 年到芝加哥附近的西方电气公司的霍桑工厂进行一系列试验的是（　　）。

    A. 梅奥   B. 马斯洛

    C. 麦格雷戈   D. 法约尔

3. 企业管理现代化体系的灵魂是（　　）。

    A. 管理思想现代化   B. 管理组织现代化

    C. 管理方法现代化   D. 管理手段现代化

4. 一个能容纳多种产业、多种环节、多种功能的庞大而复杂的组织系统是（　　）。

　　A. 企业　　　　　　　　B. 现代企业　　　C. 公司企业　　　　D. 合伙企业

5. 股份有限公司的最高权力机构是（　　）。

　　A. 董事会　　　　　　　　　　　　B. 公司总经理

　　C. 股东会　　　　　　　　　　　　D. 监理会

6. 领导层中各方面、各环节的职责分工、相互关系、权力划分和工作机构的设置是企业的（　　）。

　　A. 管理组织　　　　　　　　　　　B. 领导制度

　　C. 管理体制　　　　　　　　　　　D. 企业制度

7. 提高企业素质的主要内容是（　　）。

　　A. 提高企业的技术素质、管理素质和人的素质

　　B. 提高企业生产经营活动的能力，即企业的生命力

　　C. 提高产品质量，降低人力、物力消耗，提高经济效益

　　D. 提高产品质量，降低产品成本，增加企业利润

8. 现代企业制度的特征是（　　）。

　　A. 产权清晰、决策迅速、风险自担、政企分开

　　B. 经营灵活、管理科学、权责明确、组建简单

　　C. 责任无限、权责分开、产权清晰、管理科学

　　D. 产权清晰、权责明确、政企分开、管理科学

9. 以下哪一个不是现代企业制度的内容？（　　）

　　A. 企业的信用制度　　　　　　　　B. 企业的产权制度

　　C. 企业的组织制度　　　　　　　　D. 企业的管理制度

10. 现代企业制度是以（　　）为主要形式。

　　A. 个人业主制企业　　　　　　　　B. 合伙制企业

　　C. 工厂制度　　　　　　　　　　　D. 股份有限公司和有限责任公司

11. 国有资本所有者"缺位"是指（　　）。

　　A. 国有资产实行分级管理

　　B. 国有资产无人管理

　　C. 国有资产多头管理

　　D. 缺少具体、明确的机构承担起国有资本所有者的职能

12. 把公司划分为人合公司、资合公司和人资两合公司的标准是（　　）。

　　A. 债务清偿责任　　　　　　　　　B. 信用

　　C. 控制与依附关系　　　　　　　　D. 股东人数

13. 把公司分为专业公司、联合公司和综合公司的标准是（　　）。

　　A. 行业标准　　　　　　　　　　　B. 控制与依附关系标准

　　C. 经营领域及其联系标准　　　　　D. 上市标准

14. 股份有限公司的特点是（　　）。

　　A. 承担无限责任　　　　　　　　　B. 组建程序简单

　　C. 信用程度低　　　　　　　　　　D. 筹集资本较难

15. 募集设立的方式适合于（　　　）。

　　A. 股份有限公司　　　　　　　　B. 无限责任公司

　　C. 两合公司　　　　　　　　　　D. 有限责任公司

二、简答题

1. 你认为企业管理的核心问题是什么？

2. 如果你是企业的管理者，你认为应在企业管理方面做哪些工作才能促进企业的长足发展？

3. 你认为现在中国的企业制度存在哪些问题，怎样改进？

案例分析

案例分析题 1

老字号的衰落

"北有王麻子，南有张小泉"。北京"王麻子"在长江以北地区几乎家喻户晓，"王麻子"的剪刀以质量好、服务佳而远近闻名，人们都慕名争相选购。

经过几百年的发展，"王麻子"剪刀更是名扬四海。但是，21 世纪伊始，始创于 1651 年已经有三百多年历史的王麻子剪刀厂宣布破产。

有关资料显示，1997 年，该厂在岗职工 697 人，而退休职工却已达 500 多人。企业机制、管理方式、产品开发及外部环境等方面的不足与制约，导致"王麻子"处境日趋艰难。而且，"王麻子"在宣传上投入较少，更多依赖一些老消费者的口碑传播，知名度已呈降低的迹象。

1995 年，王麻子剪刀厂与北京市文教器材厂等毫不相干的十几个厂子合并成立王麻子工贸集团公司，并重新注册了王麻子商标，应被视作"王麻子"品牌延伸和盲目扩张的一大败笔。"王麻子"的品牌在于剪刀产品，而合并后的新"王麻子"，在产品的商标使用上，新、老商标紊乱，市场上"王麻子"产品杂乱无章，造成"王麻子"品牌资产严重分流，破坏以及削弱了消费者对"王麻子"品牌的忠诚维系，直接导致产品滞销，仅合并当年就亏损 100 多万元。由于"王麻子"在经营中没能紧跟市场的变化，巩固住自己的品牌，产品创新跟不上，盲目地进行品牌延伸，导致了最后以破产收场。

试分析：

1. 从"王麻子"的破产案可以看出企业创新的重要性，请从理论上阐述企业创新的特点。

2. "王麻子"这一类的老字号企业应怎样进行创新？

案例分析题 2

牡丹中油国际信用卡是由中国工商银行和中石油联手打造的，国内第一张可在加油站使用的全国性联名卡。牡丹中油国际信用卡除具有牡丹国际信用卡的一切功能外，还享有刷卡加油优惠和多项增值服务，真正实现"一卡在手，全国加油"无障碍消费，助您惬意享受驾车乐趣。

牡丹中油国际信用卡包括威士、万事达卡和美国运通三个品牌，客户可根据自己的喜好选择不同品牌的产品。下面是该信用卡的主要功能。

（1）刷卡加油便利。牡丹中油国际信用卡可在中石油全国 1.4 万多座加油站轻松刷卡加油，不久更将扩大到 1.7 万多座加油站。

（2）刷卡折扣优惠。2009 年 12 月 31 日前，持牡丹中油国际信用卡在中石油加油站的工行 POS 机上刷卡加油，可享受 1% 折扣优惠。

（3）24 小时全国道路汽车救援特惠服务。从 2006 年 7 月 1 日起，牡丹中油国际信用卡持卡人可享受双重优惠（会员价格基础上再折扣）的 24 小时全国道路汽车救援服务，为您驾车出行免除后顾之忧。

（4）专项联名积分。使用牡丹中油国际卡在中石油加油站工行 POS 刷卡加油，可累积专项联名积分，凭此积分可参加不定期的积分兑换活动。

（5）消费奖励优惠。持卡人全面享受牡丹国际信用卡积分奖励计划和不定期促销优惠。

（6）特别年费优惠。年刷卡消费满 5 笔或累计消费金额达到 5 000 元人民币（含等值外币），即可自动免除当年年费，彻底免除您的后顾之忧。

（7）金融服务功能。可在中国工商银行遍布全国的近 2 万家营业网点、近 2 万台 ATM、近 20 万家特约商户以及数 10 万台带有银联标识的 POS 和 ATM 上使用。

根据以上信息，试分析：

（1）中国工商银行与中国石油总公司的合作属于哪种类型的合作？

（2）在该合作中，中国工商银行和中国石油总公司各得到了哪些利益？

（3）试总结该种合作成功的条件。

实训练习

走进家族企业——了解企业管理的模式

实训目标

1. 了解企业的类型。

2. 掌握企业管理的模式。

3. 掌握企业管理的分析方法。

实训内容与要求

找两至三位家族企业的老员工，调查企业从小到大发展过程中领导者管理思想的变化。通过了解企业在经营过程中管理者思想的变化，认识企业管理演变的内在动因。

要求：

（1）了解企业的基本情况。

（2）分析企业的不同发展阶段所采取的措施以及对应的原因。

（3）结合中国家族式企业的发展阶段，分析企业发展途径。

在采访家族企业老员工的时候，请同学们准备好录音设备，把对话录制成音频，作为实训成果的一部分。

实训成果与检测

班内学生分成若干个小组，每个小组 5~6 人，分成三部分，分别完成以上三个问题，最后由每组指定一名小组长来总结写稿，并在课堂上展示本组结果。由班内各小组长给展示组打分，老师最后点评。

计划工作制订

- 了解计划的概念和性质。
- 掌握计划的原理。
- 掌握计划编制的程序。
- 掌握计划工作的方法。
- 了解目标含义、性质和作用。
- 掌握目标管理的过程。

核心能力

- 具备计划工作能力。
- 具有编制计划书的能力。
- 具有工作控制能力。
- 掌握目标管理实施的步骤。

案例导入

隆中策

诸葛亮的"隆中策"就是成功计划工作案例之一。隆中策的第一步是确定组织目标：兴汉室；图中原；统一天下。隆中策的第二步是制订分步实施方案，即确定分步计划的阶段目标：第一，先取荆州为家，形成"三分天下"之势；第二，再取西川建立基业，壮大实力，以成鼎足之势；第三，"待天下有变，命一上将将荆州之兵引向宛、洛，将军身率益州之众以出秦州"，这样"大业可成，汉室可兴矣"。隆中策的第三步是确定实现目标的指导方针："北让曹操占天时，南让孙权占地利，将军可占人和。"内修政理，外结孙权，西和诸戎，南抚彝、越，等待良机。隆中策进一步对敌、我、友、天、地、人做了极为细致透彻的分析，论证了为什么应当有这样的指导方针。隆中策不正是一项完整的计划工作吗？

管理启示：计划职能是管理职能中的首要职能，计划工作的核心就是从各个可供选择的方案中选取最合适的方案，即决策。组织职能、人员配备职能、领导职能和控制职能都是围绕着计划职能而展开的，以确保未来预期目标的实现。

任务一　认识计划工作

任务目标

- 计划的了解。
- 计划工作的性质、意义、种类及原则的认知。
- 计划编制程序的明确。

日常生活中我们常提到计划，什么是计划？你制订过计划吗？无论是组织还是个人，无论是工作还是生活，计划无处不在。国家为了发展经济制订五年计划，企业为了在竞争中求生存制订企业整体计划，各部门为了实现企业总体目标制订本部门的计划；一个家庭，为了日子越过越好，制订储蓄与消费计划；一个人，为了实现自我价值，制订行动计划……人们常说，一年之计在于春，一日之计在于晨，计划要在四季中的第一个季节制订，计划要在一天的第一时间制订，这足可见计划的重要性。是否有着事前的周密计划，决定着事情的成败。究竟什么才是计划呢？

计划是管理职能中最基本的一个职能，与其他职能有着密切的联系。计划工作既包括选定组织和部门的目标，又包括确定实现这些目标的途径。为使组织中的各项活动顺利开展，组织在各项工作开始之前必须制订相应的计划。

一、计划工作的含义

计划通过将组织在一定时期内的活动任务分解给组织的每个部门、环节和个人，从而不仅为这些部门、环节和个人在该时期的工作提供了具体的依据，而且为解决组织目标的实现提供了保证。计划工作有广义和狭义之分：广义的计划工作是指制订计划、执行计划和检查3个阶段的工作过程。狭义的计划工作是指制订计划，即根据组织内外部的实际情况，权衡客观的需要和主观的可能，通过科学预测，提出在未来一定时期内组织所需要达到的具体目标及实现目标的方法。

计划职能是管理的首要职能，它贯穿于管理全过程之中，包括组织未来的可能预期结果以及相应的措施。具体地讲，计划职能是为实现一定目标而科学预计和制订的未来行动方案。换言之，计划就是一个组织要做什么和怎么做的行动指南。对于计划职能含义的理解有以下四点：

第一，计划是管理工作的一项首要职能。

第二，计划是在调查、分析、预测的基础上形成的。

第三，计划是对未来一定时期内的工作安排，是现实与未来目标之间的一座桥梁。

第四，计划也是一种管理协调的手段。

我们用"5W2H"来清楚地描述计划工作的任务和内容。

What——做什么，即目标与内容。要明确组织的使命、战略、目标，以及行动计划的具体任务和要求，明确一个时期的中心任务和工作重点，如企业在未来五年要达到什么样的战略目标。企业年度经营计划主要是确定销售收入、销售哪些产品、生产哪些产品、生产多少，合理安排产品投入和产出的数量和进度，使企业的资源和能力尽可能得到充分发挥和利用。

Why——为什么做，即原因。要论证组织的使命、战略、目标和行动计划的可能性和可行性，也就是要提供制订计划的依据。

Who——谁去做，即人员。计划不仅要明确规定目标、任务、地点和进度，还应当规定由哪个部门、哪个人负责。如开发一种新产品，要经过市场调查、产品设计、样品试制、小批量试制和正式投产几个阶段。在计划中应当明确规定每个阶段由哪个部门参加、哪个人具体负责、哪些部门协助配合，各阶段的衔接处由哪些部门和哪些人员参加鉴定和审核等。

Where——何地做，即地点。规定计划实施的地点或者场所，了解计划实施的环境条件和限制，以便合理安排计划实施的空间组织和布局。

When——何时做，即时间。规定计划中各项工作的开始和完成的进度，以便进行有效的控制和对资源及能力进行平衡。

How——怎么做，即方式、方法、手段。制订实施计划的措施，以及相应的政策和规则，对资源进行合理分配和集中使用，对人力、生产能力和各类资源进行平衡，对各派生计划进行综合平衡。

How much——多少成本，即计划实施的资金和费用。制订计划，必须有较科学的资金使用、分配方案。

好的计划是成功的开始

美国几个心理学家曾做过这样的试验：把学生分成三组进行不同方式的投篮技巧训练。第一组学生在20天内每天练习实际投篮，把第一天和最后一天的成绩记录下来。第二组学生也记录下第一天和最后一天的成绩，但在此期间不做任何练习。第三组学生记录下第一天的成绩，然后进行实际练习，并花20分钟做想象中的投篮；如果投篮不中时，他们便在想象中做出相应的纠正。实验结果表明：第二组没有丝毫长进；第一组进球增加了24%；第三组增加了26%。由此，他们得出结论：行动前进行头脑热身，构想要做的事的每个细节，梳理心路，然后把它深深地铭刻在脑海中，当你行动的时候，就会得心应手。

管理启示：计划是管理职能中最基本的一个职能，与其他职能有着密切的联系。计划工作既包括选定组织和部门的目标，又包括确定实现这些目标的途径。为使组织中的各项活动能够顺利地展开，组织在各项工作开始之前必须制订相应的计划。

（材料来源：龚丽春《管理学原理》，2008年）

二、计划工作的性质

继法约尔之后的管理学家，一致将计划工作列在管理职能之首，这是由计划工作的性质所决定的。

(一) 首要性

计划工作相对于其他管理职能处于首位。因为计划工作影响和贯穿于组织工作，人员配备，指导、领导工作和控制工作中。

(二) 目的性

计划工作的首要功能就是把今后的一切行动都集中在目标上，预测并确定哪些行动有利于达到目标，哪些行动不利于达到目标或与目标无关，进而指导今后的行动向着目标的方向前进。

(三) 普遍性

计划对任何一个管理层次的管理人员都有约束，同时在组织中各项工作中都渗透着计划，管理的其他三个职能：组织、领导和控制，都要根据已制订的计划来展开工作。

(四) 经济性

如果计划能以少的成本换得多的收益，这样的计划是有效的；反之，付出过大的代价，收益较少甚至亏损，就是一个效率低下甚至失败的计划。

(五) 连续性

组织目标的实现具有连贯性，而计划是指导着各个目标实现的，因此计划工作前后也是有连续性的。过去的计划可以作为现在计划的参考，现在的计划也一定会与将来的计划相衔接。

(六) 适应性

由于客观环境的瞬息万变，因此在制订计划的时候一定要留有余地，即使计划已经实施，也需要随着环境的变化进行相应的修改和调整。

(七) 创造性

计划工作是针对未来工作中的问题和变化而决定的，好的计划是以现实管理情况为基础，运用创造性思维，对未来的情况进行准确的判断，拟定各种可行方案并择优执行的一个过程。

阅读材料 **把目光放远点**

古代有一个叫子游的人，他在武城当太守。

一次，一只在武城城门外的土墩上安家的鹳，忽然把巢搬到了一个坟墓前面的石碑上。看守坟墓的老汉就把此事告诉了子游："鹳能够预知天气变化，它突然把巢搬到高处，说明这一带要发大水了。"

这一情况引起了子游的重视，于是他赶快命令城里百姓准备船只应急。

过了几天，果然连降大雨，洪水肆虐，城门外的小墩已被淹没。但雨还是下个不停，大水将要淹没墓碑了，鹳的新窝摇摇欲坠。鹳来回哀叫，不知在哪里安身。

子游目睹此景，叹息道："可悲啊！鹳虽然有预知，但可惜它考虑得还是不够长远。"

管理启示：凡事预则立，不预则废。从上述的事例中，不难看出，计划工作是不可缺少的一个重要部分，但一份好的计划是为能预见到的最坏的情况而制订的。管理者在制订计划时，一定要把目光放远点，走一步看三步，这样才能保证在最坏的情况下也能从容应对。所以，系统地学习计划以及计划工作的制订、设计和实施显得非常重要。

三、计划工作的意义

美国人豪斯和他的同事们曾经对计划的重要性进行了深入的研究。他们调查了 92 家企业，其中 17 家企业有正式的长期计划，其他的企业仅有非正式的长期计划或者完全没有长期计划。随后，他们结合评价企业经营好坏的主要指标——销售额、股票价格、股票收益和税后利润等进行评价，有长期计划的企业几乎都优于没有长期计划的企业。由此可见，计划对企业有着重要的作用。

计划是组织实施各项工作的行为纲领，计划的具体指标和要求，为组织、领导、激励、控制和协调等职能作用的发挥提供了目标依据和质量标准，增强了组织适应复杂多变的客观环境的能力。计划工作对组织管理的好坏起着重要作用，良好的计划是成功的先决条件。其重要作用可以归纳为以下几个方面。

（一）明确工作方向

计划为组织成员的行为活动确定了明确的方向，使各方面的行动获得了明确的指示和指导，促使组织成员行动方向一致，保证了目标的实现。

（二）预测未来变化

通过计划工作中认真细致的考虑，尽可能地变"意料之外的变化"为"意料之内的变化"，用对变化的深思熟虑来代替草率的判断，面对变化能变被动为主动，变不利为有利，减少变化带来的冲击。

（三）提高管理效率

首先，目标的实现有多种方法和手段，通过计划工作从各种可行方案中选出最优方案，从源头上就决定要以最低的费用取得较好的效果。其次，组织在实现目标过程中，各种活动会出现前后不协调、联系脱节的现象，一个好的计划可以通过设计好的协调一致、有条不紊的工作流程来避免上述现象的发生，从而减少重复和浪费性的活动。

（四）实现有效控制

组织管理活动离不开控制指导，而计划是控制的依据。如果没有既定的目标和计划作为衡量的尺度，管理人员的指导和控制就无法开展。控制中大部分的标准都来源于计划。

四、计划的种类

计划的种类很多，可以按照不同方式进行分类。

（一）按照管理层次来划分

按照制订计划的组织在管理系统中所处的层次来划分，计划可以分为高层计划、中层计划、低层计划。

1. 高层计划

高层计划是由高层领导机构制订并下达到整个组织执行和负责检查的计划。高层计划一般是总体性的，是整个组织的战略构思和长时期的行动纲领，一般具有构思宏大、眼光深远、认识超前等特点，同时也较为抽象和稳定。

2. 中层计划

中层计划是中层管理机构制订、下达或者颁布到有关基层执行并负责检查的计划。中层计划从属于高层计划，并指导低层计划。

3. 低层计划

低层计划是基层机构制订、颁布和负责检查的计划。低层计划一般是执行性计划，其制订必须以高层计划和中层计划的要求为依据，保证高层计划和中层计划目标的实现。低层计划具有构思细微、认识实在的特点，一般较为具体和易变。

高层计划、中层计划和低层计划是相对而言的，后者一般是前者分解的结果，前者则是后者的纲领和综合。较低层级的计划是较高层级计划的落实和保证。

(二) 按照时间跨度来划分

按照计划规划时间的长短来划分，计划可以分为长期计划、中期计划和短期计划。

1. 长期计划

长期计划的期限一般在 10 年以上，是组织在较长时间内的发展目标和方向，属于纲领性和轮廓性的计划。

2. 中期计划

中期计划的期限一般为 5 年左右，它来自长期计划，并且按照长期计划的执行情况和预测到的具体条件变化而进行编制。

3. 短期计划

短期计划的期限一般在 1 年左右，以年度计划为主要形式。短期计划是在中期计划的指导下，具体规划组织本年度的工作任务和措施的计划。

长期计划、中期计划和短期计划三者的关系在于长期计划、中期计划和短期计划在时间上的要求是相对的，在不同的单位可能不同。而且，它们之间也是相比较而存在的：前者是后者计划制订的原则和框架，后者是前者的具体化和实施。长期计划、中期计划和短期计划有机协调和相互配套，是计划目标得以实现的保证。

(三) 按照计划的约束力来划分

按照计划对执行者的约束力来划分，计划可以分为具体性计划和指导性计划。

1. 具体性计划

具体性计划具有明确规定的目标，不能模棱两可。如企业销售部的目标是使企业销售额在未来 6 个月中增长 15%，那么销售经理就会根据具体的目标制定明确的工作程序、预算方案以及日程进度表，这就是制订了一个具体的计划。

2. 指导性计划

指导性计划是由上级主管部门下达的起导向作用的计划，具有参考性、灵活性和调节性的特点。

（四）按照计划的对象来划分

按照计划的对象来划分，计划可以分为综合计划、局部计划和项目计划。

1. 综合计划

综合计划，是指组织具有多个目标和多方面内容的计划。

2. 局部计划

局部计划，是指限于指定范围内的计划，它是在综合计划的基础上制订的，是综合计划的一个子计划。与综合计划相比较而言，局部计划涉及的对象比较单一，计划的内容专一性强。

3. 项目计划

项目计划是为完成某一特定任务而制订的计划，内容专业性较强，目标比较明确。项目计划既可以包括在局部计划之中，又可以单独设立。作为局部计划的一个组成部分，项目计划是局部计划的进一步分解和落实；作为单独设立的项目计划，又往往与综合计划相关。

（五）按照计划的表现形式划分

按照计划的表现形式划分，计划可以分为目标、战略、政策、程序、规则、规划和预算等内容。

1. 目标

目标（Objective）是在宗旨指导下提出的，具体规定了组织及其各个部门的经营管理活动在一定时期要达到的具体成果。目标不仅仅是计划工作的终点，而且也是组织工作、人员配备、领导以及控制等活动所要达到的结果。

2. 战略

战略（Strategy），是指组织面对激烈变化、严峻挑战的市场环境，为求得长期生存和不断发展而进行的总体性谋划。组织通过确立长期目标，采取相应的行动，分配必需的资源，以达到目标。

3. 政策

政策（Policy），是指在决策或者处理问题时指导和沟通思想活动的方针和一般规定。政策指明了组织活动的方向和范围，鼓励什么和限制什么，保证了行动同目标一致，并有助于目标的实现。

4. 程序

程序（Procedure）规定了如何处理那些重复发生的问题的方法、步骤，程序就是办事手续，是对所要进行的行动规定时间顺序。程序是行动的指南。因此，程序是详细列出必须完成某类活动的准确方式。

5. 规则

规则（Rule）是对在具体场合和具体情况下，允许或者不允许采取某种特定行动的规定。规则也是一种计划。规则常常容易与政策和程序相混淆，应特别注意区分。规则不像程序，因为规则指导行动，而不说明时间顺序，可以把程序看作是一系列规则的总和。政策的目的是要指导决策，并给管理者留有酌情处理的余地。虽然规则有时也起指导作用，但是在运用规则中，没有自行处理的权利。

6. 规划

规划（Programs）是综合性的计划，它是为实现既定方针所需要的目标、政策、程序、规则、任务分配、执行步骤、使用资源以及其他要素的复合体。因此，规划工作的各个部分的彼此协调需要系统思考。

7. 预算

预算（Budget）作为一种计划，是一份用数字表示预期结果的报表。预算又被称为"数字化"的计划，如财务收支预算可称为"利润计划"或者"财务收支计划"。一个预算计划可以促使上级主管对预算的现金流动、开支、收入等内容进行数字上的整理。预算也是一种控制手段，又因为预算采用数字形式，所以它使计划工作更细致、更精确。

（六）按照企业职能划分

计划还可以按照企业职能进行分类。如我们可以将某个企业的经营计划按照职能分为新产品开发计划、供应计划、生产计划、销售计划、财务计划、人力资源计划、设备维修计划、安全计划和后勤保障计划等。由此看来，这些职能计划通常就是企业相应职能部门编制和执行的计划。按照职能分类的计划体系，一般来说，是与组织中按照职能划分管理部门的组织结构体系相对应的。

阅读材料

在组织的各个发展阶段上，计划的类型同样随着组织的成长具有不同的性质，即计划在各个阶段上其时间长度与目标特性都要进行相应的调整。

一般来说，处于形成期的组织规模小、人心齐、关系简单，一切由创业者决策和指挥，组织需要极大的灵活性。这阶段的目标是尝试性的，资源的获取也带有不确定性，要确认谁是真正的用户和顾客也是比较困难的，所以，此阶段导向计划（指导性计划）更适用。

当组织处于成长期时，目标变得明确，资源也更容易获取，顾客的忠诚度高，因而，计划也就更具体了，常表现为短期的、更具体的计划。

当组织处于成熟期时，可预见性最大，目标更为明确，这时具体计划也更为适用，同时计划的时间跨度也变长了。

当组织进入衰退期时，计划模式也随之逆转，计划从具体性转入指导性，这时目标要重新考虑，资源将重新分配，在其他方面也要做出相应的调整，管理者应制定短期的、更具指导性的计划。

（材料来源：刘治江《管理学》，2008年）

五、计划的原则

计划工作是制订计划的过程，在这个过程中，应当遵循以下原则。

（一）系统原则

在编制计划的过程中，要全面考虑组织内外部的需要，从整体出发，对组织内部要素及其结构进行分析，在统筹规划、全面安排的基础上，为组织未来的发展制定适宜的目标，并选择满意的实现目标的方案。

（二）重点原则

组织目标的实现需要消耗资源，但在一定时期、一定条件下，组织可以利用的资源是有限的, 而组织要实现的目标往往不止一个。因此, 必须在计划过程中对目标进行分析, 分清主次, 确保影响全局的主要目标能够充分实现。

(三) 可控原则

计划是管理的开始, 控制是管理的目的。为了有利于控制, 要求计划的内容明确而具体, 只有计划执行的结果考核出来后才能实施控制。

(四) 发展原则

组织内外部的要素和环境是不断变化的, 因此, 计划工作要面向未来, 充分考虑变化对组织发展的影响。计划制订出来后不是一成不变的, 而是随着环境的变化不断调整的。

(五) 经济原则

管理活动中的每一步都要进行经济性分析, 即分析收益与代价之比。计划工作也要分析目标实现后带来的好处与为制订和实施计划所付出的代价。人们追求的是以较少的投入取得较多的产出。

阅读材料

一家食品公司通过市场调查和分析, 发现儿童营养食品具有非常广阔的市场前景, 且自己公司有能力开发和生产此类产品, 这是一种市场机会。该公司估量了这次机会之后, 就确立了生产儿童营养食品的目标。食品公司确定生产儿童营养食品后, 预测分析了当前的消费水平, 公司制造能力, 产品市场价格, 原材料的种类、来源、价格, 市场潜力多大, 市场竞争者情况等。食品公司具体拟订了多种可供选择的方案, 接着组织专家评估各种备选方案, 最后从诸多可行方案中选择了一种较优方案作为决策方案, 确定了具体生产何种儿童营养食品, 每年生产多少, 需要投入多少人力、物力和财力, 各部门具体应该做哪些工作等。决策方案下达后, 各业务部门和下层单位又拟订了具体的部门计划, 以支持总计划得以实现, 如生产计划、销售计划和财务计划等。然后进行方案的实施, 并进行情况的检查和反馈。

上述就是一个完整的计划过程。

六、计划工作的编制程序

计划不是一次性的活动, 随着组织所处环境的改变、目标的更新以及新管理方法的出现, 计划工作一直在调整。科学的编制程序要求遵循相应的逻辑和步骤, 以保证计划工作的质量和科学性。

(一) 环境分析, 预见未来

做计划之前, 管理者首先要考虑组织的各种环境因素, 这是计划和决策工作的基础。不仅要考虑组织内部环境, 还要分析组织外部环境; 不仅要考虑组织现实环境, 还要考虑组织未来环境。通过对内外部环境, 尤其是未来环境的分析预测, 把握各种环境因素与走向, 确定可行性目标进而做出正确的决策。

(二) 确立目标

组织应该在环境分析、预见未来的基础上科学地制定目标。目标是组织行动的出发点和归宿。组织的整体目标具有支配组织内所有计划的性质。目标不能含糊其词, 应尽可能量化，并且要反映目标最本质的东西。如过去总以总产值作为衡量企业好坏的最重要指标，造成了效益低下的严重后果，这是因为总产值不能反映本质的东西，而销售额、利润才是衡量企业经营好坏的本质标准。不仅要有数量指标，而且要有质量指标；不仅要有绝对指标，而且要有相对指标，譬如利润率、销售利润率、资金利润率、成本利润率等。

（三）制定并选择方案

"条条大路通罗马"，计划方案的实施途径和方法也有很多种，但每条路的路况不尽相同。通常情况是，最显而易见的未必是好的方案，就像路程最短的路线未必是用时最短的路线。因此，要对各种备选方案进行考察，并明确各自的优缺点——评价。

具体程序包括：
- 制定富有创意的可供选择的多个方案。
- 在分析组织内部条件和外部因素的基础上，评价各种方案。
- 选择可行优化方案，并进行评估完善。
- 确定最优方案。

（四）编制支持计划

各业务部门和下层单位拟订具体的部门计划，以支持总计划得以实现。协调保证部门计划和总计划一致，以防止追求单位目标而妨碍总目标，使部门目标和总目标相互配合、有条不紊地实现计划。

如一家公司年初制订了"年销售额比上一年增长15%"的销售计划，与这一计划相关的还应该有原料采购计划、生产计划、销售人员培训计划、促销计划等。

再比如，公司决定拓展一项新业务，派生出招聘和培训新人员、资金筹集、广告宣传等计划。

（五）反馈计划执行情况

计划付诸实施，管理的计划职能并未结束。为了保证计划有效地被执行，要对计划进行跟踪反馈，及时检查计划执行情况，分析计划执行中存在的问题，并做出必要的调整。

案例分析

赵先生是一家大电子厂的制造经理。该公司的管理部门最近安装了一些新机器，实行了一种简化的工作系统。但是，使每一个人（包括赵先生自己）感到惊讶的是，提高生产率的期望并未实现。实际上，生产开始下降，质量降低，离职的雇员数目增加。

赵先生认为机器没有任何故障，他研究了一些使用这种机器的其他公司的报告，这些报告坚定了他的想法。赵先生也曾要求制造这种机器的公司派一些代表对机器进行仔细的检查，检查人员报告说，机器运转正处于最高效率。赵先生怀疑问题可能出在新的工作系统上。但是，他的直接下属并非都持有这种看法，他们是四个基层主管人员，每人负责一个科组，还有一个是他的物资供应经理。下属们对生产率下降的原因和看法各不相同，分别认为是操作工训练差、缺乏适当的经济刺激体制和士气低落。显然，对这一问题各人有各人的想法，下属中存在着潜在的分歧。

这天早晨，赵先生接到分部经理的一个电话。分部经理刚刚得到近6个月的生产数字，分部经理指示说，应以赵先生认为的最好方式解决这一问题，他很想在一周内知道计划采取什么步骤。赵先生和部门经理同样关心生产率的下降，问题在于采取什么步骤扭转这种情况。

（1）请分析这位制造经理所面临的问题，并猜测他将采取怎样的步骤或者程序？

（2）请简单地复述一下计划编制的程序。

任务二 掌握计划工作方法

任务目标

- 了解计划工作方法中的投入产出法。
- 掌握计划工作方法中的甘特图法、滚动计划法和网络计划法。

计划工作的效率高低、质量好坏在很大程度上取决于采用的计划方法。计划的编制方法有很多，最常用的方法有：甘特图法、滚动计划法、网络计划法和投入产出法。

一、甘特图法

甘特图是由亨利·甘特在1917年首先提出来的，甘特是科学管理运动的先驱。甘特图又名线条图、展开图、横线工作图法，实际上是一种常用的日程工作计划进度图表。横轴表示时间，纵轴表示要安排的活动，在纵轴和横轴的交叉点上用线条或箭头表示整个期间的计划和实际活动完成情况。

甘特图直观地表明任务计划在什么时候进行，以及实际进展与计划要求的对比。绘制的关键字段包括序号、工作项目、时间刻度、责任人和备注。工作项目最好是分类依次排列，分类按一定的管理机构划分。顺序则以时间先后顺序排列。甘特图的最大特点是清楚地展示了工作的日程计划，尤其是较好地展示了计划的递进性，有利于日程计划的管理。

假设6月份某机械制造厂要加工A、B、C三个零件，这些工作的计划和现在的完成状况如图3-1所示。

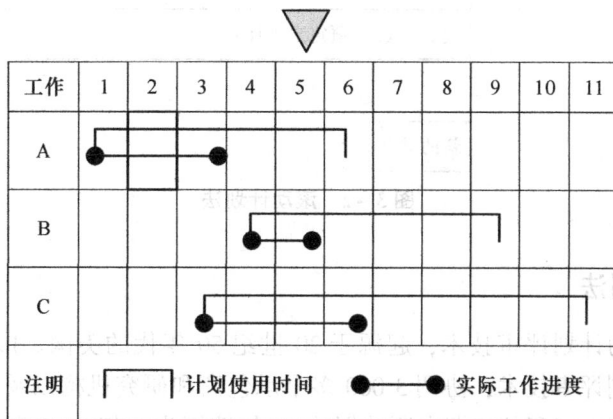

图3-1 机械制造厂工作计划——甘特图

该图显示，在 6 月 5 日，A 零件的完成情况落后于计划，B 零件在按计划完成，C 零件的完成情况则超前于计划。

由于完工时间是 6 月 11 日，若到时不能结束，后续工作就要停产，在这种情况下，就需要新的作业计划。这时就需要更新甘特图。

二、滚动计划法

滚动计划法是一种定期修订未来计划的方法。这种方法是根据计划的执行情况和未来的环境变化情况定期调整和修订未来计划，并逐期向前推移，由此把中短期计划和长期计划结合起来的一种计划方法。滚动计划法是按照"近细远粗"的原则边执行边修订。即根据计划的执行情况以及出现的新变化，对下几期计划进行修订，并将计划向前滚动顺延一个时期。

这种方法的缺点在于加大了计划的工作量。

这种方法的优点是：

- 增加了计划的准确性，提高了工作的质量。
- 保证了长期计划的指导作用，使各期计划基本上保持一致。
- 保证计划具有基本弹性，有助于提高组织的应变能力。

滚动计划法如图 3-2 所示。

图 3-2　滚动计划法

三、网络计划法

网络计划又称为计划评审技术，起源于 20 世纪 50 年代的美国。1958 年，美国海军武器计划处采用了计划评审技术，协调 3 000 多个承包商和研究机构以及几万种复杂的活动，使北极星潜艇系统开发工程的工期由原计划的 10 年缩短为 8 年。从那时起，计划评审技术就开始在组织管理活动中被广泛地应用。

网络计划既是一种科学的计划方法，又是一种有效的科学管理方法。这种方法不仅能完整地揭示一个项目所包含的全部工作以及它们之间的关系，而且还能根据数学原理，应用最优化技术，揭示整个项目的关键工作并合理安排计划中的各项工作。

（一）网络计划法的基本原理与程序

网络计划是一种类似流程图的箭线图，它描绘出项目包含的各种活动的先后次序，标明每项活动的时间。

应用网络计划，项目管理者必须考虑要做哪些工作，确定时间之间的依赖关系，辨认出可能出问题的环节，以便调整资源确保项目按计划进行。

网络计划法的基本程序主要包括以下五项：

- 确定达到目标所需进行的活动。
- 将整个工程项目分解为各种独立的作业活动。
- 确定这些作业活动的先后顺序以及各自消耗的时间。
- 估计完成每道作业活动所需时间。
- 找出关键线路，由此确定总工期，编制初步方案。

网络计划法被广泛应用是因为它有一系列的优点。

- 制订计划时可以统筹安排，突出重点。网络计划能清晰地表明整个工程的各个项目的时间顺序和相互关系，并指出了完成任务的关键环节和路线。这样对整个任务的完成既能全面统筹安排，又能不失重点地抓住关键。
- 可对工程任务的时间进度和资源利用实施优化。通过网络计划区分关键路线和非关键路线，从而挖掘非关键路线的潜力，调动非关键路线上的人力、物力和财力支持关键路线，进行综合平衡，这样既可节省资源又能加快工程进度。
- 便于组织和控制工程任务。通过网络计划可事先掌握任务实施中的困难点，准备好应急措施，减少完不成任务的风险。比较复杂的大项目，可分成许多支系统分别控制，对每个局部的优化，可保证整个项目最优。
- 技术操作简便易懂。网络计划并非深奥难学，具有中等文化程度的人就能够掌握。而较复杂的、多节点的工程项目可以利用已有的软件在计算机上优化。

（二）网络图

网络图是网络计划技术的基础。

任何一项任务都可以分解为许多步骤的工作，根据这些工作在时间上的衔接关系，可以用箭头线表示出它们的先后关系。一个由相互联系的各项工作组成、并注明所需时间的箭线图就叫网络图。

1. 网络图的构成

- 活动：表示的是一项工作的过程，它需要人力、物力、财力等资源参加，经过一段时间才能完成。箭尾表示活动开始，箭头表示活动结束；箭线的长短与作业时间的长短无关。
- 事件：事件是两个活动间的连接点。事件既不消耗资源，也不占用时间，只表示前一活动结束、后一活动开始的瞬间。
- 线路：指网络图中由始点事件开始，顺着箭头方向一直到终点事件为止，中间由一系列首尾相连的始点和箭线组成的通道。一个网络图中往往存在多条线路。

2. 关键路线的确定

比较各线路的路长，可以找出关键线路，即从始点到终点花费时间最长的线路。

关键线路上的活动称为关键活动。关键线路的路长决定了整个计划任务所需的时间。关键活动完工时间提前或推迟都直接影响着整个计划任务能否按时完工。

确定关键线路和关键活动，据此合理地安排各种资源，对各种活动进行进度控制，是利用网络计划的主要目的。

下面以印刷品印制过程为例，来了解网络计划法的应用，如表3－1、图3－3、图3－4所示。

表3－1 作业描述与期望时间

作业代号	作业名称	作业时间/天	紧后作业
A	正文印刷	4	C
B	封面、插图印刷	5	DE
C	折页、压页	5	FH
D	封面、插图干燥裁切	8	FH
E	制精装封面	5	I
F	套贴	5	G
G	配、订、包、切	5	---
H	精装书芯加工	7	I
I	上精装封面、压书	4	---

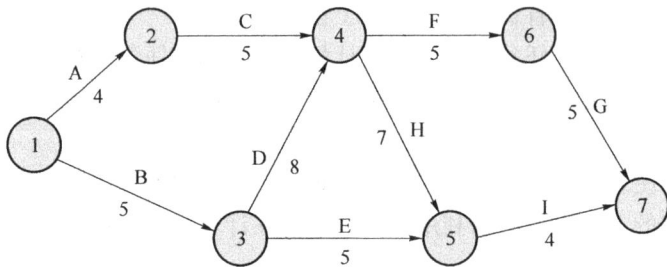

图3－3 印刷品印制过程的网络计划

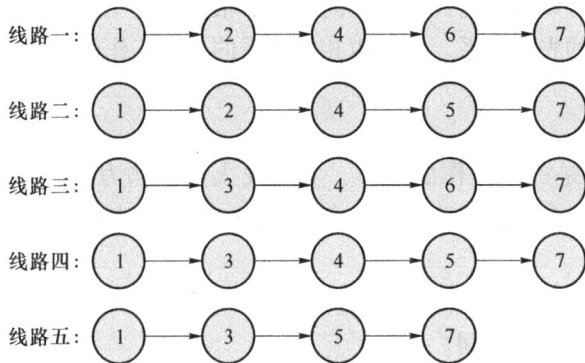

图3－4 关键线路

比较各线路的路长，在 5 条线路中，线路四为关键线路，总工期为 24 天。

四、投入产出法

这种方法最先是由美籍俄国经济学家瓦西里·里昂惕夫在 1936 年提出来的。其原理是任何经济活动都包括投入和产出两部分，投入是指生产活动中的消耗，产出是指生产活动结果。投入与产出具有一定的数量比例关系。投入产出法就是利用这种数量关系求出各部门之间的一定比例，编制投入产出表；然后计算各部门（各生产环节）的直接消耗系数和间接消耗系数（合计为完全消耗系数）；进一步根据某些部门最终产品的要求（供居民消费、政府使用和出口的最终消耗等），算出各部门应达到的指标，用来编制综合计划。

投入产出法的优点在于反映了各部门（或各类产品）的技术经济结构，用以合理安排各种比例关系，特别是在综合平衡方面，它是一种有效的指标间的内在关系，使统计资料系统化。编出的投入产出表则是一个比较全面反映经济过程的数据库，可用来做各种经济分析和经济预测；表格形式直观简易，利于广大计划工作者理解接受；使用面广，可在不同组织和各类企业中应用。

任务三　如何进行目标管理

任务目标

- 了解目标的含义、性质和作用。
- 掌握目标管理的含义和过程。
- 理解目标管理的优缺点。

一、目标的含义及性质

目标是管理活动的起点，是决定采取任何行动的先决条件；目标也是管理活动的终点，是衡量各种行动是否合理的标志和尺度。一个组织的目标通常是由各类、各级目标组成的，各目标之间相互联系、相互促进，形成了一个相互关联的目标网络体系。

（一）目标的含义

目标是根据组织宗旨而提出的组织在一定时期内要达到的预期成果，是一个组织各项管理活动所指向的终点。比如某一公司某年度应实现多少利润，就是其组织的奋斗目标。目标能够为管理决策确立方向，并可作为标准用以衡量实际的成效。每个组织要想存在与发展就必须有自己明确的目标，并且在一定时期内，组织的目标不只有一个，而是有一组。例如一所大学可能有如下目标：

- 招收高才生。
- 在经济、管理、社会及文学艺术领域培养合格的毕业生。
- 对合格的人员授予硕士、博士学位。
- 组织召开学术会议，提升学校的学术水平并扩大学校社会影响力。
- 组织开展学术研究并将成果服务于社会。

（二）目标的性质

1. 层次性

组织目标是一个多层次的目标体系，从组织与内外环境的关系上，组织目标可以分为环境目标、组织目标和个人目标。环境目标——社会加于组织的目标；组织目标——企业的任务，使企业作为一个利益共同体和一个系统的整体目标；个人目标——组织成员的具体目标。组织目标层次的划分有助于搞清影响目标指定的各种因素以及各因素的相对变化对组织目标制定的影响，同时进一步认识各层次目标取得和谐一致的可能性和必要性。

2. 多样性

组织的管理活动是多种多样的，因此组织的目标也是多种多样的，有大目标和小目标，有重要目标和次要目标，有定性目标和定量指标，有明确目标和模糊目标，还有班组目标和个人目标。如企业在人、财、物、时间、信息等方面都有他们各自的目标，而企业的各个部门如销售部、研发部、财务部、人事部、生产部等也都有其不同的目标。

3. 期限性

目标是一定时间内需要达到的计划成果。如果没有时间的约束条件，目标就失去存在的意义，因此任何目标都有一定的时间限制。从时间的长短来看，目标可分为长期目标、短期目标。长期目标是纲，短期目标是目，纲举目张。长期目标的实现必然由近及远，一环接一环地组织实施，长期目标与短期目标是一个整体。

4. 关联性

组织是由许多部门、许多人组成的有机整体，组织的各项活动也是相互联系、相互促进、相互制约的。反映活动的计划目标也必然形成上下沟通、左右连接的网络体系。因此，主管人员必须要研究组织中各目标组成部分的相互衔接、彼此协调的问题，使组织活动实现高效率和高效益。

（三）目标的种类

1. 数量化目标

数量化目标是以具体的数字所表示的目标，这种目标常用在执行部门，如销售量或销售额，生产量，利润或利润率。

2. 进度目标

这种目标常用在职能部门。例如，人力资源部门的目标为"×年×月底完成考评制度的改进"。其达成标准为：×年×月底前完成草案编制；解决××问题，以具体的方式纳入考评制度之中；满意度达80%以上。

3. 改善目标

如改善××工作的质量，零错误；减少业务所需费用，办事员由10人减为8人。

4. 改革目标

改革目标是指重新检讨部门的任务，建立新的组织目标。

5. 协同目标

协同目标是指同等职位间的联络协调，部门与部门的共同目标。例如："原料、物料充分配合满足生产需要"的目标为生产部门、采购部门、物料部门的共同目标。共同目标为提高产品品质，则此目标即为质管部门的抽验目标，以及现场管理部门的质量管理目标。

6. 集体目标

集体目标是指一个组织未来一段时间内要实现的目的，它是管理者和组织中一切成员的行动指南，是组织决策、效率评价、协调和考核的基本依据，如质管系统的团体目标。

7. 条件目标

条件目标是指为明确规定条件而设定的目标，条件变动时才修正目标。例如：目标——以大宗购买方式降低××材料的价格为每支 5 元。条件——当市场价格涨落在 5% 以上时修正。

猎杀骆驼

有一位父亲带着三个孩子，到沙漠猎杀骆驼。他们到了目的地，父亲问老大："你看到了什么？"老大回答："我看到了猎枪，还有骆驼，还有一望无际的沙漠。"父亲摇摇头说："不对。"父亲以同样的问题问老二。老二回答说："我看见了爸爸、大哥、弟弟、猎枪，还有沙漠。"父亲又摇摇头说："不对。"父亲又以同样的问题问老三。老三回答："我只看到了骆驼。"父亲高兴地说："你答对了。"

制定目标而能产生效果，秘诀就是"明确"二字，成功的目标，必须是明确的。进一步说，目标要具体化、要量化。对于企业而言，一个时期的战略目标必须是明确、具体的；对于一个团队来说，行动的目标也必须是明确的、具体的，只有这样，才能让全体成员明确下一步努力的方向，才能对全体成产生巨大的激励作用。有了明确、具体的目标，不管具体到哪一个阶段，也不管在实现目标的进程中遇到了什么意外的情况或问题，都能够保证企业或者团队成员努力完成自己的工作任务，保证始终朝着既定的目标前进。

二、目标的作用

1. 目标是组织成员努力的方向——具有方向指引作用

管理是为了达到同一目标而协调全体员工的过程，一切有组织的活动都是为了实现既定目标而采取的行动，所以目标是管理活动的方向，是一切组织活动的中心。所以目标的作用首先是为管理指明努力方向。

白龙马与毛驴

传说贞观年间，长安城西的一家磨坊里，有一匹马和一头驴，他们是好朋友。这匹马在外面拉车，驴在屋里拉磨。贞观三年，这匹马被玄奘大师选中，前往印度取经。17 年后，这匹马驮着佛经回到长安。它重回磨坊会见那位驴老弟，马谈起这次旅途的经历，让驴目瞪口呆，惊叹道："你有那么多的见闻啊，那么遥远的道路，我想都不敢想。"马说："其实我们走的路程差不多，不同的是，我同玄奘大师有一个远大的目标，并始终如一地朝着目标前进，所以取得了较好的成绩；而你却被蒙住了眼睛，年复一年围着磨盘转，所以始终走不出这个狭隘的天地。"

管理启示：个人的发展需要目标，企业的发展也需要目标。目标是企业一切组织活动的中心。

目的，永远在技巧和方法前面。一个人如果一开始就不知道他要去的目的地在哪里，他就永远到不了他想去的地方。企业如果没有明确的目标，就永远实现不了目标。

2. 目标是组织成员所希望的未来的状况、是一种追求——具有激励作用

目标是一种激励组织力量的源泉。心理学家弗鲁姆的期望理论指出：人们之所以能够从事某项工作并达到组织目标，归根结底是因为这些工作和组织目标会帮助他们达到自己的目标，满足自己某方面的需要。

目标不能过高，高不可攀，就会使人失去信心；也不能过低，不需要努力就能实现的目标，会使人产生惰性，没有动力。所以，过高过低的目标都不具备激励作用。具有激励作用的目标应该是经过一定的努力就能实现的目标，而且实现后能给人一种成就感，会激励人再继续往更高层次目标努力。

阅读材料　　　　　**猴子实验**

科学家将四只猴子关在一个密闭房间里，每天喂很少食物，猴子饿得吱吱叫。几天后，实验者在房间上面的小洞放下一串香蕉，一只饿得头昏眼花的大猴子一个箭步冲上前，可是在它还没有拿到香蕉时，就被预设机关所泼出的滚烫热水烫得全是伤，当后面三只猴子依次爬上去拿香蕉时，一样被热水烫伤。于是众猴子只好望"蕉"兴叹。

几天后，实验者换了一只新猴子进入房内，当新猴子也想去吃香蕉时，立刻被其他三只老猴子制止，并告知有危险，千万不可尝试。实验者再换一只猴子进入房间内，当这只猴子想吃香蕉时，有趣的事情发生了，这次不仅剩下的三只猴子制止它，连没被烫过的半新猴子也极力阻止它。

实验继续着，当所有猴子都已换过之后，没有一只猴子曾经被烫过，上头的热水机关也取消了，香蕉唾手可得，却没有一只猴子敢前去享用。

管理启示：虽然事过境迁、环境改变，大多数的组织仍然恪守前人的失败经验，平白错失大好的机会。所以目标制定一定要合理，不然就会失去它的激励效果，使员工在工作中产生"习得性无助"。

3. 目标是组织成员共同利益的集中体现——具有凝聚作用

不排除个人有自己的目标，但必须服从、服务于组织整体目标，任何一个国家的任何一个组织都是这样要求的。例如，三个建筑工人在回答"你在做什么"的时候，一个说"我在卖力地为我儿子赚学费"，一个说"我在为成为最棒的建筑师积累经验"，还有一位说"我在盖这个城市最好的大厦"。可以发现，只有第三位的目标是和企业的目标是一致的，因此，也只有他才能真正服务、服从于这个企业。而其他两位，当另一个公司给出更高的工资或职位时，很容易就会出现背离企业的行为。

4. 目标是衡量实际工作绩效的标准——具有考核作用

许多企业都规定要实行微笑服务，对待客户要热情。那到底怎样才是热情，怎样才是微笑服务？没有明确，所以也不好给员工评分。沃尔玛规定微笑服务的标准就是"三米之内，露出你的八颗牙齿"。

解放军检查驻军与当地军民关系的一个标准就是缸满院净；检查步调一致的标准就是"每分钟116步，每步75公分"。

三、目标管理的含义及过程

(一) 目标管理的含义

美国管理大师彼得·德鲁克说:"并不是有了工作才有目标,恰恰相反,有了目标才能确定每个人的工作,所以,管理者必须通过目标对下级进行管理。"

目标管理(Management by Objectives, MBO)是以目标作为管理手段的一种管理方式。是指在企业个体职工的积极参与下,自上而下地确定工作目标,并在工作中实行"自我控制",保证目标实现的一种管理办法。这个定义可以从以下几个方面进行理解:

- 以目标作为各项管理活动的指南。
- 以目标来形成组织的向心力和综合力。
- 以目标来激励和调动广大组织成员的积极性。
- 以目标的实现程度来评价每个单位和个人的工作好坏和贡献大小。

(二) 目标管理的过程

```
设置目标 ──▶ 实施目标 ──▶ 检查目标 ──▶ 基于绩效奖励
```

1. 设置目标

由上至下,民主参与制定总目标、分目标、个人目标。首先是制定组织的整体目标和战略,然后把总目标分解成一系列分目标并分别落实到下属的各单位和部门,最后是各部门的成员结合自己的特长和爱好,根据组织目标、部门目标制定出个人的具体目标。

2. 实施目标

首先是管理者与下级共同商定实现目标的行动计划,然后是实施行动计划,也就是在各自的职责范围内为实现各自的目标去努力。

阅读材料

一群老鼠吃尽了猫的苦头,它们召集全体大会,号召大家贡献智慧,商量一个对付猫的万全之策,争取一劳永逸地解决这一事关大家生死存亡的问题。

老鼠们苦思冥想,有的提议培养猫吃鱼、吃鸡的新习惯,有的建议加紧研制毒鼠药……

最后,一只老奸巨猾的老老鼠出了一个主意,让大家佩服得五体投地,连呼高明。这个妙主意就是给猫的脖子上挂个铃铛,只要猫移动,就发出响声,大家得到警报,就可以躲起来。

这一建议终于被投票通过,但是谁去给猫的脖子上挂铃铛呢?老鼠们想尽了办法,高薪奖励、颁发荣誉证书等,但无论什么高招,都无法将这一决策执行下去。至今,老鼠们还在争论不休,也经常举行会议……

管理启示:一项计划不管在理论上有多合理、英明,如果不能执行也是枉然。执行与执行力现在成为所有管理者都必须重视的问题。

3. 检查目标

定期或不定期检查实现目标的进展情况,以便及时发现问题,调整计划进度和管理策略,从而更有效地完成目标。

4. 基于绩效的奖励

按时完成目标——奖励；没能按时完成目标——先分析原因，如果是人为原因就惩罚，如果是客观原因就调整目标。总结经验教训，为实现更长远的目标打基础。

四、目标管理的优缺点

（一）目标管理的优点

（1）有助于提高管理水平。

（2）有利于提高组织的协同效应。

（3）有助于暴露组织机构中的缺陷。

（4）有利于提高组织的应变能力。

（5）有利于发挥组织成员的主动性和创造性。

（6）有利于更有效的控制。

（二）目标管理的缺点

（1）适当的目标不易确定。

（2）目标管理的哲学假设不一定都存在。

（3）目标协商可能增加管理成本。

（4）难以保证公正性。

项目小结

计划工作	计划概述	计划的含义	
		计划的性质	计划、组织、领导、控制
		计划的原理	限定因素、承诺、灵活、改变方向
		计划的程序	析环境、立目标、选方案、编计划
	计划方法	甘特图法	
		滚动计划法	
		网络计划法	
		投入产出法	
	目标管理	目标的含义	
		目标的性质	层次性、多样性、期限性、关联性
		目标的作用	引导、激励、凝聚、考核
		目标管理含义	
		目标管理过程	设置、实施、检查、奖励

能力自测

一、单选题

1. 计划由于具有确认组织目标的独特作用，而成为其他各项职能执行的基础，这是指计划具有（　　）。

    A. 目的性　　　　　　B. 首位性　　　　　　C. 普遍性　　　　　　D. 效率性

2. 根据计划的明确程度，可以把计划分为（　　）。

    A. 长期计划和短期计划　　　　　　　　B. 战略性计划和战术性计划

    C. 具体性计划和指导性计划　　　　　　D. 程序性计划和非程序性计划

3. 按计划范围的广度可将计划分为（　　）。

    A. 长期计划和短期计划　　　　　　　　B. 战略计划、策略计划和作业计划

    C. 具体性计划和指导性计划　　　　　　D. 程序性计划和非程序性计划

4. 长期计划的时间跨度通常为（　　）。

    A. 5 年以上　　　　B. 5~10 年　　　　C. 5 年左右　　　　D. 3~5 年

5. （　　）只规定一些重大方针，指出重点但不把管理者限定在具体的目标或特定的行动方案上。

    A. 策略计划　　　　B. 作业计划　　　　C. 指导性计划　　　　D. 具体性计划

6. （　　）明确规定了目标，并提供了一整套明确的行动步骤和方案。

    A. 长期计划　　　　B. 战略计划　　　　C. 指导性计划　　　　D. 具体性计划

7. 把计划分为一种层次体系的是（　　）。

    A. 孔茨和韦里克　　B. 德鲁克　　　　C. 西蒙　　　　D. 亨利·甘特

8. 在计划的层次体系中最抽象的是（　　）。

    A. 政策　　　　B. 预算　　　　C. 使命　　　　D. 战略

9. 在计划的层次体系中最具体的是（　　）。

    A. 政策　　　　B. 预算　　　　C. 使命　　　　D. 战略

10. （　　）是一份用数字表示预期结果的报表，可以称为是一份"数字化"的计划。

    A. 政策　　　　B. 预算　　　　C. 规划　　　　D. 规则

11. （　　）使各级管理人员在决策时有一个明确的思考范围，同时也有利于统一和协调组织成员之间的思想和行动。

    A. 使命　　　　B. 政策　　　　C. 程序　　　　D. 规则

12. 计划工作的真正起点是（　　）。

    A. 确定目标　　　　B. 认清前提　　　　C. 估量机会　　　　D. 拟订可行方案

13. 以下属于现代计划的技术和方法的是（　　）。

    A. 定额换算法　　　　B. 经验平衡法　　　　C. 系数推导法　　　　D. 甘特图

14. 以下属于传统计划技术和方法的是（　　）。

    A. 滚动计划法　　　　B. 经验平衡法　　　　C. 网络计划法　　　　D. 甘特图

15. （　　）的优点是直观地标明了各活动的计划进度和当前进度，能动态地反映项目进展情况，缺点是难以反映多项活动之间存在的复杂的逻辑关系。

    A. 滚动计划法　　　　　　　　B. 线性规划方法

    C. 网络计划法　　　　　　　　D. 甘特图

16. 用计量经济学方法解决实际问题的第一步工作是（　　）。

    A. 建立模型　　　　　　　　B. 因素分析

    C. 实际应用　　　　　　　　D. 参数估计

17. ( ) 是一种定期修订未来计划的方法。

    A. 甘特图   B. 计划评审方法

    C. 关键路线法   D. 滚动计划法

18. 1954 年, ( ) 提出了一个具有划时代意义的概念——目标管理。

    A. 西蒙   B. 德鲁克   C. 梅奥   D. 亨利·甘特

19. 目标管理思想诞生于美国,最早应用却是在 ( )。

    A. 日本   B. 英国   C. 中国   D. 德国

20. 以下 ( ) 是不可评估的目标。

    A. 在本年末实现利润 15%

    B. 产品抽查的不合格率低于 2‰

    C. 主管人员增加与下属的沟通

    D. 在不增加费用和保持现有质量水平的情况下,本季度的生产率比上季度增
       长 10%

二、课堂讨论

1. 如果你是学生会主席,面对新生入学,你将如何做好迎接新生的工作?

2. 如果要你组织一场运动会,你将如何写策划书?

3. 请列出今后 5 年内你想实现的五个主要目标。

4. 3 个同学分为一组,模拟一家快餐公司,分别负责采购、销售和财会。请分别制定各自的目标,找到实现目标的方法,并使目标之间相互协调。

5. 有不少管理人员不喜欢在工作中制订计划,有各种各样的理由,最常听到的是“计划赶不上变化”。这种认识正确吗?为什么?

6. 管理大师德鲁克说“企业的目标必须在企业本身之外”“企业的目的和任务必须转化为目标”。谈谈你对这两句话的理解。

三、根据表 3 – 2 绘制网络计划图

表 3 – 2 作业计划

作业代号	作业名称	作业时间/天	紧前作业
A	审计设计和批准动工	10	- - -
B	挖地基	6	A
C	立物架和砌墙	14	B
D	建造楼板	6	C
E	安装窗户	3	C
F	搭屋顶	3	C
G	室内布线	5	DEF
H	安装电梯	5	G
I	铺地板和嵌墙板	4	D
J	安装门和内部装饰	3	IH
K	验收交接	1	J

实训练习

实训目标

1. 能用资料说明计划是如何促进组织取得成功的。
2. 能概括出计划的基本框架，并且利用它来增强你的计划技巧。
3. 能准确描绘出计划的本质及正确理解计划工作的原理。
4. 掌握计划工作的程序及方法，初步具备计划书编制的一般技能。

实训内容与要求

假如你最近买了一套120平方米的商品房，想要装修，你将怎样计划一个很好的装修方案？包括装修风格、标准、档次、预期花费、工期、装修人员选择等。

实训成果与检测

1. 了解房子装修的基本情况。
2. 了解装修计划应包括哪些环节。
3. 每人编写一份简单的装修计划书。

案例分析

哈尔担任总经理将近一年了，他在审阅企业有关年终情况的报告时，发现结果出乎意料得糟糕。

记得他刚刚上任总经理时，就迅速制订了企业的一系列工作计划和目标。为了解决员工费用过高、废料运输费过多等问题，他提出了具体的要求：在一年内要把购买原材料的费用降低15%~20%；把用于支付员工加班的费用从原来的13万美元减少到6万美元；要把废料运输费用降低4%等。他把这些计划指标告诉了有关方面的负责人。

然而，年终统计资料表明：原材料的浪费比去年严重，消耗费竟占公司费用总额的22%；职工加班费用也只降到11万美元；运输费用并没有降低。

他立即召集有关人员开会，打算对这些情况进行通报，研究一些对策。会上，他严肃批评了分管生产的副总经理。而生产副总经理则争辩说："我曾对员工强调过，要注意减少浪费的问题，原以为员工会执行我的要求。"财务部门的负责人也附和着说："我已为削减超时的费用做了最大的努力。只支付那些必须支付的款项。"负责运输方面的负责人则说："我对未能把运输费减下来并不感到意外，因为我们已经想尽了一切办法。我预计明年的运输费可能要上升4%~5%。"会议成了抱怨会，无法正常进行，只好在与会人员的抱怨声中散会了。

会后，哈尔总经理分别与有关方面的负责人进行沟通，消除抱怨，听取建议，他详细查阅本企业有关的资料，具体研究本行业同类指标的水平，并组织有关部门的负责人分析企业内外情况，论证下年度工作计划和目标。

在此基础上，哈尔总经理又把他们召集起来下达了新的计划指标，他说："生产部门一定要把原材料消耗的费用降低10%，人事部门一定要把职工超时费降到7万美元；即使是运输费用再提高，但也绝不能超过今年的标准。这是我们明年的目标。到明年年底我再看你们的结果。"同时，生产副总经理也提出了一些具体措施、改进的方法、奖惩意见，明确了责任部门、责任人、时间进度、重点环节、协调要求等。

思考：

1. 哈尔总经理的计划工作有什么变化？
2. 计划指标为什么下调？
3. 该如何搞好计划的执行？
4. 该企业的计划明年能够正常运行吗？

项目决策制定

知识目标

- 掌握决策的定义、原则、特点、作用。
- 掌握决策的步骤。
- 熟悉管理学中决策的类型。
- 掌握决策方法。
- 了解集体决策及个人决策的优缺点。

核心能力

- 熟悉并掌握运用决策的方法及其技巧。
- 具有应用科学决策理念和理论分析与处理实际决策问题的能力。
- 培养决策能力。

任务一　初识决策原理

任务目标

- 了解决策的定义。
- 熟悉决策的原则、依据、类型和特点。
- 掌握决策的程序。

决策是管理的一项基本职能。任何一个组织或管理者都必须进行决策，而这些决策的影响最终将不仅仅局限在组织绩效的某个方面，有时甚至会关系到组织的存亡。那么，究竟什么是决策呢？

一、决策的定义

决策是指为达到某种目标，从若干可行方案中选择一个合理方案的分析判断过程。

决策由以下四个主要因素构成：

（1）决策者。决策者可以是个人，也可以是组织。

（2）决策目标。决策必须有一个明确的目标，没有目标就没有决策。

（3）备选方案。决策必须有两个或两个以上的备选方案，如果方案只有一个，就无从选择，也就无须决策。

（4）决策原则。每一个备选方案都会有利弊或优缺点，在决策中依据确立的决策原则，选择合理的方案。

二、决策的原则

决策遵循的是满意原则，而不是最优原则。对于决策者来说，要想使决策达到最优，必须满足下列条件：

（1）获得与决策有关的全部信息。

（2）了解全部信息的价值所在，并据此制定所有可能的方案。

（3）准确预测每个方案在未来的执行结果。

现实中上述这些条件往往得不到满足。具体来说：

（1）对于组织内外存在的一切，即对组织的现在和未来都会直接或间接地产生某种程度影响的所有信息，决策者很难全部准确收集。

（2）对于收集到的有限信息，决策者的利用能力也是有限的，从而决策者只能制定数量有限的方案。

（3）任何方案都要在未来实施，而人们对未来的认识是不全面的，对未来的影响也是有限的，从而决策时所预测的未来状况可能与实际的未来状况有出入。

三、决策的依据

管理者在决策时离不开信息。信息的数量和质量直接影响决策水平。这要求管理者在决策之前以及决策过程中尽可能地通过多种渠道收集信息，作为决策的依据。但这并不是说管理者要不计成本地收集各方面的信息。管理者在决定收集什么样的信息、收集多少信息以及从何处收集信息等问题时，要进行成本—收益分析。只有在收集的信息所带来的收益（因决策水平提高而给组织带来利益）超过因此而付出的成本时，才应该收集信息。

信息的准确可靠是有效决策的前提条件，但是，如何从正确的前提得出正确的决策结论呢？这就需要运用科学的决策方法与手段对前提条件进行科学的分析、综合、推理，而后得出正确的判断。

阅读材料

美国国际商用机器公司为了从规模上占领市场，大胆决策购买股权。1982 年用 2.5 亿美元从美国英特尔公司手中买下了 12% 的股权，从而足以对付国内外电脑界的挑战；1983

年，又以 2.28 亿美元收购了美国一家专门生产电信设备的企业罗姆公司 15% 的股权，从而维持了办公室自动化设备方面的"霸王"地位。

1965 年，美国的一家公司发明了盒式电视录像装置，可是只用它来生产一种非常昂贵的广播电台专用设备。而日本索尼的经营者通过分析论证，看到了电视录像装置一旦形成大批量生产，其价格势必降低，许多家庭可以购买得起此种录像装置。这样一来，家用电子产品这个市场就会扩大，如果马上开发研究家用电视录像装置，肯定会获得很好的经济效益和社会效益。由于这一决策的成功，家用电视录像装置的市场一度被日本占去了 90% 多，而美国则长期处于劣势。

管理启示：经营决策正确，可以使企业在风雨变幻的市场上独居领先地位，并立于不败之地。

四、决策的类型

可按不同的标准对决策进行分类。

（一）长期决策与短期决策

（1）长期决策是指有关组织今后发展方向的长远性、全局性的重大决策，又称长期战略决策，如投资方向的选择、人力资源的开发和组织规模的确定等。

（2）短期决策是为实现长期战略目标而采取的短期策略手段，又称短期战术决策，如企业日常营销、物资储备以及生产中资源配置等问题的决策都属于短期决策。

（二）战略决策、战术决策与业务决策

（1）战略决策对组织最重要，通常包括组织目标、方针的确定，组织机构的调整，企业产品的更新换代，技术改造等，这些决策牵涉组织的方方面面，具有长期性和方向性。

（2）战术决策又称管理决策，是在组织内贯彻的决策，属于战略决策执行过程中的具体决策。战略决策旨在实现组织中各环节的高度协调和资源的合理利用，如企业生产计划和销售计划的制订、设备的更新、新产品的定价以及资金的筹措等都属于战略决策的范畴。

（3）业务决策又称执行性决策，是日常工作中为提高生产效率、工作效率而做出的决策，牵涉范围较窄，只对组织产生局部影响。属于业务决策范畴的主要有：工作任务的日常分配和检查、工作日程（生产进度）的安排和监督、岗位责任制的制定和执行、库存的控制以及材料的选购等。

决策类型与管理层次对应关系如表 4-1 所示。

表 4-1　决策类型与管理层次对应关系

管理层次	决策类型
最高管理层	战略决策
中间管理层	管理决策
初级管理层	业务决策

（三）集体决策与个人决策

从决策的主体看，可把决策分为集体决策和个人决策。

集体决策是指多个人一起做出的决策；个人决策是指单个人做出的决策。

相对于个人决策，集体决策有一些优点：①能更大范围地汇总信息；②能拟定更多的备选方案；③能得到更多的认同；④能更好地沟通；⑤能做出更好的决策等。但集体决策也有一些缺点，如花费较多的时间、产生"群体思维"以及责任不明等。

案例分析

集体决策优于个人决策吗？

近年来，北京的高、中、低各档商场以各自不同的经营形式与风格出现在市场。其商业网络密布，致使许多零售企业的盈利下降。而此时的巴巴拉零售联盟组织的利润却大幅度上升。

巴巴拉零售联盟组织的高级管理人员将这一盈利成绩归功于其相对新型的管理方法。这种方法就是集体决策。

现任董事长王勃先生（即将退休）采用协商一致的管理方法，使管理人员有足够的机会参与企业的主要决策。这样做的最大好处是可以帮助管理人员了解公司组织各个层次的工作状况。同时，集体管理的方法有利于培养管理人员。例如，某委员会的工作涉及诸如策略等政策问题时，通过集体参与，许多年轻的管理人员逐渐熟悉了公司所面临的关键问题。尽管巴巴拉零售联盟组织的大多数管理人员认为集体管理方法很成功，但也有少数人持反对态度，马骏就是其中态度最坚决的一位。他认为管理人员参加委员会会议是浪费时间，集体决策是妥协的产物，而且最终产生的可能不是最佳决策。

然而，他的同事们却指出，集体管理方法打破了一些部门之间的壁垒，促进了部门之间的协调。他们承认集体制订计划可能是费时的，但计划的实施却很迅速。再者，他们认为与个人决策相比，集体管理方法鼓励管理人员去探索更多的可供选择的方案，有不同年龄、不同观点的人参加，是一种极佳的投入。

马骏不同意这些意见。他指出"巴巴拉"集体管理之所以行得通，只是由于现任董事长的管理风格在很大程度上影响着大家。一旦他退休了，新的董事长是否会保持这一管理风格并不能肯定。到那时，"巴巴拉"管理人员之间的合作也就结束了。看来巴巴拉零售联盟组织内部出现了意见分歧，要解决这一难题，使企业内部所有员工同心协力摆脱目前的僵局，他们首先需要弄清楚什么问题？请你帮助他们分析一下。

（案例来源：王绪君《管理学基础》，2003年）

思考：

1. 简述"集体决策"这一方法的优点和缺点。
2. 请你分析马骏等人对"集体决策"持否定态度的原因。
3. 怎样才能使委员会或工作组更有效地工作，即减少马骏等人提出的所谓"人员浪费"？

（四）初始决策与追踪决策

从决策的起点看，可把决策分为初始决策与追踪决策。

初始决策是零起点决策，它是在有关活动尚未进行从而环境未受到影响的情况下进行的。随着初始决策的实施，组织环境发生变化，这种情况下所进行的决策就是追踪决策。因此，追踪决策是非零起点决策。

（五）程序化决策与非程序化决策

从决策所涉及的问题看，可把决策分为程序化决策与非程序化决策。

　　组织中的问题可被分为两类：一类是例行问题，另一类是例外问题。例行问题是指那些重复出现的、日常的管理问题，如管理者日常遇到的产品质量、设备故障、现金短缺、供货单位未按时履行合同等问题；例外问题则是指那些偶然发生的、新颖的、性质和结构不明的、具有重大影响的问题，如组织结构变化、重大投资、开发新产品或开拓新市场、长期存在的产品质量隐患、重要的人事任免以及重大政策的制定等问题。

　　赫伯特·A·西蒙根据问题的性质把决策分为程序化决策与非程序化决策。程序化决策涉及的是例行问题，而非程序化决策涉及的是例外问题。

　　（六）确定型决策、风险型决策与不确定型决策

　　从环境因素的可控程度看，可把决策分为确定型决策、风险型决策与不确定型决策。

　　（1）确定型决策是指在稳定（可控）条件下进行决策。在确定型决策中，决策者确切知道自然状态的发生，每个方案只有一个确定的结果，最终选择哪个方案取决于对各个方案结果的直接比较。

　　（2）风险型决策也称随机决策，在这类决策中，自然状态不止一种，决策者不能知道哪种自然状态会发生，但能知道有多少种自然状态以及每种自然状态发生的概率。

　　（3）不确定型决策是指在不稳定条件下进行的决策。在不确定型决策中，决策者可能不知道有多少种自然状态，即便知道，也不能知道每种自然状态发生的概率。

五、决策的特点

　　（一）目标性

　　任何决策都包含着目标的确定。目标体现的是组织想要获得的结果。目标明确以后，方案的拟定、比较、选择、实施及实施效果的检查就有了标准与依据。

　　（二）可行性

　　方案的实施需要利用一定的资源。缺乏必要的人力、物力、财力，理论上十分完善的方案也只能是空中楼阁。因此，在决策过程中，决策者不仅要考虑采取某种行动的必要性，而且要注意实施条件的限制。

　　（三）选择性

　　决策的关键是选择。没有选择就没有决策。而要能有所选择，就必须提供可以相互替代的多种方案。事实上，为了实现同样的目标，组织总是可以从事多种不同的活动。这些活动在资源要求、可能结果及风险程度等方面存在着或多或少的差异。因此，不仅有选择的可能，而且有选择的必要。

　　（四）满意性

　　决策的原则是"满意"，而不是"最优"。在现实世界和现代社会的复杂环境中，决策的最优化或最大化标准只是一种假设，很难实现。所谓"满意"标准，指的是决策者在决策过程中追求接近"最优"标准，或相比"最优"标准，"满意"标准具有显著的可比性、可执行性、可实现性。

　　（五）过程性

　　组织中的决策并不是单项决策，而是一系列决策的综合。这是因为组织中的决策牵涉方

方面面。当令人满意的行动方案被选出后，决策者还要就其他一些问题（如资金筹措、结构调整和人员安排等）做出决策，以保证该方案的顺利实施。只有当配套决策都做出后，才能认为组织的决策已经完成。

在这一系列决策中，每个决策本身就是一个过程。为了理论分析的方便，我们把决策的过程划分为几个阶段。但在实际工作中，这些阶段往往是相互联系、交错重叠的，难以截然分开。

（六）动态性

决策的动态性与过程性有关。决策不仅是一个过程，而且是一个不断循环的过程。作为过程，决策是动态的，没有真正的起点，也没有真正的终点。我们知道，组织的外部环境处在不断变化中。这要求决策者密切监视并研究外部环境及其变化，从中发现问题或找到机会，及时调整组织的活动，以实现组织与环境的动态平衡。

六、决策理论

（一）古典决策理论

古典决策理论又称规范决策理论，是基于"经济人"假设提出来的，主要盛行于20世纪50年代以前。古典决策理论认为，应该从经济的角度来看待决策问题，即决策的目的在于为组织获取最大的经济利益。

古典决策理论的主要内容是：

（1）决策者必须全面掌握有关决策环境的信息情报。

（2）决策者要充分了解有关备选方案的情况。

（3）决策者应建立一个合理的自上而下的执行命令的组织体系。

（4）决策者进行决策的目的始终都是在于使本组织获取最大的经济利益。

古典决策理论假设，作为决策者的"管理者"都是"完全理性的"，决策环境的稳定与否是可以被改变的，在决策者充分了解有关信息的情况下，是完全可以做出完成组织目标的最佳决策的。古典决策理论忽视了非经济因素在决策中的作用，这种理论不一定能指导实际的决策活动，从而逐渐被更为全面的行为决策理论代替。

（二）行为决策理论

行为决策理论的发展始于20世纪50年代，由赫伯特·A·西蒙提出，他在《管理行为》一书中指出，理性的和经济的标准都无法确切地说明管理的决策过程，进而提出"有限理性"标准和"满意度"原则。其他学者对决策者行为做了进一步研究，在研究中也发现：影响决策者进行决策的不仅有经济因素，还有其个人的行为表现，如态度、情感、经验和动机等。

行为决策理论的主要内容是：

（1）人的理性介于完全理性和非完全理性之间，即人是有限理性的，这是因为在高度不确定和极其复杂的现实决策环境中，人的知识、想象力和计算力是有限的。

（2）决策者在识别和发现问题中容易受直觉上的偏差的影响，而在对未来的状况做出判断时，直觉的运用往往多于逻辑分析方法的运用。所谓直觉上的偏差，是指由于认知能力的有限，决策者仅把问题的部分信息当作认知对象。

（3）由于受决策时间和可利用资源的限制，决策者即使充分了解和掌握有关决策环境的信息情报，也只能做到尽量了解各种备选方案的情况，而不可能做到全部了解，决策者选择的理性是相对的。

（4）在风险型决策中，与经济利益的考虑相比，决策者对待风险的态度起着更为重要的作用。决策者往往厌恶风险，倾向于接受风险较小的方案，尽管风险较大的方案可能带来较为可观的收益。

（5）决策者在决策中往往只求满意的结果，而不愿费力寻求最佳方案。导致这一现象的原因有多种：

①决策者不注意发挥自己和别人继续进行研究的积极性，只满足于在现有的可行方案中进行选择。

②决策者本身缺乏有关能力，在有些情况下，决策者出于个人某些因素的考虑而做出自己的选择。

③评估所有的方案并选择其中的最佳方案，需要花费大量的时间和金钱，这可能得不偿失。

行为决策理论抨击了把决策视为定量方法和固定步骤的片面性，主张把决策视为一种文化现象。例如，威廉·大内在其对美日两国企业在决策方面的差异所进行的比较研究中发现，东西方文化的差异是导致这种决策差异的一种不容忽视的原因，从而开创了决策的跨文化比较研究。

行为决策理论的实践意义：

（1）为公司决策者服务。

投资决策往往受多方面不确定因素的影响，而且时间紧、信息不完备，使得决策者觉得传统理性决策理论的实用性差，常常凭经验进行主观判断和抉择，因此他们在投资决策中更需要行为决策理论的指导，更需要了解可能发生的认知偏差和行为陷阱，更需要含有行为变量的投资决策模型。

（2）为政府及相关职能机构服务。

政府及相关职能机构的重要责任之一是为众多公司营造良好生存和发展环境，只有深入了解公司实际的投资决策行为，才可以对症下药，制定相应的法规、政策，引导公司积极、健康、妥善地进行投资决策，维护经济秩序的稳定，促使国民经济向前迈步。

（3）为高校和研究机构服务。

高校和研究机构是公司的"诊断师"，通过引入行为决策理论中有关投资决策的研究成果用于指导公司管理实践，能够帮助提高和优化公司投资决策水平，搭建实践与理论研究相结合的平台，体现了"理论指导实践"的学术宗旨。此外，行为决策理论特别能为高风险行业公司从事高风险项目投资提供有益的启示，帮助决策者认识到自身的行为特征与公司风险的互动关系，从而保证公司财富的保值增值。

（三）回溯决策理论

回溯决策理论又称隐含最爱理论。该理论是 1967 年彼得·索尔伯格提出的。该理论把思考重点放在决策制定之后，解释决策者如何努力使自己的决策合理化。

回溯理论说明，决策事实上只是为已经做出的直觉决策证明其合理性的一个过程，说明了直觉在决策中的作用。通过这种方式，个人相信他是在理性地行动，为某个重要问题制定逻辑的、理性的决策。虽然一些企业通常把他们的决策行为建立在理性的分析基础之上，但是一些研究发现，直觉决策在很多组织里不但更快，而且决策结果与系统的理性决策方法一样好，甚至更好。

七、决策的程序

决策是一个过程，为了对决策过程有一个更为详细的了解，我们详细考察以下决策过程的每一个步骤和程序。

（一）界定问题

问题是决策的始点，决策始于问题的识别，即发现问题，问题就是现实和理想之间的差异。识别问题和发现问题在决策过程中是比较难的，必须不断地对组织状况与环境状况进行深入的调查研究和创造性的思考才能做到。发现问题后还必须对问题进行分析，包括要弄清问题的性质、范围、程度、影响、后果和起因等各个方面，为决策的下一步做准备。

（二）确定决策目标

目标体现的是组织要达到的目的。目标是决策活动的开始，而实现目标，即取得预期的管理效果是决策的终点。

确定目标时，应当注意以下五个方面。

1. 目标应明确具体

决策目标的确定是为了实现目标，因而要求决策目标定得要准确，首先要求概念必须明确清晰，即决策目标的理解应当只有一种，能够使执行者明确地领悟含义。如果一个目标的含义怎样理解都可以，那么就无法做出有效的决策，也无法有效地执行。

2. 目标要分清主次

在决策过程中，目标往往不止一个，多个目标之间既有协调一致的时候，也有发生矛盾的时候。如要求商品物美价廉就有矛盾，物美往往要增加成本，价廉就得降低成本，有时还会影响质量。在诸多目标中，有的目标是必须达成的，有的目标是希望达成的，这样就可以使实现目标的严肃性和灵活性更好地结合起来。因此，在处理多目标问题时一般应当遵循以下两条原则：第一，在满足决策需要的前提下尽量减少目标的个数，因为目标越多，选择标准就越多，选择方案越多，越会增加选择的难度；第二，要分析各个目标的权重，分清主次，先集中力量实现必须达到的主要目标。

3. 要规定目标的约束条件

决策目标可以分为有条件目标和无条件目标两种。凡给目标附加一定条件者称为有条件目标，而所附加条件称为约束条件；不附加任何条件的决策目标称为无条件目标。约束条件一般分为两类：一类是客观存在的限制条件，如一定的人力、物力、财力条件；另一类是目标附加一定的主观要求，如目标的期望值以及不能违反国家的政策法规等。凡是有条件目标，只有在满足其约束条件的情况下达到目标时才算其真正实现了决策目标。

4. 决策目标数量化

决策目标数量化就是要给决策目标规定出明确的数量界限。有些目标本身就是数量指标，如产值、产量、销售量、利润等。在制定决策目标时要明确规定增加多少，而不要用"大幅度"和"比较显著"之类的词，有些属于组织问题、社会问题、质量问题等方面的决策，其目标本身不是数量指标，可以用间接测定方法，如产品质量可以用合格率、废品率等说明。

5. 决策目标要有时间要求

决策目标中必须包括实现目标的期限。即使将来在执行过程中有可能会因情况变化而对实现期限做一定的修改，但确定决策目标时也必须把预定完成期限规定出来。

（三）拟订备选方案

决策目标确定以后，就应当拟订达到目标的各种备选方案。拟订备选方案时应当注意以下问题：

首先，要分析和研究目标实现的外部因素和内部因素、积极因素和消极因素，以及决策事物未来的变化趋势和发展状况。

其次，将外部环境各有利因素和不利因素、内部业务活动的有利因素和不利因素等，同决策事物未来趋势和发展状况的各种估计进行排列组合，拟订出实现目标的方案。

最后，将这些方案同目标要求进行粗略分析对比，权衡利弊，从中选择若干个利多弊少的可行方案，以供进一步评估和抉择。

拟订可行方案的过程是一个发现、探索的过程，同时也是淘汰、补充、修订、选取的过程。决策者应当有大胆设想、勇于创新的精神，又要细致冷静、反复计算、精心设计。对于复杂的问题，可以邀请有关专家共同商定。在拟订方案时，可以运用"头脑风暴法""对演法"等智囊技术。头脑风暴法出自"头脑风暴"一词。"头脑风暴"最早是精神病理学上的用语，指精神病患者的精神错乱状态而言的。而现在则成为无限制的自由联想和讨论的代名词，其目的在于产生新观念或者激发创新设想。"对演法"就是让相互对立的小组制定不同的方案，然后双方展开辩论，互攻其短，以求充分暴露矛盾，使方案越来越完善。

（四）评估决策方案

备选方案一经确定，决策者就必须对每一个备选方案进行评估。在评估过程中，要使用预定的决策标准以及每种备选方案的预期成本、收益、不确定性和风险进行分析。为了解决决策的困难，通常的方法是根据目标的权重排出先后次序，然后通过加权求和的方式将其综合为一个目标；或者将一些次要目标看作决策的限制条件，使某个主要目标达到最大（或者最小）来选择方案。

（五）选择最佳方案

从已列出的并且评估过的备选方案中选择最佳方案，这一步骤是决策的关键阶段。通过可行性分析和评估，确定每个方案的经济效益和社会效益，以及可能带来的潜在问题，按照一定的标准比较各个方案的优劣，从中选择最佳方案。方案选择的具体方法有两种类型：一种是定性方法，即决策者根据以往的经验和掌握的材料，经过权衡利弊，做出决断；一种是定量方法，即借助于数学和计算机技术进行决策的方法。

（六）方案的实施与反馈

实施决策，是指将决策传递给有关人员并得到他们行动的承诺。只有通过付诸实施，才能最终检验决策是否合理有效，才能发现偏差并作必要的调整。一个决策方案的实施需要较长的时间，在这段时间内，由于组织内部条件和外部环境的不断变化，原来的决策方案可能已经不符合实际情况。因此，管理者要对决策效果进行评价，及时获得决策方案执行情况的反馈信息，对没有达到预期效果的项目要找出原因，与既定目标发生偏离的，要对原定方案进行修订；客观情况发生重大变化，原定目标无法实现时，则要重新寻找问题或者机会，重新审订目标，按照决策程序，直到选出新的最优化方案为止。

任务二　分析影响决策的因素

任务目标

- 了解环境因素的内容。
- 掌握自身因素的内容。
- 掌握决策主体因素的内容。

任何组织或个人的决策都是在一定条件下进行的，都要受到各种因素的制约。这些因素主要包括环境因素、组织自身因素、决策主体的因素等。

一、环境因素

环境因素影响组织及个人的决策，环境又总是处于不断变化中，需要组织及个人在决策中动态地把握。

（一）环境的稳定程度

根据环境的变化程度，可以将环境分为稳定环境和动态环境两类。环境的稳定程度影响企业及个人的决策。在相对稳定的环境中，企业的决策相对简单，大多数决策可以在过去决策的基础上做出；在动态的环境中，企业面临的是复杂的，过去没有遇到过的问题，会经常需要对其经营活动做出较大幅度的调整。

案例分析

三巨头的策略

20世纪70年代初，世界范围内爆发原油危机导致油价上涨，原油价格的波动使消费者对小排量汽车的选择产生新的偏好，同时也给汽车制造业的发展提出新的要求。面对原油价格的波动和消费者需求的新趋势，美国三大汽车制造商通用、福特和克莱斯勒分别采取了不同的应对策略。其中，通用和福特及时调整了企业的发展方向，为适应外界环境变化的要求，开始着力向轻型汽车方向发展。而克莱斯勒并没有及时根据外界环境的变化而做出相应的战略调整，仍然按照原有发展模式进行生产和销售。

到20世纪70年代末，原油价格的进一步波动使得克莱斯勒陷入全面亏损境地，库存积压严重，市场份额迅速减少。此时，福特汽车的前任总经理亚科卡临危受命出任克莱斯勒总裁。上任伊始，亚科卡果断采取措施，调整企业战略方向，开始生产K系列轻型汽车，经过多方努力，使克莱斯勒重新回到美国三大汽车制造商的行列。

（案例来源：王丽平等《通用管理知识概论》，2007年）

思考：这个案例对你有什么启发？

（二）市场结构

处于什么样的市场结构，对企业的决策也很关键。处于垄断市场中的企业，通常将决策重点放在内部生产条件的改善、生产规模的扩大，以及生产成本的降低上；而在竞争性市场上经营的企业则需要密切关注竞争对手的动向，不断推出新产品，努力改善对顾客的服务，建立和健全营销网络。

案例分析

糖果厂的"另类对策"

日本有两家较大的糖果厂——森永制果公司和明治制果公司，两家公司实力相当，都在生产同样规格的巧克力糖，业绩不分上下。后来，森永制果公司别出心裁，推出单独面向成人市场的定价为 70 日元/块的大块"高王冠"巧克力产品，由于很适合成年人的口味和消费需求，因此销量大增。

眼看对手独领风骚，明治制果公司也不甘示弱，又对顾客市场进行进一步细分，十分巧妙地设计出名为"阿尔法"的两种规格（成分）的巧克力，一种定价为 60 日元/块，另一种定价为 40 日元/块，合并价为 100 日元/块。这样一来，一方面在价格上可以和森永制果公司对抗，另一方面又同时细分出三个市场：每块 40 日元的巧克力的销售目标是初中生；每块 60 日元的巧克力的销售目标是高中生；两种巧克力合并正好是成人消费的一次分量，又可供成人顾客食用。这就大大地拓宽了市场覆盖面，使企业效益激增，很快超过对方。

（案例来源：闫国庆《国际商务》，2006 年）

思考：如果你是森永制果公司总裁，你准备怎么办？

二、组织自身因素

（一）组织文化

组织文化影响着包括决策制定者在内的所有组织成员的思想和行为。和谐、平等的组织文化会激励人们积极参与组织决策；涣散、压抑、等级森严的组织文化则容易使人们对组织的事情漠不关心，不利于调动组织成员的参与热情。组织文化通过影响人们对变化、变革的态度而对决策起影响作用。在偏向保守、怀旧的组织中，人们总是根据过去的变化标准来判断现在的决策，总是担心在变化中会失去什么，从而对决策将要引起的变化产生害怕、怀疑和抵御的心理和行为；相反，在具有开拓、创新、进取氛围的组织中，人们总是以发展的眼光来分析决策的合理性。因此，欢迎变化的组织文化有利于新决策的提出和实施；相反，抵制变化的组织文化不但会使新决策难以出台，而且即使做出了决策，其实施也会面临着巨大的阻力。

案例分析

"天堂里的婚姻"

德国戴姆勒—奔驰公司和美国三大汽车公司之一的克莱斯勒公司以 360 亿美元的高价"平等合并"，被全球舆论界誉为"天堂里的婚姻"。戴姆勒—奔驰公司是德国实力最强的企业，是扬名世界的"梅塞德斯"品牌的所有者；克莱斯勒则是美国三大汽车制造商中赢利能力最强、效率最高的公司。人们认为，这宗跨越大西洋的强强联合定会造就一个驰骋世界汽车市场、所向无敌的巨无霸。谁会想到，这桩"婚姻"似乎并不美满。合并后的第一年的第三季度，合并后的公司亏损5.12亿美元，为近9年来戴姆勒公司第一次出现亏损。据业内专家预测，第二年该公司的亏损额还将进一步增至20亿美元。同时，公司的股价随之一路下滑，锐减50%，跌至合并后的最低点。戴姆勒—克莱斯勒公司的市场资本总值甚至已低于原戴姆勒—奔驰公司一家的水平。被亚科卡于80年代初拯救于危难中的克莱斯勒公司至少暂时已难有大作为。这桩"天堂里的婚姻"何以没有美好的结局？业内人士认为，大西洋两岸不同企业文化的冲突是这场"婚姻"危机的根本原因。戴姆勒—克莱斯勒公司的成功，不仅要求斯图加特和密歇根州奥本山庄的两个总部配合默契，而且要求企业文化截然不同的一大批办公室和工厂之间形成合力。两公司的最高决策者显然忽视了这一根本性的问题。德国人做事严谨，一丝不苟，对工艺流程控制严格，对质量要求近乎苛刻；美国人强调个性的舒展，崇尚创新行为，在产品品质的追求上却不及德国人执着。美国方面人士甚至担心德国企业那种僵死的工作方法和严重的官僚习气会慢慢销蚀美国公司中的浓厚自由气氛和强烈的创新激情。两家公司在企业文化上的巨大差异，公司从高层管理人员直至普通员工沟通上的严重障碍，大大制约了总公司的整体运作。尽管这桩"天堂婚姻"还未走到尽头，但弥合两种企业文化的缝隙却不是一件容易的事情。

思考：在企业合并中，如何看待组织文化差异？

（二）组织的信息化程度

面对物竞天择、优胜劣汰的市场竞争，越来越多的组织认识到信息对组织决策的重要性。组织的信息化程度成为企业制胜的法宝之一。

案例分析

沃尔玛的兴起与凯玛特的衰亡

在全球商界，沃尔玛与凯玛特的故事一直为人们所津津乐道。这两大美国零售巨头一同起家，却经历了两条截然不同的命运曲线。一个从名不见经传的小辈一跃而上，登上商界巅峰；一个从巅峰急转直下，直至破产。这中间当然有诸多因素，包括管理理念、员工队伍建设、配送经营以及许多细节处理。但是从20世纪70年代起家的两大巨头正好处于信息技术飞速发展的时期，信息化在两者的对垒中起到了至关重要的作用。

1970年，具有百年历史的大型连锁超市凯玛特在美国零售业中排行老大，销售额是沃尔玛的45倍，拥有店铺超过1 000家，龙头位置一直持续到1990年。与凯玛特相比，沃尔玛当时只是个不起眼的竞争者。但这种竞争态势在20世纪末发生了逆转。就在凯玛特仍旧以传统方式经营时，沃尔玛开始将重金投入各种信息系统建设。沃尔玛在信息系统方面投入的热情在全球的企业当中都可以说是首屈一指。

该公司早在1983年就同休斯公司合作，将一颗耗资2 400万美元的人造卫星发射升空，成为全球第一个发射物流通信卫星的企业。至20世纪90年代初，沃尔玛在电脑和卫星通信系统上就已经投资了7亿美元，而它自身不过是一家纯利润只有营业额2%～3%的折扣百货零售公司。此外，沃尔玛还制定了"企业核心竞争力，降低总体成本"的新经营策略和理念，把电子商务和企业信息资源管理提升到提高企业核心竞争力的战略高度。通过新型的信息应用，沃尔玛的经营效率得到了革命性的提升。在沃尔玛全球的 4 000 多家门店，通过该公司的网络在 1 小时之内就可对每种商品的库存、上架、销售量全部盘点一遍。整个公司的计算机网络配置完成后，可处理工资发放、顾客信息采集整理和订货—发货—送货流程，并实现了公司总部与各分店及配送中心之间的快速直接通信。

思考：这个案例对中国零售业发展有何启示？

（三）组织对环境的应变模式

组织是一个由多种要素组成的有机体，组织对环境的应变模式影响组织的决策。通常在组织变革中，需要突破对环境的应变模式，但这模式往往是根深蒂固的，需要借助外部力量和内部自省予以打破。

案例分析

青蛙现象

将一只青蛙放入沸水中，青蛙会立即试着跳出。但如果把青蛙放进温水中，不去惊吓它，它将待着不动。如果容器下面慢慢加热，随着水温的慢慢提高，青蛙仍然若无其事，甚至自得其乐。但是，当温度再慢慢升高时，青蛙将越来越虚弱，最后无法动弹。尽管环境并没有限制它逃脱困境，但它最后被煮死，这是因为它内部感应生存威胁的器官只感应到了环境中的激烈变化，而不能针对缓慢、渐进的变化做出及时反应。组织障碍中存在着一种类似的青蛙现象。就是人们习惯于关注那些幅度较大的变化，而忽视了缓慢、渐进过程中的变化，即人们对组织运行过程中的那些细微问题以及不太寻常的变化司空见惯，对影响组织发展的潜在危机没有觉察。

（案例来源：池丽华《现代管理学》，2008 年）

思考：组织在运行中如何避免"青蛙现象"？

三、决策主体的因素

（一）个体对待风险的态度

风险是指一个决策所产生的特定结果的概率。不同的决策者对风险的态度决定了其决策的方式。风险喜好型的决策者敢于冒风险，敢于承担责任，因此有可能抓住机会，但也可能遭到一些损失。风险厌恶型决策者不愿冒风险，不敢承担责任，虽然可以避免一些无谓的损失，但也有可能丧失机会。风险中性的决策者对风险采取理性的态度，既不喜好也不回避。由此可见，决策者对风险的态度影响了决策活动。

案例分析

索尼公司董事长井深大的一系列风险决策

井深大是日本著名企业家、日本索尼公司名誉董事长。在第二次世界大战后动荡不安的年代，井深大募集一批优秀技术人才创立了索尼公司。索尼公司仅用 20 年的时间就从街道小工厂发展成为闻名世界的企业，这同井深大不怕风险、果断决策很有关系。

从 20 世纪 50 年代初开始，井深大做出了一系列风险决策。第一次风险决策是研制磁带式录音机。当时，在没有录音带原材料和精通此项技术专家的情况下，试制是要冒大亏本的风险的。但井深大没有退缩，经过反复实验终于制成了较为理想的录音带。第二次是研制晶体管收音机。当时鉴于美国电子工业厂家在这项研究中接连失败，不少同行都劝他放弃计划。然而井深大并没有动摇，而是组织最优秀的技术人员成立半导体部，新产品一进入国际市场就大受欢迎。第三次是研制晶体管微型电视机。在极为保密的情况下，经过比前两次更为艰苦的努力，索尼公司在世界上首先研制成功晶体管微型电视机，该产品在美国市场上供不应求。因此，经过研究独创性新产品的几次风险决策，索尼公司迅速发展壮大起来。

（案例来源：郑承志《管理学基础》，2008 年）

思考：如何看待井深大的风险决策？

（二）决策群体的关系融洽程度

现代企业决策往往是多人共同参与的结果，因而，企业决策中决策群体的关系融洽程度对决策有很大的影响。

案例分析

金盏公司何去何从？

金盏公司目前面临很大的危机，因为该公司董事长与该公司 CEO 出现了矛盾。九年前，从法国学成归来的汪硕伦一心想做葡萄酒贸易，而在国内一家葡萄酒企业工作的吴宇新正在寻找创业机会，两人一拍即合，他们各出资 80 万元，又从亲朋好友那里融资了 100 万元，建起了金盏贸易公司，代理法国几个酒庄的葡萄酒。汪硕伦任公司董事长，法国那边，不管是谈判还是选酒，包括代理品牌在国内的宣传都由他来搞定。吴宇新任副董事长兼 CEO，负责国内市场。其余投资人任董事。

汪硕伦有深厚的葡萄酒专业知识和出色的鉴赏力，熟悉产品，了解葡萄酒文化，又是法国名校 MBA；CEO 吴宇新市场基本功扎实，有渠道、有人脉、有经验、有创意，往昔战绩不俗。这样的创业团队，加上当时葡萄酒行业正值旭日初升，自然会引起投资商的兴趣，有家风险投资公司就给了他们一笔 700 万元的资金。凭借相对充裕的资金和有创意的经营，金盏在国内刚兴起的葡萄酒经营行业狂飙突进，5 年后，便跻身于业内前 20 名。但吴宇新一想起汪硕伦就觉得心口添堵。吴宇新原以为，在金盏酒业，他与汪硕伦都是主角，他的威望和权力至少能与汪硕伦平分秋色。但这些年做下来，他发现自己只是个男二号。最让他不能忍受的是汪硕伦越来越多地开始在他的领地上指手画脚，甚至不打招呼就向董事会推荐了一个首席运营官（COO）。虽说 COO 后来被开掉了，但经过此事，汪硕伦和吴宇新已然是隔开万重山水了。

不过，有一个问题，他俩却是达成共识的，那就是：金盏不能总依赖别人，得有自己的品牌。然而，汪硕伦想的是购买法国酒庄，吴宇新想的却是在国内建一个庄园酒堡。汪硕伦当然不同意吴宇新的构想，在国内做，那以后他在公司的话语权就更小了。

汪硕伦不知该如何解决与吴宇新之间的矛盾，他寄希望于董事会为他投赞成票，但说实话，他并无胜算，因为吴宇新也会权力说服董事会同意他的想法。汪硕伦有些后悔在创业初期制定了那样一个"共产主义"的股权结构，他想是不是应该将其他股东或吴宇新的股份买下来，或是干脆将自己的股份卖掉，去普罗旺斯过逍遥生活。

思考：金盏公司目前面临的危机是怎样造成的？

（三）个人价值观

个人价值观在认识问题、收集信息、评价各备选方案和选择方案的决策过程中都有重要的影响，甚至起着决定性作用。

案例分析

安娜该如何决策？

安娜从一所不太著名的计算机学院毕业，10 年来一直在某发展中的大城市的一家中等规模的电脑公司当程序设计员。现在，她的年薪为 50 000 美元。她工作的这家公司，每年要增加 4~6 个部门。这样扩大下去，公司的前景还是很好的，也增加了很多新的管理职位。其中有些职位，包括优厚的年终分红在内，公司每年要付给 90 000 美元。有时，还提升程序员为分公司的经理。虽然，过去没有让妇女担任过这样的管理职位，但安娜小姐相信，凭她的工作资历和这一行业女性的不断增加，在不久的将来，她会得到这样的机会。

安娜的父亲雷森先生自己开了一家电脑维修公司，主要是维修计算机硬件，并为一些大的电脑公司做售后服务，同时也销售一些计算机配件。最近由于健康和年龄的原因，雷森先生不得不退休，他雇了一位刚从大学毕业的大学生来临时经营电脑维修公司，店里的其他部门继续由安娜的母亲经营，雷森想让女儿安娜回来经营她最终要继承的电脑维修公司。而且，由于近年来购买电脑的个人不断增加，电脑维修行业的前景是十分看好的。雷森先生在前几年的经营过程中建立了良好的信誉，不断有大的电脑公司委托其经营该市的售后维修中心。因此，维修公司发展和扩大的可能性是很大的。

安娜和双亲讨论时，得知维修公司现在一年的营业额大约为 400 000 美元，而毛利润差不多是 170 000 美元。雷森先生和他的太太要提支工资 80 000 美元，加上每年 60 000 美元的经营费用，交税前的净利润为每年 30 000 美元。自雷森先生退休以来，维修公司得到的利润基本上和从前相同。目前，他付给他新雇用的大学毕业生的薪金为每年 36 000 美元，雷森夫人得到的薪金为每年 30 000 美元，雷森先生自己不再从维修公司支取薪金了。

如果安娜决定担任起维修公司的管理工作，雷森先生打算依然付给她 50 000 美元的年薪。他还打算，开始时，把维修公司经营所得利润的 25% 作为安娜的分红，两年后增加到 50%。雷森夫人将不再在该公司任职，因此必须再雇一个非全日制的办事员帮助安娜经营维修公司，他估计这笔费用大约需要 16 000 美元。

有人试图出 600 000 美元买雷森先生的维修公司。在不久的将来安娜是要继承这笔款项的大部分的。对雷森夫妇来说，他们的经济状况并不需要过多地去用这笔资产来养老送终。

（案例来源：朱林《管理原理与实训教程》，2008 年）

思考：安娜的个人价值观对她做出决策有何影响？

（四）个人能力

决策者的能力来源于渊博的知识和丰富的实践经验，一个人的知识越渊博，经验越丰富，思想越解放，就越乐于接受新事物、新观念，越容易理解新问题，使之拟订出更多更合理的备选方案。

案例分析

克莱斯勒的奇迹

亚科卡是美国当代汽车行业著名的企业家，曾任美国两大汽车公司的总裁。1984年《亚科卡自传》的出版轰动了美国，引起世界的关注。该书一出版就以每周出售10万册的纪录发行，1985年年底已再版16次。1982年，美国《华尔街日报》和《时代》周刊都曾刊登过关于亚科卡可能被提名担任总统候选人的新闻，亚科卡一时成为美国人民心目中的民族英雄。亚科卡之所以受到如此的关注，很大程度上在于他创造了克莱斯勒奇迹。

当时，该公司濒于崩溃。从1978年至1981年，克莱斯勒公司共亏损36亿美元，创下了美国历史上亏损的最高纪录。人们普遍认为，该公司倒闭指日可待。然而，事情的发展并不如人们所料，亚科卡临危受命，出任美国克莱斯勒公司总裁。在他的领导下，经过几年的惨淡经营，克莱斯勒公司竟奇迹般地从死亡线上活过来了。到1982年，其股票价格上涨425%，11种新车投入市场。1983年，公司销售额增加了132亿美元，比1982年增长了近30%，盈利7.009亿美元，并提前7年偿还了联邦政府15亿美元的贷款。1984年，盈利达24亿美元，超过了该公司过去60年利润的总和！

思考：决策者的个人能力对企业发展影响如何？

任务三   确定决策方法

任务目标

- 了解决策方法的原理。
- 掌握决策的过程与方法。

随着决策理论和实践的不断发展，已经创造出许多科学的决策方法。总的归纳起来，决策方法可以分为两大类：一类是定性决策方法；另一类是定量决策方法。决策者应当根据决策过程的性质和特点，灵活地运用各种方法，优势互补，这样才能提高科学决策的水平。

一、集体决策方法

(一) 头脑风暴法

头脑风暴法是比较常用的集体决策方法，便于发表创造性意见，因此主要用于收集新设想。通常是将对解决某一问题有兴趣的人集合在一起，在完全不受约束的条件下，敞开思路，畅所欲言。

头脑风暴法的创始人亚历克斯·奥斯本为该决策方法的实施提出了四项原则：

(1) 对别人的建议不作任何评价，将相互讨论限制在最低限度内。

(2) 建议越多越好，在这个阶段，参与者不要考虑自己建议的质量，想到什么就应该说出来。

(3) 鼓励每个人独立思考，广开思路，想法越新颖、奇异越好。

（4）可以补充和完善已有的建议以使它更具有说服力。

头脑风暴法的目的是创造一种畅所欲言、自由思考的氛围，诱发创造性思维的共振和连锁反应，产生更多的创造性思维。这种方法的时间安排应在 1～2 小时，参加者以 5～6 人为宜。

阅读材料

"坐飞机扫雪"

有一年，美国北方格外寒冷，大雪纷飞，电线上积满冰雪，大跨度的电线常被积雪压断，严重影响通信。过去，许多人试图解决这一问题，但都未能如愿以偿。后来，电信公司经理应用奥斯本发明的一种出主意的方法来尝试解决这一难题。他召开了一种能让头脑卷起风暴的座谈会，参加会议的是不同专业的技术人员，要求他们必须遵守以下原则：

第一，自由思考。即要求与会者尽可能解放思想，无拘无束地思考问题并畅所欲言，不必顾虑自己的想法或说法是否"离经叛道"或"荒唐可笑"。

第二，延迟评判。即要求与会者在会上不要对他人的设想评头论足，不要发表"这主意好极了！""这种想法太离谱了！"之类的"捧杀句"或"扼杀句"。至于对设想的评判，留在会后组织专人考虑。

第三，以量求质。即鼓励与会者尽可能多而广地提出设想，以大量的设想来保证质量较高的设想的存在。

第四，结合改善。即鼓励与会者积极进行智力互补，在增加自己提出设想的同时，注意思考如何把两个或更多的设想结合成另一个更完善的设想。

按照这种会议规则，大家七嘴八舌地议论开来。有人提出设计一种专用的电线清雪机；有人想到用电热来化解冰雪；也有人建议用振荡技术来清除积雪；还有人提出能否带上几把大扫帚，乘坐直升机去扫电线上的积雪。对于这种"坐飞机扫雪"的设想，大家心里尽管觉得滑稽可笑，但在会上也无人提出批评。相反，有一位工程师在百思不得其解时，听到用飞机扫雪的想法后，大脑突然受到冲击，一种简单可行且高效率的清雪方法冒了出来。他想，每当大雪过后，出动直升机沿积雪严重的电线飞行，依靠高速旋转的螺旋桨即可将电线上的积雪迅速扇落。他马上提出"用直升机扇雪"的新设想，顿时又引起其他与会者的联想，有关用飞机除雪的主意一下子又多了七八条。不到一小时，与会的 10 名技术人员共提出 90 多条新设想。

会后，公司组织专家对设想进行分类论证。专家们认为设计专用清雪机，采用电热或电磁振荡等方法清除电线上的积雪，在技术上虽然可行，但研制费用大、周期长，一时难以见效。那种因"坐飞机扫雪"激发出来的几种设想倒是一种大胆的新方案，如果可行，将是一种既简单又高效的好办法。经过现场试验，发现用直升机扇雪真能奏效，一个久悬未决的难题，终于在头脑风暴会中得到了巧妙的解决。

管理启示：头脑风暴法，其显著的优点是使参加会议的人互相启发、互相影响、互相刺激，产生连锁反应，诱发创造性设想。它适合于解决那些比较简单、严格确定的问题，比如研究产品名称、广告口号、销售方法、产品的多样化研究等。

（二）名义小组技术

在集体决策中，如对问题的性质不完全了解且意见分歧严重，则可采用名义小组技术。在这种技术下，小组的成员互不通气，也不在一起讨论、协商，从而小组只是名义上的。这种名义上的小组可以有效地激发个人的创造力和想象力。

在这种技术下，管理者先召集一些有知识的人，把要解决的问题的关键内容告诉他们，并请他们独立思考，要求每个人尽可能地把自己的备选方案和意见写下来；然后再按次序让他们一个接一个地陈述自己的方案和意见；在此基础上，由小组成员对提出的全部备选方案进行投票，根据投票结果，赞成人数最多的备选方案即为所要的方案。当然，管理者最后仍有权决定是接受还是拒绝这一方案。

（三）德尔菲技术

这是兰德公司提出的，被用来听取有关专家对某一问题或机会的意见。如要解决用煤发电的重大技术问题，首先是要设法取得有关专家的合作（专家包括大学教授、研究人员以及能源方面有经验的管理者）；然后把要解决的关键问题（如把煤变成电能的重大技术问题）分别告诉专家，请他们单独发表自己的意见并对实现新技术突破所需的时间做出估计；在此基础上，管理者收集并综合各位专家的意见，再把综合后的意见反馈给各位专家，让他们再次进行分析并发表意见。在此过程中，如遇到差别很大的意见，则把提供这些意见的专家集中起来进行讨论并综合。如此反复多次，最终形成代表专家组意见的方案。

运用该技术的关键是：

（1）选择好专家，这主要取决于决策所涉及的问题或机会的性质。

（2）决定适当的专家人数，一般 10~50 人较好。

（3）拟定好意见征询表，因为它的质量直接关系到决策的有效性。

阅读材料　　　　**上海印染工业公司产品开发决策**

上海印染工业公司（以下简称"上染"）是我国纺织品生产和出口的重要基地，20 世纪 80 年代初，它遇到了危机，产品滞销，市场份额下降，国际市场不景气。为了应对危机，公司的决策层讨论并制订了从 1982 年起的五年规划，提出了开发仿真纯棉印花布等 10 个新产品、改造涤棉纬长丝提花织物等 10 个老产品的初步方案。"上染"认为本公司的设想可能有局限性，为了保证产品方案的正确，决定广泛征求公司外部各类专家的意见。"上染"根据征询内容提出了一些具体问题："您认为在所限定的产品中，为了满足国内市场需求，应开发哪些新产品？""哪些老产品可能有发展前途？""为了适应国际市场的需要，应开发何种新产品，改造哪些老产品？""您是否能谈出一具体的理由？"……公司向 15 个省市的国家机关、科研部门、高校和企业的近 200 名专家发了意见征询表格。3 周后，收到 91 封反馈的信件。于是，他们将这 91 名专家作为征询对象。第一轮反馈已经完成，即向 200 位专家寄送意见征询表格，回收率为 45%。公司从中归纳出意见比较集中的适合外销的新、老产品共 17 种，适于内销的新、老产品共 16 种。第二轮反馈：召集在沪的专家座谈，与会专家 42 位（包括第一轮中的专家 24 位）。专家们充分地各抒己见，提出的产品品种竟达 800 多种，并且都出示了足够的论据。最后，进行了无记名投票表决。超过 50% 获票率的产品，外销的有 11 种，内销的有 12 种。第三轮反馈：公司将以上信息汇总后，以第一轮反馈中的 91 名专家和公司内部 18 名专家为第三轮咨询对象，向专家们同时发出问卷。问题一，对外销的 11 种产品和内销的 12 种产品进行论证；问题二，对第二轮中所提出的 800 多种产品进行表决。三周后，公司陆续收到回信。评价结果是：对问题一中的产品意见一致的，外销产品有9种，内销产品有10种，其中外销和内销的有8种产品相同。这表明，公司原先设想的20种产品，只有10种与专家的意见一致。

对问题二中的产品意见较集中的，外销产品有108种，内销产品有94种，这为公司今后发展产品开阔了视野，提供了信息。公司在获得上述资料后，组织了专门班子，在进行了更深层次的调查后，做出了1982—1987年的五年规划。1987年，"上染"的总产值在国内纺织品行业位居前茅；在国外市场上，"上染"的产品销往美国、英国等几十个国家和地区，企业效益大幅度提高。

管理启示：德尔菲法既依靠了专家，又避免了专家会议面对面不好直言的缺点。但它需几轮反复，时间较长。

（四）电子会议法

电子会议法是将名义集体决策法与计算机技术相结合的一种群体决策方法。在电子会议中，决策参与者围坐在一张马蹄形的桌子旁。这张桌子上除了一台台计算机终端外别无他物。会议组织者通过屏幕将问题显示给决策参与者，然后参与者把自己的回答打在计算机屏幕上。所有参与者的评论和票数统计都投影在会议室内的屏幕上。

它的主要优点是：真实、充分、可靠、迅速。与会者可以采取匿名形式把自己想表达的任何想法表达出来。参与者一旦把自己的想法输入键盘，所有的人都可以在屏幕上看到。与会者可以大胆地、充分地、实事求是地表现自己的意见和态度，并不用担心受到外来力量的惩罚。而且这种决策方法迅速，用不着支支吾吾、寒暄客套，可以直接切入主题，直截了当地发表自己的看法；大家在同一时间可以互不妨碍地相互交流，不会打断别人的"发言"。

它的缺点主要表现为：由于实行匿名方式，使得想出最好建议的人也得不到应有的奖励；所获得的信息不如面对面的交流与沟通所能得到的信息丰富。

二、有关活动方向的决策方法

管理者有时需要对企业或企业某一部门的活动方向进行选择，可以采用的方法主要有经营单位组合分析法和政策指导矩阵等。

（一）经营单位组合分析法

该法由美国波士顿咨询公司建立，其基本思想是，大部分企业都有两个以上的经营单位，每个经营单位都有相互区别的产品，企业应该为每个经营单位确定其活动方向。

该法主张，在确定每个经营单位的活动方向时，应综合考虑企业或该经营单位在市场上的相对竞争地位和业务增长情况。相对竞争地位往往体现在企业的市场占有率上，它决定了企业获取现金的能力和速度，因为较高的市场占有率可以为企业带来较高的销售量和销售利润，从而给企业带来较多的现金流量。

业务增长率对活动方向的选择有两个方面的影响：

（1）它有利于市场占有率的扩大，因为在稳定的行业中，企业产品销售量的增加往往来自竞争对手市场份额的下降。

（2）它决定着投资机会的大小，因为业务增长迅速可以使企业迅速收回投资，并取得可观的投资报酬。

根据上述两个标准——相对竞争地位和业务增长率，可把企业的经营单位分成四大类（如图4-1所示）。企业应根据各类经营单位的特征，选择合适的活动方向。

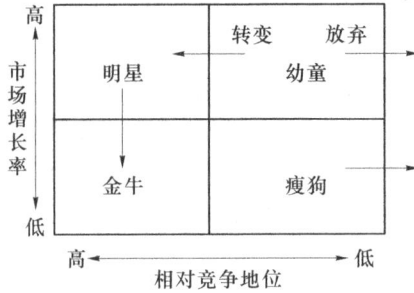

图 4-1　企业经营单位组合

"金牛"经营单位的特征是市场占有率较高，而业务增长率较低。较高的市场占有率为企业带来较多的利润和现金，而较低的业务增长率需要较少的投资。"金牛"经营单位所产生的大量现金可以满足企业的经营需要。

"明星"经营单位的市场占有率和业务增长率都较高，因而所需要的和所产生的现金都很多。"明星"经营单位代表着最高利润增长率和最佳投资机会，因此企业应投入必要的资金，以增加它的生产规模。

"幼童"经营单位的业务增长率较高，而目前的市场占有率较低，这可能是企业刚刚开发的很有前途的领域。由于高增长速度需要大量投资，而较低的市场占有率只能提供少量的现金，企业面临的选择是：投入必要的资金，以提高市场份额，扩大销售量，使其转变为"明星"；或者如果认为刚刚开发的领域不能转变成"明星"，则应及时放弃该领域。

"瘦狗"经营单位的特征是市场份额和业务增长率都较低。由于市场份额和销售量都较低，甚至出现负增长，"瘦狗"经营单位只能带来较少的现金和利润，而维持生产能力和竞争地位所需的资金甚至可能超过其所提供的现金，从而可能成为资金的陷阱。因此，对这种不景气的经营单位，企业应采取收缩或放弃的战略。

经营单位组合分析法的步骤通常如下：

（1）把企业分成不同的经营单位。

（2）计算各个经营单位的市场占有率和业务增长率。

（3）根据其在企业中占有资产的比例来衡量各个经营单位的相对规模。

（4）绘制企业的经营单位组合图。

（5）根据每个经营单位在图中的位置，确定应选择的活动方向。

经营单位组合分析法以"企业的目标是追求增长和利润"这一假设为前提。对拥有多个经营单位的企业来说，它可以将获利较多而潜在增长率不高的经营单位所产生的利润投向那些增长率和潜在获利能力都较高的经营单位，从而使资金在企业内部得到有效利用。

（二）政策指导矩阵

该法由皇家荷兰—壳牌公司创立。顾名思义，政策指导矩阵即用矩阵来指导决策。具体来说，从市场前景和相对竞争能力两个角度来分析企业各个经营单位的现状和特征，并把它们标示在矩阵上，据此指导企业活动方向的选择。市场前景取决于赢利能力、市场增长率、市场质量和法规限制等因素，分为吸引力强、中等、弱三种；相对竞争能力取决于经营单位在市场上的地位、生产能力、产品研究和开发等因素，分为强、中、弱三种。根据上述对市场前景和相对竞争能力的划分，可把企业的经营单位分成九大类（如图4-2所示）。

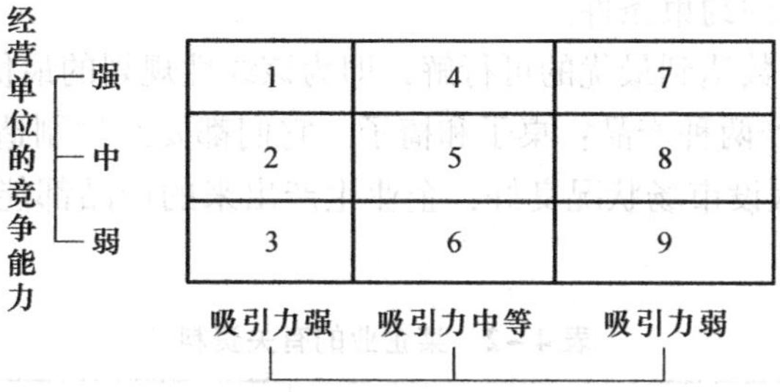

图4-2　行业市场前景

处于区域1和区域4的经营单位竞争能力强，市场前景也较好。应优先发展这些经营单位，确保它们获取足够的资源，以维持自身的有利市场地位。处于区域2的经营单位虽然市场前景较好，但企业利用不够——这些经营单位的竞争能力不够强。应分配给这些经营单位更多的资源以提高其竞争能力。

处于区域3的经营单位市场前景虽好，但竞争能力弱。要根据不同的情况来区别对待这些经营单位：最有前途的应得到迅速发展，其余的则需逐步淘汰。这是由企业资源的有限性决定的。

处于区域5的经营单位一般在市场上有2～4个强有力的竞争对手。应分配给这些经营单位足够的资源以使它们随着市场的发展而发展。

处于区域6和区域8的经营单位市场吸引力不强且竞争能力较弱，或虽有一定的竞争能力（企业对这些经营单位进行了投资并形成了一定的生产能力），但市场吸引力较弱。应缓慢放弃这些经营单位，以便把收回的资金投入到赢利能力更强的经营单位。

处于区域7的经营单位竞争能力较强但市场前景不容乐观。这些经营单位本身不应得到发展，但可利用它们的较强竞争能力为其他快速发展的经营单位提供资金支持。

处于区域9的经营单位市场前景暗淡且竞争能力较弱。应尽快放弃这些经营单位，把资金抽出来并转移到更有利的经营单位。

三、有关活动方案的决策方法

管理者选好组织的活动方向之后，接下来需要考虑的问题自然是如何到达这一活动方向。由于到达这一活动方向的活动方案通常不止一种，所以管理者要在这些方案中做出选择。在决定选哪一个方案时，要比较不同的方案，而比较的一个重要标准是各种方案实施后的经济效果。由于方案是在未来实施的，所以管理者在计算方案的经济效果时，要考虑到未来的情况。根据未来情况的可控程度，可把有关活动方案的决策方法分为三大类：确定型决策方法、风险型决策方法和不确定型决策方法。

（一）确定型决策方法

在比较和选择活动方案时，如果未来情况只有一种并为管理者所知，则须采用确定型决策方法。常用的确定型决策方法有线性规划和量本利分析法等。

1. 线性规划

线性规划是在一些线性等式或不等式的约束条件下，求解线性目标函数的最大值或最小值的方法。运用线性规划建立数学模型的步骤是：

（1）确定影响目标大小的变量，列出目标函数方程。

（2）找出实现目标的约束条件。

（3）找出使目标函数达到最优的可行解，即为该线性规划的最优解。

例 4.1　某企业生产两种产品：桌子和椅子。它们都要经过制造和装配两道工序，有关资料如表 4-2 所示。假设市场状况良好，企业生产出来的产品都能卖出去，试问何种组合的产品企业利润最大？

表 4-2　某企业的有关资料

项　目	桌子	椅子	工序可利用时间/小时
在制造工序上的时间/小时	2	4	48
在装配工序上的时间/小时	4	2	60
单位产品利润/元	8	6	—

这是一个典型的线性规划问题。

第一步，确定影响目标大小的变量。在本例中，目标是利润，影响利润的变量是桌子数量 T 和椅子数量 C。

第二步，列出目标函数方程：$\pi = 8T + 6C$。

第三步，找出约束条件。在本例中，两种产品在一道工序上的总时间不能超过该道工序的可利用时间，即

制造工序：$2T + 4C \leqslant 48$

装配工序：$4T + 2C \leqslant 60$

除此之外，还有两个约束条件，即非负约束：

$T \geqslant 0$

$C \geqslant 0$

从而线性规划问题成为，如何选取 T 和 C，使 π 在上述四个约束条件下达到最大。

第四步，求出最优解——最优产品组合。通过图解法（如图 4-3 所示），求出上述线性规划问题的解为 $T^* = 12$ 和 $C^* = 6$，即生产 12 张桌子和 6 把椅子时企业的利润最大。

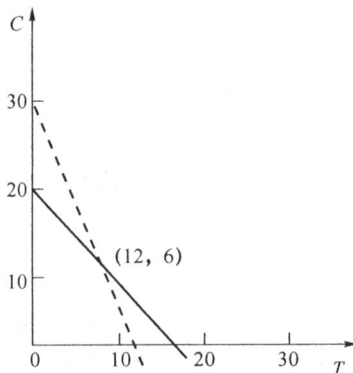

图 4-3　线性规划的图解法

2. 量本利分析法

量本利分析法又称保本分析法或盈亏平衡分析法，是通过考察产量（或销售量）、成本和利润的关系以及盈亏变化的规律来为决策提供依据的方法。

在应用量本利分析法时，关键是找出企业不盈不亏时的产量（称为保本产量或盈亏平衡产量，此时企业的总收入等于总成本）。而找出保本产量的方法有图解法和代数法两种。

（1）图解法。图解法是用图形来考察产量、成本和利润的关系的方法。在应用图解法时，通常假设产品价格和单位变动成本都不随产量的变化而变化，所以销售收入曲线、总变动成本曲线和总成本曲线都是直线。

在量本利分析法中，假设生产出来的产品都能销售出去，即产量和销售量相等，企业期初和期末的产品库存量相同。

例4.2 某企业生产某产品的总固定成本为60 000元，单位变动成本为每件1.8元，产品价格为每件3元。假设某方案带来的产量为100 000件，问该方案是否可取？

根据题中数据，在坐标上画出总固定成本曲线、总成本曲线和总收入曲线，得出量本利分析图，如图4-4所示。

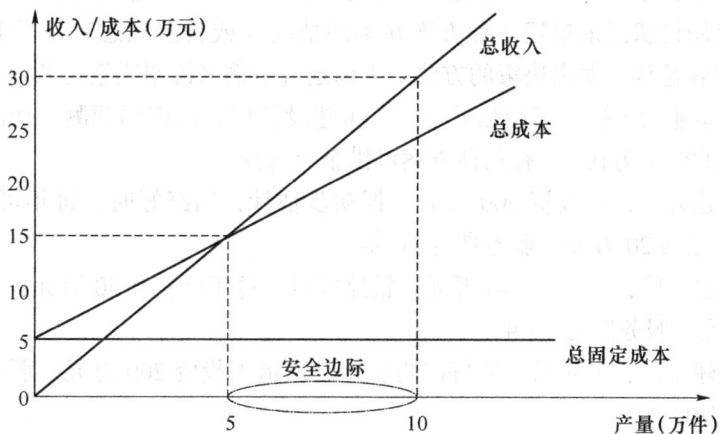

图4-4 量本利分析法

从图4-4中可以得出以下信息，供决策分析之用：

a. 保本产量，即总收入曲线和总成本曲线交点所对应的产量（本例中保本产量为5万件）；

b. 各个产量上的总收入；

c. 各个产量上的总成本；

d. 各个产量上的总利润，即各个产量上的总收入与总成本之差；

e. 各个产量上的总变动成本，即各个产量上的总成本与总固定成本之差；

f. 安全边际，即方案带来的产量与保本产量之差［本例中安全边际为5万件（10-5）］。

在本例中，由于方案带来的产量（10万件）大于保本产量（5万件），所以该方案可取。

（2）代数法。代数法是用代数式来表示产量、成本和利润关系的方法。

假设 p 代表单位产品价格，Q 代表产量或销售量，F 代表总固定成本，v 代表单位变动成本，π 代表总利润，c 代表单位产品贡献（$c = p - v$）。

a. 求保本产量。

企业不盈不亏时，$pQ = F + vQ$

所以保本产量 $Q = F / (p - v) = F / c$

b. 求保目标利润的产量。

设目标利润为 π，则 $pQ = F + vQ + \pi$

所以保目标利润 π 的产量 $Q = (F + \pi) / (p - v) = (F + \pi) / c$

c. 求利润。

$\pi = pQ - F - vQ$

d. 求安全边际和安全边际率。

安全边际 = 方案带来的产量 − 保本产量

安全边际率 = 安全边际/方案带来的产量

（二）风险型决策方法

在比较和选择活动方案时，如果未来情况不止一种，管理者不知道到底哪种情况会发生，但知道每种情况发生的概率，则须采用风险型决策方法。常用的风险型决策方法是决策树法。

决策树法是用树状图来描述各种方案在不同情况（或自然状态）下的收益，据此计算每种方案的期望收益从而做出决策的方法。下面通过举例来说明决策树的原理和应用。

例 4.3　某企业为了扩大某产品的生产，拟建设新厂。据市场预测，产品销路好的概率为 0.7，销路差的概率为 0.3。有三种方案可供企业选择。

方案 1：新建大厂，需投资 300 万元。据初步估计，销路好时，每年可获利 100 万元；销路差时，每年亏损 20 万元。服务期为 10 年。

方案 2：新建小厂，需投资 140 万元。销路好时，每年可获利 40 万元；销路差时，每年仍可获利 30 万元。服务期为 10 年。

方案 3：先建小厂，三年后销路好时再扩建，需追加投资 200 万元，服务期为 7 年，估计每年获利 95 万元。

问哪种方案最好？

画出该问题的决策树，如图 4−5 所示。

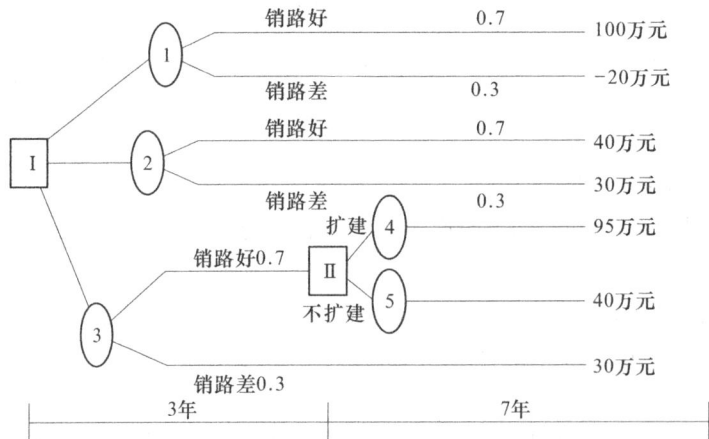

图 4−5　问题的决策树

图 4 - 5 中的矩形结点称为决策点，从决策点引出的若干条树枝表示若干种方案，称为方案枝。圆形结点称为状态点，从状态点引出的若干条树枝表示若干种自然状态，称为状态枝。图中有两种自然状态：销路好和销路差，自然状态后面的数字表示该种自然状态出现的概率。位于状态枝末端的是各种方案在不同自然状态下的收益或损失。据此可以算出各种方案的期望收益。

方案 1（结点①）的期望收益为：$[0.7 \times 100 + 0.3 \times (-20)] \times 10 - 300 = 340$（万元）

方案 2（结点②）的期望收益为：$(0.7 \times 40 + 0.3 \times 30) \times 10 - 140 = 230$（万元）

至于方案 3，由于结点④的期望收益 465（$= 95 \times 7 - 200$）万元大于结点⑤的期望收益 280（40×7）万元，所以销路好时，扩建比不扩建好。方案 3（结点③）的期望收益为：$(0.7 \times 40 \times 3 + 0.7 \times 465 + 0.3 \times 30 \times 10) - 140 = 359.5$（万元）

计算结果表明，在三种方案中，方案 3 最好。

需要说明的是，在上面的计算过程中，我们没有考虑货币的时间价值，这是为了使问题简化。但在实际中，多阶段决策通常要考虑货币的时间价值。

（三）不确定型决策方法

在比较和选择活动方案时，如果管理者不知道未来情况有多少种，或虽知道有多少种，但不知道每种情况发生的概率，则须采用不确定型决策方法。常用的不确定型决策方法有小中取大法、大中取大法和最小最大后悔值法等。下面通过举例来介绍这些方法。

例 4.4　某企业打算生产某产品。据市场预测，产品销路有三种情况：销路好、销路一般和销路差。生产该产品有三种方案：

①改进生产线；②新建生产线；③与其他企业协作。据估计，各方案在不同情况下的收益如表 4 - 3 所示。问企业选择哪个方案？

表 4 - 3　某企业不同方案分析　　　　　　　　　　　　万元

收益　　状态 方案	销路好	销路一般	销路差
a. 改进生产线	180	120	-40
b. 新建生产线	240	100	-80
c. 与其他企业协作	100	70	16

（1）小中取大法。采用这种方法的管理者对未来持悲观的看法，认为未来会出现最差的自然状态，因此不论采取哪种方案，都只能获取该方案的最小收益。采用小中取大法进行决策时，首先计算各方案在不同自然状态下的收益，并找出各方案所带来的最小收益，即在最差自然状态下的收益，然后进行比较，选择在最差自然状态下收益最大或损失最小的方案作为最终方案。

在上例中，a 方案的最小收益为 -40 万元，b 方案的最小收益为 -80 万元，c 方案的最小收益为 16 万元，经过比较，c 方案的最小收益最大，所以选择 c 方案。

（2）大中取大法。采用这种方法的管理者对未来持乐观的看法，认为未来会出现最好的自然状态，因此不论采取哪种方案，都能获取该方案的最大收益。采用大中取大法进行决策时，首先计算各方案在不同自然状态下的收益，并找出各方案所带来的最大收益，即在最好自然状态下的收益，然后进行比较，选择在最好自然状态下收益最大的方案作为最终方案。

在上例中，a方案的最大收益为180万元，b方案的最大收益为240万元，c方案的最大收益为100万元，经过比较，b方案的最大收益最大，所以选择b方案。

（3）最小最大后悔值法。管理者在选择了某方案后，如果将来发生的自然状态表明其他方案的收益更大，那么他会为自己的选择而后悔。最小最大后悔值法就是使后悔值最小的方法。采用这种方法进行决策时，首先计算各方案在各自然状态下的后悔值（某方案在某自然状态下的后悔值＝该自然状态下的最大收益－该方案在该自然状态下的收益），并找出各方案的最大后悔值，然后进行比较，选择最大后悔值最小的方案作为最终方案。

在上例中，在销路好这一自然状态下，b方案（新建生产线）的收益最大，为240万元。在将来发生的自然状态是销路好的情况下，如果管理者恰好选择了这一方案，他就不会后悔，即后悔值为0。如果他选择的不是b方案，而是其他方案，他就会后悔（后悔没有选择b方案）。比如，他选择的是c方案（与其他企业协作），该方案在销路好时带来的收益是100万元，比选择b方案少带来140万元的收益，即后悔值为140万元。各个后悔值的计算结果如表4-4。

表4-4 某企业各种方案后悔值   万元

自然状态 后悔值 方案	销路好	销路一般	销路差
a. 改进生产线	60	0	56
b. 新建生产线	0	20	96
c. 与其他企业协作	140	50	0

a方案的最大后悔值为60万元，b方案的最大后悔值为96万元，c方案的最大后悔值为140万元，经比较，a方案的最大后悔值最小，所以选择a方案。

项目小结

决策	决策原理	决策的定义	决策的概念	定义：管理者识别并解决问题以及利用机会的过程
			决策的含义	决策的主体是管理者
				决策是一个过程，这一过程由多个步骤组成
				决策的目的是解决问题或利用机会
		决策的原则		决策遵循的是满意原则，而不是最优原则
		决策的依据		信息的数量和质量
		决策的类型		长期决策与短期决策
				战略决策、战术决策与业务决策
				集体决策与个人决策
				初始决策与追踪决策
				程序化决策与非程序化决策

续表

决策	决策方法	决策的类型		确定型决策、风险型决策与不确定型决策
		决策的特点		目标性、可行性、选择性、满意性、过程性、动态性
		决策的理论		古典决策理论、行为决策理论、回溯决策理论
		决策的过程		诊断问题，识别机会，识别目标，拟订备选方案，评估备选方案，做出决定，选择实施战略，监督和评估
		决策的影响因素		环境、决策者对风险的态度、伦理、组织文化、时间等
		集体决策方法		头脑风暴法、名义小组技术、德尔菲技术、电子会议法
		有关活动方向的决策方法		经营单位组合分析法、政策指导矩阵
		有关活动方案的决策方法	确定型决策方法	线性规划
				量本利分析法
			风险型决策方法	决策树法
			不确定型决策方法	小中取大法、大中取大法、最小最大后悔值法

能力自测

一、单选题

1. 决策的（　　）是针对"最优化"原则提出的。
   A. 满意原则　　　B. 系统原则　　　C. 信息原则　　　D. 预测原则
2. （　　）是指在日常业务活动中为提高效率所做的决策，这类决策所要解决的问题常常是具体而明确的，一般由基层管理者进行。
   A. 战略决策　　　B. 战术决策　　　C. 管理决策　　　D. 业务决策
3. （　　）属于组织的高层决策，是组织高层领导者的一项主要职责。
   A. 战略决策　　　B. 战术决策　　　C. 业务决策　　　D. 程序化决策
4. 绝大多数的战略决策和部分的战术决策属于（　　）。
   A. 个人决策　　　B. 确定型决策　　　C. 程序化决策　　　D. 非程序化决策
5. （　　）大多由中层管理人员来进行，决策的重点是对组织内部资源进行有效的组织和利用，以提高管理效能。
   A. 战略决策　　　B. 战术决策　　　C. 业务决策　　　D. 程序化决策
6. （　　）的决策过程通常可通过惯例、已有的规章制度、标准工作流程等来加以解决。
   A. 战略决策　　　B. 战术决策　　　C. 程序化决策　　　D. 非程序化决策
7. （　　）的决策结果更多取决于决策者个人的经验、直觉和性格等。
   A. 确定型决策　　　　　　　　B. 风险型决策
   C. 非确定型决策　　　　　　　D. 程序化决策

8. 组织的（   ）一般属于确定型决策。

    A. 战略决策   B. 业务决策   C. 非程序化决策   D. 战术决策

9. 通常情况下，与个人决策相比，群体决策的效率相对（   ），质量（   ）。

    A. 较高，较高   B. 较高，较低   C. 较低，较高   D. 较低，较低

10. 集体决策的效果受群体大小、成员从众现象等因素的影响。经验表明，（   ）人的群体在一定程度上是最有效的。

    A. 5～7   B. 8～12   C. 10～15   D. 15～20

11. 头脑风暴法是现代创造学奠基人（   ）于1938年首次提出的。

    A. 泰勒   B. 亚历克斯·奥斯本

    C. 西蒙   D. 法约尔

12. （   ）通过有关专家之间的信息交流，引起思维共振，产生组合效应，从而导致创造性思维。

    A. 头脑风暴法   B. 德尔菲法   C. 哥顿法   D. 名义小组法

13. 采用头脑风暴法进行决策时，要集中有关专家召开专题会议。经验证明，专家小组规模以（   ）人为宜。

    A. 5～7   B. 8～12   C. 10～15   D. 15～20

14. （   ）的实质是利用专家的主观判断，通过信息沟通与循环反馈，使预测意见趋于一致，逼近实际值。

    A. 头脑风暴法   B. 德尔菲法   C. 哥顿法   D. 名义小组法

15. 在集体决策中，如对问题的性质不完全了解且意见分歧严重，则可采用（   ）。

    A. 头脑风暴法   B. 德尔菲法   C. 哥顿法   D. 名义小组法

16. （   ）的优点是将问题抽象化，有利于减少束缚、产生创造性想法，难点在于主持者如何引导。

    A. 电子会议法   B. 德尔菲法   C. 哥顿法   D. 名义小组法

17. （   ）是群体决策与计算机技术相结合的决策方法，是一种新颖的定性决策方法。

    A. 电子会议法   B. 德尔菲法   C. 哥顿法   D. 名义小组法

18. （   ）是在所有方案中进行两两比较，优者得1分，劣者得0分，最后以各方案得分多少为标准进行方案的选择。

    A. 德尔菲法   B. 哥顿法   C. 淘汰法   D. 环比法

19. 以下属于定量决策方法的是（   ）。

    A. 德尔菲法   B. 哥顿法

    C. 头脑风暴法   D. 风险型决策方法

20. 以下属于定性决策方法的是（   ）。

    A. 确定型决策方法   B. 头脑风暴法

    C. 风险型决策方法   D. 非确定型决策方法

二、简答题

1. 什么是决策？决策的原则和依据各是什么？

2. 组织中的决策大多是追踪决策。何谓追踪决策？与初始决策相比，其特点是什么？管理者在进行追踪决策时要注意什么？

3. 战略决策、战术决策与业务决策之间有何区别？程序化决策与非程序化决策之间有何区别？

4. 决策的理论有哪些？

5. 决策过程包括哪几个阶段？决策过程要受到哪些因素的影响？

6. 何谓经营单位组合分析法？如何利用它来进行企业经营决策？何谓政策指导矩阵？它有何特点？

7. 确定型决策方法、风险型决策方法和不确定型决策方法各有哪些？

实训练习

实训目标

1. 能概括出决策制定过程。

2. 能正确解释程序化决策与非程序化决策的差异以及决策的风险性、不确定性和含混性的特点。

3. 能够分析决策的影响因素。

4. 理解为什么决策是良好管理的重要部分。

实训内容与要求

选择一个对你具有重大影响的决策，比如说报考哪所大学，选择哪个专业，是否做一份兼职工作，做什么样的兼职工作等。利用本任务相关的知识，分析你的决策过程。

实训成果与检测

1. 分析指导决策过程的原则。

2. 列出你所考虑的备选方案，这些方案都可行吗？有没有忽略一些其他的重要方案？

3. 在你选择的方案中，受了哪些因素的影响？

4. 评估你选择的方案。

案例分析

构建正确的决策

当纽约现代艺术博物馆（MoMA）开始它的改造和扩建项目时，该项决策的框架是否明智就成了一个问题。

MoMA（www.moma.org）是一个非营利性的教育机构，其资金来源是门票和会员费、出版物的销售收入和服务费。当然，还有富人的捐赠。博物馆成立于1929年，是由三位普通人创立的，他们要使公众也能享受到现代的艺术。MoMA是第一座将其艺术品和收藏品贡献给现代派运动的博物馆。博物馆多元化的收藏品向参观者展示了一幅独特的和无与伦比的现代和当代艺术的画卷。

20世纪90年代初期，博物馆馆长格伦·洛里（Glenn Lowry）以及博物馆理事会的成员们决定："MoMA不应当是一座20世纪的圣殿，而应当是一个充满活力的、前瞻性的、对当代艺术和现代传统负有使命的机构。"在这一理念的指导下，他们做出了扩建博物馆设施和根本改造展示空间的决策。他们的理由是，博物馆需要更大的和设计得更精美的空间以适合目前的各种功能及满足未来的需要。同时也是为了更清晰地体现其致力于教育和颂扬现代艺术的宗旨。

为了实现这一宏伟的目标，MoMA 的决策者们指出。扩建和装修计划应尽可能用最华美的橱窗摆放现代艺术品。高薪聘请有关方面的专家参与扩建计划，审慎地使用机构的资源，包括长期运作和短期运作的资金。他们希望改建后的博物馆既是一个伟大的博物馆，也是一个伟大的建筑典范。当博物馆在 2004 年年底或 2005 年年初落成时，他们希望每年能吸引 250 万参观者。显然，实现这个梦想绝非易事。从 20 世纪 90 年代初动工以来，从征地到建筑的成本急剧上升（全部项目的预算估计为 6.5 亿美元）。由于 MoMA 捐赠基金的数额较小（仅为 3.87 亿美元，远低于大都会艺术博物馆的 10 亿美元），管理者不得不寻求其他的资金来源。方案之一是与伦敦的泰特画廊（Tate Gallery）成立一家营利性的合资企业。这是一家网站，销售从咖啡壶到家具的各种生活物品。对这种做法不少人认为它有损博物馆的尊严，在博物馆员工中引起了激烈的争论，以至于博物馆的官员不得不站出来辟谣。最终，MoMA 还是选择了向理事会成员募捐的方式，这些成员都是曾向博物馆捐赠过大笔款项的人，他们因此被授予博物馆董事会的席位。为了筹集资金，博物馆的官员们还努力寻求潜在的捐赠者，像非营利组织通常的做法那样发起了一场募捐运动。不过，虽然资金的支出数额巨大，但 MoMA 的财务状况一直保持稳健，并且直到 90 年代的最后 5 年还保持着预算盈余。尽管富有的捐赠者在一旦扩建项目急需资金的时候会为其提供担保。但担保的资金数额是有限度的。

建造工程远比最初的计划要复杂得多。当项目最初提出的时候，原计划只增加 30% 的展览空间，花费不超过 2 亿美元，而且在整个项目施工过程中博物馆照常开放（工期估计为 18 个月）。但是，最初的蓝图很快就被更大胆的计划取代了，建筑设计是由著名的日本设计师担任，博物馆的空间一下扩大了 50%，工期延长到 48 个月。由于工程浩大，施工期间博物馆不能在原址继续开放，管理者决定将主要的展品暂时移到纽约皇后区原来的斯温莱因工厂里展出。由于这处临时场所不如原来的城市中心区那么富有吸引力，参观人数大减，从而收入也大大减少。即使项目完工，也不能保证新馆能够达到预期的参观人数。

为了确保建设中项目的资金需求，MoMA 的管理者不得不削减某些成本——通过采用质量略低的建筑材料削减预算。但是，正如博物馆馆长洛里所指出的，这种预算的削减不会影响扩建的总规模，他的目标不会改变，一定要"建成世界第一的现代博物馆"。

思考：

1. MoMA 的管理者处理的是什么类型的问题和决策？

2. 说明下列每一种决策类型如何被应用于制定博物馆的扩建决策：①完美理性决策；②有限理性决策；③直觉决策。

3. MoMA 扩建决策的条件属于哪一种类型，是确定性、风险性，还是不确定性？

4. 上文存在决策升级的现象吗？你从上文学到了哪些决策的道理？

组织与组织文化建设

- 熟悉几种基本组织结构类型。
- 掌握组织结构设计的原则。
- 掌握组织文化的构成要素与特征。

- 初步具备分析企业组织结构类型的能力。
- 掌握进行岗位分析和职能设计的方法。
- 具备分析企业文化构成的能力。

巴恩斯医院的问题

10月的某一天，产科护士长黛安娜·波兰斯基给巴恩斯医院的院长戴维斯博士打来电话，要求立即做出一项新的人事安排。从黛安娜的急切声音中，院长感觉到一定发生了什么事，因此要她立即来到办公室。5分钟后，黛安娜递给了院长一封辞职信。

"戴维斯博士，我再也干不下去了。"她开始申述，"我在产科当护士长已经四个月了，我简直干不下去了。我怎么能干得了这工作呢？我有两个上司，每个人都有不同的要求，都要求优先处理。要知道，我只是一个凡人。我已经尽最大的努力适应这种工作，但看来这是不可能的。让我给举个例子吧。请相信我，这是一件平平常常的事。像这样的事情，每天都在发生。

"昨天早上7:45，我来到办公室就发现桌上留了张纸条，是杰克逊（医院的主任护士）给我的。她告诉我，她上午10点钟需要一份床位利用情况报告，供她下午向董事会汇报时用。我知道，这样一份报告至少要花一个半小时才能写出来。30分钟以后，乔伊斯（黛安娜的直接主管，基层护士监督员）走进来质问我为什么我负责的两位护士不在班上。我告诉她雷诺兹医生（外科主任）从我这要走了她们两位，说是急诊外科手术正缺人手，需要借用一下。我告诉她，我也反对过，但雷诺兹坚持说只能这么办。你猜，乔伊斯说什么？她叫我立即让这些护士回到产科部。她还说，一个小时以后，她会回来检查我是否把这事办好了！我跟你说，这样的事情每天都发生好几次的。一家医院就只能这样运作吗？"

思考：

1. 巴恩斯医院的问题出在哪里？
2. 要解决这个问题该从哪方面入手呢？

任务一 组织认知

任务目标

- 掌握组织的基础内容。
- 能列举组织的常见类型。
- 熟悉组织作用和职能。

通过导入案例的阅读，我们其实不难发现，巴恩斯医院的问题是组织运作过程中出现的具体问题，首先我们要明确的是医院是组织，那我们的生活中还有哪些单位属于组织？组织指的是什么？

一、组织的定义

从广义上说，组织是指由诸多要素按照一定方式相互联系起来的系统。从狭义上说，组织就是指人们为实现一定的目标，互相协作结合而成的集体或团体，如党团组织、工会组织、企业、军事组织、社会组织，等等。狭义的组织专门指人群而言，运用于社会管理之中。

所以，我们认为：组织就是为了达到某些特定目标，在分工合作基础上构成的人的集合。

在管理学中，组织的定义可以分为静态和动态两层含义：静态方面指的就是组织结构，是反映一些职位和一些个人之间的关系的网络式结构；动态方面是指，维持和变革组织结构，以完成组织目标的工作过程，也就是我们说的组织行为。

社会系统学派的创始人巴纳德提出构成组织的基本要素：共同的目标，合作的意愿，信息的交流。

综上所述，组织应具备以下要素：

- 组织是一个人为的系统。
- 组织必须有特定目标。
- 组织必须有分工与协作。
- 组织必须有不同层次的权利和责任制度。

二、组织类型

组织可分为不同的类型，如政治组织、军事组织、经济组织等。组织类型与结构有关，因为不同结构的组织可以划分出不同的类型。但组织形式的分组又不限于结构这一个标准，还可以按其他标准来划分，如表 5 - 1 所示。

表 5 - 1　组织的类型

组织的规模程度	小型组织
	中型组织
	大型组织
组织的社会职能	文化性组织
	经济性组织
	政治性组织
组织内部是否正式分工	正式组织
	非正式组织

（一）从组织的规模程度分类，可分为小型组织、中型组织和大型组织

比如，同是企业组织，就有小型企业、中型企业和大型企业；同是医院组织，就有个人诊所、小型医院和大型医院；同是行政组织，就有小单位、中等单位和大单位。按这个标准进行分类是具有普遍性的，无论何类组织都可以这样划分。以组织规模划分组织类型，是对组织现象的表面的认识。

（二）按组织的社会职能分类，可分为文化性组织、经济性组织和政治性组织

文化性组织是一种人们之间相互沟通思想、联络感情、传递知识和文化的社会组织，各类学校、研究机关、艺术团体、图书馆、艺术馆、博物馆、展览馆、纪念馆、报刊出版单位、影视电台机关等都属于文化性组织。文化性组织一般不追求经济效益，属于非营利性组织。而经济性组织是一种专门追求社会物质财富的社会组织，它存在于生产、交换、分配、消费等不同领域，工厂、工商企业、银行、财团、保险公司等社会组织都属于经济性组织。政治性组织是一种为某个阶级的政治利益而服务的社会组织，国家的立法机关、司法机关、行政机关、政党、监狱、军队等都属于政治性组织。

（三）按组织内部是否有正式分工分类，可分为正式组织和非正式组织

如果一个社会组织内部存在正式的组织任务分工、组织人员分工和正式的组织制度，那么它就属于正式组织。政府机关、军队、学校、工商企业等都属于正式组织。正式组织是社会的主要组织形式，是人们研究和关注的重点。而如果一个社会组织内部没有确定的机构分工和任务分工，没有固定的成员，也没有正式的组织制度等，这种组织就属于非正式组织。非正式组织可以是一个独立的团体，如学术沙龙、文化沙龙、业余俱乐部等，也可以是一种存在于正式组织之中的无名而有实的团体。这是一种事实上存在的社会组织，这种组织现在正日益受到重视。在一个正式组织的管理活动中，应特别注意非正式组织的影响作用，对这种组织现象的处理将会影响到组织任务的完成和组织运行

的效率。

三、组织的性质

组织的性质是由组织本身所决定的。或者说由组织的构成要素所决定的。组织的性质同时也反映了组织的构成要素，可以通过了解组织的性质了解组织的构成要素。在系统科学研究中，人们从各个方面描述了系统的具体特征，如整体性、统一性、结构性、功能性、层次性、动态性和目的性，等等。其中，目的性、整体性和开放性是系统最普遍、最本质的特征。组织也是系统，因此，所有组织，无论是社会组织还是生物组织都具有目的性、整体性和开放性这三个主要特征。

第一，目的性。人们围绕某一特定的目标才形成从事共同活动的组织。所以，目的性是组织建立的前提，同时组织目标是组织活动的灵魂。它可以是单一的，也可以是具有内在联系的目标体系。第二，整体性。在系统和组织研究中，人们从各个方面描述了系统的具体特征，在系统的特性中，整体性是首要的，也是最重要的。第三，开放性。组织的开放性指的是，组织具有不断地与外界环境进行物质、能量、信息交换的性质和功能。任何具体组织作为整体，都不是孤立存在的，它总是处于一定的环境之中，并且同环境相互联系、相互作用着，从而表现出自己的整体性能。组织向环境开放是组织得以向上发展的前提，也是组织得以稳定存在的条件。

四、组织的职能

组织的职能是指为了有效实现组织目标，建立组织结构、配备人员、使组织协调运作的一系列活动。组织的职能如图 5－1 所示。

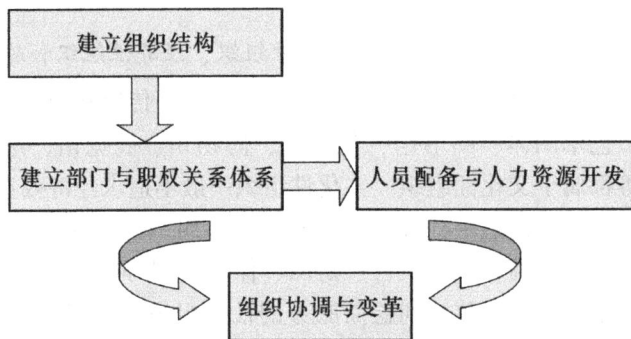

图 5－1   组织的职能

任务二   掌握组织结构与设计方法

任务目标 ///

- 熟悉组织结构常见类型。
- 合理选择组织结构类型。
- 掌握组织结构的设计流程。

一、组织结构的内涵

组织结构是组织的全体成员为实现组织目标，在管理工作中进行分工协作，在职务范围、责任、权利方面所形成的结构体系。也可以说组织结构是组织在职、责、权方面的动态结构体系，其本质是为实现组织战略目标而采取的一种分工协作体系，组织结构是组织正常运营和提高效率的支撑和载体，组织结构必须随着组织的重大战略调整而调整。

良好的组织结构应是：

- 分工明确。
- 权责清楚。
- 协作配合。
- 合理高效。

二、组织结构类型

设置组织结构需要选择适当的组织结构形式，不同的组织有不同的特点，不可能用统一的固定模式，但各组织在进行组织结构设计时，可以把已有的组织结构模式作为参考。常见的组织结构类型有直线制、职能制、直线职能制、事业部制、矩阵制等。

（一）直线制组织结构

它是最早使用也是最为简单的一种结构，是一种集权式的组织结构形式，又称军队式结构。其特点：组织中各种职位都是按垂直系统排列的，各级行政领导人执行统一的指挥和管理职能，不设立专门的职能机构。以企业为例，其组织结构如图 5-2 所示。

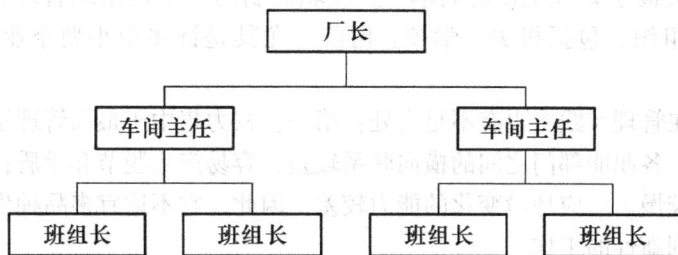

图 5-2　直线制组织结构

这种组织结构的优点是结构比较简单、权力集中、权责分明、信息沟通方便，便于统一指挥、集中管理。其缺点是没有职能机构当领导的助手，所有的管理职能都集中由直线主管承担，容易产生忙乱现象；当组织规模扩大，管理工作复杂后，往往由于个人的知识和能力限制而感到难以应付。此外，每个部门只关心本部门的工作，造成部门之间的横向协调较差。

因此，一般地，这种组织结构只有在组织规模不大、组织成员不多，生产或作业和管理工作比较简单的情况下才适用。

（二）直线职能制组织结构

直线职能制组织结构是把直线制和职能制相结合而形成的，它是 20 世纪法约尔在一家法国煤矿担任总经理时所建立的组织结构形式。这种组织结构的特点是，作为该级领导者的参谋，实行主管统一指挥与职能部门参谋、指导相结合的组织结构形式。职能部门拟订的计划、方案，以及有关指令，统一由直线领导批准下达，职能部门无权下达命令或进行指挥，只起到业务指导作用，各级行政领导人实行逐级负责，实行高度集权，如图5-3所示。

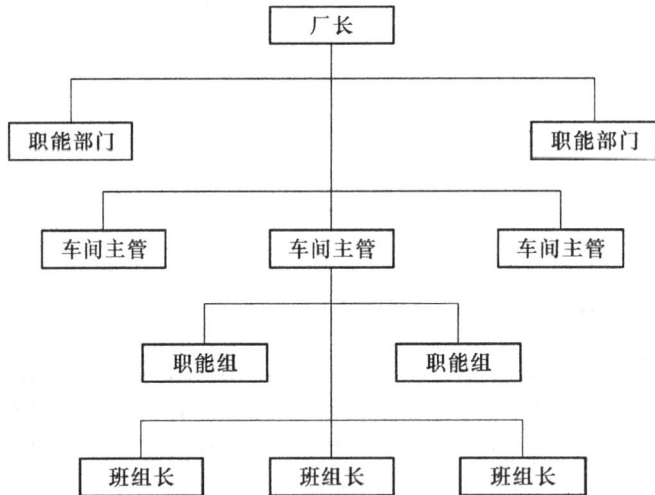

图5-3　直线职能制组织结构

这种组织结构综合了直线制和职能制的优点，摒弃了两者的缺点，因而是最为常见的组织结构形式。它既保持了直线制集中、统一指挥的优点，又汲取了职能制发挥专业管理的长处，从而提高了管理工作的效率。直线职能制的产生使组织管理大大前进了一步。我国目前的许多组织，包括机关、学校、医院，尤其是许多中小型企业都采用这种组织结构。

直线职能制在管理实践中也有不足之处：第一，权力集中于最高管理层，下级缺乏必要的自主权；第二，各职能部门之间的横向联系较差，容易产生脱节和矛盾；第三，信息传递路线较长，反馈较慢，适应环境变化的能力较差。因此，它不适宜多品种生产和规模很大的企业，也不适宜创新性的工作。

（三）事业部制结构

事业部制组织结构也称"M型组织"，它首创于20世纪20年代美国通用汽车公司，由当时通用公司的总裁斯隆最先采用，因而又称为"斯隆模式"。它是企业规模大型化、企业经营多样化、市场竞争激烈化的背景下，出现的一种分权式的组织形式。

事业部制的主要特点是"集中决策，分散经营"，即在集权领导下实行分权管理。具体地说，就是在总公司领导下，按产品或地区分别设立若干事业部，每个事业部都是独立核算单位，在经营管理上有很大的自主权。总公司只保留预算、人事任免和重大问题的决策权，并运用利润等指标对事业部进行考核和控制。在管理实践中，企业可依据产品、地区、顾客类型、销售渠道等划分事业部。如宝洁公司按产品类别进行划分，麦当劳公司按地理区域进行划分，而许多大型商业银行则通常以顾客类型进行划分。按这些方式进行设计的结果，就形成了自我包容的半独立性分部，如图5-4所示。

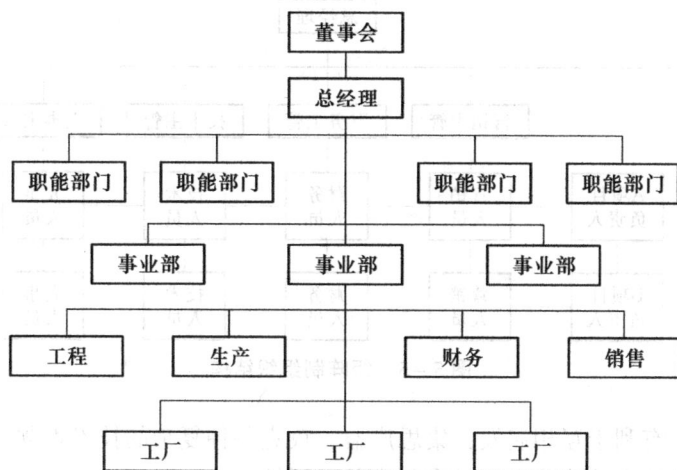

图 5 - 4　事业部制结构

在事业部制组织设计中，重要的决策可以在较低的组织层次作出。因此，事业部制组织结构内部包含着职能型结构，它有利于以一种分权的方式开展管理工作。事业部制组织结构一般适用于在具有比较复杂的产品类别或较广泛的地区分布的大型企业中采用。

事业部制组织结构的主要优点表现在：①提高了管理的灵活性和适应性。由于各事业部单独核算、自成体系，在生产经营上具有较大的自主权，这样既有利于调动各事业部的积极性和主动性，有利于培养和训练高级管理人才，又便于各事业部之间开展竞争，从而有利于增强企业对环境条件变化的适应能力。②有利于最高管理层摆脱日常行政事务，集中精力做好有关企业大政方针的决策。③便于组织专业化生产，便于采用流水作业和自动线等先进的生产组织形式，有利于提高生产效率，保证产品质量，降低产品成本。

事业部制的主要缺点是：①增加了管理层次，造成机构重叠，增加了管理人员和管理费用。②由于各事业部独立经营，各事业部之间人员互换困难，相互支援较差。③事业部之间的过度竞争，会造成公司资源浪费。④各事业部经常从本部门出发，容易滋长不顾公司整体利益的本位主义和分散主义倾向。

（四）矩阵制组织结构

矩阵制组织结构是由纵横两套管理系统组成的组织结构。一套是纵向的职能领导系统，一套是为完成任务而组成的横向项目系统。具体地说，就是把按照职能划分和按照产品或项目划分的专题小组结合起来，形成一个矩阵。项目小组是为完成一定的管理目标或某种临时性的任务而设置的，由具有不同专长技能，选自不同部门的人员组成。为了加强对项目小组的管理，每个项目在总经理或厂长领导下由专人负责。小组成员既受项目小组领导，又与职能部门保持组织与业务联系，受职能部门领导。因而形成纵横交错的矩阵结构，如图 5 - 5 所示。

矩阵制组织适合在需要对环境变化做出迅速而一致反应的企业中采用。如咨询公司和广告代理商就经常采用矩阵组织设计，以确保每个项目按计划要求准时完成。

矩阵制组织结构的主要优点是：①将组织的纵向联系与横向联系很好地结合起来，有利于加强各职能部门之间的协作与配合，及时沟通情况，解决问题；②它具有较强的机动性，能根据特定需要和环境活动的变化，保持高度的适应性；③把不同部门具有不同专长的专业

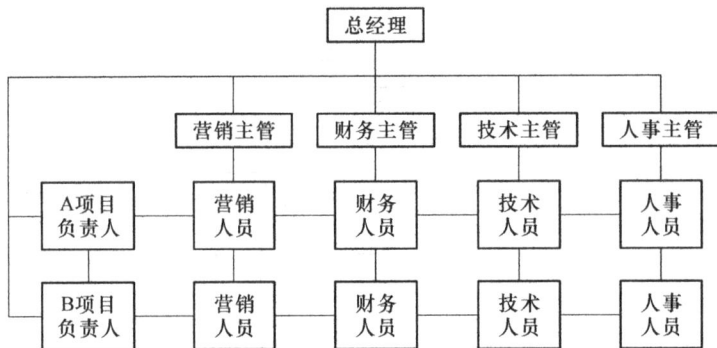

图 5-5　矩阵制组织结构

人员组织在一起，有利于互相启发，集思广益，攻克各种复杂的技术难题，更加圆满地完成工作任务。它在发挥人的才能方面具有很大的灵活性。

　　矩阵制组织存在的主要问题是：①在资源管理方面存在复杂性；②稳定性差。由于小组成员是由各职能部门临时抽调的，任务完成以后，还要回到原职能部门工作，容易使小组成员产生临时观点，不安心工作，从而对工作产生一定的影响；③权责不清。由于每个小组成员都要接受两个或两个以上的上级领导，潜伏着职权关系的混乱与冲突，造成管理混乱，从而使组织工作过程容易丧失效率性。

阅读材料

华为研发项目的矩阵管理

　　华为公司是全球最大的通信设备生产商之一。在这个技术密集、竞争激烈的产业中，保持研发优势是企业成功的关键。早期华为采用职能式的产品开发模式，将产品开发任务按照职能分配到各个职能体系，没有明确的产品开发项目经理。由于项目成员沟通不顺畅，产品开发周期相比竞争对手较长。

　　1999 年，华为聘请 IBM 公司提供产品整合开发（IPD）的咨询服务。IBM 的顾问们帮助华为公司建立了许多跨部门的业务团队，例如产品开发团队（PDT），团队成员分为核心组合外围组，分别来自市场、销售、财务、质量、研发、制造、采购、技术服务等部门，他们在产品开发项目领导的带领下，共同实现由 IPMT（集成组合管理团队）下达的产品开发目标。

　　矩阵管理模式的一个重要挑战是跨部门沟通，IBM 顾问不仅带给华为产品开发的管理模式，更重要的是帮助其建立了跨部门沟通的文化。在矩阵管理模式下，由项目领导和部门经理共同协商确定 PDT 成员。项目领导对团队成员拥有考核的权利，在考核周期内，各项目组将核心组成员的考核意见汇总给职能部门经理，由职能部门经理统一给出对项目成员的最终考核结果。职能部门经理由原来既管事又管人转变为只管人，更多关注培养部门的能力，包括部门人力资源规划与培养、部门技术的规划及开发、部门的管理体系建设、向 PDT 团队提供合格的人力资源等。以矩阵结构为特色的 IPD 帮助华为公司将主要产品的研发周期由1995 年的 75 周减少到 2003 年的 48 周。

　　上面介绍的是几种典型的组织结构形式，从其稳定性和适应性角度又可分为两类：一类是机械式组织结构，如直线制、事业部制组织结构；另一类是有机式组织结构，如矩阵式等。相比较而言，机械式组织结构的正规化程度较高，注重内部的效率和纪律，但灵活性和适应性要差一些。而有机式组织结构则在灵活性和适应性方面要强一些，如图 5－6 所示。

应当指出，组织结构和组织设计是为实现组织战略和目标服务的，因此组织战略的不同，环境的变化，必将使组织结构发生相应的调整。而由于技术的进步，竞争环境的复杂，要求组织特别是企业必须采用灵活的、有机的组织结构形式，团队和委员会管理就是一种普遍采用的有机附加结构。

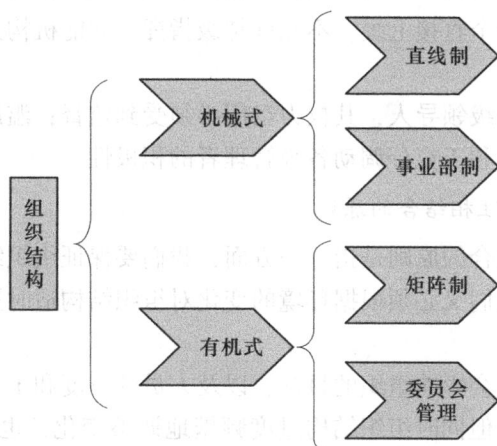

图 5－6　组织结构

三、组织设计的原则

（一）目标任务原则

完成组织的战略任务，实现组织目标，是组织结构设计的出发点和归宿。设置组织结构要以事为中心，做到人与事的高度配合。组织结构随组织的目标、任务的变化而变革或调整。

（二）责权利相结合原则

权利是基础，责任是约束，利益是动力。三者必须是协调、平衡和统一的。

（三）分工协作原则及精干高效原则

一个人并不能完成全部的工作，需要将工作划分为若干部分，一个人只能单独完成其中某一个部分。传统观点认为劳动分工是提高生产率的不尽源泉。现代观点认为劳动分工并非越细越好。应注意的问题：

- 要注意分工的合理性，即分工要符合精干的原则。
- 要注意发挥纵向协调和横向协调的作用。
- 要加强管理职能之间的相互制约关系。

（四）管理幅度与管理层次原则

管理幅度，是指一个主管能够直接有效地指挥下属的数目。它在很大程度上决定了组织的层次和管理人员的数目。一般来说，管理幅度不能太宽，以 4～6 人为宜。现代，越来越多的组织正努力扩大管理幅度，建立扁平组织。

管理层次，是指一个组织设立的行政等级的数目，一个组织，其管理层次的多少，一般是根据组织的工作量大小和组织规模的大小来确定的。工作量较大且规模较大，其管理层次可多些，反之管理层次就比较少。由于管理幅度的大小与管理层次的多少成反比关系，因此，在确定企业的管理层次时必须考虑到有效管理幅度的制约。

（五）统一指挥原则和权力制衡相结合原则

统一指挥：一个下属只向一个上级主管负责，形成等级链。等级链必须是连续的，不能中断。任何下级只能有一个直接上级，不允许越级指挥。职能机构无权干涉直线指挥系统的工作。

权力制衡：无论哪一级领导人，其权力运用必须受到监督；滥用时，能够通过合法程序予以制止。适当的分权有利于充分调动各级管理者的积极性。

（六）稳定性与适应性相结合的原则

稳定性与适应性相结合的原则是指，一方面，我们要保证组织结构的稳定，以顺利实现组织目标；另一方面，我们又必须根据环境的变化对组织结构适时进行调整，以保证组织结构的适应性。

环境条件的变化必定会影响组织的目标，以及人员的态度和士气，因此，我们必须针对这种变化作适应性调整。但同时组织结构过度频繁地调整变化，也会对组织产生不利影响。主管人员必须在稳定与变化之间寻求一种平衡，既保证了组织结构的适应，又有利于组织目标的实现。

四、组织设计的内容

组织设计的主要内容包括四个方面：层次设计、部门设计、职能设计、职权设计。

（一）层次设计

层次设计，即各管理层次的构成，又称组织的纵向结构。组织的纵向结构设计，首先，根据企业的具体条件，正确规定管理幅度；然后，在这个数量界限内，再考虑影响管理层次的其他因素，科学地确定管理层次；最后，在此基础上，进行职权配置，从而建立基本的纵向结构。所以，我们在这里重点介绍管理幅度。

所谓管理幅度，又称为管理宽度，是指在一个组织结构中，管理人员所能直接管理或控制的部属数目。这个数目是有限的，当超过这个限度时，管理的效率就会随之下降。因此，主管人员要想有效地领导下属，就必须认真考虑究竟能直接管辖多少下属的问题，即管理幅度问题。

一般来说，管理幅度越大，人与人之间的关系就越复杂。法国数学家格雷卡耐斯研究提出：管理幅度与关系数成指数函数关系，即下属数量按等差级数增加，则关系数按几何级数增加。这就提示我们，一个管理者如果管理的下属太多，就会引起复杂的人际关系。因此，一方面要把幅度控制在适度的范围，另一方面要加强部门和人员之间的沟通。

任何组织都需要解决主管人员直接指挥与监督的下属数量问题，但在同样获得成功的组织中，每位主管直接管辖的下属数量却往往是不同的。孔茨和奥唐奈介绍：美国五星上将艾森豪威尔在第二次世界大战中任盟军欧洲部队最高司令官时，有三名直属下级，而这三名下属没有一人有多于四名下属的；1975 年，通用汽车公司的总经理有两名执行副总经理和一个由 13 名副总经理组成的小组向他直接报告工作。这些事实表明，努力去确定一种适用于任何组织的管理幅度是没有意义的，也是不可能有结果的。有效的管理幅度受到诸多因素的影响，主要有：管理者与被管理者的工作内容、工作能力、工作环境与工作条件。图 5 - 7 和图 5 - 8 直接反映了管理幅度与管理层次的关系。

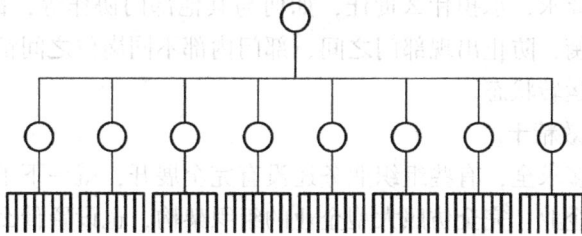

图 5 - 7　64 人由 9 人领导，2 个层次，管理幅度为 8

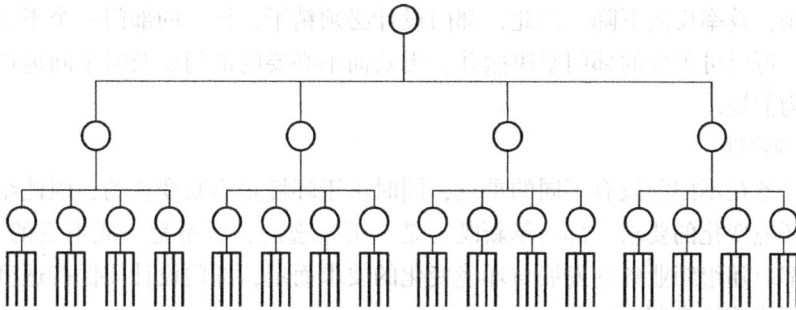

图 5 - 8　64 人由 21 人领导，3 个层次，管理幅度为 4

管理幅度与管理层次是组织结构的基本范畴。管理幅度与管理层次是影响组织结构的两个决定性因素。幅度构成组织的横向结构，层次构成组织的纵向结构，水平与垂直相结合构成组织的整体结构。在组织条件不变的情况下，管理幅度与管理层次通常成反比例关系，即管理幅度宽，则管理层次少，反之亦然。

（二）部门设计

部门划分是组织结构设计的基础性工作，部门划分是否合理，既关系到部门工作的效率，也影响到部门之间的协调，最终影响到组织目标的实现。因此，在进行部门划分时，必须坚持一定原则，如图 5 - 9 所示。

1. 部门设计的原则

（1）确保组织战略目标的实现。

合理划分部门只是一种手段，其目的是切实保证实现组织的目标。根据这个总的要求，部门的划分和设置应以组织的总目标为导向，对于妨碍组织目标实现的部门应予以撤销和合并，而对于必不可少的部门又必须重点建设。否则，组织中的必要职能就会无法实现。从企业来说，实现赢利是根本目标，因此在市场竞争日益激烈的条件下，企业必须研究顾客的需求，努力实现产品或服务的销售，并使顾客满意。这就要求企业必须把传

统的销售部门改造为包括市场研究和策划、产品销售和售后服务等整体营销活动的营销部门，并不断加强营销工作的力度。

（2）职责的明确性与均衡性。

各个部门、岗位的职责任务必须十分明确。如每个部门该干什么，不该干什么，干到一个什么程度，有什么要求，承担什么责任，如何与其他部门协作等，都应十分明确。此外，任务的分配要尽量平衡，防止出现部门之间、部门内部不同岗位之间忙闲不均的现象。均衡才是一种比较理想的运转状态。

（3）力求部门高效精干。

部门设计要戒贪多求全，有些组织业务还没有完全展开，就一下子设置了许多部门，例如，一些新创办的小企业，完全仿照大型企业的组织架构，也设置什么人力资源部、研发部等，其结果只是一个空架子，而凭空多了不少管理人员，提高了企业的运行成本。还有一些基层政府机构，也要搞一一对应，上面有什么部门，下面也对口设置相应部门，造成机构臃肿、人员膨胀，效率反而下降。因此，部门设计必须精干，该有的部门一个不少，无用的部门一个不要，可要可不要的部门坚决撤并，无效而不必要的部门要及时果断地调整，这一切都要以效率为前提。

（4）保持弹性。

组织的任务在不同阶段有不同的重点，同时由于环境是不断变化的，因此组织内部的部门必须适应环境变化的要求。部门革新既不是一劳永逸的，也不是一成不变的。部门的增、减、撤、并都应随组织业务的发展与环境变化的要求而定，部门设计要保持适度弹性，不能只生不死，不能搞终身制。

为了完成一些临时性的工作，往往需要多个部门的配合，因而组织可能会设置一些临时性部门或单位来解决这些临时性问题。但在现实生活中，许多组织对这种临时性部门缺乏有效的控制，往往临时性部门永久化，结果组织结构中部门越来越多，结构臃肿。为了避免这种现象，就必须坚决撤销那些已完成其工作任务的临时性部门。

（5）部门之间要有良好的配合与协调。

职能化的部门设置过程，是按专门性的职能（业务职能或管理职能）来进行部门设计的，因此部门内的管理人员容易出现"隧道视野"，即过分强调本部门的重要性，而在工作中协调配合不足。为了实现组织的整体目标，必须明确一个原则，部门只是整体的一部分，靠每个部门单个的力量都无法实现组织的整体目标。因此，部门与部门之间既要讲分工明确、责任清晰，更要讲协调配合，共同为组织的整体工作做贡献。

尤其是在企业中，部门与部门之间存在密切的经济技术联系，也许这个部门的工作是为另一个部门的工作做准备，是"前道工序"与"后道工序"的依存关系。如供应部、生产部、营销部三者的关系，就是"前后工序"的关系。在按需生产的要求下，营销部根据订单提出生产计划，生产部根据生产计划按平衡原则提出采购计划，环环相扣，三个部门之间必须保持高度的协调与协作，否则就会一团糟，给企业带来不必要的损失。

2. 部门划分的方式

一旦通过工作专门化完成任务细分之后，就需要按照类别对它们进行分组以便使共同的工作可以进行协调。把工作进行归类分组的方式称为部门划分。尽管组织可以采用其独特的分类方式，但常按职能、产品或服务、顾客、地区、流程来划分。

（1）按职能划分部门。

对工作活动进行分类主要是根据活动的职能。制造业的经理通过把工程、会计、制造、人事、采购等方面的专家划分成共同的部门来组织其工厂。当然，根据职能进行部门的划分适用于所有的组织。只有职能的变化可以反映组织的目标和活动。一个医院的主要职能部门可能有研究部、门诊部、住院部、财会部等，而一个职业足球队则可能设球员人事部、售票部门、后勤部门等。这种职能分组法的主要优点在于，把同类专家集中在一起，能够提高工作效率。职能性部门划分通过把专业技术、研究方向接近的人分配到同一个部门中，来实现规模经济。

（2）按产品或服务划分部门。

注重公司的主要产品领域，每一项产品都有一名在该领域有专长的高级经理管理，并且他还负责与产品线有关的任何事情。例如，一些家电企业把部门划分为彩电部、空调部、洗衣机部、热水器部等。如果一个组织的活动是提供服务，而不是提供实物产品，那么就可以按各种服务类型划分部门。此类方式有利于企业采用专门设备，促进协调，充分发挥人员的技能和专门知识，也有利于产品和服务的改进和发展；能够明确利润责任，便于最高主管把握各种产品或产品系列对总利润的贡献；有利于锻炼和培养独当一面的总经理型的人才。

（3）按顾客划分部门。

按照顾客类型划分部门。例如，一家大型律师事务所可按其服务对象分为针对公司的部门和针对个人的部门。此类划分方法的假定条件是：每个部门为特定客户服务并满足他们的需求。

（4）按地区划分部门。

这种方法基于地理区域，如果一个组织的顾客分布在范围很大的地区，这种部门划分方式就非常有用。例如，可口可乐公司在 21 世纪的组织结构就反映了公司在两大地区的经营活动，这两大地区是北美部和国际部，后者包括环太平洋地区、欧盟、东北欧和非洲、拉丁美洲。

（5）按流程划分部门。

依据工作流程对活动进行分类，比如一家金属公司铝试管厂，生产过程由 5 个部门组成：铸造部、锻压部、制管部、成品部、检验包装运输部。流程划分部门方法适用于产品，也适用于服务。例如，如果你到美国一些州的机动车辆管理办公室去办驾驶执照，必须经过 3 个步骤，每个步骤由一个独立部门负责：负责核查工作的机动车辆分部；负责办理驾照具体工作的驾照部；负责收费的财务部。

大型组织进行部门划分时，可能综合利用上述各种方法，以取得较好的效果。例如，一家大型的日本电子公司在进行部门划分时，根据职能类型来组织其各分部，根据生产过程来组织其制造部门，把销售部门分为 7 个地区的工作单位，又在每个地区根据其顾客类型分为 4 个顾客小组。但是，20 世纪 90 年代有两个倾向较为普遍：第一，以顾客为基础进行部门划分越来越受到青睐。为了更好地掌握顾客的需要，并有效地对顾客需要做出反应，许多组织更多地强调以顾客为基础划分部门的方法。第二，职能性部门被跨越传统部门界限的工作团队所替代。

（三）职能设计

职能设计，即完成企业目标所需的各项职务工作关系。

1. 职能分析

职能分析是根据特定企业的环境和条件，从内容、性质、相互关系和分工等多方面，具体地分析企业的整个管理系统或者个别子系统的全部职能，就建立和健全企业职能结构提出具体的工作。

通过职能分析，从总体上对企业职能结构的性质和特点提出明确的要求；具体确定企业应该具备的基本职能；在全部职能中，确定关键职能；确定与本企业独具特色的与经营战略和核心业务流程相联系的特殊职能；确定企业内部纵向各层次、横向各部门如何合理地分工承担各职能。

2. 职能整理

职能整理是在调查了解企业现有的全部管理业务活动和分工的基础上，通过分析归纳，识别职能结构的现状，发现问题，明确改进方向，提出具体改进方案。为了发现企业现有职能结构存在的问题，必须将其同职能分析所提出的客观需要相对比。

3. 职能分解

将企业的每一个职能细分为可以操作的各项具体的管理业务活动，即为职能分解。通过职能分解，企业的全部职能才能转换为管理人员的具体工作内容，最终得以落实。同时，只有在职能分解的基础上，才能进一步研究将那些相关的业务活动归类，有依据地设计各种职位和部门，明确它们各自的职责。

采取逐级分解的方法，即可完成职能分解的任务。所谓"逐级分解"，一般可分为三级，职能分析工作所列出的具体职能为一级职能；为完成一级职能而必须开展的几个方面的管理为二级职能；将二级职能分解，就可具体化为业务活动。

职能设计在组织设计中起着承上启下的桥梁作用。这里的"上"指的是企业战略任务和目标，"下"指的是企业组织结构的框架，即承担各项管理职能的各个管理层次、部门、职位。

（四）职权设计

职权，是管理职位赋予的发布命令和希望命令得到遵守的权力。这种权力是一种职位的权力，而不是某特定个人的权力。职权设计就是全面、正确地处理企业上下级之间和同级之间的职权关系，将不同类型的职权合理分配到各个层次和部门，明确规定各部门、各种职务的具体职权，建立起集中统一、上下左右协调配合的职权结构。它是旨在保证各部门能够真正履行职责的一项重要的组织设计工作。

职权设计的方法主要有授权和控制两个方面，并由此产生出相应的集权和分权。

1. 授权

授权也是一种行使职权的艺术。授权的范围很广，有用人之权、做事之权等，对于管理者来讲，如果授权过分，就等于放弃权力；如果授权不足，管理者仍会被杂乱事物所困扰，下级就会事事谨慎，样样请示，事事报告。管理者要掌握和运用一些基本的授权技巧。包括"因事择人，视能授权"；明确权、责范围；授权的责任要适度；授权而不放任；只能对直接下属授权，绝对不能越级授权。

2. 控制

企业组织的职权通过合理的授权与分权，就进入了运作阶段，权力运作最经常的结果是服从，但不可避免地还会有冲突或不和谐，致使职权的运作发生偏差。它们可能发生在个人身上，个人之间或互相竞争的群体和联盟之间，也可能存在于组织的结构或具体的工作程序中。它产生的根源一定是与现实利益的矛盾或分歧有关。就管理层而言，必然要考虑企业的职权分配之后，应如何进行监督并做到有效的控制。

当我们在进行职权设计的同时，一定要注意一个内容，职权和权力。二者并不能画等号，职权是一种源于组织中当权者职位的权力，职权和工作密不可分；而权力则是指一个人影响决策的能力。职权是广义的权力概念的一部分，也就是说，来自组织中个人职位的正式权力只是其影响决策过程的一种手段。综上所述，权力的含义要比职权的含义大得多，权力不仅包括职权，还包括影响他人决策行为的能力或影响力。

我国现代企业组织结构的职权有三种类型，即直线职权、参谋职权和职能职权，具体如表 5−2 所示。

表 5−2　现代企业组织职权类型

职权类型	内容
直线职权	直线职权是某项职位或某部门所拥有的包括做出决策、发布命令等权力，也就是通常所说的指挥权。每一管理层的主管人员都应具有这种职权，只不过每一管理层次的职位不同，其职权的大小、范围不同而已
参谋职权	参谋职权是某项职位或某部门所拥有的辅助性职权，包括提供咨询、建议等。 参谋工作职位对实现组织机构的主要目标不担负直线的职责。参谋部门管理人员向直线管理人员提供各种数据和信息，这依赖于他们所具有的专业知识、专长和某些精通的有效技术与尖端技术
职能职权	职能职权是授予个人或部门的权力，以控制规定的工作进程、实践、方针或与其他部门人员承担的活动有关的事项，如果统一指挥的原则无例外地得到遵照执行，上述这些业务的职权应该只由直线领导行使。不过，有好多原因可以解释为什么有时不能由他们行使某些职权，其理由包括缺乏专业知识、缺乏监督过程的能力、存在完全曲解政策的危险等。在这些情况下，应剥夺管理人员的某些职权

当管理者寻求最能支持和促进员工高效工作的组织设计时，有一些挑战是他们必须加以处理的。这些挑战包括让员工保持联系，管理全球机构和建立学习型组织。无论管理者为自己的组织选择什么样的结构设计，这种设计都应能够帮助员工更有效地完成工作。在组织成员开展工作时，它应当能够帮助员工而不是妨碍他们的工作。毕竟，这种结构只是达到目的的一种手段而已。

阅读材料　　　　　　　　　　**谁拥有权力**

王华明近来感到十分沮丧。一年半前，他获得某名牌大学工商管理硕士学位后，在毕业生人才交流会上，凭着满腹经纶和出众的口才，他力挫群芳，荣幸地成为某大公司的经理。一年后，他又被公司委以重任出任该公司下属的一家面临困境的企业的厂长。当时，公司总经理及董事会希望王华明能重新整顿企业，使其扭亏为盈，并保证王华明拥有完成这些工作所需的权力。考虑到他年轻且肩负重任，公司还为他配备了一名高级顾问——严高工（原厂主管生产的副厂长）。

　　然而，在就任厂长半年后，王华明开始怀疑自己能否控制住局势。他向办公室高主任抱怨道："在我执行厂管理改革方案时，我要各部门制定明确的工作职责、目标和工作程序，而严高工却认为，管理固然重要，但眼下第一位的还是抓生产、开拓市场。更糟糕的是，他原来手下的主管人员居然也持有类似的想法，结果这些经集体讨论的管理措施执行受阻，倒是那些生产方面的事情推行起来十分顺利。有时我感到在厂里发布的一些命令，就像石头扔进了水里，我只看见了波纹，随后过不了多久，所有的事情又回到了发布命令以前的状态，什么都没改变。"

　　管理启示：直线职权与参谋职权本质上是一种职权关系，而职能职权介于直线职权和参谋职权之间。在管理工作中，处理好这三种职权的关系，是使组织高效率运行的有力保证。直线职权是某个职位决策的权力。参谋职权是某个职位辅助性的权力。某个部门所拥有的包括提供咨询、建议等职能职权是某个职位所拥有的原属直线主管的那部分权力，该职权介于直线职权和参谋职权之间。

五、组织变革

案例分析

永辉组织架构变革：取消三大事业部

　　2017 年 10 月 11 日晚，永辉集团发布公告称，董事郑文宝、叶兴针，副总裁谢香镇、陈金成分别致函公司董事会，表示因个人原因及为继续支持公司成为更开放的公众公司及科技型零售企业，更好地服务社会及为股东创造更大的价值，各辞去公司董事或副总裁职务。

　　这则简短公告信息量巨大，四位离职的元老正是永辉已经取消的生鲜与加工、服装以及食品用品事业部的一把手，永辉四位创业元老辞职，既是业务转型的需要，也是权力斗争之必然。在其背后，永辉正酝酿一场影响深远的组织架构变革。

　　永辉取消三大事业部，将重组原有各部门，打破传统垂直型组织架构，去职能化、去管理层，取而代之的是更加机动灵活、专注各个品类、营采合一的"商行"，比如有果蔬商行、男装商行等。与此同时，永辉合伙人制度全面推行，传统的总经理、总监、经理等职位取消，取而代之的是联合创始人、核心合伙人、合伙人等阿米巴模式①的职级，以"大平台＋小前端＋富生态＋共治理"为原型建立新型的组织形态。

　　永辉这次从上到下的组织架构变革值得关注，它是决定永辉未来走向的核心。因为，在互联网资本野蛮入侵实体店的时代，任何门店形态、技术手段、硬件设备都可以用钱堆砌出来，唯独"人"是无法用钱短期砸出来的，特别是具有核心技术、一致价值观、文化传承的团队。

　　思考：根据案例，描述永辉集团的组织结构变化，并分析其组织变革的合理性。

　　组织变革是指组织脱离其当前状态，向某种期望的外来状态转变以提高效率和效能。企业的发展离不开组织变革，内外部环境的变化，企业资源的不断整合与变动，都给企业带来了机遇与挑战，这就要求企业关注组织变革。

---

　　① 阿米巴，全称"阿米巴经营管理模式"。阿米巴经营就是以各个阿米巴的领导为核心，让其自行制订各自的计划，并依靠全体成员的智慧和努力来完成目标。通过这一做法，让第一线的每一位员工都能成为主角，主动参与经营，进而实现"全员参与经营"。

（一）组织变革面临两种力量的对比

在现代社会，越来越多的组织面临着一种复杂、动态的多变性。如果说以前的管理特点是长期的稳定伴随着偶尔的短期的变革，今天的情形正好相反，往往是长期的变革伴随着短期的稳定。在这种情况下，管理者必须比以往任何时候更加关注变革和变革管理，帮助员工更好地理解不断变革的工作环境，并采取措施激发变革动力，克服变革阻力，使组织在变革中求得繁荣和发展。

组织变革时，常面临着动力和阻力这两种力量的较量。它会从根本上决定组织变革的进程、代价，甚至影响到组织变革的成功和失败。

组织变革的动力指的就是发动、赞成和支持变革并努力实施变革的驱动力。总的来说，组织变革的动力来源于人们对变革的必要性及变革所能带来的好处的认识。比如，企业内外各方面客观条件的变化，组织本身存在缺陷和问题，各层次管理者（尤其是高层管理者）居安思危的忧患意识和开拓进取的创新意识，变革可能带来的权利和利益关系的变化，以及鼓励革新、接受风险、赞赏失败并容忍变化、模糊和冲突的开放型组织文化，这些都可能形成变革的推动力量，引发变革的动机、欲望和行为。

组织变革的阻力则是指人们反对变革、阻挠变革甚至对抗变革的制约力。这种制约组织变革的力量可能来源于个体和群体，也可能来自组织本身甚至外部环境。组织变革阻力的存在，意味着组织变革不可能一帆风顺，这就给变革管理者提出了更严峻的变革管理任务。成功的组织变革管理者，应该注意到所面临的变革阻力以及其可能会对变革进程产生的消极、不利影响，因此要减弱和转化这种阻力；同时变革管理者还应当看到，人们对待某项变革的阻力并不完全都是破坏性的，而是可以在妥善的管理或处理下转化为积极的因素。比如，阻力的存在至少能引起变革管理者对所拟订变革方案和思路更理智、更全面的思考，并在必要时做出修正，以使组织变革方案获得不断完善和优化，从而更好地取得组织变革效果。

（二）组织变革阻力的管理对策

组织变革过程是一个破旧立新的过程，自然会面临推动力与制约力相互交错和混合的状态。组织变革管理者的任务，就是要采取措施改变这两种力量的对比，促进变革更顺利进行。概括地说，改变组织变革力量及其对比的策略有三类：一是增强或增加驱动力；二是减少或减弱阻力；三是同时增强动力与减少阻力。有实践表明：在不消除阻力的情况下增强驱动力，可能加剧组织中的紧张状态，从而无形中增强对变革的阻力；而在增加驱动力的同时采取措施消除阻力，会更有利于加快变革的进程。

1. 参与

参与是最有效克服抗拒的方法。参与规划和实施的员工可以更好地理解变革。由于有机会发表自己的意见和了解他人的想法，员工更有可能自觉地接受变革。

2. 教育与沟通

告诉员工变革的必要性和预期结果可以减少他们的抗拒。如果一开始就建立了沟通机制并且在变革过程中一直保持，则可以将不确定性降到最低。2008 年，金融危机迫使星巴克裁员 1.2 万人，CEO 舒尔茨亲自向员工宣布这一困难决定。在演讲中，他清楚地告诉员工裁员后依然可以享受的保障以及公司将不会再继续裁员，而将重心放在提升顾客体验上。通过舒尔茨与员工面对面的沟通，避免了留下的员工陷入长期的士气低迷，使他们乐于同管理层合作摆脱困境。

3. 引导

在变革过程中可以采用一些引导的方法。例如，只进行最有必要的变革，事先宣布变革计划，给员工时间来调整做事的方法，这些都有助于减少抗拒。

4. 立场分析法

在任何涉及变革的场合中，都会有支持的力量和反对的力量。为了支持变革，管理者们首先要听取各方力量的意见，然后努力将力量的平衡导向有利于改革的方向。在实施变革的过程中，消除或减少反对变革的力量是极其重要的。

六、组织的发展

组织不可能是一成不变的，它会随着内外部因素的改变而进行变革发展；而创新，则是组织长久发展的必然出路。

（一）创新的含义

创新是指组织开发新产品和服务或为现有产品和服务寻找新用途的所有计划的努力。创新的重要性不言而喻，如果没有新技术和新产品，组织必将落后与竞争对手。

（二）创新的过程

组织创新过程，如图 5 - 10 所示。

图 5 - 10　组织创新过程

1. 开发

开发包括新理念的评估、调整和提炼。创新开发可以为本来潜力不大的产品或服务开创出巨大的市场潜力。对于美食纪录片，观众通常并没有多高的心理期待，无非是特色菜肴品种和厨艺大师的介绍，制作上缺乏技巧。2012 年央视纪录频道播出的《舌尖上的中国》运用国际纪录片的拍摄和编辑技巧，突破了菜肴品种和地域的限制，以尊重之心将中国各地普通人对待饮食的态度展现出来，不仅受到观众的追捧，而且引发淘宝网上相关食品的热销。

创新的开发需要与组织的目标建立有意义的联系，为创新而创新是难以持续的。1992 年微软投资 1 亿美元创建的 Interval 研究院，让最好的研究者自行进行创新；1999 年，在取得 140 项专利但亏损 2.5 亿美元的情况下，最终只得关闭。

2. 应用

应用是组织采用开发出来的创新理念，进行新产品、服务或流程设计、制造和交付的过程。在这一阶段，创新从实验室中走出来转变成为有形的商品或服务。

3. 成长

应用上市是组织向市场推出新产品或服务的过程。这一阶段，创新的问题不是"创新可行吗"，而是"顾客愿意购买新产品或服务吗"。历史上充满了未能在顾客中间赢得足够兴趣的创新理念。即使是一些以创新而知名的企业的新产品也经常在上市后遭遇消费者冷遇。

一旦创新成功上市，面临的就是成长阶段。这是组织实现高经济效益的阶段，这一阶段，产品或服务的需要通常大于供应。没有预期这一阶段到来的组织会在无意间限制自己的成长。京东商城在其发展历史上多次因为没有预期到订单增长的前景，无法处理在节日期间涌入的订单而不得不停止接收新订单。

4. 成熟

经历一段时间的成长，创新的产品或服务会进入成熟的阶段。在这一阶段，创新的技术应用可能变得极为复杂。由于绝大多数企业已经应用了创新，要么他们自行开发了创新，要么模仿了其他组织的创新，互相之间已经没有什么竞争优势可言。

创新开发和创新成熟所需要的时间随着产品和服务的不同而千差万别。如果创新中包含了复杂的技术，那么从成长到成熟阶段需要更长的时间。

5. 衰退

任何成熟的创新中都包含着衰退的种子。组织无法从进入成熟期的创新中获得竞争优势，它必须鼓励自己的创意科学家、工程师和经理开始寻找新的创新。对竞争优势的不断追求驱动新产品和服务从创新阶段进入创新成熟，直至进入创新衰退。创新衰退是创新需求下降和新一代创新开发与应用的阶段。

案例分析

微信，张小龙领导产品创新

大企业在创新方面往往不够敏捷。腾讯公司的产品开发经常采取跟随政策，待新产品市场出现明确信号后，再利用自己强大的技术力量和用户资源开发复制并将对手挤出市场。《计算机世界》批评腾讯"一直在模仿，从来不超越"。

2009 年开始，腾讯认识到 QQ 手机用户不断增长的趋势，同时也意识到像新浪微博这样成功的产品的威胁。

2010 年 10 月，腾讯广州研究院负责人张小龙开始关注 Kiki 这类应用市场的迅速增长。他给腾讯高层马化腾等人写了邮件，建议公司启动类似的手机通信工具类的项目，马化腾很快回复。认同了张小龙的看法，并将新产品定名为"微信"。谁也没有想到，这款以语音为主的通信功能软件在仅仅 2 年后就拥有了 2 亿用户，还成功吸引了 QQ 过去难以覆盖的一线城市高端用户。

一开始，微信并没有被确定为战略级的项目，第一批成员不到十人。2011 年 1 月下旬，微信平台版本陆续推出，开始和米聊、盛大 Kiki 等类似产品争抢用户的手机界面。广州研究院将开发 QQ 邮箱时的数据处理的后台技术和能力专用于微信，让新产品应用稳定，降低了发不出去信息的情况。这一团队以后接连改进微信的功能和稳定性，经验积累，使得团队更加成熟，当微信 3.0 版本启动时，上面写着迈克尔·杰克逊的一句话："如果你说我是错的，那你最好证明你是对的。"

思考：微信的开发对腾讯发展的意义。

任务三　组织文化

- 了解组织文化概念。
- 熟悉组织文化构成。
- 熟悉跨文化管理策略并掌握选择方法。

每个人都具有独特的个性，每个民族都有独特的价值观和行为方式，同样，组织也有指导其成员价值和行动的方式，即组织的文化。

永辉的企业文化

永辉超市成立于 2001 年，是中国大陆首批将生鲜农产品引进现代超市的流通企业之一，被国家七部委誉为中国"农改超"开创者，被百姓誉为"民生超市、百姓永辉"。永辉超市是福建省流通及农业产业化双龙头企业，被商务部列为"全国流通重点企业""双百市场工程"重点企业，荣获"中国驰名商标"，2010 年 12 月 15 日，永辉超市 A 股股票在上海证券交易所隆重上市交易。

永辉超市自创办以来始终积极倡导"融合共享、成于至善"的企业文化价值观。对于员工和股东而言，永辉是共同创业和共同发展的平台，来永辉工作不仅仅是就业而是创业。永辉一直秉着"以认可融合、以诚信融合、以事业融合"的理念，与员工共享成长、共享收获、共享未来。对于顾客而言，永辉一直秉着"精心服务"的理念；对于供应商而言，永辉一直秉着"善待供应商、共享利益"的理念。经过十几年的发展，公司已成为以零售业为龙头、以现代物流为支撑、以现代农业和食品工业为两翼、以实业开发为基础的大型集团企业，与国际零售巨头共同繁荣中国零售市场。其经营范围广泛，在北京、重庆、福建、安徽等多个省市已发展 200 多家大、中型超市，经营面积超过 100 万平方米，员工逾 20 000 人。

永辉集团作为一个成功的现代企业，没有只停留在强调经济生产的经营层面上，也时刻树立起反哺社会的公民责任。永辉集团 2004 年首期投入 150 万元启动资金，创办永辉慈善超市，用于救助福州市 1 500 户特困家庭，以后每年投入均在 150 万元以上，并逐年增加公益慈善支出。永辉集团每年都支出几百万元注入永辉慈善基金会，不但通过慈善超市等各种公益活动积极救助社会上的弱势群体，而且也时刻关怀企业 30% 的贫困员工，使企业员工感到企业的温暖。永辉集团从自身零售业的市场优势出发，尽自己的能力而为之，积极承担其对社会的一份责任，已经把"取之于民、用之于民"的感恩回报精神嵌入到企业文化之中。

思考：永辉的企业文化对于其企业发展的意义是什么？

一、组织文化定义

何为组织文化？组织文化是组织中稳定的价值观，以及以此为核心形成的行为规范、道德准则、风俗习惯等。在每个组织中，都存在共同的价值观、信条、仪式、故事和运行的模式，这些决定了组织成员的看法和对周围世界的反应。当遇到问题时，组织文化规定了适当的途径来约束组织成员的行为，对什么是正确的解决方法提供指导。

综上所述，我们认为，组织文化是指组织全体成员共同接受的价值观念、行为准则、团队意识、思维方式、工作作风、心理预期和团体归属感等群体意识的总称。

阅读材料

不同的企业文化

沃尔玛文化："请对顾客露出你的八颗牙""十英尺态度""不要把今天的工作拖到明天""永远提供超出顾客预期的服务"。微软文化："在微软工作，你的热情与聪明同等重要。激情，成为一种微软文化的核心，像基石一样让微软王国在 IT 世界傲视群雄。"通用电气文化："韦尔奇的文化三重奏成为领航 GE 的核心，可以称之为 GE 之道。"……这一系列知名企业的企业文化不仅引领企业走向远方，而且成为指引企业发展的方向标。

二、组织文化的构成

组织文化主要由精神层、制度层和物质层三个层次构成，如图 5－11 所示。

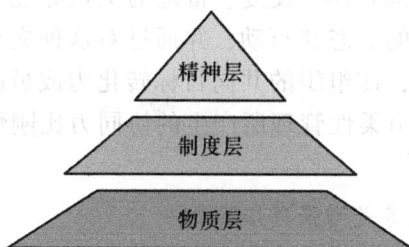

图 5－11　组织文化的构成

1. 精神层

这是组织文化的核心层，主要由作为组织指导思想与灵魂的各种价值观与企业精神所组成，包括价值观、经营哲学、管理理念、企业目标和道德观念等。

2. 制度层

这属于组织文化的中间层，主要由各种管理模式、决策方式、规章制度、员工行为规则等组成。制度层是组织由虚体文化（意识形态）向实体文化转化的中介。

3. 物质层

这是组织文化的表层，主要由组织成员的行为和生产与工作的各种活动，以及这些行为与活动的各种物质文化形态所构成，包括企业产品、厂容厂貌、技术设备和企业标识等，是组织文化最直观、最易于被感知的部分。

三、组织文化的基本特征

组织文化本质上属于"软文化"管理的范畴，是组织的自我意识所构成的文化体系。组织文化是整个社会文化的重要组成部分，既有社会文化和民族文化的共同属性，也有自己的特点。

（一）组织文化的核心是组织价值观

任何一个组织总是要把自己认为最有价值的对象作为本组织追求的最高目标、最高理想或最高宗旨，一旦这种最高目标和基本信念成为统一本组织成员的行为的共同价值观，就会构成组织内部强烈的凝聚力和整合力，成为组织共同遵守的行动指南。因此，组织价值观制约和支配着组织的宗旨、信念、行为规范和追求目的。从这个意义上来说，组织价值观是组织文化的核心。

（二）组织文化的中心是以人为主体的人本文化

人是组织中最宝贵的资源和财富，也是组织活动的中心和主旋律，因此组织只有充分重视人的价值，最大限度地尊重人、关心人、依靠人、理解人、凝聚人、培养人和造就人，充分调动人的积极性，发挥人的主观能动性，努力提高组织全体成员的社会责任感和使命感，使组织和成员成为真正的命运共同体和利益共同体，这样才能不断增强组织的内在活力和实现组织的既定目标。

（三）组织文化的管理方式以柔性管理为主

组织文化是一种以文化的形式出现的现代管理方式，也就是说，它通过柔性的而非刚性的文化引导，建立组织内部合作、友爱、奋进的文化心理环境，以及协调和谐的人群氛围，自动地调节组织成员的心态和行动，并通过对这种文化氛围的心理认同，逐渐地内化为组织成员的主体文化，使组织的共同目标转化为成员的自觉行动，使群体产生最大的协同合力。事实证明，由柔性管理所产生的协同力比刚性管理制度有着更为强烈的控制力和持久力。

（四）组织文化的重要任务是增强群体凝聚力

组织中的成员来自五湖四海，不同的风俗习惯、文化传统、工作态度、行为方式、目的愿望等都会导致成员之间的摩擦、排斥、对立、冲突乃至对抗，这往往不利于组织目标的顺利实现。而组织文化通过建立共同的价值观和寻找观念共同点，不断强化组织成员之间的合作、信任和团结，使之产生亲近感、信任感和归属感，实现文化的认同和融合，在达成共识的基础上，使组织具有一种巨大的向心力和凝聚力，这样才有利于组织成员采取共同的行动。

案例分析

文化领航 GE

韦尔奇是如何管理这家企业王国的呢？他的管理秘诀何在呢？韦尔奇作为一个强有力的领导人，在领航 GE 的二十余年中，把自己的管理理念深深融入 GE 的企业文化中，我们可以称之为"GE 之道"。从以下内容中，窥一斑而知全豹，以了解 GE 企业文化的精髓。

为了使企业能更有竞争力，并且能更有效沟通，在"硬件"上，GE 舵主韦尔奇通过他著名的"数一数二"论来裁减规模，进而构建扁平化结构，重组通用电气，在"软件"上，则尽力改变整个企业的文化与员工的思考模式。

韦尔奇看到："如果你想让列车再快 10 公里，只需要提速；而若想使车速增加一倍，你就必须要更换铁轨了。资产重组可以一时提高公司的生产力，但若没有文化上的改变，就无法维持高生产力的发展。"

韦尔奇在谈到企业领导的"忙碌"时说："有人告诉我他一周工作90个小时，我会说：'你完全错了，写下20件每周让你忙碌90小时的工作，仔细审视后，你将会发现至少有10项工作是没有意义的——或是可以请人代劳的。'相比之下，我们太喜欢'形式'了：赞美'勤奋'而漠视'效率'、追求'数量'而不问'收益'，甚至我们很多单位的工资都只简单地依据所谓'工作量'来制定。'勤奋'对于成功是必要的，但它只有在'做正确的事'与'必须亲自操作'时才有正面意义。我们不妨'勤奋'之前先问问自己：这件事是必须要做吗？是必须由我自己来做吗？"

那么在抽出时间与精力后我们该干什么呢？韦尔奇的选择是寻找合适的经理人员并激发他们的工作动机。"有想法的人就是英雄。我主要的工作是发掘出一些很棒的想法，扩张它们，并以光速将它们扩展到企业的每个角落。我坚信自己的工作是一手拿着水罐，一手拿着化学肥料，让所有的事情变得枝繁叶茂。"

思考：GE的文化会给企业发展带来什么作用？

四、跨文化管理

跨文化管理又称为"交叉文化管理"，即在全球化经营中，对子公司所在国的文化采取包容的管理方法，在跨文化条件下克服异质文化的冲突，并据以创造出企业独特的文化，从而形成卓有成效的管理。

其目的在于在不同形态的文化氛围中设计出切实可行的组织结构和管理机制，在管理过程中寻找超越文化冲突的企业目标，以维系具有不同文化背景的员工共同的行为准则，从而最大限度地控制和利用企业的潜力与价值。全球化经营企业只有进行了成功的跨文化管理，才能使企业的经营顺利运转、竞争力增强、市场占有率扩大。

案例分析

微软中国行

微软，作为IT帝国里数一数二的缔造者，在20世纪末便随着电脑的普及开始了自己的商业拓展。面对发展迅速的经济，无处不在的商机，微软自然不会放过中国这块"大蛋糕"。然而，自20世纪90年代初开始，微软踏入中国的步伐走得并不漂亮，这使得征服中国市场的目标没有如想象的那样顺理成章。

那么微软失败的原因究竟是什么？微软1998—1999年的中国区CEO吴士宏曾经指出，微软的集权式管理大部分不适用于中国区管理，低廉的购买需求以及强大政府影响力是微软在中国必须要提上议程的重要问题。随后的历任微软中国区CEO都不止一次提出过微软在中国区的管理必须要注重中国区自身的文化差异以及消费特点。后来，随着微软重新整合自身管理模式，将企业管理注入跨文化管理这一环节以后，微软中国区成了微软全球分公司中增长较快的几家公司之一。

思考：微软起初在中国失败的原因何在？

美国管理学界一直认为，是他们将管理理论进行了系统化的整理和总结，是他们最先提出了科学管理的思想，也是他们最先将这一思想应用于管理实践并实现了劳动生产率的大幅提高，因此他们的管理理论和管理实践毫无疑问应该是普遍适用的。然而，第二次世界大战后美国跨国公司跨国经营的实践却使这种看法受到了有力的挑战。实践证明，美国的跨国公司在跨国经营过程中，照搬照抄美国本土的管理理论与方法到其他国家很难取得成功，对异国文化差异的忽略以及缺乏文化背景知识是导致美国跨国公司在新文化环境中失败的主要原因。因此，美国人不得不去研究别国的管理经验，从文化差异的角度探讨失败的原因，从而产生了跨文化管理这个新的研究领域。

五、跨文化管理策略

企业跨文化管理的策略究其实质来说就是文化整合，是形成新文化形态的过程，或外来文化有机融入本土文化得到改变的过程。根据母公司文化和东道国文化的改变程度，我们可以把跨文化管理策略分为以下几种，如图 5－12 所示。

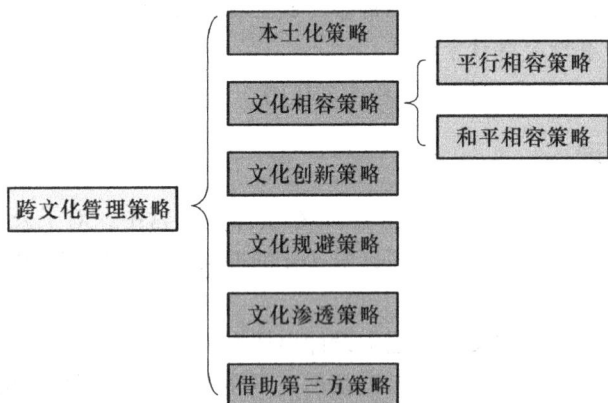

图 5－12　跨文化管理策略

（一）本土化策略

即根据"思维全球化和行动当地化"的原则来进行跨文化的管理。全球化经营企业在国外需要雇用相当一部分当地员工，因为当地员工熟悉当地的风俗习惯、市场动态以及其政府的各项法规，并且与当地的消费者容易达成共识。雇用当地员工不仅可节省部分开支，更有利于其在当地拓展市场、站稳脚跟。

（二）文化相容策略

根据不同文化相容的程度可分为以下两种策略。

1. 文化的平行相容策略

这是文化相容的最高形式，习惯上称为"文化互补"。即在国外的子公司中不以母国的文化作为主体文化。这样母国文化和东道国文化之间虽然存在巨大的文化差异，但却并不互相排斥，反而互为补充，同时运行于公司的操作中，可以充分发挥跨文化的优势。

2. 隐去两者主体文化的和平相容策略

即管理者在经营活动中刻意模糊文化差异，隐去两者文化中最容易导致冲突的主体文化，保存两者文化中比较平淡和微不足道的部分，使得不同文化背景的人均可在同一企业中和睦共处，即使发生意见分歧，也容易通过双方的努力得到妥协和协调。

（三）文化创新策略

将母公司的企业文化与国外子公司当地的文化进行有效整合，通过各种渠道促进不同的文化相互了解、适应、融合，从而在母公司文化和当地文化的基础之上构建一种新型的企业文化，以这种新型文化作为国外分公司的管理基础。这种新型文化既保留着母公司企业文化的特点，又与当地的文化环境相适应，既不同于母公司的企业文化，又不同于当地的文化，而是两种文化的有机结合。这样不仅使全球化经营企业能适应不同国家的文化环境，而且还能大大增强竞争优势。

（四）文化规避策略

当母国的文化与东道国的文化之间存在巨大差异，母国的文化虽然在整个公司的运作中占主体地位，可无法忽视或冷落东道国文化的存在的时候，由母公司派到子公司的管理人员，就应特别注意在双方文化的重大不同之处进行规避，不要在这些"敏感地带"造成彼此文化的冲突。在宗教势力强大的国家，更要注意尊重当地的信仰。

（五）文化渗透策略

文化渗透是个需要长时间观察和培育的过程。跨国公司派往东道国工作的管理人员，基于其母国文化和东道国文化的巨大不同，并不试图在短时间内迫使当地员工服从母国的人力资源管理模式，而是凭借母国强大的经济实力所形成的文化优势，对于公司的当地员工进行逐步的文化渗透，使母国文化在不知不觉中深入人心，使东道国员工逐渐适应这种母国文化并慢慢地成为该文化的执行者和维护者。

（六）借助第三方文化策略

跨国公司在其他的国家和地区进行全球化经营时，由于母国文化和东道国文化之间存在着巨大的不同，而跨国公司又无法在短时间内完全适应由这种巨大的"文化差异"而形成的完全不同于母国的东道国的经营环境。这时，跨国公司所采用的管理策略通常是借助比较中性的，与母国的文化已达成一定程度共识的第三方文化对设在东道国的子公司进行控制管理。用这种策略可以避免母国文化与东道国文化发生直接的冲突。如欧洲的跨国公司想要在加拿大等美洲地区设立子公司，就可以先把子公司的海外总部设在思想和管理比较国际化的美国，然后通过在美国的总部对在美洲的所有子公司实行统一的管理。而美国的跨国公司想在南美洲设立子公司，就可以先把子公司的海外总部设在与国际思想和经济模式较为接近的巴西，然后通过巴西的总部对南美洲其他的子公司实行统一管理。借助第三国文化对母国管理人员所不了解的东道国子公司进行管理，可以避免资金和时间的无谓浪费，使子公司在东道国的经营活动迅速有效地取得成果。

总之，全球化经营企业在进行跨文化管理时，应在充分了解本企业文化和国外文化的基础上，选择自己的跨文化管理模式，使不同的文化得以最佳结合，从而形成自己的核心竞争力。

项目小结

组织与组织文化建设	组织概述	组织定义
		组织类型
		组织性质
		组织职能
	组织结构与设计	组织结构类型：直线制、职能制、直线职能制、事业部制、矩阵制

续表

组织与组织文化建设	组织结构与设计	组织设计的原则： 　目标任务原则、责权利相结合原则、分工协作原则及精干高效原则、管理幅度与管理层次原则、统一指挥原则和权力制衡相结合原则、稳定性与适应性相结合的原则
		组织设计内容：层次、部门、职能、职权设计
		组织变革
		组织发展
	组织文化	组织文化定义
		组织文化构成：精神层、制度层、物质层
		组织文化的特征
		跨文化管理的概述

能力自测

一、单选题

1. 下列哪项不属于按照组织社会职能划分的类型？（　　）
　A. 文化型组织　　　　　　　　　　B. 经济型组织
　C. 政治型组织　　　　　　　　　　D. 非正式组织

2. 适合于刚创建的小型企业的组织结构类型是（　　）。
　A. 直线型　　　B. 事业部型　　　C. 矩阵型　　　D. 网络型

3. 事业部制适合于下列哪一类型的企业？（　　）
　A. 大型跨国公司　B. 小型企业　　C. 开放型企业　D. 微型企业

4. 不属于跨文化管理策略的是（　　）。
　A. 本土化　　　B. 文化相容　　　C. 文化渗透　　D. 文化吞并

5. 不属于职权类型的是（　　）。
　A. 直线职权　　B. 参谋职权　　　C. 职能职权　　D. 统一职权

6. 管理幅度是指（　　）。
　A. 管理者直接管理下属的数量　　　B. 管理者管理下属的数量
　C. 管理者间接管理下属的数量　　　D. 管理者的能力

7. 在组织情况不变的情况下，管理幅度与管理层次通常（　　）。
　A. 成反比　　　B. 成正比　　　　C. 无关　　　　D. 待定

8. 不属于组织变革环节的是（　　）。
　A. 解冻　　　　B. 改革　　　　　C. 发展　　　　D. 再冻结

9. 下列哪一项是最有效的改变抗拒的方法？（　　）
　A. 参与　　　　B. 引导　　　　　C. 教育　　　　D. 启发

10. 跨文化管理研究的起源是（　　）。
　A. 美国　　　　B. 日本　　　　　C. 中国　　　　D. 欧洲

11. 下列哪项不属于正式组织范畴？（　　）

A. 学校　　　　　　B. 医院　　　　　　C. 公司　　　　　　D. 文化沙龙

二、简答题

1. 组织的含义是什么？
2. 组织的类型有哪些？
3. 组织文化对于管理有什么帮助？
4. 组织结构的基本类型及其适用性是什么？
5. 组织变革的原因是什么？
6. 组织文化的构成、功能是什么？

实训练习

实训练习 1

实训目标

1. 培养简单的组织结构设计的能力。
2. 培养对管理问题分析、归纳与表达的能力。
3. 培养团队精神，加强学生组织、协调及领导能力，为后续实训教学提供组织基础。

实训内容与要求

组建模拟公司

1. 组织学生分组。按照自愿原则，指导学生科学分组，找到自己的团队并确立自己在团队中的位置，选出团队领袖，确定团队称号。

2. 进入本次实训。

（1）在条件允许的情况下，进行市场调查或深入企业调查，根据掌握的资料，充分论证，组建模拟公司。

（2）竞聘和选举总经理，以模拟公司为单位组织竞聘，投票选举总经理。

（3）总经理在公司其他人员的协助下，根据本公司的行业特点、规模、员工素质等因素进行组织结构设计（建议按照直线职能制结构），并制定人员分工。

（4）由各公司总经理亲自或委派专人上台介绍本公司的基本情况，包括公司的经营思路、组织设计、人员分工、发展愿景，等等。

（5）教师对各团队的综合表现进行评估。

实训成果与检测

1. 提供每个团队的人员名单及基本介绍。
2. 提供每个公司的组织系统图及人员分工一览表。
3. 教师根据各团队以上成果进行评估打分，团队所有成员得团队均分，总经理及上台讲演者适当加分。

实训练习 2

实训目标

1. 巩固和强化学生对企业文化理论知识的理解及深刻认识。
2. 锻炼并提高学生独立思考能力，知识转化能力，发现、分析及解决问题的能力。
3. 具有初步的组织文化分析与设计的能力。

实训内容与要求

1. 由 5~8 名同学形成一个小组，全面调查当地一家企业的生产经营及管理的整体状况。

2. 运用组织文化的相关知识，分析该企业的文化特色及不足之处。

3. 从组织文化的构成角度为该企业提出塑造企业文化的具体方案。

实训成果与检测

1. 每个小组通过集体讨论研究之后，写出一份分析报告。

2. 在班级组织一次交流，每个组推荐两名成员谈谈管理的理论依据，并由一个代表谈该企业的文化建设方案。

3. 由教师与学生对各组所交材料与交流中的表现进行评估打分。

案例分析

案例分析 1

后勤集团的发展与改革

某校后勤部门在多年的改革和发展中通过承包、自主经营、实行公司制等，现在已成为拥有多家子公司的企业集团，经营范围涉及餐饮、食品加工、机械、电子、房地产等多个领域，但在管理组织上还是沿用过去的集权的直线职能制，严重制约了公司的发展和员工积极性的提高。最近，公司领导认识到必须改变这一做法以促进公司的进一步发展。

思考：运用组织结构的有关理论，说明该公司应采取什么类型的组织结构形式。

案例分析 2

浪涛公司

浪涛公司是一家成立于 1990 年生产经营日用清洁用品的公司，由于其新颖的产品、别具一格的销售方式和优质的服务，备受消费者的青睐。在总裁的带领下，公司发展迅速。然而，随着公司的发展，公司总裁逐步发现，一向运行良好的组织结构，现在已经不能适应公司内外环境变化的需要。

公司原先是根据职能来设计组织结构的，财务、营销、生产、人事、采购、研究与开发等构成了公司的各个职能部门。随着公司的发展壮大，产品已从洗发水扩展到护发素、沐浴露、乳液、防晒霜、护手霜、洗手液等诸多用品上。产品的多样性对公司的组织结构提出了新的要求，旧的组织结构严重阻碍了公司的发展，职能部门之间矛盾重重。在这种情况下，总裁董刚总是一个人做出主要决策。

因此，在 2000 年总裁做出决定，即根据产品种类将公司分成 8 个独立经营的分公司，分公司对各自经营的产品负有全部责任，在盈利的前提下，分公司的具体运作自行决定，总公司不再干涉。但是没过多久，重组后的公司内又出现许多新的问题：各分公司经理常常不顾总公司的方针、政策，各自为政，而且分公司在采购、人事等职能方面也出现了大量重复。公司正在瓦解成一些独立部门。在此情况下，总裁意识到自己在分权的道路上走得太远了。

于是，总裁又下令收回分公司经理的一些职权，强调以后总裁拥有下列决策权：超过10 万元的资本支出、新产品的研发、发展战略的制定、关键人员的任命等。然而，职权被收回后，分公司经理纷纷抱怨公司的方针摇摆不定，甚至有人提出辞职。总裁意识到这一举措大大挫伤了分公司经理的积极性和工作热情，但他感到十分无奈，因为他实在想不出更好的办法。

思考：

1. 公司调整前后的组织结构分别是什么类型，两者的特点和区别是什么？

2. 根据公司发展情况，公司应采用哪种组织结构类型？

3. 如何看待公司总裁从分权到集权的做法？如果你是公司总裁助理，你将如何就处理好分权和集权的关系向总裁提出建议？

领导工作开展

- 了解领导的概念，能理解领导和管理的区别和联系。
- 掌握各种领导理论的主要内容。

- 掌握各种领导理论在实践中的应用。
- 培养提高领导工作有效性的能力。

发奖金的艺术

一家出口公司，自成立以来生意蒸蒸日上，营业额不断增长。但由于今年世界经济不景气，该公司的出口额大幅度滑落。但这不能怪员工，因为大家为公司拼命的情况，丝毫不比往年差，甚至可以说，由于人人意识到经济的不景气，干得比以前更卖力。

快过年了，董事长心头的负担日益加重。因为对照往年，年终奖金最少要加发两个月，多的时候，甚至再加倍。今年可惨了，算来算去，顶多只能给一个月的奖金。"让多年来已经被惯坏了的员工知道，士气真不知道要怎样滑落！"董事长忧心地对总经理说，"许多员工都以为最少加两个月，恐怕飞机票、新家具都订好了，只等拿奖金就出去度假或付账单呢！"

总经理也愁眉苦脸说："好像给孩子糖吃，每次都抓一大把，现在突然改成两颗，小孩一定会吵的。"

"对了！"董事长突然触动灵机，"你倒使我想起小时候到店里买糖，总喜欢找同一个店员，因为别的店员都先抓一大把，拿去称，再一颗一颗往回扣。那个比较可爱的店员，则每次都抓不足重量，然后一颗一颗往上加。说实在话，最后糖的多少没什么差异。但我就是喜欢后者。"

没过两天，公司突然传来小道消息——"由于营业不佳，年底大约要裁员20%。"顿时人心惶惶。每个人都在猜，会不会是自己。最基层的员工想："一定从下面杀起。"上面的主管则想："我们的薪水最高，只怕从我开刀！"

但是，接着总经理就宣布："公司虽然辛苦，但大家同一条船，再怎么危险，也不愿牺牲共患难的同事，只是年终奖金，绝不可能发了。"

听说不裁员，人人都放下心头上的一块大石头，对不会卷铺盖的窃喜，早压过了没有年终奖金的失落。

眼看除夕将至，人人都做了过穷年的打算，彼此约好拜年不送礼，以共度困难时期。突然，董事长召集各单位主管参加紧急会议。看主管们匆匆上楼，员工们面面相觑，心里有点七上八下："难道又变卦了？"

是变了卦！没几分钟，主管们纷纷冲进自己的部门，兴奋地高喊着："有了！有了！还是有年终奖金，整整一个月，马上发下来，让大家过个好年！"

整个公司大楼爆发出一片欢呼，连坐顶楼的董事长，都感觉到了地板的震动……

管理启示：领导在处理问题时可以采取不同的方法，不同的方法体现了不同的领导理论。同时，领导工作既是一项科学，遵循其客观规律，也是一项艺术，需要灵活运用。

管理名言：故君子之度己则以绳，接人则用抴。度己以绳，故足以为天下法则矣；接人用抴，故能宽容，因求以成天下之大事矣。

——《荀子·非相》

任务一　对领导的基本认识

任务目标

- 理解领导的含义及特点。
- 掌握领导者与管理者的区别。

组织是由人构造的，组织的目标也是由人来实现的。通过管理的计划、组织和控制活动，基本上形成了管理活动的一个基本轮廓，但是还不足以有效地实现组织的目标。只有把领导活动同计划、组织和控制结合起来，才能有效地协调个人之间、群体之间的努力，才能使目标有效实现。所以说，领导职能构成了连接计划、组织和控制的纽带。那么什么是领导呢？

一、领导的含义及特点

（一）领导的含义

所谓领导，就是在一定的社会组织或群体内，为实现组织预定目标，领导者运用其法定权力和自身影响力影响被领导者的行为，并将其导向组织目标的过程。领导的管理就是领导者影响集体和个人以达到组织目标的活动过程。领导即指挥、带领、引导和鼓励下属为实现组织目标而努力的过程。领导的本质是被领导者的追随和服从。

（二）领导的权力

领导权力，就是领导者遵循相关的法律法规，运用多种方法与手段，在实现特定目标的过程中，对被领导者（权力相对人）做出一定行为与施行一定影响的能力。

领导者的权力来自两个方面：

首先，职位权力，即领导者在组织中所处的位置，由上级和组织赋予，是领导者的法定权力、奖惩权力。

其次，个人权力，即领导者自身的某些特殊条件才具有的，是领导者的专长权力、模范权力。

这一定义大致包含以下几个方面的主要内容：

第一，领导权力的主体。在这里，领导权力的主体包括党政机构的领导者、企事业单位的领导者以及广大的社会组织中的领导者。

第二，领导权力的目标。领导权力的根本目标是要通过贯彻执行国家法律、法令和各类政策来有效地实现国家意志。

第三，领导权力的作用方式。领导权力的作用方式主要是强制性地推行政令。

第四，领导权力的客体。总体而言，领导权力的客体包括所有的居民以及由居民组成的不同社会组织和社会集团。

领导者要正确对待权力，要做到慎重用权，既要当机立断，又不要夸大炫耀；还要做到公正用权，既要公正廉明，又要客观一致；对待特殊事件要例外处理，既要维护规章制度，又要特殊事情特殊处理。

（三）领导的作用

领导工作在组织中起着协调个人需求和组织要求的作用。在一个组织中，一方面，有着周详的计划、精心设计的组织结构和有效的控制系统；另一方面，组织的成员有被人了解和激励的需求，有为实现组织目标尽其所能做出贡献的需求。领导工作就是将这两个方面结合起来，协调起来。

期望下属的个人目标和组织目标能够完全相同，或期望下属中的大部分人具有忘我的献身精神，是不切实际的。在组织中，往往只有很少一部分人真正把他们的个人目标和组织目标一致起来。对大多数人来说，必须通过领导的诱发才能为组织目标做出必要的贡献。下属参加工作是为了满足个人的需求，虽然这些需求并不一定和组织的目标完全一致，但它是能够和组织的利益、目标协调一致的。有效的领导工作应能鼓励下属去实现他们想要满足的个人需求，同时又有助于完成组织的目标，即能够利用个人所追求的目标实现组织的目标。领导工作不但要使组织成员获得物质需求，更要使他们获得精神需求上的满足。组织成员之间建立和谐的人际关系，使人人都以成为组织的一员为荣。在组织中，领导者的领导行为所起的作用具体表现在以下三个方面：

（1）指导作用：在人们的集体活动中，需要有头脑清晰、胸怀全局，能高瞻远瞩、运筹帷幄的领导者帮助人们认清所处的环境和形势，指明活动的目标和达到目标的途径。正如孔茨和奥唐奈所说，领导的作用是指引途径、进行指挥、督导处理和做好带头。指挥是领导的一项最基本的功能。

（2）协调作用：在许多人协同工作的集体活动中，即使有了明确的目标，但因各人的才能、理解能力、工作态度、进取精神、性格、价值观、信念等的不同以及外部各种因素的干扰，人们在思想上发生各种分歧、行动上偏离目标的情况是不可避免的。因此，就需要领导者协调人们之间的关系和活动，把大家团结起来，朝着共同的目标前进。

（3）激励作用：当人们学习、工作和生活中遇到困难、挫折或不幸时，或某种物质的、精神的需要得不到满足时，就必然会影响工作的热情。怎样才能使每一个员工都保持旺盛的工作热情，最大限度地调动他们的工作积极性呢？这就需要有通情达理、关心员工的领导者来为他们排忧解难，激发和鼓舞他们的斗志，发掘、充实和加强他们积极进取的动力。

由此可见，领导的作用是帮助下属尽其所能以达到目标，领导不是在下属的后面推动或鞭笞，而是在下属的前面引导、鼓励以实现共同的目标。

二、领导者与管理者的联系和区别

阅读材料

《后汉书·淮阴侯列传》记载了刘邦和韩信的一次"论将"的谈话。有一次，汉高祖刘邦闲暇无事，找来韩信闲谈。当二人谈到诸将的能力大小时，刘邦突然问韩信："你看我能带多少兵呢？"韩信随口回答："照我看，陛下带兵不过十万。"刘邦听了心里很不高兴，又问："你说我带兵不过十万，那么你能带多少兵呢？"韩信很自信地回答说："韩信将兵，多多益善。"韩信认为刘邦"虽然不善将兵，却善将将"。

管理启示：用我们现在的话来讲，在韩信看来，他是一个善于直接领兵的（"将兵"）"将才"，而刘邦则是一个善于用将的（"将将"）"帅才"。

很多人都容易混淆管理者与领导者的概念跟实质代表的内容。领导者与管理者是两个不同的概念。领导和管理，在工作的动机、行为的方式方面存在着很大的差异。

通过管理的计划职能，明确组织的目标以及实现目标的途径；通过管理的组织职能，营造起一个高效的组织结构。通过领导职能，在组织中营造起一种氛围，一种促使人们全心全意、全力以赴、自觉自愿去实现组织目标的氛围。从事企业管理的人要真正搞清楚管理者与领导者的关系。管理的职能是计划、组织、领导、控制。那么管理者，就是从事计划、组织、领导与控制的人。管理者是专门从事管理的企业雇员，而企业的其他员工就是非管理雇员。也就是说，按照是否从事管理来划分，企业就只有两类雇员，管理雇员与非管理雇员。

一般情况下，大部分企业的组织结构都是金字塔形，企业管理者分为三个层次。最高层次的管理者就是我们所称的高管，也就是董事长、总经理、副总经理等之类的。在他们之下，就是中等层次的管理者，我们称之为中管，是企业的各部门经理、主任等之类的。最基层的管理者，也就是工作在一线的管理者，我们称之为基管。这个基管是企业的车间主任、一般企业干部、技术员、工程师、线长、课长等之类的。最底层次就是非管理雇员，这些是一般工人、服务员等从事生产一线的员工。

领导者都是管理者。但管理者不全是领导者。因为领导是管理的一个职能，而从事领导职能的人，才叫领导者。如果把管理比喻成一个大盒子，而里面容纳的小盒子就是领导。领导者就没有层次与级别之分，而管理者却有层次与级别之分。

管理的权力来源于组织结构。领导的权力来源于个人。管理者靠组织赋予的权力行事，而领导者则要靠个人的影响力来行事。领导者的个人兴趣、目标及价值观、个人道德品质使其获得权力，跟组织关系不大。

任务二　掌握领导的理论

任务目标

- 掌握领导特性理论。
- 熟悉领导行为方式。
- 理解领导权变理论。

领导理论就是研究领导有效性的理论。领导理论分为领导特性理论、领导行为理论和领导权变理论。领导特性理论研究的是领导者的品质、素养，为的是说明优秀的领导者应具备的素质；领导行为理论重点分析领导者的行为和领导风格对其组织成员的影响，目的是找出或发现最佳的领导行为和风格；领导权变理论则着重研究影响领导行为和领导有效性的环境因素，目的是说明在什么情况下，哪一种领导方式是最有效的。

一、领导特性理论

领导特性理论，是相对于类型论的一种人格理论。所谓特性是指一种可表现于许多环境的、相对持久的、一致而稳定的思想、情感和动作的特点，它表现一个人的的行为倾向。特性的来源可能是先天遗传的也可能是后天获得的。领导根据自身的特性来影响追随者。

领导特性理论可分为传统特性理论和现代特性理论两大类别。

（一）传统特性理论

传统特性理论认为领导者的特性来源于生理遗传，是先天具有的，且领导者只有具备这些特性才能成为有效的领导者。随着理论研究深入及实际应用反馈，传统特性理论受到了各方面的异议。

（二）现代特性理论

现代特性理论认为：领导者的特性和品质并非全是与生俱来的，而是可以在领导实践中形成的，也是可以通过训练和培养方式造就的。主张现代特性理论的学者提出了不少富有见地的观点。美国普林斯顿大学教授威廉·杰克·鲍莫尔针对美国企业界的实况，提出了企业领导者应具备的十项条件：①合作精神；②决策能力；③组织能力；④精于授权；⑤善于应变；⑥勇于负责；⑦勇于求新；⑧敢担风险；⑨尊重他人；⑩品德超人。日本企业界认为，有效的领导者应具备十项品德和十项才能，如表6-1所示。

表6-1　有效的领导者应具备的条件

十项品德		十项才能	
1. 使命感	6. 公平	1. 判断能力	6. 劝说能力
2. 责任感	7. 热情	2. 创造能力	7. 对人理解能力
3. 依赖性	8. 勇气	3. 思维能力	8. 解决问题能力
4. 积极性	9. 忠诚老实	4. 规划能力	9. 培养下级能力
5. 进取心	10. 忍耐性	5. 洞察能力	10. 调动积极性能力

现代特性理论认为，领导是一种动态过程，领导者的特性和品质是在实践中形成的，可以通过训练和培养加以造就。为满足工作需要，选择领导者必须要有明确的标准，考核领导者要有严格的指标，培养领导者要有具体的方向。心理学家总想找出领导者与非领导者之间本质的差异，但经过几十年的研究并没有获得成功。原因是：

（1）领导是一种动态过程，是社会现象，任何个人都不可能生来就具有领导者的特性，它是后天通过实践形成的，是后天培养、训练而获得的。

（2）非凡的特性，只是领导的必要条件，而不是充分条件。因为一个有效的领导者，不仅取决于个人的特性，而且与所领导的对象所处的情境有关。而特性理论把个人特质看成是领导成败的主要因素，忽视了外在因素的影响，因此，不可能获得理想的结果。

（3）由于不同组织对领导者的特性要求不同，即使同一个组织中，工作和任务也是多性质的。岗位、责任的性质不同，对领导者特性的要求也不同。有人适合做这种工作的领导者，而不适合做另一种工作的领导者。而人们却要求领导者的特性是具体的、特定的，而不是一般的，总是企图寻找一个固定模式，显然这是不合实际的。

（4）现行的人格测验工具尚不完善，测量的尺度难以确定，因而很难测出人格的重要方面，人的个性特质也很难做到精确的区别。

无论是传统特性理论还是现代特性理论，都强调了领导者应具有较多的适应于领导工作的人格特性。但领导特性理论还存在一些缺陷。①领导特性理论忽视了下属，而下属对领导的成效往往产生重要的影响。②没有具体指出不同的品质和特性在领导工作中的相对重要性。③不同的理论依靠的证据不一致。④随着研究的展开和深入，被当作领导者的特性的条目越来越多，而且有不断增多之势，这导致理论上的争执和混乱。

由于以上种种，领导特性理论并没有为研究领导行为提供可靠的依据。但这并不能否认个人品质特性对一个领导者的必要性，不少心理学家都在为合格的领导者画像。

二、领导行为理论

领导行为理论主要是研究领导者在领导过程中所采取的领导行为以及不同的领导行为对工作效率的影响，以期寻求最佳的领导行为。

20世纪40年代以来，国外许多心理学家在研究中发现，领导者在领导过程中所采取的领导行为与他们的工作效率之间存在着密切的联系。为了探索最佳的领导行为，他们对许多企业及研究机构进行了大量的调查研究和统计分析，从而提出了领导行为理论。

其中比较有代表性的有如下几种理论。

（一）领导行为四分图理论

领导行为四分图理论是由美国俄亥俄州立大学的领导行为研究者们在 1945 年提出来的，领导行为被归纳为两个方面：着手组织和体贴精神。研究结果认为，领导者的行为是组织和体贴精神两个方面的任意组合，如图 6 - 1 所示，这就是所谓的"领导行为四分图理论"。

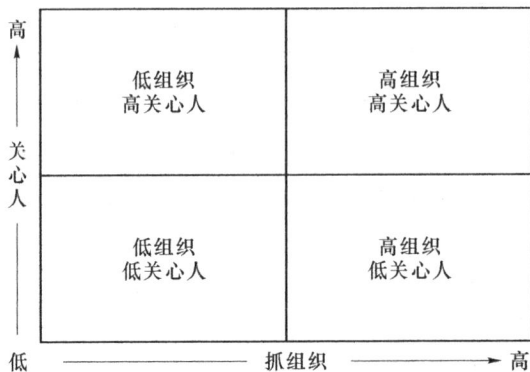

图 6 - 1　领导行为四分图

通过对领导行为进行调查，并运用四分图这一工具，即可评价该领导行为的类型。

类型 Ⅰ 是"低组织""低关心人"的领导行为。这种领导行为既不抓工作组织，也不关心下属。结果必然是上级领导不满意，下属群众也意见纷纷，因此是最差的领导行为。

类型 Ⅱ 是"高组织""低关心人"的领导行为。领导者只知道抓生产，完成任务，毫不关心群众疾苦。虽然上级领导比较满意，但容易引起下属群众的不满。

类型 Ⅲ 是"低组织""高关心人"的领导行为。领导者只注意满足群众的各种需要，而忽视完成生产任务。虽然赢得了下属群众的欢心，却引起了上级领导的不满。

类型 Ⅳ 是"高组织""高关心人"的领导行为。该领导行为既如期完成生产任务，又使下属的合理要求得到满足。因而能有效地提高工作效率，使上级和下属都很满意，是最理想的领导行为。

领导四方格理论表明，以人为重和以工作为重，这两种领导方式不应是相互矛盾、相互排斥的，而应是相互联系的。一个领导者只有把这两者相互结合起来，才能进行有效的领导。

（二）领导方格理论

该理论是领导行为理论中的另一种模式。它是在"领导行为四分图"的基础上，由美国的布莱克和莫顿在 1964 年提出来的。领导方格理论如图 6 - 2 所示。

这是一张九等分的方格图，横坐标表示领导者对生产的关心程度，纵坐标表示领导者对人的关心程度。两条坐标轴各划分为九个小格，作为标尺。整个方格图中共有 81 个小方格，每个小方格就表示"关心人"和"关心生产"这两个基本因素相结合的一个领导方式。在评价某领导者的领导行为时，可根据其对生产的关心程度和对职工的关心程度，在图上寻找交叉点，这个交叉点就是他的领导倾向类型。例如，某领导关心人的程度很高，达到 9，而关心生产的程度很低，只有 1，两点的交叉点就是（1，9），他就是（1，9）型领导，依此类推。

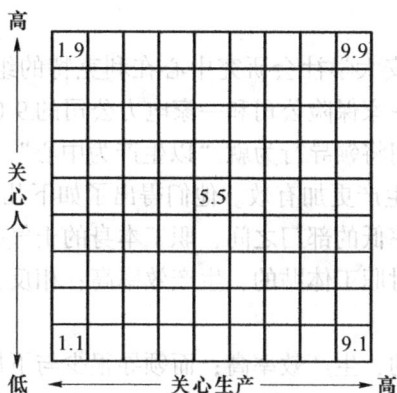

图 6-2　领导方格图

布莱克和莫顿在方格图中列出了五种基本类型的领导方式。

（1，1）为贫乏型管理。采取这种领导方式的管理者希望以最低限度的努力来完成组织的目标，对职工和生产均不关心。这是一种不称职的管理。

（1，9）为俱乐部型管理。管理者只注重搞好人际关系，以创造一个舒适的、友好的组织气氛和工作环境，而不太注重工作效率。这是一种轻松的领导方式。

（9，1）为任务式的管理。管理者全神贯注于任务的完成，很少关心下属的成长和士气。在安排工作时，尽力把人的因素的干扰降到最低限度，以求得高效率。这种领导方式只关心生产不关心人。

（9，9）为团队型管理。管理者既重视人的因素，又十分关心生产，努力协调各项活动，使它们一体化，从而提高士气，促进生产。这是一种协调配合的管理方式。

（5，5）为中间型管理。管理者对人和生产都有适度的关心，保持完成任务和满足人们需要之间的平衡，既有正常的效率完成工作任务，又保持一定的士气，都过得去但又不突出。

到底哪一种领导方式最好呢？布莱克和莫顿组织了很多研讨会。绝大多数参加者认为（9，9）型最佳，也有不少人认为（9，1）型好，其次是（5，5）型。领导者应该客观地分析企业内外的各种情况，分析自己的领导方式，尽可能使自己的领导方式转化为（9，9）型，以求得最高效率。他们认为转化工作可以分六个阶段进行：

①让领导者熟悉、理解方格图，并根据方格图来分析自己的领导风格。

②把各部门的领导者都集中起来，让他们了解方格图的原理，提高他们估计自己领导方式的能力，同时促进领导者之间的团结。

③组织各个作业小组学习和讨论（9，9）型领导方式的规范，并设想实现规范的要求和不利于实现的因素。通过这些活动，可以帮助消除组织内原来存在的一些问题。

④根据（9，9）型领导方式的要求，由领导者与部门管理者直至作业组，一起研究并确定企业各种目标。

⑤向所有参加管理活动的人员阐明目标，并提出实现目标的步骤，进而采取适当的行动加以实施。

⑥对整个计划和实施过程进行评估，巩固已取得的成果，使之不断推进。

（三）领导系统模式

1947 年以来，美国密执安大学社会研究中心在利克特的组织下，对企业的领导模式进行了长期的研究。他们曾对一家保险公司和一家电力公司的 9 000 多名职工进行了调查，同时访问了各级管理人员。他们将领导行为就"以生产为中心"和"以人为中心"进行比较，结果发现"以人为中心"对生产更加有效。他们得出了如下几条结论：

①生产效率高与生产效率低的部门之间，职工本身的士气并无差别。

②部门领导关心职工、对职工体贴的，生产效率高；相反，领导经常用加压的方法抓生产，生产效率就低。

③领导经常与下属接触的，生产效率高；而领导很少与下属接触的，生产效率就低。

④领导注意向下授权，善于听取下属意见并让下属参与决策的，生产效率高；而采取独裁方式的领导，生产效率就低。

上述研究结果充分肯定了"以人为中心"的领导行为对提高领导效率的积极作用。由此，利克特等人认为，在现代管理中，单纯依靠奖惩来调动职工积极性的传统管理方式将被淘汰，只有依靠"民主"管理，从人们的心理上调动积极性，才能充分发挥人的巨大潜力。而采取独裁式的管理方式，不仅永远不能达到"民主"方式所能达到的生产效率，而且不可能使职工对工作产生满足感。经过长期的研究，利克特于 1961 年，在他的《管理新模式》一书中，将企业管理的领导方式归结为四种类型。

1. 专权独裁式

即权力集中在最高一级，下属无任何发言权。管理者对其下属不信任。决策与组织的目标设置基本上由管理阶层做出，然后下达一系列命令，必要时以威胁及强制方式令其执行，上下级之间极少的交往也是在互不信任的气氛下进行，下级被恐惧和不信任所笼罩，不能满足其生理上、安全上的低层需要。机构中若有非正式群体，则对于正式组织的目标通常持反对态度。

2. 温和独裁式

权力控制在最高一级，但授予中下层部分权力。管理者对其下属有一种类似主仆之间的信任，有一种比较谦和的态度。一般决策是由高层管理人员制定，但下级也可以制定一定限度的决策。下级还有恐惧、警戒心理，交往是在上级屈就和下级畏缩的气氛下进行；采用奖惩进行激励。机构中的非正式群体可能反对也可能不反对正式组织的目标。

3. 协商式领导

重要问题的决定权在最高一级，中下层在次要问题上拥有决定权。管理者对下属有相当程度的（但不是完全的）信任。上下级之间具有双向的信息沟通，大致能互相信任；采用奖惩进行激励，也可在一定程度上共同制订计划。机构中的非正式群体，有时对于正式组织的目标表示支持，有时也会提出轻微的抗议。

4. 参与式领导

管理者对下属有完全的信任，上下级双方能民主协商、讨论，决策是以各部门广泛参加的形式，由最高领导最后做出。领导者可以根据企业目标的要求，向下级提出具体目标，但不过多地干涉下级如何实现目标，而是给予实现目标的支持。上下级之间不仅有充分的沟通，而且建立了一定的感情联系。在激励方面，让工人直接参与制定经济报酬，设置目标，改进方法和评估目标的进展等工作。

利克特的研究为我们推行民主管理提供了心理依据，他所提出的领导系统模式说明：领导功效的关键在于领导者的思想。领导者只有在充分信任被领导者的基础上，给予被领导者一定的管理权、决策权，尊重被领导者的心理需求并给予最大限度的满足，建立起感情的联系，才能更好地调动起被领导者的积极性，从而为实现组织的总目标做出贡献。

（四）PM 型领导模式

20 世纪 60 年代，在吸取了前人研究成果的基础上，日本心理学家提出了著名的领导行为 PM 理论。该理论也是从两个维度来分析领导行为的，在形式上与俄亥俄州立大学的二维模型相似，但是是把群体作为一个整体来研究领导行为和群体行为的。

该理论认为，群体具有两种功能：一种功能是实现群体的特定目标，即绩效（Performance，用 P 表示）；另一种功能是改善群体自身的正常运转，即维持（Maintain，用 M 表示）。

PM 理论认为，领导者的作用就在于执行这两种团体机能。因此，领导者的行为也就包括这两个因素。这样，不论 M 因素多么强，也总包含着某种程度的 P 因素；同样的道理，不管 P 因素多么强，也总包括 M 因素。此外 P 和 M 两方面都强或两方面都弱的情况也是存在的。

如果以 P 为横坐标，M 为纵坐标，并在 P 和 M 坐标中点各画一条线，就可划分出四种领导类型。

日本心理学家运用多种方法对各种行业的各层领导进行了多年研究，并以企业的生产性指标和员工的士气性指标进行了检验，获得了关于 PM 四类型领导效果的基本一致性结果：PM 型最好，Pm 型和 pM 型居中，pm 型最差。

这四种领导形态如图 6 - 3 所示。

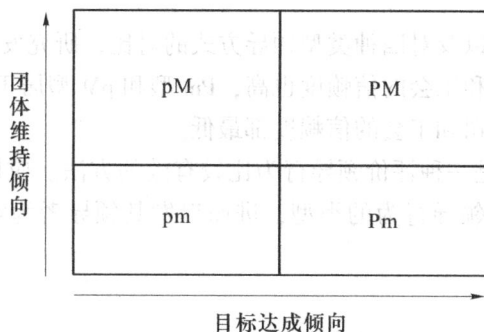

图 6 - 3 PM 型领导模式

在使达成动机低的被试者从事单调无意义的课题的情况下，Pm 型的领导条件是最有效的，这是由于 Pm 型中所包含的压力因素的作用。压力因素，是指对被试者完成课题进行强制的外在的压力作用。Pm 型和其他三种类型相比，实际上是压力最大的，对于达成动机低的被试者来说，相对地会带来最大的课题完成的效果。但是，外在的压力在被试者中，会产生心理抵抗的反作用。这种心理抵抗，在某种时候会和外压相抗衡，在接近平衡状态时，Pm 型的压力效果就会显著地减少。

从这个结果上来看，只要减弱对外在压力的心理抵抗的各种内在、外在的条件，越是初期，Pm 型的压力因素效果就相对越大。概括地说，Pm 型领导在初始时期，是以压力因素为代表的。

pM 型领导行为，所包含的主因素，是体贴因素。pM 行为，原本不是赋予课题完成方向或施加压力的，其作用是使被试者平缓地接受目标或压力。

在高达成动机的被试组中，pM 型对工作绩效产生的效果，在初期，次于 Pm 型，处于第三位。但在接近后期，就凌驾于 pM 型之上，仅次于 PM 型，居于第二高位。

和其他类型相比，pm 型的被试者，在课题满足无意义性、单调性、无选择性、暧昧性等各种条件时，对课题的完成动机，可以说是明显很低。pm 型的领导条件给予被试者的是一种所谓的沉默的威压的效果。它不如 Pm 型那么强，但给予被试者的是半个 Pm 型的压力因素效果。

PM 型是 P 和 M 二者结合到一起的领导类型。PM 型里的 P 行为，比 Pm 型的 P 行为的频度低，所以 P 的评价值小。PM 型里的 M 行为，也比 pM 型的 M 行为的频度低，所以 M 的评价值也小。然而，PM 型的效果，要比 Pm 型和 pM 型的效果都要好。PM 型的效果不是Pm 型效果和 pM 型效果的简单相加，而是相乘效果。PM 四类型领导效果的比较，如表 6－2所示。

表 6－2　PM 四种类型领导效果比较

管理形态	生产量	对组织的信赖度	内聚力
PM	最高	最好	最好
Pm	中	较好	一般
pM	中	一般	较好
pm	最低	最差	最差

通过大量的现场调查以及对四种类型领导方式的对比，研究发现 PM 型管理的单位，其生产率最高，职工对公司和工会的信赖度也高，Pm 型和 pM 型居于中位，而 pm 型管理的单位，其生产率与职工对公司和工会的信赖度都最低。

PM 领导类型分析法是一种评价领导行为比较有效的方法。应用这种方法，可以比较准确地判断一个群体或组织领导行为的类型，进而启发其领导者为实现最有效的领导行为而努力。

三、领导权变理论

管理心理学的研究表明，领导行为是否有效，不仅与领导者的素质和行为有关，而且与领导者所处的环境有关。20 世纪 60—70 年代西方国家的研究者们提出了一种新的领导理论。他们认为，企业管理中没有什么普遍适用的最好的管理理论和方法，要根据现实的情景，权宜而变，强调适应性的管理，这就是权变理论。这一理论的研究成果主要有以下几个方面的内容。

（一）专制—民主连续统一模式

该理论由美国管理学家坦南鲍姆和施米特提出。他们在研究中发现，企业的经理们在决定何种行为最适合于处理某一问题时，常常拿不准是自己决定，还是把决策权力下放给下属。为了使人们从决策的角度深刻认识领导行为的意义，坦南鲍姆和施米特指出：领导方式不能固定不变，而应该根据具体情况，如历史条件、问题性质、工作的时间性、企业的习惯、成员的素质等，适当地予以确定。他们提出的领导行为连续统一体的模式如图 6 - 4 所示。

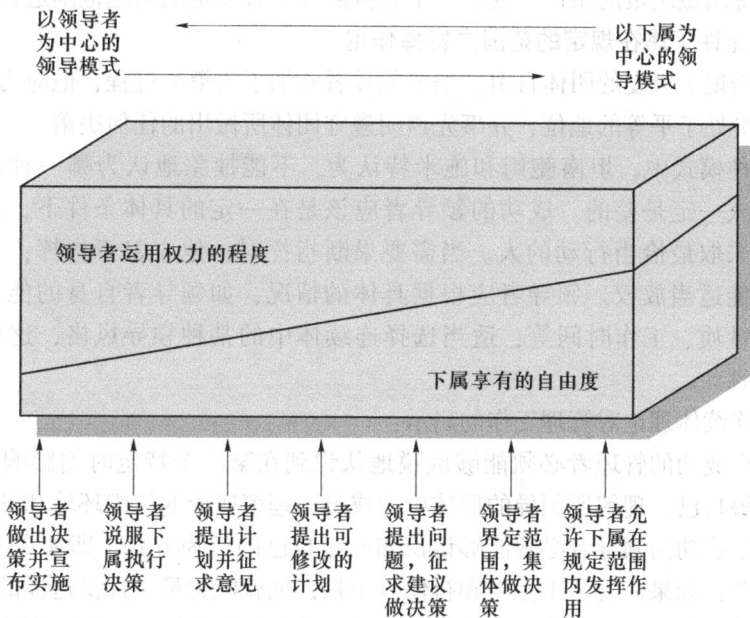

图 6 -4　领导方式的连续统一体理论

1. 领导者做出决策并宣布实施

在这种模式中，领导者确定一个问题，并考虑各种可供选择的方案，从中选择一种，然后向下属宣布执行，不给下属直接参与决策的机会。

2. 领导者说服下属执行决策

这种模式同前一种模式一样，领导者承担确认问题和做出决策的责任。但他不是简单地宣布实施这个决策，而是认识到下属中可能会存在反对意见，于是试图通过阐明这个决策来说服下属接受这个决策，消除下属的反对。

3. 领导者提出计划并征求下属的意见

在这种模式中，领导者提出了一个决策，并希望下属接受这个决策，他向下属提出自己的计划并详细说明，并允许下属提出问题。这样，下属就能更好地理解领导者的计划和意图，领导者和下属能够共同讨论决策的意义和作用。

4. 领导者提出可修改的计划

在这种模式中，下属可以对决策发挥某些影响作用，但确认和分析问题的主动权仍在领导者手中。领导者先对问题进行思考，提出一个暂时的可修改的计划，并把这个暂定的计划交给有关人员征求意见。

5. 领导者提出问题，征求建议做决策

在以上几种模式中，领导者在征求下属建议之前就提出了自己的解决方案，而在这个模式中，下属有机会在决策做出以前提出自己的建议。领导者的主动作用体现在确定问题，下属的作用在于提出各种解决的方案，最后，领导者从自己和下属所提出的解决方案中选择一种他认为最好的解决方案。

6. 领导者界定问题范围，集体做出决策

在这种模式中，领导者已经将决策权交给了群体。领导者的工作是弄清所要解决的问题，并为下属提出做决策的条件和要求，下属按照领导者界定的问题范围进行决策。

7. 领导者允许下属在规定的范围内发挥作用

这种模式表现了极度的团体自由。如果领导者参加了决策的过程，他应力图使自己与团队中的其他成员处于平等的地位，并事先声明遵守团体所做出的任何决策。

在上述各种模式中，坦南鲍姆和施米特认为，不能抽象地认为哪一种模式一定是好的，哪一种模式一定是差的。成功的领导者应该是在一定的具体条件下，善于考虑各种因素的影响，采取最恰当行动的人。当需要果断指挥时，他应善于指挥；当需要员工参与决策时，他能适当放权。领导者应根据具体的情况，如领导者自身的能力、下属及环境状况、工作性质、工作时间等，适当选择连续体中的某种领导风格，这样才能达到领导行为的有效性。

领导行为连续体理论对管理工作的启示：

首先，一个成功的管理者必须能够敏锐地认识到在某一个特定时刻影响行动的种种因素，准确地理解自己，理解所领导的群体中的成员，理解所处的组织环境和社会环境。

其次，一个成功的领导者必须能够认识和确定自己的行为方式。即如果需要发号施令，他便能发号施令；如果需要员工参与和行使自主权，他就能为员工提供这样的机会。

这一理论的贡献在于不是将成功的领导者简单地归结为专制型、民主型或放任型的领导者，而是指出成功的领导者应该是在多数情况下能够评估各种影响环境的因素和条件，并根据这些因素和条件来确定自己的领导方式和采取相应的行动。

(二) 菲德勒模式

弗雷德·菲德勒，美国当代著名心理学家和管理专家，获芝加哥大学博士学位。从1951年起，他从管理心理学和实证环境分析两方面研究领导学，提出了"权变领导理论"，开创了西方领导学理论的一个新阶段，使以往盛行的领导形态学理论研究转向了领导动态学研究的新轨道，对以后的管理思想发展产生了重要影响。他认为任何领导形态均可能有效，其有效性完全取决于所处的环境是否适合。菲德勒将权变理论具体化，把影响领导者领导风格的环境因素归纳为三个方面：职位权力、任务结构和上下级关系。

1. 职位权力

即领导者所处的职位提供的权力是否明确和充分，是否得到上级和整个组织的有力支持。如果该领导对下属职工的工作分配、奖惩及职务升降有决定权的话，其职位权力则是强的；反之，职位权力则弱。

2. 任务结构

即群体的工作任务是否规定明确，是否有详尽的规划和程序，有无含混不清之处。当任务是例行的、明确的和容易理解、以及有章可循的，则任务结构明确；反之，任务结构是复杂而又无先例可循的，且没有标准程序的，或含混不清的，则属于任务结构不明确。

3. 上下级关系

即领导者能否得到下属的信任、尊重和喜爱，能否使下属主动地追随他。假如双方是高度信任、互相尊重、互相支持和友好的，则相互关系是好的；反之，关系是差的。

菲德勒将三种主要的环境因素加以组合，得出八种不同的环境类型，并对1 200多个团体进行了调查，找出了不同环境类型下最适应、最有效的领导类型，其结果如图 6 – 5 所示。

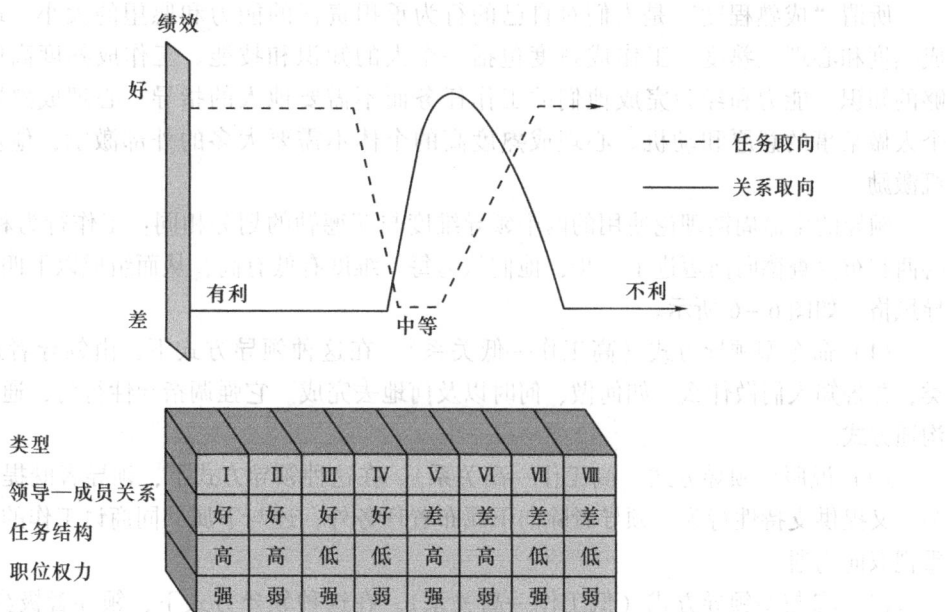

图 6-5 菲德勒模型的发现

关于关系取向和任务取向两种领导风格，他认为：任务取向的领导者在非常有利的情境和非常不利的情境下工作得更好。也就是说，当面对 Ⅰ、Ⅱ、Ⅲ、Ⅶ、Ⅷ类型的情境时，任务取向的领导者干得更好；而关系取向的领导者则在中度有利的情境，即Ⅳ、Ⅴ、Ⅵ类型的情境中干得更好。

菲德勒认为领导风格是与生俱来的——你不可能改变你的风格去适应变化的情境。因此提高领导者的有效性实际上只有两条途径：

（1）你可以替换领导者以适应环境。比如，如果群体所处的情境被评估为十分不利，而目前又是一个关系取向的管理者进行领导，那么替换一个任务取向的管理者则能提高群体绩效。

（2）改变情境以适应领导者。菲德勒提出了一些改善领导者—成员关系、职位权力和任务结构的建议。领导者与下属之间的关系可以通过改组下属组成加以改善，使下属的经历、技术专长和文化水平更为合适；任务结构可以通过详细布置工作内容而使其更加定型化，也可以对工作只做一般性指示而使其非程序化；领导的职位权力可以通过变更职位充分授权，或明确宣布职权而增加其权威性。

菲德勒模型强调为了有效领导需要采取什么样的领导行为，而不是从领导者的素质出发强调应当具有什么样的行为，这为领导理论的研究开辟了新方向。菲德勒模型表明，并不存在着一种绝对的最好的领导形态，企业领导者必须具有适应力，自行适应变化的情境。同时也提示管理层必须根据实际情况选用合适的领导者。

菲德勒模型的效用已经得到大量研究的验证，在实践中具有重要的指导意义。

（三）领导生命周期理论

领导生命周期理论是由卡曼首先提出的，后由保罗·赫西和肯尼斯·布兰查德予以发展，也称情景领导理论，这是一个重视下属的权变理论。赫西和布兰查德认为，依据下属的成熟度，选择正确的领导风格，就会取得领导的成功。

所谓"成熟程度"是人们对自己的行为承担责任的能力和愿望的大小，取决于工作成熟度和心理成熟度。工作成熟度包括一个人的知识和技能。工作成熟度高的人拥有足够的知识、能力和经验完成他们的工作任务而不需要他人的指导。心理成熟度指的是一个人做某事的意愿和动机。心理成熟度高的个体不需要太多的外部激励，他们靠内部动机激励。

领导的生命周期理论使用的两个领导维度与菲德勒的划分相同：工作行为和关系行为。赫西和布兰查德向前迈进了一步，他们认为每一维度有低有高，从而组成以下四种具体的领导风格，如图6-6所示。

（1）命令型领导方式（高工作—低关系）。在这种领导方式下，由领导者进行角色分类，并告知人们做什么、如何做、何时以及何地去完成。它强调指导性行为，通常采用单向沟通方式。

（2）说服型领导方式（高工作—高关系）。在这种领导方式下，领导者既提供指导性行为，又提供支持性行为。领导者除向下属布置任务外，还与下属共同商讨工作的进行，比较重视双向沟通。

（3）参与型领导方式（低工作—高关系）。在这种领导方式下，领导者极少进行命令，而是与下属共同进行决策。领导者的主要作用就是促进工作的进行和沟通。

（4）授权型领导方式（低工作—低关系）。在这种领导方式下，领导者几乎不提供指导或支持，通过授权鼓励下属自主做好工作。

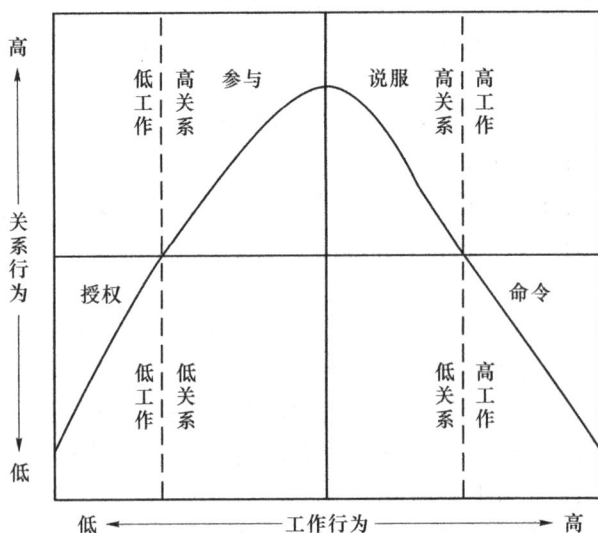

图6-6 四种领导方式

如表6-3所示，根据下属成熟度和组织所面临的环境，领导生命周期理论认为，随着下属从不成熟走向成熟，领导者不仅要减少对活动的控制，而且也要减少对下属的帮助。当下属成熟度不高时，领导者要给予明确的指导和严格的控制；当下属成熟度较高时，领导者只要给出明确的目标和工作要求，由下属自我控制和完成。

表 6 – 3　成熟度的变化

成熟	比较成熟	初位成熟	不成熟
有能力 有愿望	有能力 无愿望	无能力 有愿望	无能力 无愿望

总之，领导生命周期理论认为，有效的领导行为不仅应该因人而异，而且应该根据每个人不同时期的成熟程度而变化。这种较新的权变理论，对于提高企业或其他组织的领导者的领导水平具有一定的指导作用。

（四）路径—目标理论

路径—目标理论是加拿大多伦多大学教授豪斯于 1971 年提出的一种领导行为权变理论。该理论认为领导者的工作是帮助下属达到他们的目标，并提供必要的指导和支持，以确保各自的目标与群体或组织的总体目标相一致。"路径—目标"的概念来自这种信念：明确指明实现工作目标的途径来帮助下属，并为下属清理各项障碍和危险，并通过奖酬提高下属完成任务的内在激励，可以有效地实现组织目标，从而提高领导的效能。

领导者通过明确下属实现工作目标和得到相应奖酬的路径来激励员工，如图 6 – 7 所示。

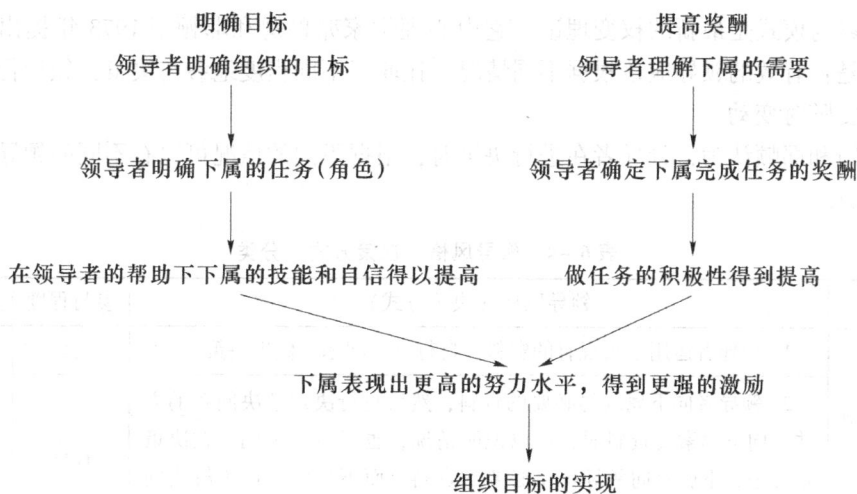

图 6 – 7　路径—目标理论

根据这一理论，领导方式可以分为四种。

1. 指导型领导

领导者向下属说明需要完成的任务，包括对他们有什么希望，如何完成任务，完成任务的时间限制等。指导型领导能为下属制定出明确的工作标准，并将规章制度向下属讲清楚。指导不厌其详，规定不厌其细。

2. 支持型领导

领导者对下属的态度是友好的、可接近的，他们关注下属的福利和需要，平等地对待下属，尊重下属的地位，能够对下属表现出充分的关心和理解，在下属有需要时能够真诚帮助。

3. 参与型领导

领导者邀请下属一起参与决策。领导者能同下属一道进行工作探讨，征求他们的想法和意见，将他们的建议融入团体或组织将要执行的决策中去。

4. 成就导向型领导

领导者鼓励下属将工作做到尽量高的水平。这种领导者为下属制定的工作标准很高，寻求工作的不断改进。除了对下属期望很高外，领导者还非常信任下属，相信下属有能力制定并完成具有挑战性的目标。

在现实中究竟采用哪种领导方式，要根据下属特性、环境变量、领导活动结果等，以权变观念求得各因素恰当配合。

在企业管理中，领导者可以根据具体的情境选择合适的领导风格。领导者进入一个全新工作环境时，可以采用指导型领导方式，指导下属建立明确清晰的任务结构；当下属缺乏自信时，可以采用支持型领导方式，与下属形成一种协调和谐的工作氛围；当领导者对组织情况和工作任务比较熟悉时，可以采用参与型领导方式；当下属认为工作缺乏挑战性，积极性不高时，可以采用成就导向型领导方式，与下属一起制定具有挑战性的组织目标，并运用各种有效的方法激励下属实现目标。

（五）领导参与模式

领导参与模式是最新的权变理论。它由心理学家弗鲁姆和耶顿于 1973 年提出。这一理论的要点是：有效的领导应该根据不同情况，让职工不同程度地参与决策，领导行为应根据环境的需要随时变动。

弗鲁姆和耶顿认为，领导者在进行决策时，根据不同的情况可以有不同的领导方式，如表 6-4 所示。

表 6-4　领导风格（决策方式）分类

类型	领导风格（决策方式）	参与程度	代码
独裁专制型（A）	1. 领导者运用手头现有的资料，自行解决问题，做出决策	最低	A I
	2. 领导者向下属取得必要的资料，然后自行决定解决问题的方法。向下属索要资料时，可以说明情况，也可以不说明。在决策过程中，下属只向领导提供必要的资料，而不提供或评价解决问题的方案	较低	A II
协商型（C）	3. 以个别接触的方式，让有关下属了解问题，听取他们的意见和建议，然后由领导者做出决策。决策可以反映下属意见，也可以不反映	中等	C I
	4. 让下属集体了解问题，并听取集体的意见和建议，然后由领导者做出决策，决策可以反映集体意见，也可以不反映	较高	C II
群体决策型（G）	5. 让集体了解问题，并且集体提出和评价可供选择的决策方案，努力就决策方案的选择取得一致。在讨论过程中，领导者仅作为组织者而不用自己的思想去影响集体，并愿意接受和落实任何一个集体支持的方案	最高	G II

领导参与模式认为，领导者在决策中可能遇到如下七种情况：①是否存在某一解决办法更为合理的质量要求？②是否有足够的信息支撑高质量的决策？③问题明确吗？④下属职工接受的决策是否对有效贯彻执行决策有重大关系？⑤如果是单独决策，下属是否一定会接受？⑥下属是否知道这种解决办法要达到的组织目标？⑦在准备选用的方案中，下属之间是否会发生冲突？因此，领导者在选择具体的领导方式时，要对这七种情况逐一用是与否方式做出回答，以便获得最合适、最有效的领导方式。

领导权变理论问世 20 年来，已经在各种不同类型的国家中产生了强烈的反响，同样也对我们国家的领导理论和领导活动产生了很大的影响。权变理论给人们的启示是：领导者应当善于对情况进行分析和诊断，并且推崇"每事问"的探究精神，以觉察、鉴别和理解情景的差异，使自己的行为更适合于此情此景的要求，只有这样才能更好地实现组织目标。

任务三 领导，也是一种艺术

任务目标

- 掌握领导艺术的含义和分类。
- 理解提高领导艺术的途径。

领导艺术是领导者个人素质的综合反映，因人而异。"世界上没有完全相同的两片叶子"，同样也没有完全相同的两个人。领导艺术就像永恒的河流那样，有着无边无际的未来，而开发和疏导河道的需求也是延续不断的。当人们找寻新的方法去引导、管理，并激励他人的同时，便一直在重新构建领导艺术。

一、领导艺术的含义

领导艺术是指在领导的方式、方法上表现出的创造性和有效性。一方面是创造，是真、善、美在领导活动中的自由创造性。真是把握规律，在规律中创造升华，升华到艺术境界；善就是要符合政治理念；美是指使人愉悦、舒畅。另一方面是有效性，领导实践活动是检验领导艺术的唯一标准。

二、领导艺术的分类

领导艺术的范围很宽、内容很复杂。按其性质主要可以划分为待人艺术、处事艺术、运时艺术、会议艺术等几类。

（一）待人艺术

1. 团结多数形成核心

团结大多数，把大多数人都团结在自己周围，形成一个上下一心、同心同德的领导核心。核心就是旗帜、就是力量、就是信心和保障，不能形成核心的领导是靠不住的、没有力量的。这就要求：首先，主要领导者要严于律己，树立威信；其次，全体成员都要维护和强化这个核心。任何领导业绩都是一种多因素的综合效应。

2. 批评与自我批评

批评与自我批评是中国共产党优良传统作风之一，也是进行思想建设的强大武器。这就要求我们的领导者平时要谦虚谨慎，放下架子。首先，要为大家树立一个榜样，自己有了缺点毛病要作诚恳的自我批评，这样在批评别人时就能使被批评者更信服；其次，对被批评者要诚恳和有"爱"心，要尊重其人格和自尊心，切忌恶语伤人；再次，要注意方式方法，批评要和风细雨把道理讲充分，用关心、商量、讨论的口吻说话，启发对方自己认识错在哪里；最后，批评要击中要害，"对症下药"方能"治病救人"。

3. 赔礼道歉

各级领导者在处理问题时，时有处理不当而伤害下属的情况发生。有的领导者，事后明知自己错了也不承认，好像真理应该永远都在自己手里，怕丢了"面子"损害了自己的"威信"，放不下"官架子"。其实这类顾虑完全没必要，完全是个人的"架子"和私心作祟，是不民主和不能平等待人的具体表现。其结果只能适得其反，把上下级关系搞得更紧张，损害了干群团结。毛泽东说："错误和挫折教训了我们，使我们比较地聪明了起来，我们的事情就办得好一些。任何政党，任何个人，错误总是难免的，我们要求犯得少一点。犯了错误则要求改正，改正得越迅速，越彻底，越好。""人非圣贤，孰能无过"。自己错了就承认错了，认真改正错误，伤害了下属就真心诚意地向有关下属赔礼道歉，这样只会使下属更觉得你平易近人、谦虚诚恳、可亲可信，使你在下属心目中的形象和威信更高。这也是一门重要的领导艺术。

4. 巧用集会

如果把一个社会组织比作一个"家庭"，领导者便是其"家长"。常言道："家和万事兴。"如何使这个"家庭"成员团结和睦、同心协力地共同创造美好的未来，则是"家长"义不容辞的责任。为了营造团结和睦的"家庭气氛"，领导者应抓住庆典、表彰、慰问、休整、节假日等各种时机，召集轻松、欢快的相应集会，诸如茶话会、对话会、恳谈会、冷餐会、老人会、夸夫会等，都可用来联络感情、听取意见，提高职工的主人翁意识，促进事业的发展。

5. 使用特殊人才

社会主义现代化建设需要大批人才。必须使每个现有的人才，只要有"一技之长"，都能充分发挥应有的作用，压抑甚至埋没人才的现象必须避免和消除。所谓"特殊人才"，主要是指处于特殊情况之下的人才，诸如被压住未用的人才、未被认可的人才、品德有缺陷的人才、犯过错误的人才、"两头冒尖"（优缺点都比较明显）的人才、亲近避嫌（与领导者有某种亲朋关系）的人才等。这些人才需要有关上级领导或组织人事部门予以重视，不可因为某些情况或问题而搁置不用。否则就是人才的积压和浪费，甚至可能被埋没。现代世界的竞争归根结底是人才的竞争。一方面急需和缺乏人才，另一方面又积压浪费甚至埋没人才，这是绝对不应该的。但这些人才毕竟是处在某种特殊情况之下，究竟怎样安排才能发挥他们的作用，没有固定模式。充分发挥各种人才的作用，消除积压、浪费和埋没人才的现象，对于一个领导者，这本身就是一项很重要的业绩和贡献。

（二）处事艺术

1. 抢占先机

20 世纪 80 年代初，正当市场上单卡录音机销售兴旺时，常州录音机厂的领导者们敏锐地预感到，这种兴旺局面必将因激烈的竞争而萎缩，不可能长期保持下去。为了抢占先机，他们会同有关主管和设计人员收集了大量信息进行研究分析，认为录音机转向双卡双声的条件已基本成熟。因此他们果断地做出了试制双声道和双卡双声四喇叭调频立体声便携式兼收音功能收录机，两种新型号收录机一齐上的决策。结果从设计到投放市场只用了一年时间，便在国内抢先占领了市场，仅在两年内就在国内热销了 60 万台，因而在全国同行中名列前茅。

2. 敢冒风险

正当某乡镇企业濒临倒闭时，厂长得知一外商正在寻求一订货厂家，如果三天内按要求做出高档西服样品，就准备大量订货。而有些设备齐全、技术力量雄厚的国有大厂，因对三天内能否做出达标样品心中无底不敢贸然承接。这位厂长从有利和不利两方面认真分析了本厂条件，认为虽有一定风险，但经过全厂职工的共同努力也有可能完成，这是打翻身仗"千载难逢"的好机会，成败在此一举。因此便果断决定："我们干！"她立即通知全厂职工马上来厂里上班。动员之后大家都明白，这是一场硬仗，机不可失、时不再来，值得一搏。三天期限一到，一排小汽车停在厂门口，外贸部门的领导会同外商及其技师对样品进行检验后认为质量完全符合要求，当场签订了 16 000 套订货合同。该厂从此一下子摆脱了困境，走上了大发展的道路，并以此为契机，向日、美、法、德、加等发达国家出口服装款式 38 种 100 多万套，而且无一返修、拖延。经住了实践的考验，站稳了脚跟。

3. 勇于开拓

山东某服装厂是一家亏损近百万元的老厂，领导班子五年换了七茬也甩不掉这顶亏损的帽子。二轻公司 38 岁的任新举经过认真调查分析后，认为该厂领导者思想保守，缺乏开拓精神，全厂人多事少，是问题的症结所在。他决定接下这块"硬骨头"啃一下，于是挑起了该厂经理的重任，他走马上任第一件事就是对该厂人员安排"动大手术"：从全厂 162 人中抽调 100 人组建绣品厂，投产 4 个月后产品就打入了国际市场，该厂也因此起死回生，被评为全国轻工业出口创汇先进企业；剩下 62 人又以兼并形式归入绣花厂，上衬衫出口项目，产品也很快打入国际市场，当年就扭亏为盈；后来他得知有个旅游鞋出口项目，他又接过来，把早已闲置十多年的皮鞋厂做了处理改造，派三名得力干部组建旅游鞋厂，并和另两家公司合资组建了海阳工艺鞋业有限公司，产品全部外销。

（三）运时艺术

1. 有效地赢得时间

怎样才能有效地赢得时间？首先要有这种主观愿望，对时间要有紧迫感，只有这样才能主动想出办法来。如果缺乏这种主观愿望和紧迫感，即使办法再好、再多也无济于事。只争朝夕、笨鸟先飞、见缝插针和排除各种干扰等，都是有效地赢得时间的好办法，关键就在于能很好地把握和运用它。

2. 巧妙地节省时间

要有效地赢得时间，就必须巧妙地节省时间，否则已经赢得的时间也可能被浪费掉。怎样才能省时间呢？首先，对时间要有一种迫切的需求意识。一方面，对自己的时间要精打细算，搞好科学合理的支配；另一方面，对公共的时间要搞好协调分配，把时间充分有效地利用起来。其次，要珍惜时间，善于积零为整，把各种零星分散的时间集中起来，或利用零星分散时间集中做好一件大事，使零星分散时间发挥整段时间的作用。最后，"不打无准备之仗，无把握之仗"。打仗是这样，工作也是这样。无准备、无把握的工作往往是浪费时间的基本根源，因为它成功的可能性小，而失败的可能性大。一旦失败就等于白忙活了，也就意味着时间、精力和财物的白白浪费。"磨刀不误砍柴工"，说的就是做任何事情都要做好准备的道理。

3. 善于管理自己

要想有效地赢得时间、巧妙地节省时间，靠谁？只能靠自己，除了自己别人谁也不能靠，谁也帮不上忙。所以作为一个现代领导者必须学会管理自己，懂得解决各方面的问题，尤其是解决时间问题。为此各级领导者必须认真检查一下自己是否有下列毛病：①不珍惜时间，不习惯科学合理地支配和利用时间，贪图安逸、自由放任、随心所欲，过分地"优待"自己；②虽然总是抱怨自己时间不够用，而又事无巨细和不分轻重缓急，什么事情都亲自插手或抓在手里不放，眼光短浅，管事太多太杂，向下越权，不懂得超脱，致使下属无所适从，不敢大胆工作和负责，忽视总体任务目标的实现；③喜欢高谈阔论，有爱耍"嘴皮子"的嗜好，滔滔不绝地"侃"起来就没完没了，光说不干；④偏爱交际，不论是否必要，不惜为应酬场面耗费大量宝贵的时间和精力，不是以工作为重，而是以"友情为重"，以此为乐，以此为荣。诸如此类，都是造成时间浪费的根源，若不及时堵住，危害极大。归根结底，都是因为没有管理好自己。

问题还在于有些领导者，总是习惯把眼睛盯着下属，而对自己则缺乏严格的管理。他们总是以"工作太忙"为借口，放松自我要求和自我管理，形成了自我完善的障碍。

4. 迅速见诸行动

首要的问题是：身为领导者，要少说空话多干实事，迅速付诸行动，不能只是口头感叹和纸上谈兵。那么，怎样才能迅速见诸行动呢？首先要有强烈的事业心、高度的责任感、突出的紧迫感和明确的目标性，这是迅速见诸行动的思想基础和基本动力。其次要清除空谈和拖拉作风的障碍，提高对其危害性的认识，树立雷厉风行的作风。再次要积极创造生存发展和迅速见诸行动的良好环境和条件，这是促进行动和取得良好效果不可缺少的重要因素。

（四）会议艺术

会议艺术包括主持会议和出席会议两个方面。本文在这里主要讨论领导者主持会议问题。

1. 会议的功能

从某种意义上说，会议的功能，就是为领导者提供一系列实施科学领导的重要场所。①宣传动员的场所。在现代领导活动中，有很多事情都离不开适当的会议。比如，传达上级的指示或政策、部署新的工作安排、进行年度（或阶段）总结、动员整体（或项目）攻关、听取群众意见、表彰先进模范、宣布重大决策（或决定）、讨论重大问题等，各种规模、层次、类型的相应会议，都是必不可少的。②集思广益的场所。领导者也是人，不是神，和大家一样，都是"肉眼凡胎"。高明的领导之所以高明，并不在于自己的脑袋比别人聪明，而在于他善于向别人学习，能够把更多人的实践经验和聪明才智集中起来，善于综合，善于概括。一个现代领导者必须善于听取多方面的意见，才能集众人之所长，利用会议集思广益就是一种很好的办法。运用会议贯彻民主集中制是一种好形式，为与会者陈述观点和发表意见提供了好机会，给与会者进行面对面讨论和交流创造了条件。因而会议能在与会者心理上产生良好影响，不仅会使与会者更好地合作，而且会使上下级关系更密切。③统一思想的场所。由于人们所处的社会环境不同、生活经历不同、文化知识不同、年龄层次不同，人们的思想观念和对客观事物的认识等也会不同，甚至会产生一定的矛盾或分歧。这是很自然的现象，但这些现象会对协调工作、沟通信息、联络感情产生或多或少的妨碍。只有通过共同的探讨甚至必要的争论，才能逐步消除分歧、统一思想、达成共识，才能更好地合作共事。尤其同属一个单位，最佳途径是有组织、有领导地通过适当的会议进行交流、讨论甚至必要的争论，或者寓思想政治工作于适当的集会之中。

2. 会议的成败分析

怎样才算是一次成功的会议？至少要符合这样几条标准：

- 会议达到了既定目的，解决了预定问题；会议议题明确、集中，程序进程紧凑。
- 会议决议反映了大多数与会者的意愿，在实践中有指导意义和积极促进作用。
- 气氛良好，秩序正常，同会议主题协调一致。
- 在会议进行过程中，与会者精神集中、情绪饱满，无人无故迟到、早退、中途退出、开"小会"。
- 会议结束时存档资料完备。

3. 会议的要求

怎样才能使会议取得较好的效果呢？首先会前要做好准备，制订出计划，包括确定会议的议题、规模、要求、时间等，提前通知与会者做好个人准备等，必要时可先开个预备会。会议的成败，首先和会前的准备如何有很大关系。其次对会议要有明确要求。会议可分为执行性会议和研究性会议两种。召开执行性会议的要求是：①与会者的发言要简明扼要，围绕主题，防止发言离题太远。②讨论方案时，只讨论和议题有关方案，无关方案不予讨论。③对可行方案要做出明确结论和安排落实，便于会后贯彻执行。召开研究性会议的要求是：①发扬会议民主，保持主持人和与会者的平等关系，鼓励充分发表各自的见解，但同时要注意必要的引导和启发。②观点出现分歧时，不能回避，要本着勇于追求真理、修正错误的精神，鼓励开展辩论，"真理愈辩愈明"，但不能掺杂个人情绪，不能影响团结。③会议要具有开放性，不能堵塞言路，要鼓励与会者充分发挥想象力，允许有创见者不断补充和完善自己的想法。④领导者对讨论中的意见，不要当场"拍板"或轻易表示结论性的意见，要强调会议的目的，团结协作，取长补短。⑤会议结束时，主持人可以归纳一下大家的主要意见，总结一下会议效果和优缺点，强调会议的成效是大家共同努力的结果。有的单位人们几乎"谈会色变"！主要是因为会议太长、太多、太滥、太急，人们为此耗费了大量宝贵的时间和精力，不仅不解决问题，反而耽误不少正事，所以引起了人们的反感和厌恶。其表现形式有"议而不决""漫无边际""突然袭击""人人过关""形式主义"等。

三、提高领导艺术的途径

1. 信任是基础

有些人常常去刻意追求管理上的创新，但是在务实的方面却没有做好。真正的功夫，不是新的功夫，而是将一招一式练到极致。要提升自己的影响力，一定要言而有信，人们如果不信任你，那一切就都没有指望了。

所以，作为一个管理者，只有值得信赖才能服众。子夏曰："君子信而后劳其民；未信，则以为厉己也。信而后谏；未信，则以为谤己也。"（《论语》）说的是管理者一定要在取得下属的信任之后，才能分派下属去工作；否则下属就会认为上司是欺负他，就是要让他受累呢。对待上司也是一样，首先要取得上司的信任之后才可以指出上司的过错，否则上司就会认为是在诋毁他。信任是相信他人在某些方面具有相应的能力、品格或承诺的一种托付。要取得其他人的信任，就必须做出让其他人信任的事情来，以证明你拥有这样的能力、品格或承诺。

2. 整合人才与资源

小老板往往精明能干，企业家往往大智若愚。智慧的人必定精明，精明的人却不一定具有智慧。精明是处事机巧的表现，而智慧则是综合素质的升华，处小事者靠精明，为大事者必须靠智慧。在很多中小企业里，往往是小老板一个人精明能干，全职全能，不可或缺，而整个团队却平庸。小老板们坚信一个理念，"企业是我的，是属于一个人的"，而企业家坚信"企业是大家的，每个员工都是企业的主人"。企业家通常善于调动员工的积极性和主动性，善于打造团队，用团队的能力来弥补个人的能力不足。

企业家坚信："得人才者得市场，得天下"。因为企业家的智慧在于创造财富，培养更多的具有智慧的人才，使企业更具有竞争力。而能够"以一当十""以一当百"的小老板，终究会发现自己不可能"以一当千"。"英雄老板"只能成就小企业，只有"智慧团队"才能成就大企业。因此，培养部下，带出一支队伍，比发挥老板个人才干更重要。小老板主要考虑如何把事情做对、做好，而企业家必须具备战略思维能力，必须具备整合社会资源的能力，懂得资本运营，懂得产业与资本的整合。

3. 培育人才

"出师未捷身先死，长使英雄泪满襟"。诸葛孔明一生事必躬亲，积劳成疾，卒于军中，终年 54 岁。他虽业绩彪炳，却始终未能为蜀国培养出一些像样的人才，最后落得"蜀中无大将，廖化做先锋"，国家大业后继无人的结局。当企业还在发展阶段时，领导人尚可事必躬亲；但是当企业越做越大时，领导人的事必躬亲就有问题了。到了后来，诸葛亮是越来越操劳，诸如任免一个县官这样的芝麻小事，诸葛亮也要亲自处理。事无巨细，亲力亲为，日理万机，夙兴夜寐。作为一个企业的领导人，最重要的是建立公司人才培养体系，网罗一批能干之人，然后放手让这些人去干，自己不可事必躬亲。

4. 鼓励下属

成功的灵丹妙药就是鼓励。如果领导者都用鼓励的办法领导员工，尤其是管理有文化、有知识、有思想的员工，企业的管理水平肯定会上一个台阶。领导者的鼓励就像一缕春风，滋润着员工的心田，又像一架桥梁，拉近了领导者与员工的距离。在这种情况下，员工岂有不爱工作、不愿工作之理？

鼓励员工可以培养员工，提高员工的自信心。一个人的成长、成功，离不开鼓励，鼓励就是给员工机会锻炼及证明自己的能力。在员工每天的工作、生活中，一个温暖的言行，一束期待的目光，一句激励的评语会激发员工的上进心，可能会改变一个员工对工作的态度，对人生的态度。在鼓励的作用下，员工可以认识到自己的潜力，不断发展各种能力，成为生活中的成功者。

但是，鼓励员工并不是说对员工的错误视而不见，譬如员工做某事方法欠妥，那么就不要侧重批评他所犯的错误，而应该在肯定他工作的同时，明确指出他的不足。在肯定的基础上对员工提出批评，员工往往更容易接受。一句鼓励的话，可改变一个人的观念与行为，甚至改变一个人的命运；一句负面的话可刺伤一个人的心灵与身体，甚至毁灭一个人的未来。

总之，提升领导艺术的唯一途径就是"少点管理，多点领导"。"少点管理，多点领导"的要义可以概括为12个字："明确目标，员工自主，正确做事，奖惩到位。"领导者的任务就是及时运用"称赞"和"指责"，以对事不对人的态度，帮助员工挖掘自身潜力，在自主管理过程中持续地做正确的事情。

项目小结

领导	对领导的基本认识	领导的含义及特点	
		领导者与管理者的区别	
	领导的理论	领导特性理论	传统特性理论
			现代特性理论
		领导行为理论	领导行为四分图理论
			领导方格理论
			领导系统模式
			PM 型领导模式
		领导权变理论	专制—民主连续统一模式
			菲德勒模式
			领导生命周期理论
			路径—目标理论
			领导参与模式
	领导艺术	领导艺术的含义	
		领导艺术的分类	
		提高领导艺术的途径	

能力自测

一、选择题

1. 美国心理学家麦克利兰于 1961 年提出了他的成就需求理论，他认为，人的最主要的需要有三种，下列不属于他的观点的是（　　）。
   A. 成就需要　　　　B. 权利需要　　　　C. 沟通需要　　　　D. 归属需要
2. 西方现代领导理论的发展，经历了三个阶段，即（　　）。
   A. 传统领导理论阶段　　　　　　　B. 特质领导阶段
   C. 领导行为阶段　　　　　　　　　D. 领导权变理论阶段
3. 下列不属于指挥原则的是（　　）。
   A. 权威原则　　　　　　　　　　　B. 统一原则
   C. 分工原则　　　　　　　　　　　D. 首长负责制原则

4. 勒温，德国的心理学家，他以权力定位为基本变量，把领导者放在领导过程中表现出来的极端工作作风分为三种类型，即（　　）。

    A. 无政府型   B. 独裁专断型

    C. 民主参与型   D. 自由放任型

5. 领导特质理论的研究重点是（　　）。

    A. 领导行为   B. 领导环境   C. 领导者品质   D. 领导绩效

6. 领导的作用（　　）。

    A. 沟通协调作用   B. 指挥引导作用   C. 维持秩序作用

    D. 激励鼓励作用   E. 监督控制作用

7. 领导行为理论的研究重点是（　　）。

    A. 领导行为   B. 领导环境   C. 领导者品质   D. 领导绩效

8. 领导者的素质包括（　　）。

    A. 思想素质   B. 业务素质   C. 业务技能   D. 身体素质

    E. 管理素质

9. 领导权变理论的代表人物是（　　）。

    A. 利克特   B. 菲德勒

    C. 布莱克和莫顿   D. 坦南鲍姆和施米特

10. 领导者的责任主要有（　　）。

    A. 维持和提高集团的经营能力   B. 构建管理框架体系，酝酿企业文化

    C. 协调外部关系   D. 联结上下级集团

11. 领导与管理的关系为（　　）。

    A. 管理影响领导

    B. 领导行为等于管理行为，无论在内涵还是外延

    C. 领导工作是管理工作的一部分

    D. 管理的对象是物，领导的对象是人

12. 构成权力性影响力的主要因素有三个方面（　　）。

    A. 传统因素   B. 文化因素

    C. 职位因素   D. 资历因素

13. 管理方格理论是由（　　）提出的。

    A. 利克特   B. 菲德勒

    C. 布莱克和莫顿   D. 坦南鲍姆和施米特

14. 领导效果的影响因素（　　）。

    A. 领导者   B. 被领导者   C. 领导机制   D. 领导制度

    E. 领导环境

15. 一个企业中的管理者为了提高自己对下属的领导效果，他应当（　　）。

    A. 提高在下属中的威信   B. 尽量晋升到更高的位置

    C. 采取严厉的惩罚措施   D. 增加对下属的物质刺激

二、简答题

1. 什么是领导？怎样理解领导的内涵？

2. 领导者和管理者的区别是什么？

3. 领导行为理论包括哪些内容？

4. 菲德勒的权变理论包括哪些内容？

5. 领导生命周期理论包括哪些内容？

案例分析

柳传志的传奇

柳传志是一个创业的传奇。他领导联想由 11 个人 20 万元资金的小公司用 14 年时间成长为中国最大的计算机公司。柳传志的成功除了他个人的能力外，主要得益于拥有一大批像杨元庆、郭为这样高素质的追随者。柳传志的能耐在于始终有办法让下属相信，跟着柳传志干联想一定能成功。这个"信"字很重要。"信"了，才会一呼百应，团结进取；"信"了，才会百折不挠，勇往直前；"信"了，才会令行禁止，服从大局。柳传志争取追随者靠的是立意高远、身先士卒、培养和起用能人。振臂一呼，应者云集的领导能力绝不是一个领导职位就能赋予的，没有追随者的领导剩下的只是职权威慑的空壳。是追随者成就了领导者，领导的过程就是争取追随者的过程。而领导者的个人魅力和感召力，领导者所营造的组织氛围在此过程起着重要作用。

柳传志争取追随者的第一步——"人行得正"。"在公司里面，我对他们要求挺严格，大家还都信我。甚至离开公司的人，想自己发展的人，也不会出去说联想不好。这其中，我觉得有一点很重要，就是绝不搞宗派，绝不给自己谋私利。不仅是不谋私利，对人处事还要公正。今天我把 A 训了一通，明天当他发现，其他人犯了错误也一样挨训的时候，他就不会感到委屈。"

争取追随者以身作则、身先士卒很重要，"创业的时候，我没高报酬，我吸引谁？就凭着我多干，能力强，拿得少，来吸引住更多的志同道合的老同志。""要部下信你，还要有具体办法，通过实践证明你的办法是对的。我跟下级交往，事情怎么决定有三个原则：同事提出的想法，我自己想不清楚，在这种情况下，肯定按照人家的想法做。当我和同事都有看法，分不清谁对谁错，发生争执的时候，我采取的办法是，按你说的做，但是，我要把我的忠告告诉你，最后要找后账，成与否要有个总结。你做对了，表扬你，承认你对，我再反思我当初为什么要那么做。你做错了，你得给我说明白，当初为什么不按我说的做，我的话，你为什么不认真考虑。第三种情况是，当我把事想清楚了，我就坚决地按照我想的做。"

"第二种情形很重要，不独断专行，尊重人家意见，但是要找后账。这样做会大大增加自己的势能。""其次，是取信于领导，取信于用户和合作者，取信于员工。说到的事情一定要做到，要不然，你就别说。联想定的指标全都不冒，联想定的指标肯定是超额完成，谁也不敢说大话。另外，公司立的规矩一定要不管不顾地坚持。比如公司开会迟到罚站的规矩。传了十几年了，传下来不容易，因为不断地来新人，谁信这个。"在领导方式方面，柳传志认为，当企业小的时候，或者刚开始做一件全新的事的时候，一定要身先士卒，那个时候，领导是演员，要上蹿下跳自己去演。但是当公司达到了一定规模以后，一定要退下来。"要做大事，非得退下来，用人去做。如果我一直身先士卒，就没有今天的联想了，我现在已经退到了制片人的角色。现在包括主持策划，都是由年轻人自己搞，杨元庆他们自己的事，由他主持策划，我只是谈谈未来的方向。"

（案例来源：盈锟《柳传志：创业成功必需的要素并不多》新经济，2006（12））

思考：

1. 柳传志是个成功的领导者吗？为什么？

2. 从领导理论的角度分析柳传志的成功之道。

实训练习

实训目标

1. 培训学生现场指挥的能力。

2. 培养学生的应变能力。

实训内容与要求

1. 设定一定的管理情景，由学生即时进行决策或指挥。

2. 管理情景为：晚上 11 点多，男生宿舍三楼的卫生间的水管突然爆裂，此时楼门和校门已经关闭，人们都睡觉了，只有邻近宿舍的几个学生惊醒。水不断地从卫生间顺着走廊涌出，情况非常紧急。假如你身处其中，如何利用你的指挥能力化险为夷。

实训成果与检测

1. 课下先进行分组讨论，然后各小组分别阐述本组的应急方案，看看谁的方案最好。

2. 全体同学与老师一起对各组方案进行评价。

员工行动激励

知识目标

- 掌握激励的含义。
- 熟悉激励的基本要素和激励过程。
- 掌握激励的基本理论。
- 熟悉激励的方法与技巧。

核心能力

- 准确把握激励的含义和激励的过程。
- 能通过了解实际案例，明确激励理论的运用，并能分析其是否有效地达到激励目的。
- 初步具有应用激励理论分析与处理实际管理问题的能力。

案例导入

　　国外一家森林公园曾养殖几百只梅花鹿，尽管环境幽静，水草丰美，又没有天敌，而几年以后，鹿群非但没有发展，反而病的病，死的死，竟然出现了负增长。后来他们买回几只狼放置在公园里，在狼的追赶捕食下，鹿群只得紧张地奔跑以逃命。这样一来，除了那些老弱病残者被狼捕食外，其他鹿的体质日益增强，数量也迅速地增长着。

　　管理启示：流水不腐，户枢不蠹。人天生有种惰性，没有竞争就会故步自封，躺在功劳簿上睡大觉。竞争对手就是追赶梅花鹿的狼，时刻让梅花鹿清楚狼的位置和同伴的位置。跑在前面的梅花鹿可以得到更好的食物，跑在最后的梅花鹿就成了狼的食物。按照市场规则，给予"头鹿"奖励，让"末鹿"被市场淘汰。

任务一　认识激励

- 掌握激励的含义和特征。
- 了解激励的作用。
- 掌握激励的过程。

一、激励的含义

激励是人力资源管理活动的核心，也是企业管理的重要内容。管理的激励功能可以有效改善员工的工作绩效，提高他们的工作热情和士气。美国哈佛大学维廉·詹姆士的研究表明：没有激励措施时，下属一般仅能发挥工作能力的 20%～30%，而当他收到激励后，其工作能力可以提到 80%～90%，所发挥的作用相当于激励前的 3～4 倍。因此，管理者的首要任务就是激励员工把他们的能力发挥到最好水平。激励已经成为当代组织研究中最核心的问题。

"激励"一词来源于心理学。心理学家认为，人的一切行动都是由某种动机引起的，动机是人类的一种精神状态，它对人的行动起激发、推动和加强的作用，因此称之为激励。心理学家认为，激励就是持续激发人的行为动机的心理过程。管理学中的"激励"一词对应的英文是"Motivation"，有两层含义：提供一种行为的动机，即诱导、驱使之意；通过特别的设计来激发学习者的兴趣。激励既包括激发、鼓励、以利益来诱导之意，也包括约束和规范之意。

斯蒂芬·P·罗宾斯认为：激励是通过高水平的努力实现组织目标的意愿，而这种努力以能够满足个体的某些需要为条件。孔茨认为：激励包括激发和约束两个方面的含义，奖励和惩罚是两种最基本的激励措施。激励的两方面含义是对立统一的，激发导致一种行为的发生，约束则是对所激发行为加以规范，使其符合一定的方向，并限制在一定的时空范围内。加雷斯·琼斯指出，激励是一个基本的心理过程，它决定组织中个人行为方向、个人努力程度和个人在困难面前的毅力。贝雷尔森和斯坦尼尔给激励的定义是："一切内心要争取的条件、希望、愿望、动力等都构成了对人的激励，它是人类活动的一种内心状态。"

综上所述，激励可以定义为：企业或组织为特定目标而影响员工并规范员工的行为，使员工自觉地为该特定目标做出行为的持续反复过程。通俗地讲，激励就是激发人的内在潜力，开发人的发展能力，调动人的积极性和创造性。

一条横线的作用

20 世纪 60 年代，金刚砂空中货物公司敢为天下先，最先使用了坚固耐用、规格统一、且可重复使用的集装箱运输货物，开创了集装箱货运的先河。

由于统一使用集装箱运输货物，比以前散装运输更经济、更有效，所以世界各国的运输业竞相效仿。

　　然而，当时负责金刚砂空中货物公司集装箱运输业务的副总裁爱德华·费尼发现，只有45%的集装箱是完全填满的，其余的都没有被完全填满。

　　为了保证装货质量，爱德华·费尼开始组织工人接受关于装满集装箱的专业培训，并经常派人实地督查集装箱是否装满。但是，事与愿违，收效甚微。

　　正当爱德华·费尼一筹莫展之际，一位管理学专家向他提出了建议：在每个集装箱内部画上一条"填满至此处"的横线。

　　尽管这个建议看似微不足道，但爱德华·费尼还是采纳了。令他兴奋的是，此后完全填满集装箱的比例竟然由45%上升到了95%。

　　爱德华·费尼有些不解："一条简单的横线，为什么会有如此大的激励作用呢？"

　　管理启示：画上一条横线，就有了专一的目标；有了专一的目标，就有了专一的行动；有了专一的行动，就有了实现目标的可靠保证。这就是目标管理的作用。

（材料来源：《少年文摘》，2009（10））

二、激励的特征

（一）信号特征

具有空间覆盖性、时间延展性，在一定的载体下，可传播、扩散，并在传播、扩散中复制、放大、储存或者变形。

（二）操作特征

通过个体品行、言行、操行和操守，影响群体的品行、言行、操行和操守，最终影响公司形象、产品质量及经营效果。

（三）物质特征

能使财富增值、保值、转移或灭失，能改变财富的分配、占有和几何堆积。

（四）管理特征

能验证管理科学的全部内涵和外延。当管理上升到激励的层次，能体现企业中员工的主人翁地位，又能充分体现以人为本的企业文化。

（五）权威特征

有权威的人激励作用更大，激励效果更佳，所以越有权威的人越应该追求完美和伟大。

（六）实践检验性特征

任何激励都有承诺的成分，必然受到实践的不断检验。因而激励的自身架构应相对稳定，不可朝令夕改。

（七）敬酒效应特征

激励人是敬酒人。一般来说，敬酒人自己要多喝，而且敬什么酒自己要喝什么酒，用啤酒或白水敬白酒，很难敬下去。

（八）惯性特征

激励系统一经形成，轻易不好改变，有时主要领导都难以改变它。

（九）时代特征

激励作为一种全息信息，在内容上具有极大的时代特征。

三、激励的作用

(一) 激励有利于调动人的积极性和创造性

激励是调动员工创造性和积极性，使他们始终保持高昂的工作热情的关键。它的主要作用是通过动机的激发，调动被管理者工作的积极性和创造性，自觉自愿地为实现组织目标而努力，其核心作用是调动人的积极性。

激励的过程直接涉及员工的个人利益，直接影响到能否调动员工的积极性。一般来说，每一位员工的积极性总是被一种动机或需求而激发。当达到某一目标后，他就会自觉或不自觉地衡量自己为达到这个目标所做的努力是否值得。因此，绝大多数人总是把自己努力的过程看作是为获得某种报酬的过程。如果他的努力得到了相应的报酬，那么，就有利于巩固和强化他的这种努力。因此，激励的目的就是调动员工的积极性、创造性，并使这种积极性、创造性保持和发挥下去。

(二) 激励有利于发挥人的能动作用

激励作为一种管理手段，其最显著的特点就是内在驱动性与自觉自愿性。由于激励源于人的需要，所以它以个人利益和需要的满足为基本作用力，是被管理者追求个人需要满足的过程，因此，激励不仅可以提高人们对自身工作的认识，还能激发人们的工作热情和兴趣，使其对本职工作产生强烈的积极的情感，并以此为动力，为达到预定的目标而努力。

(三) 激励有利于挖掘人的潜力，提高工作效率

员工的积极性与组织的绩效密切相关，在组织行为学中有一个公式：

$$绩效 = f（能力，激励，环境）$$

从这个公式中可以看出，组织的绩效本质上取决于组织成员的能力、被激励的情形和工作环境条件。由此可见，激励是提高绩效的一种重要因素，当然，能力和环境也是不可或缺的。

(四) 激励有利于增强企业凝聚力

企业是由若干员工个体、工作群体组成的，为保证企业作为一个整体协调运行，除了用严密的组织结构和严格的规章制度进行规范外，还需通过运用激励方法，满足员工的多种心理需求，调动员工工作积极性，协调人际关系，进而促进内部各组成部分的协调统一，增强企业的凝聚力和向心力。

四、激励的过程

(一) 激励中包含的要素

在激励过程中，有四个基本要素：外部刺激、需要、动机、行为。它们相互作用，构成了对人的激励。

(1) 外部刺激是激励的条件。管理者为实现组织目标而对被管理者采取的各种管理手段及相应形成的管理环境，通过刺激可以激发被管理者的需要。

(2) 需要是激励的起点与基础。它使人感到某种结果具有吸引力。当需要未被满足时就会产生紧张感，进而激发个体的内驱力，这种内驱力会导致个体寻求特定目标的行为。如

果最终目标实现，需要得以满足，紧张感就会解除。

（3）动机是引起和维持个体行为，并将此行为导向某一目标的愿望或意念。动机是行为产生的直接原因，它引导人们从事某种活动，规定着行为的方向。

（4）行为是指有机体在环境影响下所引起的内在生理和心理变化的外在反应。激励就是激发和鼓励人们去进行某种特定行为的活动。

从需要的产生到目标的实现，人的行为是一个周而复始、不断进行、不断升华的循环过程，如图7-1所示。

激发需要 ⟹ 内心紧张 ⟹ 产生动机 ⟹ 引起行为

⟹ 达到目标 ⟹ 紧张消除

图7-1　行为的基本心理过程

阅读材料

太太奖金

"每一位成功的男人背后都站着一位伟大的女性。"日本麦当劳汉堡店总裁藤田田就懂得如何帮助员工塑造"伟大"的女人，从而使自己的员工成为成功的男人。

每一位员工的太太过生日时，一定会收到总裁藤田田让礼仪小姐送来的鲜花。事实上，这束鲜花的价钱并不昂贵，然而太太们心里却很高兴，"连我先生都忘了我的生日，想不到董事长却惦记着送鲜花给我。"总裁藤田田经常都会收到类似的感谢函及电话。

日本的麦当劳除了6月底和年底发放奖金外，每年4月，再加发一次奖金。这个月的奖金并不交给员工，而是发给员工们的太太，先生们不能经手。员工们把这一奖金戏称为"太太奖金"。

除此之外，日本麦当劳汉堡店每年都在大饭店举行一次联欢会，所有已婚从业人员必须带着"另一半"出席。席间，除了表彰优秀的员工外，总裁藤田田还郑重其事地对太太们说：

"各位太太们，你们的先生为公司做了很大的贡献，我已经做了各方面的奖励。但有一件事我还要各位太太们帮忙，那就是好好照顾先生的健康。"

"我希望把你们的先生培养成为一流的人才，帮助他们实现人生的梦想，从而发展你们家庭的和睦，可是我无法更多地、更细致地兼顾他们的健康，因此我把照顾先生们身体健康的重任交给了你们。"

听了这番话，哪一位太太内心不存感激呢？而这种感激对一个家庭又意味着什么呢？显然，儒家文化中的"家"的概念在薪酬支付的艺术中发挥了激励员工、凝聚员工的作用。

管理启示：每一个人都有爱的需要，感情的投资就是满足员工人性的需要，因而是一种最有效的投资。感情投资花费不多，但换来了员工的积极性，所产生的巨大创造力是任何一项投资都无法比拟的。

（二）激励的过程

激励过程的组成因素，在激励的过程中表现为一种固定的模式，我们将这种模式称为激励模式，也是激励的过程，图7-2表示激励过程的五个阶段。

第一阶段是需求的产生。这个需求可能是由人自身产生的，也可能是外在环境的刺激形成的。

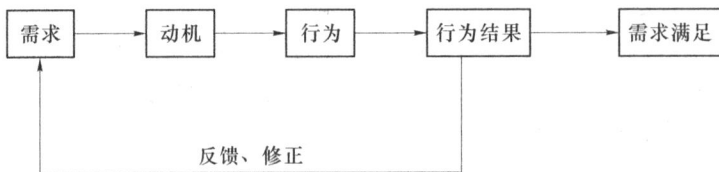

图 7-2　激励的过程

第二阶段是需求引起动机。由于未满足的需求引起心理和生理上的紧张，有一种希望行动起来并采取措施使需要获得满足的欲望。

第三阶段是产生解除紧张的行为或对策、方法。这些行为表现为各种行动。虽然行为各异，但目标一致。

第四阶段是行为的结果。这种行为的结果可能是两种：第一种是目标达到，需求得到满足，从而产生新的更高层次的需求；第二种是需求没有得到满足。当出现第二种结果时，或调整行为，如改进方法、加倍努力，以达到目标；或调整目标，如改变需要的方向和程序等，从而使目标达到。

第五阶段是需求得到满足。这种满足可能是完全满足，也可能是局部满足、大部分满意等。总之，满足程度已被接受和承认，进而产生新的需求，进入新的激励过程。

需要注意的是，一个人可能同时有许多需求和动机，但是人的行为却是由最强烈的动机引发和决定的。因此，要使组织成员产生组织所期望的行为，可以根据组织成员的需求设置某些目标，并通过目标导向使组织成员按组织所需要的方式行动，这就是激励的实质。

由此可见，激励就是创造能使组织成员各种需求得到满足的条件，激发组织成员的工作动机，使之产生实现组织目标的特定行为的过程。

任务二　掌握激励的理论

任务目标

- 掌握内容型激励、过程型激励、行为改造理论及其应用。
- 会用激励的理论分析实际问题。

在经济发展的过程中，劳动分工与交易的出现带来了激励问题。激励理论是行为科学中用于处理需要、动机、目标和行为四者关系的核心理论。行为科学认为，人的动机来自需要。需要确定人们的行为目标，激励则作用于人内心活动，激发、驱动和强化人的行为。激励理论是业绩评价理论的重要依据，它说明了为什么业绩评价能够促进组织业绩的提高，以及什么样的业绩评价机制才能够促进业绩的提高。各种激励理论都是关于需要和目标的研究，成为设计业绩评价体系必须考虑的因素，特别是激励的过程理论中提出的若干要求，对于设计有效的业绩评价体系具有指导意义。

一、内容型激励理论

内容型激励理论重点研究激发动机的诱因。主要包括马斯洛的需求层次理论、奥尔德弗的 ERG 理论、赫茨伯格的双因素理论和麦克利兰的成就需求理论等。

（一）马斯洛的需求层次理论

马斯洛需求层次理论，亦称基本需求层次理论，是行为科学的理论之一，由美国心理学家亚伯拉罕·马斯洛于1943年在《人类激励理论》论文中所提出。

马斯洛把需求分成生理需求、安全需求、社交需求、尊重需求和自我实现需求五类，依次由较低层次到较高层次排列，如图7-3所示。

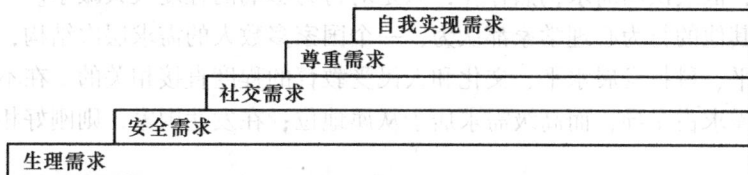

图7-3　马斯洛需求层次理论

1. 生理需求

生理需求是人们最原始、最基本的需求，如空气、水、吃饭、穿衣、性欲、住宅、医疗，等等。若不满足，则有生命危险。这就是说，它是最强烈的不可避免的最底层需求，也是推动人们行动的强大动力。

2. 安全需求

安全需求，如劳动安全、职业安全、生活稳定、希望免于灾难、希望未来有保障等。安全需求比生理需求高一级，当生理需求得到满足以后就要保障安全需求。每一个在现实中生活的人，都会产生安全感的欲望、自由的欲望、防范危险的欲望。

3. 社交需求

社交需求也叫归属与爱的需求，是指个人渴望得到家庭、团体、朋友、同事的关怀、爱护、理解，是情感的需求。社交的需求比生理和安全需求更细微、更难捉摸。它与个人性格、经历、生活区域、民族、生活习惯、宗教信仰等都有关系，这种需求是难以察悟、无法度量的。

4. 尊重需求

尊重需求包括自我尊重、自我评价以及尊重别人。尊重的需求很少能够得到完全的满足，但基本上的满足就可产生推动力。

5. 自我实现需求

自我实现需求是最高等级的需求。这种需求要求完成与自己能力相称的工作，最充分地发挥自己的潜在能力，成为所期望的人物。这是一种创造的需求。有自我实现需求的人，似乎在竭尽所能使自己趋于完美。自我实现意味着充分地、活跃地、忘我地、集中全力体验生活。

五种需求像阶梯一样从低到高，按层次逐级递升，但次序不是完全固定的，可以变化，也有种种例外情况。

需求层次理论有两个基本出发点，一是人人都有需求，某层需求获得满足后，另一层需求才出现；二是在多种需求未获满足前，首先满足迫切需求，该需求满足后，后面的需求才显示出其激励作用。

一般来说，某一层次的需求相对满足了，就会向高一层次发展，追求更高一层次的需求就成为驱使行为的动力。相应地，获得基本满足的需求就不再是一股激励力量。

五种需求可以分为两级，其中生理上的需求、安全上的需求和感情上的需求都属于低一级的需求，这些需求通过外部条件就可以满足；而尊重的需求和自我实现的需求是高级需求，是通过内部因素才能满足的，而且一个人对尊重和自我实现的需求是无止境的。同一时期，一个人可能有几种需求，但每一时期总有一种需求占支配地位，对行为起决定作用。任何一种需求都不会因为更高层次需求的发展而消失。各层次的需求相互依赖和重叠，高层次的需求发展后，低层次的需求仍然存在，只是对行为影响的程度大大减小。

马斯洛和其他的行为心理学家都认为，一个国家多数人的需求层次结构，是同这个国家的经济发展水平、科技发展水平、文化和人民受教育的程度直接相关的。在不发达国家，生理需求和安全需求占主导，而高级需求居于从属地位；在发达国家，则刚好相反。

阅读材料

把"圈养"变成真诚尊重

海底捞的员工大都是"农二代"，也就是"80后""90后"劳务工。在海底捞，每个人得到了足够的尊重。很多北京餐馆的服务员都住地下室，但海底捞的员工住在公司租的正规公寓里，有空调和暖气，电视、电话一应俱全，还可以免费上网。公司还雇人给宿舍打扫卫生，换洗被单。公司给员工租房的标准是步行20分钟到工作地点，为的是让员工能在繁忙的工作中见缝插针地休息。初来乍到的劳务工面对大城市的繁华会有些眼花缭乱，手足无措。因此，海底捞特地将怎么看北京地图，怎么用冲水马桶，怎么坐地铁，怎么过红绿灯等，加入了新员工培训里。

受关照的不仅是海底捞的员工，还包括他们的家人。海底捞在其发家地四川简阳建了海底捞寄宿学校，为员工解决子女的教育问题；还把优秀员工的一部分奖金，每月由公司直接寄给在家乡的父母；海底捞还鼓励夫妻同时加入公司，而且提供由公司补贴的夫妻房。

管理提示：物质从来都不是唯一的激励手段，对于员工来讲，如果被企业尊重，他们将会更乐于为企业"卖命"。

——中国东南财经政法大学 MBA 学院．MBA 案例研究中心

（二）奥尔德弗的 ERG 理论

美国耶鲁大学的克雷顿·奥尔德弗在马斯洛需求层次理论的基础上概括、改进，提出了生存需求、相互关系需求和成长发展需求三大人类的核心需求，即 ERG 理论，也叫人本主义需求理论。

1. 生存需求

生存需求与人们基本的物质生存需求有关，即生理和安全需求（如衣、食、性等），关系到人的存在或生存，这实际上相当于马斯洛理论中的前两个需求。

2. 相互关系需求

相互关系需求，即指人们对于保持重要的人际关系的要求。这种社会和地位需求的满足是在与其他需求相互作用中达成的，与马斯洛的社交需求和尊重需求中的外在部分是相对应的。

3. 成长发展需求

奥尔德弗把成长发展的需求独立出来，它表示个人谋求发展的内在愿望，包括马斯洛的尊重需求中的内在部分和自我实现需求，即个人自我发展和自我完善的需求，这种需求通过创造性地发展个人的潜力和才能、完成挑战性的工作得到满足。

除了用三种需求替代了五种需求以外，与马斯洛的需求层次理论不同的是，奥尔德弗表明了：人在同一时间可能有不止一种需求起作用；如果较高层次需求的满足受到抑制的话，那么人们对较低层次的需求的渴望会变得更加强烈。

马斯洛的需求层次是一种刚性的阶梯式上升结构，即认为较低层次的需求必须在较高层次的需求满足之前得到充分的满足，二者具有不可逆性。而 ERG 理论并不认为各类需求层次是刚性结构，比如说，即使一个人的生存和相互关系需求尚未得到完全满足，他仍然可以为成长发展的需求工作，而且这三种需求可以同时起作用。

此外，ERG 理论还提出了一种"受挫—回归"的思想。马斯洛认为当一个人的某一层次需求尚未得到满足时，他可能会停留在这一需求层次上，直到获得满足为止。相反，ERG 理论则认为，当一个人在某一更高等级的需求层次受挫时，那么作为替代，他的某一较低层次的需求可能会有所增加。例如，如果一个人社会交往需求得不到满足，可能会增强他对得到更多金钱或更好的工作条件的愿望。与马斯洛需求层次理论相类似的是，ERG 理论认为较低层次的需求满足之后，会引发出对更高层次需求的愿望。因此，管理措施应该随着人的需求结构的变化而做出相应的改变，并根据每个人不同的需求制定出相应的管理策略。

（三）赫茨伯格的双因素理论

双因素理论又称激励保健理论，是美国的行为科学家弗雷德里克·赫茨伯格提出来的。双因素理论认为引起人们工作动机的因素主要有两个：一是保健因素；二是激励因素。只有激励因素才能够给人们带来满意感，而保健因素只能消除人们的不满，但不会带来满意感。

保健因素是指造成员工不满的因素。保健因素不能得到满足，则易使员工产生不满情绪、消极怠工，甚至引起罢工等对抗行为；但在保健因素得到一定程度的改善以后，无论再如何进行改善也很难使员工感到满意，因此也就难以再由此激发员工的工作积极性，所以就保健因素来说，"不满意"的对立面应该是"没有不满意"。

激励因素是指能使员工感到满意的因素。激励因素的改善能使员工得到满意的结果，能够极大地激发员工工作的热情，提高劳动生产效率；但激励因素即使管理层不给予其满意，员工也不会因此感到不满意，所以就激励因素来说，"满意"的对立面应该是"没有满意"。

（四）麦克利兰的成就需求理论

成就需求理论是美国哈佛大学教授戴维·麦克利兰通过对人的需求和动机进行研究，于20 世纪 50 年代在一系列文章中提出的。麦克利兰把人的高层次需求归纳为对成就、权力和亲和的需求。他对这三种需求，特别是成就需求做了深入的研究。

1. 成就需求

麦克利兰认为，具有强烈的成就需求的人渴望将事情做得更为完美，提高工作效率，获得更大的成功，他们追求的是在争取成功的过程中克服困难、解决难题、努力奋斗的乐趣，以及成功之后的个人的成就感，他们并不看重成功所带来的物质奖励。个体的成就需求与他们所处的经济、文化、社会、政府的发展程度有关，社会风气也制约着人们的成就需求。

2. 权力需求

权力需求是指影响和控制别人的一种愿望或驱动力。不同人对权力的渴望程度也有所不同。权力需求较高的人对影响和控制别人表现出很大的兴趣，喜欢对别人"发号施令"，注重争取地位和影响力。他们常常表现出喜欢争辩、健谈、直率和头脑冷静，善于提出问题和要求，喜欢教训别人，并乐于演讲。他们喜欢具有竞争性和能体现较高地位的场合或情境，他们也会追求出色的成绩，但他们这样做并不像高成就需求的人那样是为了个人的成就感，而是为了获得地位和权力或与自己已具有的权力和地位相称。权力需求是管理成功的基本要素之一。

3. 亲和需求

亲和需求就是寻求被他人喜爱和接纳的一种愿望。高亲和动机的人更倾向于与他人进行交往，至少是为他人着想，这种交往会给他带来愉快。高亲和需求者渴望亲和，喜欢合作而不是竞争的工作环境，希望彼此之间的沟通与理解，他们对环境中的人际关系更为敏感。有时，亲和需求也表现为对失去某些亲密关系的恐惧和对人际冲突的回避。亲和需求是保持社会交往和人际关系和谐的重要条件。

在大量的研究基础上，麦克利兰对成就需求与工作绩效的关系进行了十分有说服力的推断。首先，高成就需求者喜欢能独立负责、可以获得信息反馈和中度冒险的工作环境。他们会从这种环境中获得高度的激励。麦克利兰发现，在小企业的经理人员和在企业中独立负责一个部门的管理者中，高成就需求者往往会取得成功。其次，在大型企业或其他组织中，高成就需求者并不一定就是一个优秀的管理者，原因是高成就需求者往往只对自己的工作绩效感兴趣，并不关心如何影响别人去做好工作。再次，亲和需求与权力需求与管理的成功密切相关。最后，可以对员工进行训练来激发他们的成就需求。

麦克利兰的成就需求理论在企业管理中很有应用价值。首先，在人员的选拔和安置上，测量和评价一个人动机体系的特征对于如何分派工作和安排职位有重要的意义。其次，由于具有不同需求的人激励方式不同，了解员工的需求与动机有利于合理建立激励机制。最后，麦克利兰认为动机是可以训练和激发的，因此可以训练和提高员工的成就动机，以提高生产率。

二、过程型激励理论

过程型激励理论着重研究人从动机产生到采取行动的心理过程。它的主要任务是找出对行为起决定作用的某些关键因素，弄清它们之间的相互关系，以预测和控制人的行为。这类理论表明，要使员工出现企业期望的行为，须在员工的行为与员工需求的满足之间建立起必要的联系。

（一）期望理论

阅读材料

永辉超市创新型"合伙人"制度

永辉董事长张轩松曾经总结过，这么多年沉浮于商海之中，自己最大的创业经验就是8个字：勤劳、创新、沟通、总结。说到"创新"，永辉创建伊始，就以生鲜作为突破口。结果证明永辉成功地将一般超市的痛点转化为优势，形成了具有特色的生鲜经营模式。随着经营的发展，张轩松发现，一线员工只有每个月2 000多元的收入，仅仅满足生存需求，每天上班只是"当一天和尚撞一天钟"，员工的满意度和积极性都不高。然而，永辉生鲜经营的灵活性、岗位设置的细致度以及营运环节的精细化管理，使得永辉对一线员工工作的质量非常依赖，这也是为什么永辉要稳定与一线员工的雇佣关系，进一步激发基层员工的积极性和满意度，提高员工的行为绩效。张轩松也明白直接提高员工工资是不现实的：永辉在全国有6万多名员工，每人每月增加100元的收入，一年就要多支出7 000多万元的人工成本，何况100元对员工的激励是微小且短暂的。要想激励一线员工，形成员工激励契合，必须将企业业绩跟个人建立起一种"直接关系"，于是永辉顺势引入了新式"合伙人"制度，如图所示。

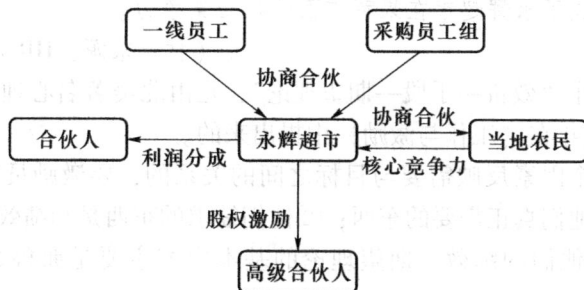

图　新式合伙人制度

（1）一线员工利润分享

永辉的"合伙人"制度指的是：总部和门店合伙人代表，根据历史数据和销售预测制定一个业绩标准，一旦实际经营业绩超过了设立标准，增量部分的利润按照既定比例在总部和合伙人之间进行分配。经过试行，在调动员工工作积极主动性、提高员工工作满意度、增加员工收入、促进门店业绩提升等方面取得了显著成效。

首先，这是一种分红制度，永辉一线员工合伙人有别于其他公司的合伙人制度，这些合伙人并不享有公司股权、股票，而只有分红权，相当于总部和小团体增量利润的再分配。一般情况下，合伙人是以门店为单位与总部来商谈，永辉总部代表、门店店长、经理以及科长，大家一起开会探讨一个预期的毛利额作为业绩标准。在将来的门店经营过程中，超过这一业绩标准的增量部分利润就会被拿出来按照合伙人的相关制度进行分红，或三七，或四六，或二八。店长拿到这笔分红之后就会根据其门店岗位的贡献度进行二次分配，最终使得分红机制照顾到每一位一线员工。

其次，这又是一种激励机制，永辉"合伙制"有别于常规的绩效考核制度，借助阿米巴经营思维"人人都是经营者"，名为分红，重在激励，充分调动员工积极性。在超市里，瓜果生鲜通常都摆放在一进门的位置，主要是通过其颜色、品相等来吸引消费者进店，引发消费者的"非计划购买欲"，进而提升消费者的客单价。这种营销手段的基础假设是，店内的生鲜水果必须新鲜，卖相足够吸引消费者。如果一线员工的工作态度不够积极，在他们码放水果的时候就会出现不经意丢、砸等现象，抱着反正卖多少、损失多少都和我没有关系的心态。受到撞击的果蔬通常卖相不好，无法吸引消费者购买，从而对超市营业额造成影响。对一线员工实行"合伙人"制度，将部分经营业绩直接和员工联系在一起，增加了员工的薪酬，调整了员工的工作态度，带来的是果蔬损耗成本的节约，以及消费者更多的购买。

（2）专业买手股权激励

在企业的基层员工中还有一些专业买手。对于永辉的特色生鲜经营来说，尤为重要，因此永辉又对这些专业买手们进行了更大的利益分享——股权激励。买手就是永辉超市在供应链底端的代理人，由于他们熟悉村镇的情况，又十分了解各种生鲜特征，这使他们能够很好胜任采购这项工作，但同时，这也易于导致买手们被其他企业所觊觎，以更高的薪水挖走，因此，永辉必须保证买手团队的稳定性。这里，永辉使"合伙人"制度跨上了一个新台阶，也可以看作是一种更高级的"合伙制"，向买手们发放股权激励，通过这样既使他们留在组织内，又让他们干劲十足。除了和这些企业的内部员工建立稳定雇佣关系外，永辉超市更和当地的农户建立了一种类似"合伙人"制度的合作。在多年的合作后，永辉得到了一批忠实的合作伙伴，这也成了永辉超市在果蔬方面的核心竞争力。

（材料来源：HR 人力资源管理案例网）

期望理论，又称作"效价—手段—期望理论"，是由北美著名心理学家和行为科学家维克托·弗鲁姆于 1964 年在《工作与激励》中提出来的。

期望理论是以三个因素反映需要与目标之间的关系的，要激励员工，就必须让员工明确：①工作能提供给他们真正需要的东西；②他们欲求的东西是和绩效联系在一起的；③只要努力工作就能提高他们的绩效。期望理论的基本内容主要是弗鲁姆的期望公式和期望模式。

1. 期望公式

激励取决于行动结果的价值评价（即"效价"）和其对应的期望值的乘积：$M = V \cdot E$。

M 表示激发力量，即工作动力，是指调动一个人的积极性，激发人内部潜力的强度。

V 表示效价，即工作态度，是指达到目标对于满足个人需要的价值。

E 是期望值，即工作信心，是人们根据过去经验判断自己达到某种目标或满足需要的可能性是大还是小，即能够达到目标的主观概率。

这个公式说明：假如一个人把某种目标的价值看得很大，估计能实现的概率也很高，那么这个目标激发动机的力量越强烈。

2. 期望模式

怎样使激发力量达到最好值，弗鲁姆提出了人的期望模式：

个人努力→个人成绩（绩效）→组织奖励（报酬）→个人需要

这个期望模式需要兼顾三个方面的关系。

（1）努力和绩效的关系。这两者的关系取决于个体对目标的期望值。期望值又取决于目标是否合适个人的认识、态度、信仰等个性倾向，以及个人的社会地位、别人对他的期望等社会因素，即由目标本身和个人的主客观条件决定。

（2）绩效与奖励关系。人们总是期望在达到预期成绩后，能够得到适当的合理奖励，如奖金、晋升、提级、表扬等。组织的目标，如果没有相应的有效的物质和精神奖励来强化，时间一长，积极性就会消失。

（3）奖励和个人需要关系。奖励什么要适合各种人的不同需要，要考虑效价。要采取多种形式的奖励，满足各种需要，最大限度地挖掘人的潜力，最有效地提高工作效率。

对期望理论的应用主要体现在激励方面，这启示管理者不要泛泛地采用一般的激励措施，而应当采用多数组织成员认为效价最大的激励措施，而且在设置某一激励目标时应尽可能加大其效价的综合值，加大组织期望行为与非期望行为之间的效价差值。在激励过程中，还要适当控制期望概率和实际概率，加强期望心理的疏导。期望概率过大，容易产生挫折，期望概率过小，又会减少激励力量；而实际概率应使大多数人受益，最好实际概率大于平均的个人期望概率，并与效价相适应。

（二）公平理论

阅读材料

我的工资为什么这么低？

小刘去年进入一家小有名气的外资企业。这家公司实行工资保密制度，一般情况下，员工之间都不知道彼此的收入。但小刘对这份工作还是很满意的，一方面，公司人际关系和谐，气氛轻松，工作虽累却挺舒心；另一方面，就是薪水也不错，底薪每月 3 000 元，还有不固定的奖金。

小刘一门心思扑到了工作上，经常加班加点，有时还把工作带回家做，而且也确实取得了显著的成效。比如说，上次湖北的一个设备安装项目，在小刘的努力下只用了 1/3 的时间就完成了，为公司节约了大量成本。项目负责人为此还专门写了一份报告表扬小刘。同事们都很佩服他，主管也很赏识他。

年终考核，人力资源主管对小刘的工作予以高度评价，并告诉小刘公司将给他加薪15%。听到这个消息，小刘高兴极了。这不仅是钱的问题，也是公司对他的业绩的肯定。

同年进入公司的小李却开心不起来，因为他今年的业绩并不好。午饭时两人聊了起来，小李唉声叹气地说："你今年可真不错，不像我这么倒霉，薪水都加不了，干来干去还是 3 900 元，什么时候才有希望啊。"猛然间小刘才意识到，原来小李的底薪比他高 900元。他对小李并没有意见，可是他想不通，即使不考虑业绩，他们俩同样的职务，小李的学历、能力都不比他强，为什么工资却比他高这么多呢？他不仅感到不公平，而且有一种上当的感觉：我一直还以为自己的工资不低了，应该好好干，原来别人的工资都比我高。他马上就往人力资源部跑去……

管理启示：每个人心里都有一杆"公平秤"，他们用"报酬与投入的比值"与周围的人进行比较，进而判断自己是否得到了公平的待遇。当发现自己的公平指数小于他人的公平指数时，就感到吃亏、委屈；当自己的公平指数大于他人时，也会产生负疚感、不安感。

（材料来源：冯拾松《管理学原理》）

公平理论又称为社会比较理论，由美国心理学家约翰·斯塔希·亚当斯于 1965 年提出。该理论是研究人的动机和知觉关系的一种激励理论，它认为员工的激励程度来源于对自己和参照对象的报酬和投入的比例的主观比较感觉。

公平理论是以员工的投入和他获得的报酬相比较，员工在心理上对这种比较的结果加以判断，从而在员工的心理上产生是否公平的感觉。它既包括员工与其他人的比较，也包括员工现在与过去的比较，在一个公平的环境下，可以激励员工的工作积极性。随着知识经济时代的到来，人的因素越来越成为组织实现自己战略目标的关键因素，组织的薪酬管理在实现自己的竞争优势和战略目标的过程中，具有十分重要的作用。探索公平理论在现代企业薪酬管理中的应用，使员工在教育、技能、工作经验、努力程度和花费时间等的投入与薪酬、福利、成就感、认同感、工作的挑战性、职业前程等外在和内在的报酬等的比较中达到有效的平衡，不仅有理论意义，更有实践价值。

亚当斯提出"贡献率"的公式，描述员工在横向和纵向两方面对所获报酬的比较以及对工作态度的影响。

$O_p/I_p = O_x/I_x$

O_p：自己对所获得报酬的感觉。

O_x：自己对他人所获得报酬的比较。

I_p：自己对付出的感觉。

I_x：自己对他人的付出的感觉。

如果这个等式成立，那么进行比较的员工觉得报酬是公平的，他可能会为此而保持工作的积极性和努力程度；如果该等式不成立，就有两种情况发生。

一是 $O_p/I_p > O_x/I_x$，则说明此员工得到了过高的报酬或付出较少的努力。在这种情况下，一般来说，他不会要求减少报酬，而可能会自觉增加自我付出。但过一段时间他就会因重新过高估计自己的付出而对高报酬心安理得，于是其产出又会回到原来的水平。

二是 $O_p/I_p < O_x/I_x$，则说明员工对组织的激励措施感到不公平。此时他可能会要求增加报酬，或者自动减少付出以便达到心理上的平衡，也可能离职。

三、行为改造理论

行为改造理论是关于人的行为是作用于一定环境的理论。企业外部环境对人的行为有着重要的影响，激励的目的是改造和修正人的行为方式。充分认识环境对塑造人的行为的关键作用，正确理解、掌握行为改造理论的基本原理，将有助于提高企业管理的水平。行为改造理论不仅考虑积极行为的引发和保持，更着眼于消极行为的改造转化。

行为改造理论主要包括归因理论、挫折理论和强化理论。

（一）归因理论

归因理论是说明和推论人们活动的因果关系的理论。归因理论认为失败的归因分析和消极行为向积极行为的转化关系十分密切。把失败归咎于不稳定因素，有利于对前途充满希望，鼓舞干劲，在失败时保持旺盛的热情和信心，克服自暴自弃而奋发向上。这就是"气可鼓而不可泄"的道理。人们用这种理论来理解、预测和控制他们的环境，以及随这种环境而出现的行为。通过改变人的自我感觉、自我思想认识来达到改变人的行为。应用归因论来改变人的感觉和认识，可以强化，并达到改变行为的目的。

不同的归因会直接影响人们的工作态度和积极性，进而影响随之而来的行为和工作绩效；对过去成功或失败的归因，会影响将来的期望和坚持努力的行为。一般人可做出四种归因：一是努力程度；二是能力大小；三是任务难度；四是运气与机会。

坚持是成就行为的主要特征，对于前一段行为的因果关系的分析推论，直接影响和决定着以后的行为，成就的获得有赖于对过去工作是成功或失败的不同归因。

（二）挫折理论

挫折理论是由美国的亚当斯提出的。挫折是指人类个体在从事有目的的活动过程中，指向目标的行为受到障碍或干扰，致使其动机不能实现、需要无法满足时所产生的情绪状态。挫折理论主要揭示人的动机行为受阻而未能满足需要时的心理状态，并由此而导致的行为表现，力求采取措施将消极性行为转化为积极性、建设性行为。

挫折理论主要包括挫折产生的原因分析、挫折的行为表现形式、挫折的容忍力、消除挫折的方法等。

在实际生活和工作中，挫折是一种客观存在，尤其是在实现较高目标的意志行动中，挫折更是经常发生。挫折对人的行为积极性的影响是十分突出的，大的挫折引起的消极反应会严重损伤行为积极性。挫折产生后，个体不仅可能以消极的行为对待之，也可能以积极的行为对待之。究竟以什么样的行为对付挫折，一方面，取决于个体的心理方面，如个性倾向性中的理想、信念、世界观，性格中的情绪特征、意志特征等；另一方面，取决于周围人和组织所给予的影响。管理者应重视管理中成员的挫折问题，采取措施防止挫折心理给本人和组织带来的不利影响。

在管理工作中，对待员工的挫折要采取以下措施。

（1）帮助职工用积极的行为适应挫折，如合理调整无法实现的行动目标。

（2）改变受挫折职工对挫折情境的认识和估价，以减轻挫折感。

（3）通过培训提高职工工作能力和技术水平，增加个人目标实现的可能性，减少挫折的主观因素。

（4）改变或消除易于引起职工挫折的工作环境，如改进工作中的人际关系、实行民主管理、合理安排工作和岗位、改善劳动条件等，以减少挫折的客观因素。

（5）开展心理保健和咨询，消除或减弱挫折心理压力。

总之，组织的管理者必须高度重视组织成员的挫折问题，努力改善组织成员对挫折的适应能力，采取一定措施防止挫折心理对组织产生的不良影响。

（三）强化理论

强化理论是以斯金纳的操作性条件反射理论为基础发展起来的一种激励理论。这个理论的主要特点是，从人的行为与客观环境刺激的相互关系中，去寻求改造人的行为的方法，而不重视人的心理活动的作用。例如，斯金纳就认为，不应从人的内在心理状态来寻找对人的行为的解释，而应从决定行为的那些外部条件来解释人的行为。这个理论强调，通过控制刺激人的外部环境中的两个条件来影响和改变人的行为：一是人的行为的外在目标；二是对行为结果的奖惩。

1. 四种基本的强化类型

强化理论有正强化、负强化、惩罚、衰减四种类型，这四种类型可以单独使用，也可以结合使用。

（1）正强化。正强化是运用刺激因素，使人的某种行为得到巩固和加强，使之再发生的可能性增大的一种行为改造方式。简单的正强化，如小学生拾到一支钢笔交给老师，老师当着全班学生表扬了这个拾金不昧的学生，并号召大家向他学习。这个学生就受到了有力的正强化。他以后拾到东西交给老师的行为再发生的可能性就增大了，甚至把妈妈给他的买冰棍的钱也交给了老师，谎称是在校门口捡到的。在各种各样的管理活动中，正强化是最经常使用且易收到良好效果的强化方式，能起到强化作用的因素主要有认可、表扬、赏识、增加工资和奖金、提升、分配好工作等。在管理中运用正强化手段比对儿童行为的强化要复杂得多，管理中往往是在人发生了许多积极行为后才给予一次正强化。例如，在医院管理中，年终要通过许多步骤评选出年度医术高明、医德高尚的医务人员和表现出色的护理人员，举行隆重仪式，授予他们优秀医务工作奖或优秀护理工作奖，并颁发奖金。这些措施既能起到加强被强化者积极行为的作用，也能使其他人出现积极行为的可能性增大。

（2）负强化。负强化指的是预先告知某种不符合要求的行为或不良绩效可能引起的后果，允许职工通过按所要求的方式行事或避免不符合要求的行为来回避一种令人不愉快的处境。如果职工能按要求行事时，即可减少或消除这种不愉快的处境，从而，这也就增加了职工符合要求行为重复出现的可能性。因此，负强化与正强化的目的是一致的，但两者所采取的手段则不同。

（3）惩罚。惩罚指的是以某种带有强制性、威胁性的结果，如批评、降薪、降职、罚款、开除等，来创造一种令人不快乃至痛苦的环境或取消现有的令人满意和愉快的条件，以示对某一不符合要求的行为的否定，从而，消除这种行为重复发生的可能性。

（4）衰减。衰减是指撤销对人的某些行为的强化，使这种行为出现的频率逐步减少、衰弱。例如，一个职工在生产工作中表现出色，经常加班加点，上半年已经在干第二年的活了。他积极的工作行为经常受到厂领导和车间领导各种形式的强化。但后来发现他身体不好，工作中体力不支，于是领导除嘱咐他多注意身体外，不再对其工作行为进行强化，使其加班加点、超负荷工作的行为衰弱减少。

2. 强化管理的原则

（1）要依照强化对象的不同采用不同的强化措施。人们的年龄、性别、职业、学历、经历不同，需要也不同，因此强化方式也应不一样。如有的人更重视物质奖励，有的人更重视精神奖励，因此应区分情况，采用不同的强化措施。

（2）小步子前进，分阶段设立目标，并对目标予以明确规定和表述。对于人的激励，首先要设立一个明确的、鼓舞人心而又切实可行的目标。只有目标明确而具体时，才能进行衡量和采取适当的强化措施。同时，还要将目标进行分解，分成许多小目标，完成每个小目标都及时给予强化。这样不仅有利于目标的实现，而且通过不断的激励可以增强信心。如果目标一次定得太高，会使人感到不易达到或者说能够达到的希望很小，这就很难充分调动人们为达到目标而做出努力的积极性。

（3）及时反馈。所谓及时反馈就是通过某种形式和途径，及时将工作结果告诉行动者。要取得最好的激励效果，就应该在行为发生以后尽快采取适当的强化方法。一个人在实施了某种行为以后，即使是领导者表示"已注意到这种行为"这样简单的反馈，也能起到正强化的作用。如果领导者对这种行为不予以注意，这种行为重复发生的可能性就会减小以至消失。所以，必须利用及时反馈作为一种强化手段。

（4）不固定时间和频率的强化。因为有机体在强化到来之前的反应率有所提高，在这样的强化程序下，个体不知道什么时候会出现强化，但总有一种强化即将出现的期待。长此以往，自然会形成习惯。也就是说，全部强化的结果，如果不继续强化，反应就消失了。反过来，部分强化的，即使后来不强化时，反应仍不会减弱。显然不强化竟会起积极作用。不强化会起着警戒作用，即遇到没有强化的条件时，不强化会使人学习到，一时没有结果以后还是有结果的。所以不强化同样可以收到学习的效果。全部强化，没有失败的教训，遇到挫折便不会继续努力了，反而变得消极。

（5）正强化比负强化更有效。负强化及惩罚可以引起一定副作用。斯金纳通过系统的实验观察得出了一条重要结论：惩罚就是企图呈现消极强化物或排除积极强化物去刺激某个反应，仅是一种治标的方法，它对被惩罚者和惩罚者都是不利的。他的实验证明，惩罚只能暂时降低反应率，而不能减少消退过程中反应的总次数。在他的实验中，当白鼠已牢固建立按杠杆得到食物的条件反射后，在它再按杠杆时给予电刺激，这时反应率会迅速下降。如果以后杠杆不带电了，按压率又会直线上升。所以，在强化手段的运用上，应以正强化为主；同时，必要时也要对坏的行为给予惩罚，做到奖惩结合。

强化理论有助于对人们行为的理解和引导。因为，一种行为必然会有后果，而这些后果在一定程度上会决定这种行为在将来是否重复发生。那么，与其对这种行为和后果的关系采取一种碰运气的态度，就不如加以分析和控制，使大家都知道应该有什么后果最好。这并不是对职工进行操纵，而是使职工有一个最好的机会在各种明确规定的备择方案中进行选择。因而，强化理论已被广泛地应用在激励和人的行为的改造上。

但强化理论只讨论外部因素或环境刺激对行为的影响，忽略人的内在因素和主观能动性对环境的反作用，如果我们不加批判地将其奉为真理，那就等于承认"守株待兔"精神的正确性，将某些偶然性当作必然性来对待，否定"失败乃成功之母"的训诫，将磨难不是当作财富而是作为负担来看。而实践也表明：强化理论对某些简单的操作反应，如在驯化动物、知识学习、儿童行为教育、在特定的条件下的行为矫正中，可以得到相当的效果；当人们的思维对成败因素的主观思维判断、预期期望意识、本能欲望倾向等占了上风时，强化理论往往便无法适用了。

`阅读材料`

激励小故事

1. 把被动加薪变成主动激励

2018 年年初，以生产电动车闻名的新日股份召开了一次员工表彰大会。这次表彰大会有点与众不同：上台领奖的员工中有 40% 是来自一线的普工，副总经理胡刚还亲手给一位工作了 3 年的 "80 后" 员工颁发了 "年度优秀员工奖"。随后，新日包了一艘豪华游轮，带着这些优秀员工去海外旅行。对于他们中的很多人来说，这是一次前所未有的经历。

2. 凯尔玛工厂工作丰富化

该厂采用高度自动化流水作业线生产，导致工人对工作厌倦，因此缺勤和流动率很高。为解决这一问题，该厂把传统的汽车装配线改为 15 ~ 17 人的装配小组，分工负责一种零配件或一道工序，所有物资供应、产量、质量均由小组负责，结果该厂工人流动率大大降低、质量提高，不合格零件也减少了。

3. 林肯电气公司的按件计酬与职业保障

林肯电气公司年销售额为 44 亿美元，拥有 2 400 名员工，形成了一套独特的激励员工的方法。该公司 90% 的销售额来自生产弧焊设备和辅助材料。林肯电气公司的生产工人按件计酬，他们没有最低小时工资，员工为公司工作两年后，便可以分享年终奖金。在过去的 56 年中，平均奖金额是基本工资的 95.5%。近几年经济发展迅速，员工年均收入为 44 000 美元左右，远远超出制造业员工年收入 17 000 美元的平均水平。

公司自 1958 年开始一直推行职业保障政策，从那时起，他们没有辞退过一名员工。当然，作为对此政策的回报，员工也相应要做到几点：在经济萧条时他们必须接受减少工作时间的决定；而且要接受工作调换的决定；有时甚至为了维持每周 30 小时的最低工作量，而不得不调整到一个报酬更低的岗位上。

林肯公司极具成本和生产率意识，如果工人生产出一个不合标准的部件，那么除非这个部件修改至符合标准，否则这件产品就不能计入该工人的工资中。严格的计件工资制度和高度竞争性的绩效评估系统，形成了一种很有压力的氛围，有些工人还因此产生了一定的焦虑感，但这种压力有利于生产率的提高。据该公司的一位管理者估计，与竞争对手相比，林肯公司的总体生产率是他们的两倍。该公司还是美国工业界中工人流动率最低的公司之一。

该公司的两个分厂曾被《财福》杂志评为全美十佳管理企业。

4. 让员工敲锣

台湾有一家公司，在公司的大厅里，装置了一个大铜锣，只要业绩突破新台币 100 万的人，就可以去敲一响，突破 200 万则敲两响，依次类推上去。

该公司的办公室，紧邻着大厅，所以，只要这个铜锣被敲，声音马上会传入办公室内，也等于是告知全办公室内的人，有人业绩突破了百万大关了，当这位敲锣的同人步入办公室的同时，所有的人都会起立鼓掌，给予他英雄式的欢呼。

据该公司管理部门有关人员表示，这种被大家鼓掌欢呼的场面，是很有面子的一件事，当然，谁都希望自己是下一个敲锣者，也接受大家的欢呼，不过，想要敲响它，首先是业绩要突出，这正是该公司装置这个大铜锣的目的。

（材料来源：中华文本库《2012 年管理学经典案例分析》）

任务三　如何做好激励

任务目标

- 掌握激励的方式。
- 理解完善激励的机制。
- 能正确使用激励的方式解决问题。

企业的发展靠员工，而员工工作绩效的大小在很大程度上取决于企业的激励机制是否健全、激励手段是否有效。科学有效的激励对于调动员工积极性、发掘员工潜能、提高员工素质等方面具有突出的作用。对于企业中的员工，可以通过"激励导向"的方式，让员工的潜能得到极大的发挥。

一、激励方式

阅读材料　　CA 公司的工作激励

美国冠群公司（简称 CA）能从一个无名小卒发展成为仅次于微软的软件帝国，得益于其创始人王嘉廉的经营哲学和管理理念。王嘉廉认为，做同一件事非常枯燥，容易使人失去战斗力，因此，在 CA 工作的员工常常互换工作，接受各种挑战，从中获取成就感所带来的快乐。当然，挑战高，薪酬也高，CA 员工的平均薪水比 IBM 员工薪水高出 1/3。

在 CA，从主管到员工，每一个人的工作种类都不是固定不变的。时间长了，员工们就可以自觉形成全方位的能力。CA 加拿大籍的员工大卫·杜波西对职务的更换有着切身体会。20 岁大学毕业的杜波西曾在石油公司任程序分析员，设计会计软件，他于 1985 年加入 CA 加拿大分公司担任培训员，教人如何使用、装置 CA 软件等，后任加拿大分公司产品经理，在当地拓展 CA 新产品。1988 年，他被调往美国，在产品部门工作，任财务软件产品的行销策略部门主任。

杜波西在 CA 的十余年，曾先后担任过 6 种不同的职务。杜波西说："在 CA，你无法刚愎自用或孤芳自赏，因为 CA 的各个环节紧紧相扣，打的是总体战，大家在 CA 的大环境下共同迈进。而我每换一个职务，能力都要明显前进一步，换几次职务，自己在各类工作上就变得轻车熟路了。"

杜波西还说："我在 CA 感觉到一种挑战的快感，把事情干好，就会得到很高的奖酬，自己也觉得心安理得，受之无愧。CA 的实际情形是，挑战性超强的工作，所得的薪酬就越高。所以，年轻人特别喜欢 CA。"

（材料来源：《职业经理人》）

（一）领导对员工的激励

1. 目标激励

设置适当的目标，激发人的动机，以达到调动人的积极性的目的，称为目标激励。目标在心理学上通常称为诱因，即能够满足人的需要的外在物。一般地讲，个体对目标看得越重要，目标实现的概率越大。因此，设置的目标要合理可行，与个体的切身利益要密切相关；要设置总目标与阶段性目标。

总目标可使人感到工作有方向，但达到总目标是个复杂过程，有时使人感到遥远或渺茫，影响人的积极性。因此要采取大目标、小步子的方法，把总目标分成若干个阶段性目标，通过实现几个阶段性目标来实现总目标。阶段性目标可使人感到工作的阶段性、可行性和合理性。某输电线路架设队承担了一处山地架设线路任务，由于山高、路险、石多，整个工程对技术和工期的要求都很高，领导根据大多数职工的家属在农村的情况及工程要求，分别设置了两个与职工利益相近的目标：一个是多劳多得的经济目标，另一个是麦子黄了就是工期结束的时间。尤其是后一个目标，对家住农村的职工的心理影响非常大，为此全队士气高涨，每天工作达 15～16 个小时，最后整个工期缩短了一半，工程质量全优，全队高质高效地完成了架设任务，也理所当然受到了领导的奖励。

2. 奖罚激励

奖罚激励是奖励激励和惩罚激励的合称。奖励是对人的某种行为给予肯定或表扬，使人保持这种行为。奖励得当，能进一步调动人的积极性。惩罚是对人的某种行为予以否定或批评，使人消除这种行为。惩罚得当，不仅能消除人的不良行为，而且能化消极因素为积极因素。奖惩都是一种强化手段。奖励是对人行为的肯定，是正强化，属于直接激励。而惩罚是对人的行为的否定，是负强化，属于间接激励。奖励的心理机制是人的荣誉感、进取心理，有物质和精神需要。惩罚的心理机制是人的羞怯、过失心理，不愿受到名誉或经济的损失。

奖罚激励的心理过程是通过反馈实现的。奖励或惩罚与实际情况相符合，即奖罚分明，是正反馈；奖励或惩罚不符合实际情况，或不公平，是逆反馈。因此，在实施奖罚激励时，要尽量做到与实际情况相符。

某地中药厂规定：职工迟到了就罚款，第一次迟到罚款 12 元，第二次 30 元，第三次 50 元，并将迟到情况和罚款情况输入电脑。一次，一位女工骑车上班途中摔倒受伤，另一位女工因护送受伤者去医院而迟到了 3 分钟，罚不罚这位做好事的女工呢？大家对此争论不休。厂长对此的裁决是：其一，迟到一次罚 12 元，这是制度，不容更改，因而罚款分文不能少；其二，女工做了好事，精神可嘉，所以迟到情况不输入电脑；其三，设立精神文明奖，每次奖励 15 元。这样赏罚分明，功过清楚，既执行了纪律，又使大家心服，从而起到了很好的激励效果。

3. 考评激励

考评，是指各级组织对所属成员的工作及各方面的表现进行考核和评定。通过考核和评定，及时指出员工的成绩不足及下一阶段努力的方向，从而激发员工的积极性、主动性和创造性。为了让考评激励发挥最大的作用，在考评过程中必须注意制定科学的考评标准，设置正确的考评方法，提高主考者的个体素质等。

4. 竞赛与评比的激励

竞赛在组织内是一种客观存在。在正确思想指导下，竞赛以及竞赛中的评比对调动人的积极性有重大意义。竞赛与评比的心理学意义是：

（1）竞赛与评比对动机有激发作用，使动机处于活跃状态。

（2）竞赛与评比能增强组织成员心理内聚力，明确组织与个人的目标，激发人的积极性，提高工作效率。

（3）竞赛与评比能增强人的智力效应，促使人的感知觉敏锐准确、注意力集中、记忆状态良好、想象丰富、思维敏捷、操作能力提高。

（4）竞赛能调动人的非智力因素，并能促进集体成员劳动积极性的提高。

（5）团体间的竞赛评比，能缓和团体内的矛盾，增强集体荣誉感。

美国某家大公司，为鼓励员工，想出了一个很有特色的办法：给评比优异者发一块"好家伙奖章"，上面有公司总裁的亲笔签名。每得 5 块"好家伙奖章"，就可得　个更高的奖励晋升。颁发奖章时，公司不刻意安排专门的场合。授奖仪式简短但很隆重：经理走进门厅并把铃按响时，人们会立刻停下手头的工作，从各自的办公室走出来，经理宣布公司决定，颁发奖章，受奖人接过奖章。"好家伙奖章"这个名称颇亲切，甚至带有点幽默感，加上经理的风趣表演，整个颁奖过程妙趣横生，所以职工们不会很认真对待这个仪式，但却非常在乎这枚奖章，因为这枚奖章意味着公司对自己工作的肯定。事实上，不仅普通职工渴望获得奖章，就是高级经理同样也热衷于奖章。因此，每位员工都奋力工作以求得到该奖。一位新近荣升的公司副总裁在布置他的办公室时，郑重其事地把第 5 枚"好家伙奖章"钉在墙上，他望着他的下属，有点不好意思地说："我看惯了'好家伙'，不挂就感到不自在。"

5. 领导行为激励

领导者行为通过榜样作用、暗示作用、模仿作用等心理机制激发下属的动机，以调动工作、学习积极性，称为领导行为激励。领导的以身作则就是一种无声的命令，能够有力地激发下属的积极性。"军井未汲，将不言渴""上有所好，下必甚焉。"如果领导者在每个工作日中仅有两个小时待在办公室，其余六个小时都在麻将桌上度过，那他就不能要求下属全力以赴地工作。如果领导者兢兢业业、废寝忘食，那他的下属也必能效法而冲锋在前，勇于承担艰巨的任务。

6. 尊重和关怀激励

领导对下属的尊重和关怀是一种有力的激励手段。从尊重人的劳动成果到尊重人的人格，从关怀下属的政治进步到帮助解决工作与生活上的实际困难，都能产生积极的心理效应。

战国时，魏国大将吴起见一个士兵身上生疮化脓，就亲自跪在他身边用嘴为他吸脓，士兵的母亲听到这件事后大哭起来，别人问她为啥要哭，她说："以前吴将军也曾为孩子的父亲吸过脓，结果他父亲打仗时拼命冲锋，死在战场上，现在将军又为我儿子吸脓，我害怕又失去亲人呀！"

由此可见，企业领导对于下级的关怀，哪怕是微不足道，只要是出自真诚的关心，对于下级都是无穷的激励。因此，尊重和关怀激励法被人们称为爱的经济学，即无须投入资本，只要注意关心爱护等情感因素，就能获得产出。

总而言之，领导者在对下属实施激励的时候如果能够根据具体情况灵活运用各种方法，就能够取得良好的效果，达到预期的目的。

（二）员工自我激励

自我激励是指个体具有不需要外界奖励和惩罚作为激励手段，能为设定的目标自我努力工作的一种心理特征。

德国专家斯普林格在其所著的《激励的神话》一书中写道："强烈的自我激励是成功的先决条件。"人的一切行为都是受激励产生的，通过不断的自我激励，就会使你有一股内在的动力，朝所期望的目标前进，最终达到成功的顶峰。自我激励是一个人迈向成功的引擎。

自我激励可分为三个层面：

第一个层面是自省。适当而正确的自省，往往比其他任何东西更能使人获益。孔子说："见贤思齐焉，见不贤而内自省也。"（《论语·里仁》）

第二个层面是感恩。感恩是成功的基石，它是你灵魂深处的感觉。一个人要想真正幸福地活在世上，只需三个条件：有人爱，有事做，有希望。感恩的人，必然是幸福的人，幸福的人珍惜生活的美好，因此工作也是高效的。对一个组织而言，希望基业长青，塑造人的内心世界比提供外部条件（比如金钱、福利等）更为重要，而塑造人的内心仅仅靠企业文化是不够的，有些信仰会更好些。

第三个层面是自我实现。自我实现的需要是超越性的，追求真、善、美，将最终导向完成高峰体验，是自我激励活动的最高境界，塑造完美人格的典型状态。高峰体验可以通过直觉印象的寻求获得。只要是能获得丰富多彩的知觉印象，就可能带来高峰体验，如爱的体验、神秘的体验、创造的体验等。高峰体验中主客体合一，既无我，也无他人或他物，对于对象的体验被幻化为整个世界，同时意义和价值被返回给审美主体；主体的情绪是完美和狂喜，主体在这时最有信心，最能把握自己、支配世界，最能发挥全部智能。完美人格的塑造，高峰体验代表了人的这种最佳状态，也是自我激励的最高境界。

自我实现，是自我激励的最高境界，也是马斯洛需求理论最高层级，他认为自我实现的需要是最高等级的需要。满足这种需要就要求完成与自己能力相称的工作，最充分地发挥自己的潜在能力，成为所期望的人物。这是一种创造的需要。有自我实现需要的人，似乎在竭尽所能，使自己趋于完美。自我实现意味着充分地、活跃地、忘我地、集中全力地体验生活。

二、完善激励机制

对于一个企业来说，人力资源管理就是通过对本企业人和事的管理，处理人与人之间的关系、人与事的配合，充分发挥人的潜能，并对人的各种活动予以计划、组织、指挥和控制，以实现组织的目标。激励对于管理，特别是对于人力资源管理的重要性自不待言。人力资源管理的基本目的有四点，即吸引、保留、激励与开发企业的人力资源。其中，激励显然是核心，因为如果能激发起员工的干劲，就必能吸引来并保留住他们，而开发本身即是重要的激励手段。

企业应该建立有效的激励机制以调动员工的工作积极性。人力资源管理的目的是充分开发、利用企业的人力资源，发挥人力资源的最大潜力，但单纯依靠科学的人力资源管理制度来约束员工的行为是不够的，必须建立恰当、有效的激励机制，改善员工的生活质量，有效提高员工积极性、主动性和创造性，从而激发企业活力。

完善企业激励机制，应从以下几个方面思考：

（1）建立以分配制度为中心的薪酬制度。

要坚持责权利相一致，即责任、风险、报酬相匹配的原则，逐步改革薪酬制度，以工作绩效、工作态度、工作能力为主要考核指标，通过岗薪制、年薪制等分配方式，鼓励多劳多得，让诚实劳动者得到实惠，让贡献突出的人才得到肯定，让优秀人才得到奖励。

（2）建立以留住人才为目标的约束机制。

在为员工创造宽松舒适的工作环境的同时，要借鉴国内外先进的激励模式，建立适当的约束机制，如为员工建立长远福利计划、年薪沉淀制度等，使员工与企业的长期发展紧密结合，有效地限制人才的流失。

（3）加强对员工的精神激励。

要加强对员工的精神激励，把最大限度满足员工的生存、交往和发展需要作为最高追求，让员工更多地参与企业管理，使职工产生主人翁责任感。为每一个员工提供施展才能的空间，鼓励他们多出成绩、出好成绩，使之有成就感，从而使企业在市场竞争中充满活力，稳步发展，企业可持续发展的战略得以顺利完成。

完善企业激励机制的具体措施如下所述：

（1）建立激励性的薪酬体系。

员工薪酬发放标准不仅要体现公平性，还应体现激励作用，即要在合理回报员工的劳动价值时，激励其工作热情，我们可以尝试一下建立自助式整体薪酬体系。

自助式整体薪酬体系，是以人为本的管理思想在薪酬领域的渗透。企业要在员工充分参与的基础上，建立每个员工不同的薪酬组合系统，并定期根据员工的兴趣爱好和需要的变化，做出相应的调整。这是一种交互式的薪酬管理模式，由企业和员工共同抉择自己的薪酬组合。

以下是此薪酬体系的一个标准模式，可供参考，如表7-1所示。

表7-1　薪酬体系标准模式

薪酬类别		薪酬要素	要素解释
经济性薪酬	基本薪酬	1. 基本工资	员工完成工作而获得的基本现金报酬
	激励薪酬	2. 一次性奖金	依据员工或公司的绩效获得半年/年度奖金等
		3. 个人激励薪酬	员工因在某些项目上做出优异贡献，或因个人绩效超过公司规定标准而获得的一次性奖金之外的额外奖赏
		4. 收益及利润分享	由于所在团队的绩效超越了公司规定的目标或财务指标，员工因此获得公司收益的一部分
		5. 员工持股计划	员工购买企业股票而拥有企业部分产权所带来的收入
		6. 股票分享计划	公司在特定的时间内，给予员工一定的公司股票
	福利	7. 法定保障福利	国家规定的社会保障项目
		8. 退休及养老计划	提供除法定福利以外的一些退休及养老计划
		9. 医疗福利保险	提供除法定福利以外的医疗保险
		10. 安全健康保险	公司提供的员工人寿保险、意外死亡与伤残保险等
		11. 财产保险	公司提供的有关员工个人及家庭的财产保险
		12. 个人特殊保险	公司提供的一些针对个别员工的保险
	附加薪酬	13. 工作补贴	因工作需要公司所提供的设施设备（如制服、计算机等）

（2）完善企业的竞争机制。

完善中小企业的竞争机制会使员工尽可能地产生"公平感"。员工的公平感，无论在生理上还是心理上都将影响员工为企业做出贡献的行为。员工心目中公平感的不断积累，会增强企业员工的向心力。而企业在错综复杂和不断变化的激烈市场竞争中保持生存、不断地向前发展，都需要职工的向心力。相反，如果企业员工心中的不公平感不断积累，企业将面临非常严重的员工信用危机。这种信用危机不但可以破坏企业的声誉，还能摧毁企业最基本的竞争优势，甚至企业的生存条件。

完善竞争机制环节中的核心是完善绩效考评体制，但这是一个难点。绩效考评是指对员工的工作进行客观的评价，这种评价直接关系到薪金调整、奖金发放、职务升降等诸多员工的切身利益。如果做得不好，会起到反作用。在做好绩效考核时，应注意以下几点：一是制定考评内容。要确定公司的管理原则，即公司鼓励什么，反对什么。同时描述岗位的工作职责。二是制定考评实施程序。考评内容制定完成后，要制定相应的考评实施程序。做好了考评之后，还能以此作为企业内部选拔的依据。

（3）重视员工发展，进行员工培训。

鉴于我国中小企业在员工培训方面存在的严重不足、人力资源整体素质不高的状况，必须加大人力资源的投资，除了引进、吸收人才外，还必须将对员工的培训纳入重要的议事日程。

知识经济时代，新技术、新信息层出不穷，而旧信息、旧技术以同样快的速度被淘汰。所以，学习不可能是人生某一阶段的事情，没有一种知识可以终身受用。一个人只有不断学习和进取，才能跟上时代的步伐，不至于被时代所淘汰。企业应该不断为员工创造学习的机会，重视员工的个体成才。企业不重视员工的培训开发，将无法适应以人力资源竞争为基础的市场竞争，同时也是对员工不负责任的表现。对员工的培训并不仅仅是进行岗位技能培训，更重要的是开发人的能力。通过不断培训，员工的知识和技能得到更新，且向智力型、复合型人才发展。这不仅有利于公司的发展，还让员工感到公司对自身的重视，并由此产生自我发展的满足感。这是公司激励机制中的重要手段。

第一，从企业职位体系入手，打通企业内部技术类岗位的职业发展通道。

第二，从岗位能力要求入手，分析各岗位承担责任的不同，并得出各岗位发展所需要的能力素质模型，并以此为标准衡量、评价员工能力。

第三，帮助企业员工建立正确的职业发展方向，并建立学习型组织，引导员工的能力素质提升，从而优化企业能力素质结构。

第四，帮助员工以自身能力的现实状况为基础，制订发展计划，使员工适应企业发展的动态需求。

此外，人力资源部门还应根据阶段性开发目标，选择合适的开发手段，如在所有储备的人员中，如果共同存在某方面的能力不足，而企业或岗位对此方面能力又有要求，那么人力资源部就可以通过统一培训来消除不足；而对于非共性的问题，可以采用派出培训、在岗培训、自主培训等多种方式进行。需要强调的是，这里的培训是指针对为提升人员能力而采用的教育、训练、实习、实践等方法。

（4）打造先进的企业文化，增强企业的凝聚力。

打造独特的、具有竞争力的企业文化，对于企业的人力资源管理来说是最困难的、最具挑战性的一项工作，需要作为一项长远的战略性任务去完成。成功的企业文化，对于企业员工的潜移默化的作用，有时比物质的激励更为有效，不但可以激发人才的热情，使其保持旺盛的进取心和企业荣誉感，统一企业成员的意念和目标，齐心协力地为实现企业目标而努力，还可以留住人才。

企业在打造企业文化的过程中，要注意建立结构化的、系统性的企业文化，并长期坚持企业文化。对此，我们可以遵循以下原则进行。

①从实际出发与积极创新相结合。

企业文化理念体系化建设不能脱离实际，只有与企业内外环境、员工现有的素质及心态相适应，体现企业的优良传统，才能被企业多数员工所认同和接受，才能逐渐扎根于群体意识之中。但企业文化理念体系不是对现有文化的简单总结、归纳和提炼，而是在充分考虑未来市场竞争特点和发展趋势的基础上，为满足企业未来发展和提升管理水平的需要，进行的一定升华和创新。它反映一定的前瞻性、先进性，体现新文化的导向力、牵引力和促进作用。企业文化理念体系化建设是一个过程，随着企业内外生存环境的变化，企业文化理念体系必须因时而变。当然，这种变，主要是完善与提升，企业的核心价值和特色文化不宜轻易改变。只有当企业内外环境发生根本改变时，原有核心理念已经严重阻碍企业发展时，企业文化理念体系才会发生根本改变。

②体现共性与个性相结合。

企业文化有个性而无共性不能融于社会，有共性而无个性缺乏生命活力。企业文化理念体系无疑应该具有鲜明的个性特征，即反映企业独特的文化信仰和追求，具有针对性和指导性。但也应注意到，在一定的社会制度、市场条件和人文环境中发育成长的企业文化具有很多共性。如市场经济这个共同的大环境就塑造出企业共同的创新观念、竞争观念和顾客观念等，社会主义制度这一大环境就塑造出企业的社会责任感、集体主义精神和奉献意识等。因此，在创造个性的同时，应注重体现共性，注重从社会文化和其他企业文化中吸收借鉴有益的文化成分。

③领导组织、专家帮助与群众参与相结合。

企业文化理念体系化建设（包括提炼、概括和确定），一般由企业文化建设领导机构或企业主要领导者发动，执行部门组织实施，广泛发动群众，自上而下或自下而上地反复酝酿、讨论，企业文化专家帮助进行提炼概括，然后经企业领导者和企业员工共同研讨确认，最后确定下来。企业文化理念的定格过程既是员工参与讨论和决策的过程，也是员工自我启发、自我教育及对新文化认同的过程，还是企业领导者、外部专家、企业员工之间价值观念的沟通、融合的过程。所以，企业文化理念体系的概括不能由企业领导者个人完成，应由企业全体干部员工参与及外部专家帮助共同完成。

④系统性、科学性与表现形式的多样性相结合。

好的企业文化理念体系，作为企业生存与发展的根本指导思想体系，应该是内容完整、特色鲜明、含义明确、表述科学的；文字表达应力求严谨，有哲理，同时大气、时尚，符合潮流，对员工和社会公众具有理性感染力和亲和力。但对企业文化理念体系的形式没有严格的规范，既可以像多数企业那样分条目概括，最后形成一个完整体系，也可以用一种企业根本大法的形式加以概括，概括的内容和表述方式要力求有专属性，避免与其他企业雷同。同时也要注意，文化理念要能延展和细化，派生出具体可操作可执行的任务、标准和规范等，避免空洞无物，好看而无用。

不过，企业文化的理念体系化建设只有与企业文化的制度体系化建设、行为规范体系化建设相结合，才能更好地发挥作用。企业文化的理念体系与制度体系、行为规范体系处于不同的层面，在实践中是相互推动的。首先，以先进的企业文化理念体系为标准，检查现有制度、行为规范，发现文化与制度、行为规范的偏差，纠正偏差，使制度与行为规范走向先进文化的轨道，这个过程是用企业文化理念体系的精神武装制度与规范的过程。其次，对于企业文化理念体系中倡导的某些精神，目前还没有制度与行为规范予以体现，可以制定一些新的制度与行为规范，从而进一步完善制度体系与行为规范体系。比如，企业倡导员工参与管理，鼓励员工为企业发展献计献策，就可以制定一个合理化建议制度，就如何征集、反馈、实施以及奖励等做出规定。人们执行制度的过程就变为践行文化的过程。当然，企业文化理念体系往往超前于制度体系和行为规范体系，制度体系和行为规范体系反映的是企业文化理念体系中最基本的要求，超前的文化理念一般通过企业舆论、风气、文化氛围等形式发挥作用。

总之，激励是管理者需要掌握的最重要也是最复杂、最具挑战性的技能。激励包含高深的科学理论，但更多的是艺术。它既具有多因性，又有一定的规律可循，因此，管理者应注意理论与实际相结合，同时注意国内外理论的前沿进展和别人的宝贵经验，逐步完善，形成自己独特的激励措施。

项目小结

激励	认识激励	激励的含义	
		激励的特征	
		激励的作用	
		激励的过程	
	激励理论	内容型激励	马斯洛需求层次理论
			奥尔德弗的 ERG 理论
			赫茨伯格的双因素理论
			麦克利兰的成就需求理论
		过程型激励理论	期望理论
			公平理论
		行为改造理论	归因理论
			挫折理论
			强化理论
	如何做好激励	激励方式	
		完善激励机制	

能力自测

一、选择题

1. 提出公平理论的是（　　）。

　　A. 马斯洛　　　　　　B. 卢因　　　　　　C. 弗鲁姆　　　　　D. 亚当斯

2. 提出期望理论的是（　　）。

　　A. 马斯洛　　　　　　B. 卢因　　　　　　C. 弗鲁姆　　　　　D. 亚当斯

3. 处于需要最高层次的是（　　）。

　　A. 生理的需要　　　　　　　　B. 安全的需要　　　　　　C. 感情的需要

　　D. 尊重的需要　　　　　　　　E. 自我实现的需要

4. 期望理论认为，人们对工作的态度取决于对下述（　　）三种联系的判断。

　　A. 努力—绩效　　　　　　B. 努力—奖赏　　　　　　C. 奖赏—个人目标

　　D. 绩效—奖赏　　　　　　E. 绩效—个人目标

5. 下列关于强化理论的说法正确的是（　　）。

　　A. 强化理论是美国心理学家马斯洛首先提出的

　　B. 所谓正强化就是惩罚那些不符合组织目标的行为，以使这些行为削弱直至消失

　　C. 连续的、固定的正强化能够使每一次强化都起到较大的效果

　　D. 实施负强化，应以连续负强化为主

6. 为了激发员工内在的积极性，一项工作最好授予哪类人？（　　）

　　A. 能力远远高于任务要求的人　　　　B. 能力远远低于要求的人

　　C. 能力略高于任务要求的人　　　　　D. 能力略低于任务要求的人

7. 需要层次理论认为，人的行为取决于（　　）。

　　A. 需求层次　　　　　　　　B. 激励程度

　　C. 精神状态　　　　　　　　D. 主导需求

8. 高级工程师老王在一家研究所工作，该所拥有一流的研究设备，根据双因素理论，你认为下列哪一种措施最能对老王的工作起到激励作用。（　　）

　　A. 调整设计工作流程，使老王可以完成完整的产品设计而不是总重复做局部的设计

　　B. 调整工资水平和福利措施

　　C. 给老王配备性能更为先进的个人电脑

　　D. 以上各条都起不到激励作用

9. 企业中，常常见到员工之间在贡献和报酬上会相互参照攀比，你认为员工最可能将哪一类人作为自己的攀比对象？（　　）

　　A. 企业的高层管理人员　　　　　　B. 员工们的顶头上司

　　C. 企业中其他部门的领导　　　　　D. 与自己处于相近层次的人

10. 根据马斯洛的需求层次理论，可得如下结论：（　　）。

　　A. 对于具体的个人来说，其行为主要受主导需求的影响

　　B. 越是低层次的需要，其对于人们行为所能产生的影响也越大

　　C. 任何人都有五种不同层次的需要，而且各层次的需求程度相等

　　D. 层次越高的需要，其对于人们行为产生的影响也越大

11. 某企业对生产车间的工作条件进行了改善，这是为了更好地满足职工的（　　）。
    A. 生理的需要　　　　B. 安全的需要　　　　C. 感情的需要　　　　D. 尊重的需要
    E. 自我实现的需要

12. 某企业规定，员工上班迟到一次，扣发当月50%的奖金，自此规定出台之后，员工迟到现象基本消除，这是哪一种强化方式？（　　）
    A. 正强化　　　　　　B. 负强化　　　　　　C. 惩罚　　　　　　D. 忽视

13. 中国企业引入奖金机制的目的是发挥奖金的激励作用，但到目前，许多企业的奖金已经成为工资的一部分，奖金变成了保健因素。这说明（　　）。
    A. 双因素理论在中国不怎么适用
    B. 保健和激励因素的具体内容在不同国家是不一样的
    C. 防止激励因素向保健因素转化是管理者的重要责任
    D. 将奖金设计成为激励因素本身就是错误的

14. 公司好几个青年大学生在讨论明年报考MBA的事情。大家最关心的是英语考试的难度，据说明年将会有大幅提高。请根据激励理论中的期望理论，以下四人中谁向公司提出报考的可能性最大。（　　）
    A. 小郑大学学的是日语，两年前来公司后，才开始跟着电视台初级班业余学了些英语
    B. 小齐英语不错，本科就学管理，但他妻子年底就要分娩，家中又无老人可依靠
    C. 小吴被公认为"高才生"，英语棒，数学强，知识面广，渴望深造，又无家庭负担
    D. 小冯素来冷静多思，不做没把握的事。她自信MBA联考每门过关绝对没问题，但认为公司里想报考的人太多，领导最多只能批准1人，而自己与领导关系平平，肯定没希望获得领导批准

15. 一位父亲为了鼓励小孩用功学习，向小孩提出：如果在下学期每门功课都考95分以上，就给物质奖励。在下述什么情况下，小孩会受到激励而用功学习？（　　）
    A. 平时成绩较好，有可能各门功课都考95分以上
    B. 奖励的东西是小孩最想要的
    C. 父亲说话向来都是算数的
    D. 上述三种情况同时存在

二、简答题

1. 马斯洛需求层次理论和期望理论的内容是什么？
2. 什么是双因素激励理论？如何将保健因素转为激励因素？
3. 回想自己亲身经历的一件不公平事件，谈谈你当时对不公平的做法并加以适当评价。

案例分析

吉祥餐厅

吉祥餐厅坐落于S市西南地区的一条繁华街道上，餐厅规模不大，陈设幽雅，主要经营正宗的川菜。餐厅的服务员由餐厅老板廖红的两个妹妹担任，同时她们还兼任厨房

的帮工。厨师是廖红从家乡请来的廖辉。由于餐厅生意兴隆，廖红决定扩大餐厅的规模。

廖红租赁了吉祥餐厅隔壁的一间空房，将餐厅的座位从原来的 8 个增加为 20 个。由于规模扩大了，服务员和厨房里的帮工人手明显不够，因此廖红通过一家人才中介机构聘请了 8 名员工，其中两名是 40 岁以上的当地的下岗妇女，廖红让她们帮助厨师打打下手，从事食品的清洁和准备工作，工资为每个月 800 元。其余的 6 名员工都是 20～30 岁的年轻人，他们或多或少都有一些在餐厅打工的经验，廖红给他们的工资是每个月 600 元。虽然从表面上看，服务员的工资要低于厨房工作人员，但是，如果服务员在工作时尽心尽责，那么他可能获得的小费也会是一笔不小的数目。

装修一新的吉祥餐厅再次开业了。正当廖红踌躇满志考虑餐厅下一步的发展时，她发现来自员工的矛盾已经不容忽视。矛盾的起源是厨房工作人员和服务员之间的对抗。厨房工作人员认为服务员挣了比她们多得多的钱，而她们这么辛苦，却每月只能拿 800 元的定额工资。如果不是她们的辛勤劳动，服务员就只能提供冰冷的食物。在燥热又不通风的工作间，每晚听着服务员谈论着在小费中赚的钱，厨房工作人员认为这非常不公平。但服务员们却自有他们的看法，他们认为人人都会切菜、洗杯子，他们觉得自己在个人素质和职业化程度上要比厨房工作人员优秀得多。

廖红在目睹了几次明争暗斗后，决定着手解决这个问题。这种争执已经影响到了餐厅的正常营业。有时客人在餐厅等了很久，但菜却迟迟不能上来，原因是心怀不满的厨房工作人员故意在拖延时间，有好多次都导致客人非常生气。

事实上，有关员工的薪酬问题，廖红从来没有认真考虑过，也没有遇到过真正的麻烦。因为以往在餐厅工作的人，几乎都是她的亲戚朋友，主厨廖辉也是以合伙人的身份在餐厅工作的，与她的关系也非常好，每到年终廖红都会给他一个很厚的红包，他们合作这两年多来，一直没有出现过什么不愉快。以往她以为经营餐饮业最主要的是原材料采购、菜样的质量等，但是现在她发现员工的薪酬问题也不容忽视。经过认真考虑，为了增强厨房工作人员的工作积极性，廖红决定给这两个女工增加工资，每人每月 1 000 元。于是弥漫在餐厅中的紧张气氛暂时消失了。但是，不久廖红发现那些服务员的工作积极性开始下降了，有一两个人甚至还私下透露过跳槽的念头。原因是他们觉得既然厨房工作人员的工资增加了，那么他们的底薪也应该增加，况且他们通过熟人了解到，在其他餐厅类似的工作，服务员每月的底薪有 800 元。

廖红这才发现问题不像她一开始想象得那么简单，她也曾考虑过辞退这批员工，重新招募一批新人，但是每次招聘和培训的费用也是一笔不小的数目，另外，频频更换员工对餐厅来说也有很多负面的影响。员工的工资肯定不可能无限制地增加下去，但是又该如何调动他们的工作积极性呢？

（案例来源：董临萍《人力资源管理本土案例》，2002）

思考：

1. 造成吉祥餐厅的员工对现行薪酬计划不满意的原因有哪些？

2. 为确定一个合理的薪酬体系，廖红应该如何去规划？

3. 除调整薪酬以外，廖红还可以通过哪些措施和手段留住员工？

实训练习 \\\\\\

实训目标

1. 锻炼为企业设计激励机制的能力。

2. 培养制定提案并进行表述的能力。

实训内容与要求

调查一个企业，运用所学的知识，对员工的需要进行分析：公司员工的主要工作和岗位是什么？各岗位员工的主要需要是什么？

实训成果与检测

1. 运用所学的一些激励理论，为调查企业制定一个新的激励机制提案。

2. 班级组织一次交流，每组推荐 2 名成员介绍其起草的提案。

3. 对推荐的提案进行评价。

员工行动和管理控制

- 了解管理控制的发展过程。
- 了解预算的编制和种类。
- 解释控制的含义和作用。
- 熟悉控制过程和要素。
- 熟悉管理控制的基本特点和常见的控制方法。

- 具备事前、现场和事后控制的意识。
- 具备制定控制标准的能力。
- 掌握预算控制的内容。
- 具备测算库存最佳经济订货批量的能力。
- 理解人员控制、财务控制、生产控制和绩效控制等控制方法。

丰田的"拉闸"现象

丰田与通用都是汽车生产的大型公司，但却有着完全不同的管理模式。丰田管理模式的首要特点在于避免任何浪费，激励员工参与管理。第二次世界大战后，日本开始大规模经济建设，它的汽车工业刚起步，无论资金、技术和管理还是市场都面临着巨大的困境。1950年，丰田英二从美国考察汽车工厂回国后，马上让时任丰田总经理大野耐一以福特的生产力为目标，改造丰田的制造流程，提升丰田的生产力水平。

为了确保资金链不发生断裂，丰田快速运转资金。经过艰苦努力和大胆创新，丰田终于创造出一种全新的生产管理模式——丰田生产方式（TPS——Toyota Production System）。简单地说，TPS的最终目标，就是使企业利润最大化，而实现这一具体目标的方式，就是通过控制一切生产过程中的浪费来实现成本的最小化。

丰田发现，在传统管理中，生产加工现场的问题早已被一线员工发现，并且本可以现场解决，但员工没有基本的控制权力，再加上层层的上报机制而使问题延迟，最终错过了最佳的解决时机，而给企业带来巨大的损失。丰田认为，在现代生产管理中，效率尤为重要，所有能现场解决的问题都必须现场解决，否则会影响整个生产，并给企业带来巨大的损失，这与丰田消灭库存和浪费的根本经营理念是相一致的。为了使问题尽快得到解决，丰田决定现场管理，直接在一线面对问题，授予员工解决现场问题的权力。

而这种管理方式的关键就是要给予员工充分的信任，授予员工解决问题的权力。这就是丰田所独有的"拉闸"现象。所谓"拉闸"就是当生产线上某一环节的员工发现存在问题时，他可以在第一时间停掉整条生产线，以便查询和解决问题，使汽车零部件质量得到即时控制，避免工件流入下一道工序继续加工造成的浪费。优质的品质和合理的价格，使丰田汽车在国际市场上获得巨大的成功。

成就丰田的与其说是丰田极具竞争力的产品，倒不如说是丰田的科学管理控制系统。对于浪费和库存的消灭似乎成了每一个员工身上的职责，丰田的荣誉与耻辱也如同写在了每一个员工的心中，而不仅仅是制定生产决策的管理者。

管理启示：丰田公司为了保证公司制定的目标和统一标准的实施要求全员参与管理控制。在当今组织管理中类似的控制问题数不胜数，也可见控制职能在组织管理中的重要性和必要性。控制是管理工作的职能之一。例如，在管理过程中，制订计划是管理工作的第一步，计划实施的效果问题、计划所确定目标能否顺利实现，甚至计划目标本身制定的是否科学合理，等等，要厘清这些问题并采取有效的措施，必须开展卓有成效的控制工作。

任务一　认识控制及其原理

任务目标 ///

- 掌握控制的含义和管理控制；把握二者的异同。
- 能阐述管理控制的内容。

控制，是在日常生活中使用频率非常高的一个概念。日常生活中经常出现这样的现象：当我们驾驶一辆汽车时，我们经常要想"控制好方向盘，不要把车开到河里去，更不能撞到别的车子上"。又如，为了使室内温度保持在一定范围内，我们要控制排放或吸收的热量；国家采用经济杠杆使国民经济供求总量趋于平衡。

一、控制的概念

在控制论中，控制是指为了"改善"某个或某些受控对象的功能或发展，通过获得并使用信息，加于该对象上的作用。由此可见，控制的基础是信息，一切信息传递都是为了控制，而任何控制又都有赖于信息反馈来实现。

1948 年，诺伯特·维纳创立了控制论。此后，控制论的概念、理论和方法，被许多学科吸收应用，管理学就是其中之一。控制是一项非常重要的管理功能，它是主管人员对所属的下级人员的经营管理活动进行衡量、测量、纠正，以确保组织目标实现的一项管理活动。控制是每一个主管人员都应掌握的职能。控制工作的重要性并不会因管理层次的高低而发生变化，管理层次高的主管和层次低的主管只是控制的范围大小不同而已。

基于以上认识，管理控制是指管理者影响组织中其他成员以实现组织战略的过程，如图 8 - 1 所示。

管理控制涉及一系列活动，包括：计划组织的行动；协调组织中各部分的活动；交流信息；评价信息；决定采取的行动；影响人们去改变其行为。管理控制的目的是使战略被执行，从而使组织的目标得以实现。因此，管理控制强调的是战略执行。管理控制是管理者执行战略、实现目标的工具之一。

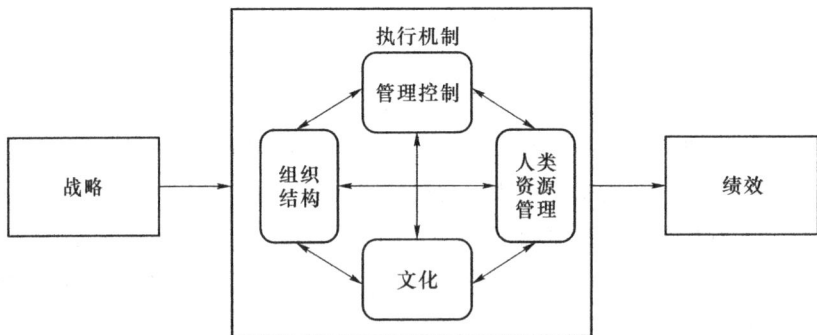

图 8 - 1　管理控制职能关系

二、控制的特点

有效的控制都倾向于具有一些相同的特性，尽管这些特性在不同的情况下重要性不同。

（一）整体性

一是从控制主体上看，完成计划和实现目标是组织全体成员共同的责任，因此参与控制是组织全体成员的职责和共同的任务；二是从控制对象上看，控制涉及组织的各方面，企业的各种资源、各层次、各部门、各个工作阶段，甚至各个人的工作都可以是控制的对象。

（二）动态性

管理控制所面临的外部环境和内部环境都在不断地发生变化，有些变化不会引起大的后果，可以忽略，有些变化则会产生重大影响，必须予以重视。控制就是要关注在执行过程中的种种变化，对其做出评估，一旦发现问题就及时采取行动。

（三）目的性

同其他所有的管理工作一样，控制是围绕着组织的目标而进行的，控制的意义在于通过发挥"纠偏""调适"两方面的功能，促使组织目标有效实现。

（四）人性

控制是用既定的标准作为衡量手段，去评估实际的实施情况，并及时做出回应。管理控制过程中，活动的主体是人，因此，管理控制是对人的行为的控制并由人来控制：是对人的控制，要靠人来完成执行。因此，管理控制不能忽视人性方面的因素，它不仅是监督，更重要的是指导和帮助，是提高能力的重要手段。

案例分析

控制决定成败——哈勃太空望远镜

经过长达十几年的精心准备，耗资 15 亿美元的哈勃太空望远镜终于在 1990 年 4 月发射升空。但是，美国国家航天局发现望远镜的主镜片存在缺陷。直径达 94.5 英寸的主镜片的中心过于平坦，导致成像模糊。因此望远镜对较远的星体无法像预期那样准确地聚焦，结果造成一半以上的实验和许多观察项目无法进行。

更让人觉得可悲的是，如果有一点更细心的控制，这些是完全可以避免的。镜片的生产商珀金斯—埃默公司，使用了一个有缺陷的光学模板生产如此精密的镜片。具体原因是，在镜片生产过程中，进行检验的一种无反射校正装置没有设置好。校正装置上的 1.3 毫米的误差导致镜片研磨、抛光成了误差形状。但是没有人发现这个错误。具有讽刺意味的是，与其他许多美国国家航天局项目所不同的是，这一次并没有时间上的压力，而是有足够的时间来发现望远镜上的错误。实际上，镜片的研磨在 1978 年就开始了，直到 1981 年才抛光完毕。此后，由于"挑战者号"航天飞机的失事，完工后的哈勃望远镜又在地上待了两年。

美国国家航天局负责哈勃项目的官员，对望远镜制造中的细节根本不关心。事后航天局调查委员会的负责人说"至少有三处明显的证据说明问题的存在，但这三次机会都失去了"。

（案例来源：单凤儒《管理学基础》，2004）

思考：为什么哈勃太空望远镜项目失败了？

三、控制的作用

控制在维持组织战略计划执行、规范成员行为、弥补计划不足等方面有不可忽视的作用。

1. 贯彻计划意图

当计划者与执行者由于所负担的责任、所考虑的利益、所掌握的信息不一致时，对待计划目标就会有不同的态度。为了防止和纠正计划执行中出现的各种偏差，督促有关人员严格按照计划办事，这时就必须借助控制，确保计划得到近乎"不折不扣"的执行。

2. 补充计划的不足

计划是事先根据主观预测及既有知识拟定的，既不可能十分准确，也不可能想得那么周到。一旦计划脱离实际，就必须立即中止，着手调整或修正计划，并确保修订后的计划得到严格执行。所以，控制的目的在于修正计划，使计划更加符合实际。

3. 规范成员行为

许多组织失败不是因为计划不周或缺乏制度，而是控制不力，如有的组织财务方面失控，到处"跑、冒、滴、漏"，结果严重亏损。控制过程就是通过检查、监督和纠正偏差活动，限定了实现组织计划目标的基本程序、行为准则，从而建立起组织生产经营必需的正常秩序。

四、一般控制与管理控制的异同

管理控制与一般控制的共同之处：

①一个信息反馈过程。通过信息反馈，发现活动中存在的不足，促进系统进行不断的调整和改革，使其逐渐趋于稳定、完善，直至达到优化状态。

②两个前提条件：第一，计划指标在控制工作中转化为控制标准；第二，有相应的监督机构和人员。

③三个基本步骤：拟订标准、衡量成效和纠正偏差。

④一个有组织的系统。

管理控制与一般控制的不同之处：

①一般控制所面对的往往是非社会系统，如机械系统。其衡量成效和纠正偏差过程往往可以按照给定程序而自动进行。其纠正措施往往是在接收到反馈信息后即刻就付诸实施的。而在管理控制中，主管人员面临的是一个社会系统，其信息反馈、识别偏差原因、制定和纠正措施的过程比较复杂。

②一般控制的目的在于使系统运行的偏差不超出允许范围，维持系统活动在某一平衡点上。管理控制活动不仅要维持系统活动的平衡，而且还力求使组织活动有所前进、有所创新，使组织活动达到新的高度和状态，或者实现更高的目标。

五、控制的内容

控制的内容也就是控制的对象，美国管理学家斯蒂芬·P·罗宾斯将控制的内容归纳为对人员、财务、作业、信息、组织绩效、风险的控制。

（一）对人员的控制

组织的目标是要由人来实现的，员工应该按照管理者制订的计划去做。为了做到这一点，就必须对人员进行控制。对人员控制最常用的方法就是直接巡视，发现问题马上进行纠正。另一种方法是对员工进行系统化的评估。通过评估，对绩效好的予以奖励，使其维持或加强良好的表现；对绩效差的，管理者要采取相应的措施，以纠正出现的偏差。

（二）对财务的控制

为保证企业获取利润，维持企业正常的运作，必须进行财务控制。这主要包括审核各期的财务报表，以保证一定的现金存量，保证债务的负担不致过重，保证各项资产都得到有效的利用，等等。预算是最常用的财务控制标准，因此也是一种有效的控制工具。

（三）对作业的控制

所谓作业，就是指从劳动力、原材料等物质资源到最终产品和服务的转换过程。组织中的作业质量很大程度上决定了组织提供的产品和服务的质量，而作业控制就是通过对作业过程的控制来评价并提高作业的效率和效果，从而提高组织提供的产品或服务的质量。组织中常用的作业控制有：供应商控制、生产控制、质量控制、库存控制，等等。

（四）对信息的控制

随着人类步入信息社会，信息在组织运行中的地位越来越高，但不精确的、不完整的、不及时的信息会大大降低组织的效率。因此，在现代组织中对信息的控制显得尤为重要。对信息的控制就是建立一个管理信息系统，使它能及时地为管理者提供充分、可靠的信息。

（五）对组织绩效的控制

组织绩效是组织高层管理者控制的对象，组织目标的达成与否都从这里反映出来。无论是组织内部的人员，还是组织外部的人员，如证券分析人员、潜在的投资者、贷款银行、供应商以及政府部门都十分关注组织的绩效。一个组织的整体效果很难用一个指标来衡量，生产率、产量、市场占有率、员工福利、组织的成长性等都可能成为衡量的标准，关键是看组织的目标取向，即要根据组织完成目标的实际情况，并按照目标所设定标准来衡量组织的绩效。

（六）对风险的控制

风险控制是社会组织或者个人用以降低风险和消极结果的决策过程，通过风险识别、风险估测、风险评价，并在此基础上选择与优化组合各种风险管理技术，对风险实施有效控制和妥善处理风险所致损失的后果，从而以最小的成本收获最大的安全保障。

任务二　认识控制的类型和过程

任务目标

- 识别控制的类型。
- 掌握控制标准的含义、归纳标准制定的方法。
- 能阐明衡量绩效的方式。
- 能制定纠正偏差的方法。

一、管理控制的类型

管理控制按照不同标准分类，有诸多种类。本书仅介绍按照组织整个营运过程的分类，通常分为预先控制、现场控制和事后控制，如图 8 - 2 所示。

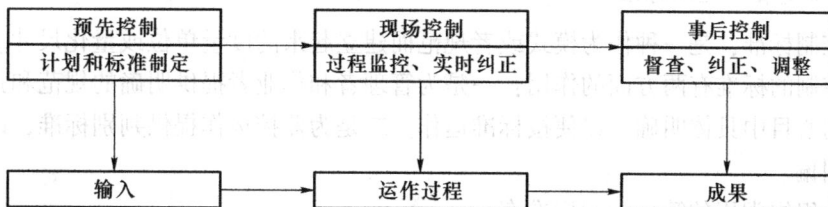

图 8 - 2　预先控制、现场控制和事后控制

1. 预先控制

预先控制，又称事前控制、前馈控制，指根据可靠、准确的信息，运用科学先进的方法，在组织营运之前，对营运中可能出现的潜在问题、产生的偏差进行预测和估计，并采取

防范措施，将营运中可能发生的问题消除在产生之前。例如，组织各类计划执行前，针对完成计划制定的系列规章制度、资源保证措施等，都属于预先控制的形式。

预先控制是事前控制，可避免事后造成的损失。预先控制适用于各领域和各组织的营运活动。预先控制对事不对人，是针对具体条件设置的控制防范措施，避免了因心理压力引起的冲突，易于被员工接受。但预先控制要求信息可靠、准确，领导者有洞察行业营运前景的能力。预先控制耗费成本较高。

2. 现场控制

现场控制，又称即时控制、过程控制，指在组织营运活动进行之中展开的控制，主要有监督、指正两项职能。监督是根据计划、标准检查正在进行的工作和现场的作业，以保证计划的完成、目标的实现；指正是管理人员针对工作、作业中出现的问题和偏差，用自己的知识和经验指导员工改进工作，帮助员工纠正作业中的偏差，使其完成计划，提高工作能力和作业技能。

现场控制，组织高层管理者用之较少，因为许多高层管理工作无法现场控制；基础管理者用之较多，主要用于对现场作业的控制。

3. 事后控制

事后控制，亦称反馈控制、成果控制，指将计划执行的结果与预期计划、标准进行对比，分析和评价，采取举措，改进控制方法，或者调整完善计划，修订控制标准。

事后控制虽然能总结过去，继往开来，但由于控制滞后性，造成的损失无法挽回。

不同的管理控制特点不同，作用也不同。在组织实际管理控制中，往往把几种控制类型有机地结合起来运作，以达到有效的控制。

二、控制的过程

虽然控制的类型多种多样，控制的对象也不尽相同，但控制的工作过程一般都要经过确定标准、衡量绩效、纠正偏差三个环节，如图 8 - 3 所示。

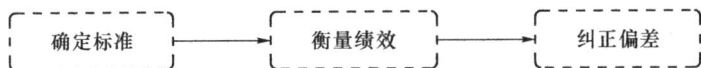

```
┌─────────┐      ┌─────────┐      ┌─────────┐
│  确定标准  │ ───> │  衡量绩效  │ ───> │  纠正偏差  │
└─────────┘      └─────────┘      └─────────┘
```

图 8 - 3　控制的一般过程

（一）确定管理控制标准

管理控制标准，是一种作为模式或者规范而建立起来的度量单位或量化尺寸。

管理控制的标准有两方面的作用：一是为管理者和作业者提供明确的规范和指标，使计划在他们的心目中具体明确，以便按标准运作。二是为监控运作提供判别标准，以便及时发现偏差和纠偏。

目前，组织常用的管理控制标准有：

（1）实物标准，如原料、燃料、劳动力、合格产品数量等。

（2）成本标准，指以货币度量的耗费标准。

（3）资本标准，指组织的投资者投入的自有资本或者借贷资本的标准，及其两者的比例。

（4）收益标准，如利润等期望值。

（5）时间标准，指组织的一切运作活动的时限。

（6）作业标准，如运作中的技术、工艺和加工对象限值等标准。

（二）制定管理控制标准的方法

控制的对象不同，为其建立标准的方法也相异。一般来说，企业建立标准的方法有三种。

1. 统计分析法

统计分析法是通过对企业历史上各个时期的营运数据进行分析，然后为未来营运建立标准。这些数据可能来自本企业的历史统计，也可能来自其他企业的经验。据此建立的标准，可能是历史数据的平均数，也可能是高于或低于平均数的某个数。

利用本企业的历史统计资料为某项工作确定标准，成本低，简便易行。但是，据此制定的标准可能低于同行业的最佳水平，或者是平均水平。此情况下，即使企业的各项工作都达到了标准的要求，但也可能造成劳动生产率的相对低下，制造成本的相对高昂，从而造成经营成果和竞争能力劣于竞争对手。为了克服这种局限性，在根据历史性统计数据制定未来工作标准时，应充分考虑到行业的平均水平，并研究竞争对手的运作战略和经验。

2. 经验评估法

若统计资料缺乏，也可以根据管理人员的经验、判断和评估，来为之建立标准。利用这种方法建立标准时，要注意利用各方面管理人员的知识和经验，综合大家的判断，使制定的标准先进合理。此法运用较广，简便易行。但凭经验之举，往往科学性不足。

3. 工程测量法

工程测量法是通过对工作情况进行客观的定量分析来制定控制标准。例如，机器的产出标准，是其设计者依据正常情况设计的最大产出量；工人操作标准是技术人员在对构成作业各项动作和要素的客观统计与分析的基础上，经过消除、改进和合并而确定的标准；劳动时间定额是受过训练的普通工人以正常速度按照标准操作方法，对产品或零部件进行某个（些）工序的加工所需的平均必要时间。此法制定的控制标准较准确，但一般成本高，耗时长。

（三）衡量绩效

组织在制定管理控制标准后，管理人员和全体员工就应该严格按计划、标准进行作业。其过程由于各种原因，会产生偏离计划、标准的误差，这就需要管理者和作业人员及时按计划、标准监控和度量。

1. 明确衡量的手段和方法

设置监测机构，落实进行衡量和检查的人员。准确的测定结果，必须凭借切实可行的测定手段。例如，可以到现场观察，也可以根据会计或统计系统提供的数据，还可以组织专项考察等。测定方法的选择首先要考虑控制对象。对于诸如质量、成本、库存等控制，主要利用书面报告；生产进度控制除了根据统计报表外，还要召开生产例会了解情况；安全控制常要借助于仪表及工业电视，还需要巡视检查；至于行为控制就必须到现场亲自观测。为了获取较全面、准确的信息，应当将几种测定方法与手段结合使用，特别是应当积极开发管理信息系统。

2. 确定衡量的频率

衡量频率是指对被控制对象多长时间进行测量和评定。对影响某种结果的要素或活动过于频繁的衡量，不仅会增加控制的费用，而且可能引起有关人员的不满，从而影响他们的工作态度；而检查和衡量的次数过少则可能使许多重大的偏差不能被及时发现，从而不能及时采取措施。因此，以什么样的频度，在什么时候对某种活动的绩效进行衡量，这取决于被控制活动的性质。例如，对产品的质量控制常常需要以小时或以日为单位进行，而对新产品开发的控制则可能只需要以月为单位进行就可以了。

3. 度量比较

在获得各种营运和操作信息后，要及时与计划、标准进行分析比较，然后予以处理。

（1）符合计划的处理。

符合计划、达到标准及在限差内的，要注意分析成功的原因，总结交流经验，表彰做得好的员工，为后续时期制订计划、标准积累经验和参考资料。

（2）不符合计划的情况。

不符合计划和不达标准及其限差的要分析原因。其原因有的是组织结构和人员的水平，有的是计划、标准制定不科学、不客观，有的是所需资源不到位和分配不当，有的是设备工装本身的不到位，有的是受组织外环境的作用所致。同时要分析各种偏差的程度和对运作绩效的影响程度，分清轻重，提出解决措施。

（四）纠正偏差

在度量比较找出偏差产生的原因及影响程度的基础上，就要采取措施纠正偏差。

1. 纠正计划和标准上的偏差

（1）修改计划。

由于制订计划依据的信息有误，或对自身力量估计不足，或者由于外界环境的变化等造成计划不科学、不客观，所以决策目标和制订的计划可能过高或偏低。过高难以达到，偏低浪费各种资源。如某公司按实际每年可供应市场 15 万辆小汽车，而计划定为 20 万辆或 10 万辆，就应重新评估。

（2）调整标准。

在制定标准中，由于对产品设计、员工、工装设备、供应等认识、判断有误，可能造成标准偏高或偏低，因此应有针对性地予以调整。如盲目追求产品多功能，增加了不必要的功能，工装设备和员工操作水平难以完成，就应调整标准，减少设计功能，改进工装，增加设备，培训员工。

2. 纠正生产经营中的偏差

（1）纠正操作中的人为偏差。

对人为疏漏造成的偏差，应及时纠偏。例如，针对人员水平不够的问题，应组织专门培训。再如，针对车削丝杆产生的超差问题，质管人员应分析是刀具问题还是设备问题，然后帮助纠正。

（2）纠正实际工作不合理造成的偏差。

在组织的实际运作中，资源分配不当、工装设备配置不妥、设备加工分工不明确、工序衔接不合理等，也会造成工作或作业的偏差，因此应有针对性地纠偏。如不同类型的车床，同时分配加工几种零件，而没有按车床的加工能力分配最宜于加工的零件，出现"大马拉小车，小马拉大车"的不当安排，应该对加工零件进行归类，然后分配宜于加工的车床加工。

上述三个阶段有机地组成管理控制的过程，三者往往不能绝对分开，如在现代化管理的大型炼钢、造纸、石油、电力等企业，已实现了在控制中心指挥生产和控制，当有故障和不符标准时，就亮红色信号，指示排障和纠偏。

任务三 熟悉控制的方法

任务目标

- 复述人员控制的程序。
- 区别财务控制的方式。
- 归纳作业控制的类型，能计算简单库存。
- 举例说明信息控制、风险控制。
- 解释绩效控制的常用方法。

企业管理实践中运用着多种控制方法，管理人员除了利用现场巡视、监督或分析、传送工作报告等手段进行控制外，还经常借助人员控制、财务控制、作业控制等方法。

一、人员控制

不管是管理工作还是作业活动都需要靠人来完成，人是管理工作的核心。

人员控制是指运用挑选员工、培训、职位设计、绩效考核等一系列控制方法，使员工敬业并且自觉地做好工作。人员控制是其他控制方法有效运行的基础。

人员控制有四个基本功能：

- 使员工清楚企业目标和行为标准，知道企业期望员工做什么。
- 确保员工拥有完成其工作岗位所需的能力（如经验和才智）和资源（如信息和时间）。
- 降低了员工发生错误、舞弊、贪污、偷懒行为的可能性。
- 促进员工进行自我控制、自我监督。

（一）人员控制的特点

1. 直接成本小

之所以将人员控制放在首要地位，是因为与结果控制、过程控制等其他控制方法相比，人员控制具有相对较小的副作用和相对较低的直接成本，易于操作。

2. 小型、创业型企业的人员控制最有效

在企业生命周期的四个阶段中（初创期、成长期、成熟期和衰退期），初创期企业可能没有足够的人力、财力去建立正规的内部控制。企业规模较小，进行人员控制反而是最有效的。

3. 人员控制是其他控制的基础

人员素质和胜任能力决定了其他控制方法的有效程度，如果企业员工素质低下，行为控制、结果控制手段可能不会产生预期的效果。

一方面，任何规章制度都不可能是绝对完美、面面俱到的，如果企业员工素质低下，员工可能挖空心思地考虑如何"钻空子"；另一方面，即使规章制度是健全的，素质低下的企业员工完全可以互相串通、合谋进行舞弊，使得这些控制方式效果大为降低。

（二）人员控制程序

人员控制是企业内部控制的重要环节，而人员控制的重点在于绩效的考核。由于此部分内容和人力资源关系密切，属于人力资源管理的范围。所以，本节只介绍人员控制中的人员使用与退出流程，其他内容不再赘述。

员工的绩效考核流程控制：

（1）人力资源总监制定适合企业发展战略的绩效考核政策和考核标准。

（2）由职能部门上报工作计划。

（3）人力资源部经理根据各部门工作计划制订《绩效考核计划》。

（4）人力资源部经理将审批后的《绩效考核计划》发放至各部门。

（5）各部门按照《绩效考核计划》实施绩效考核。

（6）各部门将绩效考核结果上报后，人力资源部经理会同各部门进行评估和沟通，对考核结果进行修订。

（7）人力资源部经理编制《绩效考核报告》。

（8）《绩效考核报告》审批通过后公布绩效考核结果。

绩效考核流程如图8-4所示。

二、财务控制

几乎所有的企业活动都可以进行财务控制。涉及财务的控制一般有预算和审计。

（一）预算控制

所谓预算，就是用数字、特别是用财务数字的形式来描述企业未来的活动计划，它预估了企业在未来时期的经营收入和现金流量，同时也为各部门的各项活动规定了在资金、劳动、材料、能源等方面的支出的额度。

预算控制就是根据预算规定的收入与支出标准来检查和监督各个部门的生产经营活动，以保证各种活动或各个部门在完成既定目标、实现利润的过程中对经营资源的利用，从而使费用支出受到严格有效的约束。

1. 编制预算

为了有效地从预期收入和费用两个方面对企业经营全面控制，不仅需要对各个部门、各项活动制定分预算，而且要编制企业全面预算。

●分预算是按照部门和项目来编制的，它详细说明了相应部门的收入目标或费用支出的标准，规定了他们在生产活动、销售活动、采购活动、研究开发活动或财务活动中筹措和利用劳动力、资金等生产要素的标准。

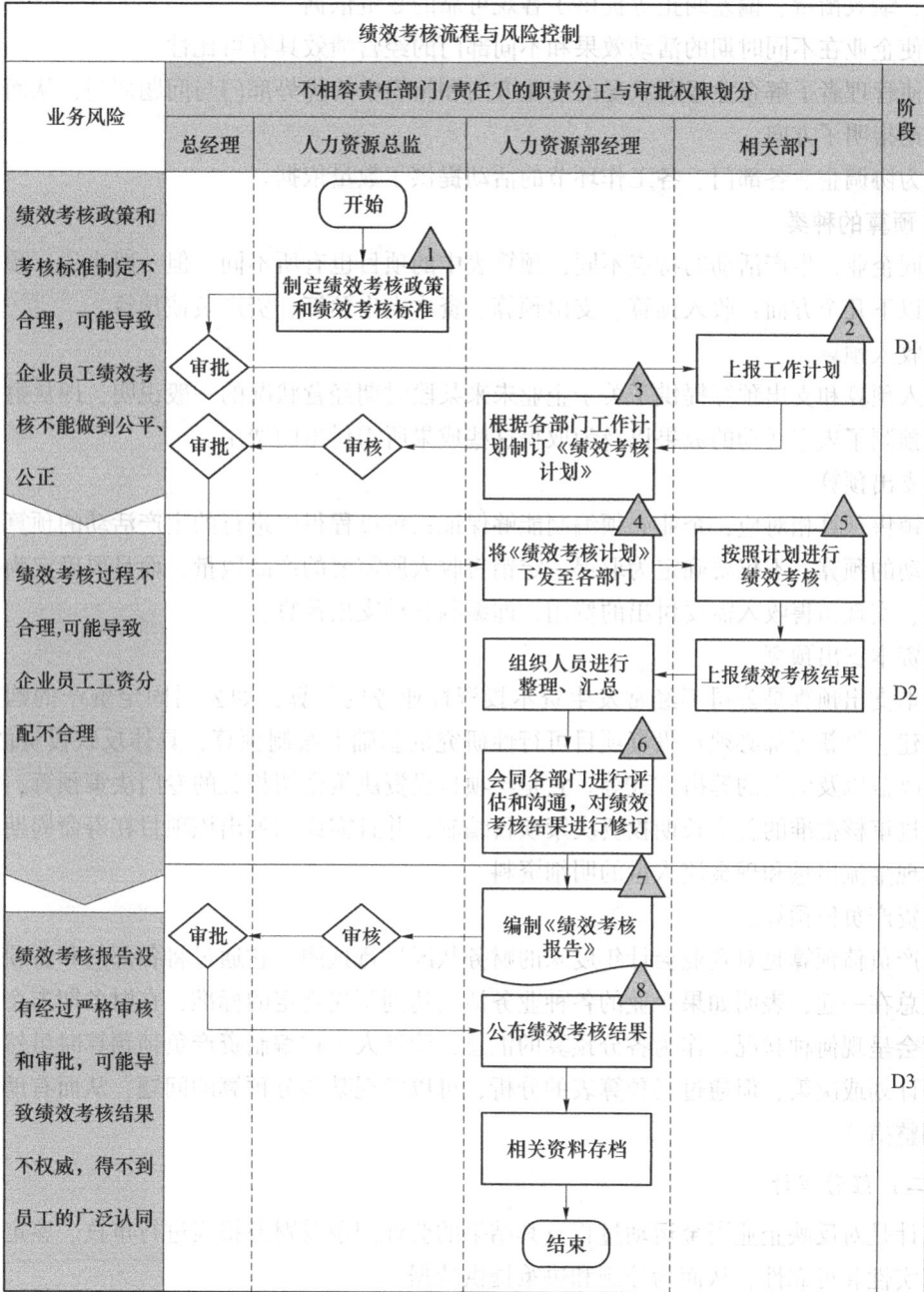

图8-4　绩效考核流程

● 全面预算是在对所有部门或项目分预算进行综合平衡的基础上编制而成的，它概括了企业相互联系的各个方面在未来时期的总体目标。只有编制了全面预算才能进一步明确组织各部门的任务、目标、制约条件以及各部门在活动中的相互关系，从而为正确评价和控制各部门的工作提供客观的依据。

2. 预算的作用

预算的实质是用统一的货币单位为企业各部门的各项活动编制计划，因此它为企业的经营控制、绩效衡量、偏差纠正等提供了客观可靠的数量依据。

●使企业在不同时期的活动效果和不同部门的经营绩效具有可比性。

●使管理者了解企业经营状况的变化方向和组织中的优势部门与问题部门，从而为调整企业活动指明了方向。

●为协调企业各部门、各工作环节的活动提供了数量依据。

3. 预算的种类

不同企业，生产活动的特点不同，预算表中的项目也有所不同。但一般来说，预算内容要涉及以下几个方面：收入预算、支出预算、资本支出预算、资产负债预算。

●收入预算。

收入预算和支出预算提供了关于企业未来某段时期经营状况的一般说明，即从财务角度计划和预测了未来活动的成果以及为取得这些成果所需付出的费用。

●支出预算。

与销售预算相对应，企业必须编制能够保证销售过程得以进行的生产活动的预算。关于生产活动的预算，不仅要确定为取得一定销售收入所需要的产品数量，而且要确定为得到这些产品、实现销售收入需要付出的费用，即编制各种支出预算。

●资本支出预算。

资本支出预算是公司不经常发生资本投资性业务的预算，如公司固定资产的购置、扩建、改建、更新等都必须在投资项目可行性研究的基础上编制预算，具体反映投资的时间、规模、收益以及资金的筹措方式等。它是与项目投资决策密切相关的专门决策预算，它主要根据经过审核批准的各个长期投资决策项目编制，并且需详细列出该项目在寿命周期内各个年度的现金流出量和现金流入量的明细资料。

●资产负债预算。

资产负债预算是对企业会计年度末的财务状况进行预测。它通过将各部门和各项目的分预算汇总在一起，表明如果企业的各种业务活动达到预先规定的标准，在财务期末企业资产与负债会呈现何种状况。作为各分预算的汇总，管理人员在编制资产负债预算时虽然不需做出新的计划或决策，但通过对预算表的分析，可以发现某些分预算的问题，从而有助于及时采取调整措施。

（二）经营审计

审计是对反映企业资金运动过程及其结果的会计记录及财务报表进行审核、鉴定，以判断其真实性和可靠性，从而为控制和决策提供依据。

1. 外部审计

外部审计是由外部机构（如会计师事务所）选派的审计人员对企业财务报表及其反映的财务状况进行独立的评估。为了检查财务报表及其反映的资产与负债的账面情况与企业真实情况是否相符，外部审计人员需要抽查企业的基本财务记录，以验证其真实性和准确性，并分析这些记录是否符合公认的会计准则和记账程序。

2. 内部审计

内部审计提供了检查现有控制程序和方法能否有效保证达成既定目标、执行既定政策的手段。例如，制造质量完善、性能全面的产品是企业孜孜以求的目标，这不仅要求利用先进的生产工艺、高质量的工作，而且对构成产品的基础——原材料提出了相应的质量要求。这样，内部审计人员在检查物资采购时，就不仅限于分析采购部门的账目是否齐全、准确，而且试图测定材料质量是否达到要求。

内部审计为经营控制提供了大量的有用信息，但其局限性表现在：

（1）内部审计可能需要很多的费用，特别是进行深入、详细的审计。

（2）内部审计不仅要搜集事实，而且需要解释事实，并指出事实与计划的偏差所在。要既能很好地完成这些工作，又不引起被审计部门的不满。应对审计人员进行专门的技能训练。

（3）即使审计人员具有必要的技能，仍然会有许多员工认为审计是一种"密探"或"检查"工作，从而在心理上产生抵触情绪。如果审计过程中不能进行有效的信息和思想沟通，那么可能会对组织活动带来负激励效应。

（三）管理审计

外部审计主要核对企业财务记录的可靠性和真实性。内部审计在此基础上对企业政策、工作程序与计划的遵循程度进行测定，并提出必要的改进企业控制系统的对策建议，管理审计的对象和范围则更广。它是一种对企业所有管理工作及其绩效进行全面系统的评价和鉴定的方法。管理审计虽然也可组织内部的有关部门进行，但为了保证某些敏感领域得到客观的评价，企业通常聘请外部的专家来进行。

管理审计的方法是利用公开记录的信息，从反映企业管理绩效及其影响因素的若干方面将企业与同行业其他企业或其他行业的著名企业进行比较，以判断企业经营与管理的健康程度。

（四）比率分析

单个地去考虑反映经营成果的某个数据，往往不能说明任何问题。企业本年度盈利100万元，某部门本期生产了5 000个单位产品，或本期人工支出费用为85万元，这些数据本身没有任何意义。只有根据它们之间的内在关系，相互对照分析才能说明某个问题。

财务比率及其分析可以帮助我们了解企业的偿债能力和盈利能力等财务状况。

● 流动比率。

流动比率是企业的流动资产与流动负债之比，它反映了企业偿还需要付现的流动债务的能力。一般来说，企业资产的流动性越大，偿债能力就越强；反之，偿债能力则弱，就会影响企业的信誉和短期偿债能力。

● 速动比率。

速动比率是流动资产和存货之差与流动负债之比。该比率和流动比率一样是衡量企业资产流动性的一个指标。当企业有大量存货且这些存货周转率低时，速动比率比流动比率更能精确地反映客观情况。

● 负债比率。

负债比率是企业总负债与总资产之比，它反映了企业所有者提供的资金与外部债权人提供的资金的比率关系。

● 盈利比率。

盈利比率是企业利润与销售额或全部资金等相关因素的比例关系，它反映了企业在一定时期从事某种经营活动的盈利程度及其变化情况。

三、作业控制

我们可以把企业看成这样一个动态的作业过程：企业首先获得原材料、零部件、劳动力等资源，经过企业系统的转换和运营，生产出有形的产品或无形的劳务。在这个过程中，为了达到企业预定的目标，必须对企业的经营管理活动进行控制。事实上，控制活动贯穿于上述整个过程，即管理人员需要对原材料、零部件、劳动力等投入进行控制，需要对企业系统的转换和运营进行控制，也需要对有形的产品或无形的劳务进行控制。本节着重讨论与投入活动相关的对供应商的控制、成本控制和库存控制，以及与产出相关的质量控制。

（一）对供应商的控制

毫无疑问，供应商为本企业提供了所需的原材料或零部件，根据波特竞争力模型，它们是企业的竞争力量之一。供应商供货及时与否、质量的好坏、价格的高低，都会对本企业最终产品产生重大影响。因此，对供应商的控制可以说是从企业运营的源头抓起，能够起到防微杜渐的作用。以下是几种常见的供应商控制方法。

●在全球范围内选择供应商，这样能够有保障地获得高质量、低价格的原材料，同时也可避免只选择少数几个供应商可能构成的威胁。大型公司多采用这种方法。

●改变与供应商之间的竞争关系，建立长期的、稳定的、合作的双赢局势。传统的做法是在十余家甚至数十家供应商中进行选择，鼓励他们互相竞争，从中选取能够提供低价格、高质量产品的供应商。现在企业在更广范围内挑选供应商，但是，一旦选定两三家供应商，就和他们建立长远的、稳定的联系，并且帮助供应商提高原材料的质量，降低成本。这时企业和供应商就形成相互依赖、相互促进的新型关系，双方都降低了风险，提高了效益，真正做到了双赢。

●持有供货商一部分或全部股份，或由本企业系统内部的某个子企业供货。这常常是跨国公司为保证货源而采用的做法。很多日本的大型企业采用这种方法控制供货商。

（二）成本控制

成本控制就是指以成本作为控制的手段，通过制定成本总水平指标值、可比产品成本降低率以及成本中心控制成本的责任等，达到对经济活动实施有效控制的目的的一系列管理活动与过程。

1. 成本控制的内容

成本控制的内容非常广泛，但是，这并不意味着事无巨细地平均使用力量。成本控制应该有计划、有重点地区别对待。不同企业有不同的控制重点。控制内容一般可以从成本形成过程和成本费用分类两个角度加以考虑。

从成本形成过程来考虑，包括产品投产前的控制、制造过程中的控制、流通过程中的控制。

（1）产品投产前的控制。

这部分控制内容主要包括产品设计成本、加工工艺成本、物资采购成本、生产组织方式、材料定额与劳动定额水平等。这些内容对成本的影响最大，可以说产品总成本的60%取决于这个阶段的成本控制工作的质量。这项控制工作属于事前控制方式，在控制活动实施时真实的成本还没有发生，但它决定了成本将会怎样发生，它基本上决定了产品的成本水平。

（2）制造过程中的控制。

制造过程是成本实际形成的主要阶段。绝大部分的成本支出在这里发生，包括原材料、人工、能源动力、各种辅料的消耗、工序间物料运输费用、车间以及其他管理部门的费用支出。投产前控制的种种方案设想、控制措施能否在制造过程中贯彻实施，大部分的控制目标能否实现和这阶段的控制活动紧密相关，它主要属于始终控制方式。由于成本控制的核算信息很难做到及时，会给事中控制带来很多困难。

（3）流通过程中的控制。

流通过程的成本包括产品包装、厂外运输、广告促销、销售机构开支和售后服务等费用。在目前强调加强企业市场管理职能的形势下，很容易不顾成本地采取种种促销手段，反而抵消了利润增量，所以也要做定量分析。

从成本费用分类来考虑，包括原材料成本控制、工资费用控制、制造费用控制、企业管理费控制。

（1）原材料成本控制。

在制造业中，原材料费用占总成本的很大比重，一般在 60% 以上，高的可达 90%，是成本控制的主要对象。影响原材料成本的因素有采购、库存费用、生产消耗、回收利用等，所以控制活动可从采购、库存管理和消耗三个环节着手。

（2）工资费用控制。

工资在成本中占有一定的比重，增加工资又被认为是不可逆转的。控制工资与效益同步增长，减少单位产品中工资的比重，对于降低成本有重要意义。控制工资成本的关键在于提高劳动生产率，它与劳动定额、工时消耗、工时利用率、工作效率、工人出勤率等因素有关。

（3）制造费用控制。

制造费用开支项目很多，主要包括折旧费、修理费、辅助生产费用、车间管理人员工资等，虽然它在成本中所占比重不大，但因不引人注意，浪费现象十分普遍，是不可忽视的一项内容。

（4）企业管理费控制。

企业管理费指为管理和组织生产所发生的各项费用，开支项目非常多，也是成本控制中不可忽视的内容。上述这些都是绝对量的控制，即在产量固定的假设条件下使各种成本开支得到控制。在现实系统中还要达到控制单位成品成本的目标。

例 8.1　某企业本月生产甲产品的投入情况：原材料费用 15 000 元；人工费用 3 500 元；制造费用 1 000 元；本月完工产品 150 件，月末无在产品。要求：计算甲产品完工产品成本和单位产品成本。

解答：

（1）完工产品成本 = 料 + 工 + 费 = 15 000 + 3 500 + 1 000 = 19 500（元）

（2）完工产品单位成本 = 19 500 ÷ 150 = 130（元）

2. 成本控制的方法

（1）目标成本管理。

目标成本法是一种以市场为主、以顾客需求为导向，在产品规划、设计阶段就着手努力，运用价值工程，进行功能成本分析，达到不断降低成本、增强竞争能力的一种成本管理方法。

目标成本计算法的思路是建立一种通过具有竞争性的市场价格的估算而得出的目标成本，以便使人们从期望的竞争状态回到能保证目标利润实现的经营成本和生产效率上来。目标成本计算应以顾客为导向，它以顾客认可的价格、功能、需求量等因素作为出发点。正是由于这个原因，目标成本计算又称为"价格驱动成本计算"，它与传统的"成本加成计算价格"相对应。

目标成本管理的关键在于确定目标成本，成本预测可以采取以下方法：

● 扣除法。首先确定企业的目标利润，然后再从产品销售价格中扣除应缴纳的产品销售税金和本单位目标利润，其余额就是需要努力实现的目标成本。

● 经验估算法，也叫调查研究法。它是对同样产品，采取同行业先进企业以及本企业的历史先进水平或上年度的实际成本，结合在计划期内各种变化的因素进行分析研究，根据预测成本降低的可能性及其保证程度，估算出产品目标成本。

● 高低点法。根据成本习性将企业成本分为固定成本和变动成本，用一定时期历史资料的最高业务量与最低业务量的总成本之差与两者业务量之差进行对比，先求出单位变动成本，然后再求得固定成本总额的方法。

● 回归分析法。根据过去若干期的成本资料，利用最小二乘法，计算出回归直线，确定固定成本和变动成本，然后再进行成本预测。

（2）作业成本管理。

作业成本法又称 ABC 成本法、作业成本计算法或作业量基准成本计算法，是以作业为核心，确认和计量耗用企业资源的所有作业，将耗用的资源成本准确地计入作业，然后选择成本动因，将所有作业成本分配给成本计算对象（产品或服务）的一种成本计算方法。作业成本法的指导思想是："成本对象消耗作业，作业消耗资源"。作业成本法把直接成本和间接成本（包括期间费用）作为产品（服务）消耗作业的成本同等地对待，拓宽了成本的计算范围，使计算出来的产品（服务）成本更准确、真实。

作业成本法是以作业消耗资源和产品消耗作业为基本前提，以作业作为核算对象，依据资源驱动因素将资源成本分配到作业中心，再将作业中心以作业驱动因素为基础追踪到产品成本，从而计算出各种产品的总成本和单位成本。作业成本的计算过程如图 8 - 5 所示。

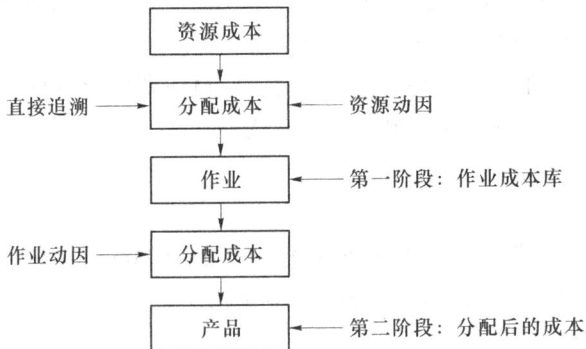

图 8 - 5　作业成本的计算过程

（3）责任成本控制。

责任成本是指特定的责任中心（如某一部门、单位或个人）在其所承担的责任范围内所发生的各种耗费。从实质上来说，责任成本制度是企业内部的一种管理制度。具体说，就是要按照企业生产经营组织系统，建立责任成本中心，按成本责任的归属进行成本信息的归集、控制和考核，从而将经济责任落实到各部门、各单位和具体执行人。责任成本控制主要包括下列内容：

①建立责任中心。实行责任成本制度，要求企业根据其组织结构特点按照分工明确、权责分明、业绩易辨的原则，合理划分责任中心。

②建立内部结算制度。内部结算是指在企业内部模拟银行结算方式，对各责任单位的经济事项运用货币形式进行交换的管理方式。建立这种制度的目的，是为企业内部各责任中心之间转移产品或劳务确定合理的内部价格，为各责任中心考核提供依据。

③编制责任预算。责任预算是企业总预算在各个责任中心进行合理划分而编制的预算。作为责任会计的重要环节，责任预算具有重要作用，它是控制企业及各责任单位活动的标准，是考评各责任单位业绩的依据，也是提高企业管理水平的手段。

④进行责任控制。责任控制是责任会计的重要内容之一，是以各责任单位的责任指标为基础，以责任预算为依据，对生产经营过程中的收入、成本、利润、资金预算执行情况进行控制。各责任中心应实行自上而下的控制，各责任中心也应加强自我控制。

⑤建立健全责任成本核算制度。为了及时报告责任中心责任预算的执行情况，分析实际与预算的差异，企业应建立健全一套完整的责任成本核算制度。

⑥进行责任考核。可以根据责任中心的业绩报告，分析与其责任预算的差异，并查明原因，实行奖惩。通过评价和考核，可以总结成功的经验，查找存在的缺陷，为下一期预算编制提供参考资料。责任成本考核应公平合理，不但能激励各责任中心的积极性，也能通过适当的惩罚约束和控制不当行为，以实现责任中心权责利的统一。

（4）标准成本控制。

标准成本法亦称标准成本系统、标准成本会计，是指围绕标准成本的相关指标而设计的，将成本的前馈控制、反馈控制及核算功能有机结合而形成的一种成本控制系统。标准成本系统最初产生于 20 世纪 20 年代的美国，随着其内容的不断发展和完善，被西方国家广为采用，目前已成为企业日常成本管理中应用最为普遍和有效的一种控制手段。

一个完整的标准成本系统，主要由标准成本的制订、成本差异的计算与分析和成本差异的处理三部分组成。实施标准成本系统一般有以下几个步骤：

①根据企业实际情况，结合生产特点制定单位产品标准成本。

②比较实际产量和单位产品标准成本，计算实际成本。

③通过标准成本和实际成本的比较，分析成本差异的原因。

④进行标准成本及成本差异的账务处理（纳入会计簿记体系的单位才有）。

⑤向成本负责人提供成本控制报告，评价考核各责任部门、人员的业绩。

案例分析

沃尔玛的成本控制

沃尔玛是如何成为世界 500 强的？有人认为是沃尔玛的竞争力，有人认为是物流配送，有人认为是增值服务。

应该是沃尔玛有主导竞争力的成本控制能力。

那么沃尔玛成功的原因到底是什么呢？一些专家研究得出的结果是，沃尔玛的竞争优势在于价格的优势——天天低价，不过，天天低价是价格属性，不是产品，不是服务，不是环境，而是价格。

在沃尔玛的五项竞争能力中，最为核心的是成本控制能力，其他的业态创新能力、快速扩张能力、财务运作能力和营销管理能力，都是围绕着成本控制能力来运行的，这五个能力最终都在不同的方面节省沃尔玛的整个运营成本，都是为运营成本服务的，为竞争优势服务的。

1. 天天低价源于成本控制

零售企业的竞争力应该包括三个层次：表现层（竞争的优势）、中间层（竞争的能力）、核心层（竞争的资源）。提升零售企业竞争力也要从这三个层次入手，这三个层次中每一个层次都是不可缺少的。

一是表现层，即竞争优势，它是企业竞争能力的外在表现。其要素都是顾客可以直接感知的，如产品质量、服务实现诺言、价格诚实、沟通守信、分销便利和环境舒适等。

二是中间层，即竞争能力，它是竞争优势形成的内在原因，包括业态创新能力、店铺扩张能力、营销管理能力、成本控制能力和财务运作能力等方面。

三是核心层，即竞争资源，它是竞争能力形成的关键因素，包括企业的人员、设备和企业所拥有的业务流程、制度和文化。

2. 成本控制源于竞争资源

沃尔玛的成本控制能力最终来源于什么？应该来源于竞争资源，也就是说企业资源是围绕着控制成本进行运行的。

有人问过沃尔玛全球总裁李斯阁：沃尔玛成功的因素是什么？李斯阁给出这样一个回答：成功的因素在于配送中心、信息系统和企业文化。

同时，沃尔玛的低成本的业务流程是非常重要的。低成本业务流程就是围绕低成本运行形成一个业务流程，比如说低成本采购、批量采购、集中订货，这使它的成本大大降低。沃尔玛有自己的配送系统，因此实现了低成本的店铺配送。低成本配送保证了低价格销售，低价格销售使销售量大大增加，销售量增加使得采购量增加，采购量的增加又回到低成本采购上，这样就形成了业务流程低成本运行。

沃尔玛的信息系统建设累计已经达到 7 亿美元了，很多扫描系统都是在全球零售业中最早开始用的。不断进行信息系统的开发和建设，使沃尔玛总部在一个小时之内就可以对全球的店铺库存和销售情况完成盘点，可以及时了解到销售情况，也可以使厂商了解自己的产品卖得如何，使商场和厂家的库存大大降低，利润增加。

3. 制度文化的核心是控制成本

沃尔玛是有独特的组织制度和文化的，不过这些制度和文化本质上是为控制成本服务的。

沃尔玛要求员工忠于顾客。忠于顾客的内涵就是提供有价值的商品给顾客，忠于顾客的外延就是实行天天低价，为顾客节省每一分钱。

这不仅仅是制度，早已经成了沃尔玛的文化。

沃尔玛在企业和员工间建立了伙伴关系。每一位员工都是沃尔玛的合伙人，是伙伴关系的外延，每个员工在退休的时候会分享一部分利润分成，另外，也可以以比较低的价格买沃尔玛的股份。

（案例来源：http：//www.chinaacc.com/new/635_652_/2009_8_13_le62151847493189002115688.shtml）

思考：沃尔玛竞争力的来源是什么？沃尔玛是采取什么方法进行成本控制的？

（三）库存控制

对库存的控制主要是为了减少库存，降低各种占用，提高经济效益。管理人员使用经济订购批量模型计算最优订购批量，使所有费用达到最小。这个模型考虑三种成本。

一是订购成本，即每次订货所需的费用（包括通信、文件处理、差旅、行政管理费用等）。

二是保管成本，即储存原材料或零部件所需的费用（包括库存、利息、保险、折旧等费用）。

三是总成本，即订购成本和保管成本之和。

当企业在一定期间内总需求量或订购量为一定时，如果每次订购的量越大，则所需订购的次数越少；如果每次订购的量越小，则所需订购的次数越多。对第一种情况而言，订购成本较低，但保管成本较高；对第二种情况而言，订购成本较高，但保管成本较低。通过经济订购批量模型，可以计算出订购量多大时，总成本（订购成本和保管成本之和）为最小。如图 8-6 所示。

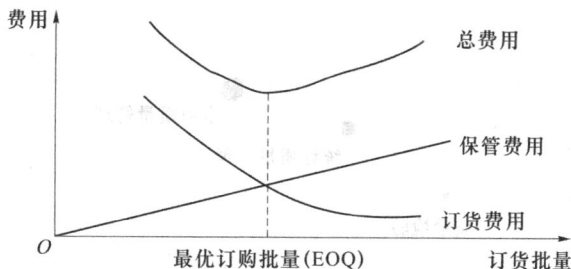

图 8-6　经济订购批量模型

假定企业在某段时期内总需求量为 D，每次订购所需的费用为 O，库存物品单价为 P，保管成本与全部库存物品价值之比为 C，则最优订购批量（EOQ）为

$$EOQ = \sqrt{\frac{2 \times D \times O}{P \times C}}$$

假设某企业一年对某种材料的总需求量为 5 000 件，每件价格为 20 元，每次订购所需的费用为 250 元，保管成本与全部库存物品价值之比为 12.5%，则最优订购批量为

$$EOQ = \sqrt{\frac{2 \times 5\,000 \times 250}{20 \times 0.125}} = 1\,000 \text{（件）}$$

因此，一年最优订购批量为 5 次，每次 1 000 件，此时，订购成本为 1 250 元，保管成本为 1 250 元，总成本最低为 2 500 元。

一般来说，企业除了最优订购批量外，为了预防万一会保留一个额外的储存量，这个储存量被称为安全库存。

日本企业发明了一种准时制库存系统，其目标是实现零库存。它的基本思路是企业不储备原材料库存，一旦需要时，立即向供应商订购，由供应商保质保量按时送到，生产继续进行下去。准时制库存系统的具体做法如下：企业收到供应商送来的装有原材料的集装箱，卸下其中的原材料准备用于生产装配，同时把箱中的看板交回给供应商；供应商接到看板后立即进行生产，并将新生产出来的原材料再送来。如果双方衔接的好的话，这时，上次的原材料刚好用完。

准时制库存系统可以减少库存，降低成本，提高效益。但是，该种方法对供应商提出了很高的要求。供应商必须在规定的时间，按照规定的质量和数量，将原材料或零部件生产出来，并且准确无误地运输到规定的地点。但是，许多研究指出准时制库存系统事实上将库存及带来的风险转嫁给了供应商，供应商所能做的是自己消化或再次转嫁给那些为自己供货的供应商。另外，准时制库存系统对企业选择和控制供应商提出了更高的要求。

（四）质量控制

所谓的质量有广义和狭义之分。狭义的质量指产品的质量；而广义质量除了涵盖产品质量外，还包括工作质量。

• 产品质量主要指产品的使用价值，即满足消费者需要的功能和性质。这些功能和性质具体表现为下列五个方面：性能、寿命、安全性、可靠性和经济性。

• 工作质量主要指在生产过程中，围绕保障产品质量而进行的质量管理工作的水平。

迄今为止，质量管理和控制已经经历了三个阶段，即质量检验阶段、统计质量管理阶段和全面质量管理阶段，如图 8 - 7 所示。

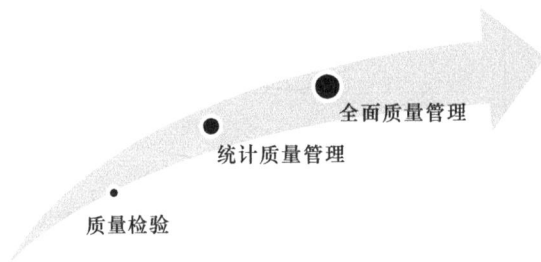

图 8 - 7　质量管理发展经历的三个阶段

质量检验阶段大约在 20 世纪 20 至 40 年代，工作重点为产品生产出来之后的质量检查。统计质量管理阶段在 20 世纪 40 至 50 年代，管理人员主要采用统计方法对生产过程加强控制，提高产品的质量。

从 20 世纪 50 年代开始的全面质量管理阶段以保证产品质量和工作质量为中心，企业全体员工参与质量管理。它具有多指标、全过程、多环节和综合性的特征。如今，全面质量管理已经形成一整套管理理念，风靡全球。

案例分析

全面质量管理常用的 PDCA 循环工作流程

"PDCA 循环"流程的基本内容是在做某事前先制订计划然后按照计划去执行，并在执行过程中进行检查和调整，在计划执行完成时进行总结处理。美国人戴明把这一规律总结为"PDCA 循环"。PDCA 代表英文的计划（Plan）、执行（Do）、检查（Check）、处理（Action），它反映了质量管理必须遵循的四个阶段。

P阶段：发现用户需求，并以取得最经济的效果为目标，通过调查、设计、试制、制定技术经济指标、质量目标、管理项目以及达到这些目标的具体措施和方法。这是计划阶段。

D阶段：就是按照所制定的计划和措施去付诸实施。这是执行阶段。

C阶段：就是对照计划，检查执行的情况和效果，及时发现计划实施过程中的经验和问题。这是检查阶段。

A阶段：就是根据检查的结果采取措施、巩固成绩、吸取教训、以利再战。这是总结处理阶段。

这四个阶段大体可分为八个步骤。

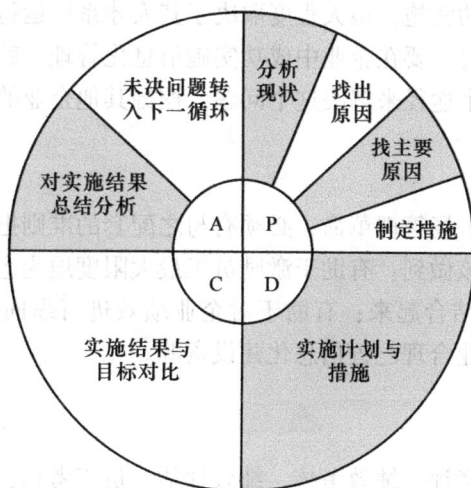

图　PDCA 循环管理

PDCA 循环管理的特点：

（1）PDCA 循环工作程序的四个阶段顺序进行，组成一个大圈。

（2）每个部门、小组都有自己的 PDCA 循环，并都成为企业大循环中的小循环。

（3）阶梯式上升，循环前进，即不断根据处理情况或利用新信息重新开始循环改进过程。

（4）任何提高质量和生产率的努力要想成功都离不开员工的参与。

（案例来源：百度百科）

思考：在控制工作中全面质量管理需要遵循哪几个阶段？

四、信息控制

管理信息系统是一个以人为主导，利用计算机硬件、软件、网络通信设备以及其他办公设备，进行信息的收集、传输、加工、储存、更新、拓展和维护的系统。

管理信息系统是一个人机管理系统，管理信息系统只有在信息流通顺畅、管理规范的企业中才能更好地发挥作用。目前，就信息系统的控制应注意以下方面。

1. 规范化的管理体制

从目前国内一些企事业单位的情况来看，通过组织内部的机制改革，明确组织管理的模式，做到管理工作程序化、管理业务标准化、报表文件统一化和数据资料完整化与代码化是成功应用管理信息系统的关键。

2. 夯实实施战略管理的基础

管理信息系统的建立、运行和发展与组织的目标和战略规划是分不开的。组织的目标和战略规划决定了管理信息系统的功能和实现这些功能的途径。管理信息系统的战略规划是关于管理信息系统的长远发展计划,是企业战略规划的一个重要组成部分。这不仅由于管理信息系统的建设是一项耗资巨大、历时长远、技术复杂的工程,更因为信息已成为企业的生命动脉,管理信息系统的建设直接关系着企业能否持久创造价值,能否最终实现企业管理目标。

3. 挖掘和培训能够熟练应用管理信息系统的人才

一个项目能否得到成功实施,很大程度取决于其人才系统运行的状况和人才存量对项目目标、组织任务的适应状况。要在企业中成功实施信息化管理,就要求企业配备相应的技术与管理人才。可以通过两个途径来解决这个问题:挖掘其他企业的人才;培训企业内部现有人才。

4. 健全绩效评价体系

实施管理信息系统是一场管理革命,必须有与之配套的准则把改革成果巩固下来。总体来说,健全的评价体系应该做到:有助于激励员工最大限度地为企业创造价值;有助于企业将信息化与企业战略有机结合起来;有助于对企业绩效进行纵向、横向比较,从而找出差距,分析原因;有助于企业合理配置信息化建设资源。

五、组织绩效评价

绩效评价,又称绩效考评、绩效考核、绩效评估、员工考核,是一种正式的员工评估制度,也是人力资源开发与管理中一项重要的基础性工作,旨在通过科学的方法、原理来评定和测量员工在职务上的工作行为和工作效果。

(一) 绩效评价的方法简介

绩效评价是控制工作的重要一环,主要包括业绩评定表法、目标管理法、关键绩效指标法等,此类方法所做出的评估的主要依据是工作的绩效,即工作的结果,能否完成任务是第一要考虑的问题,也是评估的重点对象。

1. 业绩评定表法

业绩评定表法,也可以称为评分表法,可以说是一种出现比较早及常用的方法。它是利用所规定的绩效因素 (例如,完成工作的质量、数量等) 对工作进行评估,把工作的业绩与规定表中的因素进行逐一对比打分,然后得出工作业绩的最终结果。它分为几个等级,例如优秀、良好、一般等。这种方法的优点是可以作定量比较,评估标准比较明确,便于做出评价结果。它的缺点是:标准的确定性问题,评定表制定者需要对工作相当了解;评估者可能带有一定的主观性,不能如实评估。

2. 目标管理法

目标管理法,是最典型的结果导向型绩效评估法。40 多年前,"现代管理学之父"彼得·德鲁克在《管理实践》中最早提出目标管理这一思想,把目标分解为一个个小目标。自 20 世纪 60 年代以来,目标管理法得到广泛的推广与应用,它评估的对象是员工的工作业绩,即目标的完成情况而非行为,这样使员工能够向目标方向努力从而在一定程度上有利于保证目标的完成。这种方法的优点是：能够通过目标调动起员工积极性，千方百计地改进工作效率；有利于在不同情况下控制员工的方向；同时员工相对比较自由，可以合理地安排自己的计划和应用自己的工作方法。它的缺点是：目标的设定可能有一定的困难，目标必须具有激发性和具有实现的可能性；对员工的行为在某种程度上缺少一定的评价。

3. 关键绩效指标法

关键绩效指标法，是把对绩效的评估简化为对几个关键指标的考核，将关键指标当作评估标准，把员工的绩效与关键指标做出比较的评估方法，在一定程度上，可以说是目标管理法与帕累托定律的有效结合。关键指标必须符合 SMART 原则：具体性（Specific）、衡量性（Measurable）、可达性（Attainable）、现实性（Realistic）、时限性（Time – based）。这种方法的优点是标准比较鲜明，易于做出评估。它的缺点是：对简单的工作制定标准难度较大；缺乏一定的定量性；绩效指标只是一些关键的指标，对于其他内容缺少一定的评估。

4. 个人平衡记分卡

个人平衡记分卡，是哈佛大学的罗伯特·卡普兰与波士顿的顾问大卫·诺顿在 20 世纪 90 年代最早提出的，它包括财务纬度、顾客纬度、内部业务纬度及学习与成长纬度。在此基础上的个人平衡记分卡能够比较全面地进行评估，因此通过个人目标与企业愿景的平衡，将平衡记分卡引入人力资源管理。而这一平衡正是实现员工的积极性、可持续的企业绩效的前提条件。

5. 主管述职评价

主管述职评价，是由岗位人员做述职报告，把自己的工作完成情况和知识、技能等反映在报告内的一种考核方法。本法主要针对企业中、高层管理岗位的考核。述职报告可以在总结本企业、本部门工作的基础上进行，但重点是报告本人履行岗位职责的情况，即该管理岗位在管理本企业、本部门完成各项任务中的个人行为，本岗位所发挥作用状况。

六、风险控制

风险控制是社会组织或者个人用以降低风险和消极结果的决策过程，即通过风险识别、风险估测、风险评价选择与优化组合各种风险管理技术，对风险实施有效控制和妥善处理风险所致损失的后果，从而以最小的成本收获最大的安全保障。

风险控制的四种基本方法是：风险回避、损失控制、风险转移和风险保留。

1. 风险回避

风险回避是投资主体有意识地放弃风险行为，完全避免特定的损失风险。简单的风险回避是一种最消极的风险处理办法，因为投资者在放弃风险行为的同时，往往也放弃了潜在的目标收益。所以一般只有在以下情况下才会采用这种方法：

（1）投资主体对风险极端厌恶。

（2）存在可实现同样目标的其他方案，其风险更低。

（3）投资主体无能力消除或转移风险。

（4）投资主体无能力承担该风险，或承担风险得不到足够的补偿。

2. 损失控制

损失控制不是放弃风险，而是制订计划和采取措施降低损失的可能性或者是减少实际损失。

3. 风险转移

风险转移，是指通过契约将让渡人的风险转移给受让人承担的行为。通过风险转移过程有时可大大降低经济主体的风险程度。风险转移的主要形式是合同和保险。

4. 风险保留

如果损失发生，经济主体将以当时可利用的任何资金进行支付。风险保留包括无计划自留、有计划自我保险。

（1）无计划自留，指风险损失发生后从收入中支付，即不是在损失前做出资金安排。当经济主体没有意识到风险并认为损失不会发生时，或将意识到的与风险有关的最大可能损失显著低估时，就会采用无计划保留方式承担风险。

（2）有计划自我保险，指可能的损失发生前，通过做出各种资金安排以确保损失出现后能及时获得资金以补偿损失。有计划自我保险主要通过建立风险预留基金的方式来实现。

项目小结

管理控制	控制概述	控制	为了"改善"某些受控对象的功能或发展，通过获得并使用信息，加于该对象上的作用
		管理控制	管理者影响组织中其他成员以实现组织战略的过程
		控制特点	整体性、动态性、目的性、人性
		控制的原则	适时原则、适度原则、客观原则、弹性原则
		控制的内容	对人员的控制、对财务的控制、对作业的控制、对信息的控制、对组织绩效的控制、对风险的控制
	控制过程		确定控制标准、衡量实际工作、纠正偏差
	控制方法	人员控制	绩效控制、离职控制
		财务控制 预算控制	用数字编制的反映组织在未来某一个时期的综合计划，表明组织的预期成果
			预算种类：收入预算、支出预算、资本支出预算、资产负债预算、负债预算
		经营审计	内部审计和外部审计
		管理审计	对企业所有管理工作及其绩效进行全面系统地评价和鉴定的方法
		比率分析	流动比率、速动比率、盈利比率和负债比率
		作业控制 对供应商控制	全球选择供应商，持股，建立战略合作关系
		成本控制	目标成本控制、作业成本控制、责任成本控制、标准成本控制
		库存控制	订购成本、保存成本和总成本
		质量控制	质量检验、统计质量管理、全面质量管理

管理控制	控制方法	信息控制	以人为主导，利用计算机硬件、软件、网络通信设备进行信息的收集、传输、加工、储存、更新、拓展和维护的系统
		组织绩效控制	业绩评定法、目标管理法、关键绩效指标法、个人平衡记分卡、主管述职评价
		风险控制	风险回避、损失控制、风险转移、风险保留

能力自测

一、单选题

1. 管理者正在使用财务信息将上一个季度的实际工作绩效与预算工作绩效进行比较，他运用的是（　　）。
   A. 前馈控制　　　　B. 同期控制　　　　C. 反馈控制　　　　D. 积极控制

2. 管理控制过程中的关键环节是（　　）。
   A. 制定控制目标　　　　　　　　B. 建立控制标准
   C. 衡量实际工作成效　　　　　　D. 纠正偏差

3. 种庄稼需要水，但这一地区几年老不下雨，怎么办？一种方法是灌溉，另一种方法是该种耐旱作物。这两种措施分别是（　　）。
   A. 纠正偏差和调整计划　　　　　B. 调整计划和纠正偏差
   C. 反馈控制和前馈控制　　　　　D. 前馈控制和反馈控制

4. 控制论的创立者是（　　）。
   A. 梅奥　　　　　　B. 泰勒　　　　　　C. 维纳　　　　　　D. 马斯洛

5. 下列关于一般控制与管理控制的比较不正确的是（　　）。
   A. 同是一个信息反馈过程
   B. 前提条件和基本步骤相同
   C. 都是有组织的系统
   D. 目的相同按原定计划维持正常活动，实现既定目标

6. 下列说法正确的是（　　）。
   A. 反馈控制是控制工作的基础
   B. 反馈控制的纠正措施往往是预防式的
   C. 反馈控制的工作重点是把注意力集中在历史结果上，并将作为未来行为的基础
   D. 反馈控制要注意避免单凭主观意志进行工作

7. 在管理控制上实行例外原则，以下哪种情况不符合这一原则？（　　）
   A. 一般日常事务　　　　　　　　B. 例外情况的决策
   C. 对日常事务的监督　　　　　　D. 概括性的；压缩性的和比较短的报告

8. 控制的前提条件中有（　　）。
   A. 控制标准　　　　B. 控制经营　　　　C. 控制对象　　　　D. 控制人员

9. 管理控制系统实质上也是一个（　　）系统。
   A. 自动控制　　　　B. 完全开放　　　　C. 信息反馈　　　　D. 完全封闭

10. 管理控制的基本步骤不包括（　　　）。

　　A. 提高认识　　　　B. 拟定标准　　　　C. 衡量成效　　　　D. 纠正偏差

11. 通过提高主管人员的素质来进行的控制工作是（　　　）。

　　A. 现场控制　　　　B. 反馈控制　　　　C. 直接控制　　　　D. 间接控制

12. 现场控制的内容不包括（　　　）。

　　A. 预测可能出现的结果，以确保目标的实现

　　B. 向下级指示恰当的工作方法和工作过程

　　C. 监督下级的工作以保证计划目标的实现

　　D. 发现不合标准的偏差时，立即采取纠正措施

13. 直接控制的优点不可能是（　　　）。

　　A. 纠正由于主管人员缺乏知识经验判断力造成的偏差

　　B. 对个人委托任务有较大的准确性

　　C. 由于提高了主管人员素质而减少了偏差，节约经费开支

　　D. 可能加速采取纠正措施并使其更加有效

二、简答题

1. 什么是控制以及传统的控制方法有哪些？

2. 简述一般控制与管理控制的相同点。

3. 为什么纠正偏差是控制的关键？

4. 什么是人员控制？简述人员控制中绩效控制的流程。

5. 什么是预算控制？简述预算控制的种类。

6. 简述生产控制包括哪些方面，并分别加以阐释。

7. 什么是 ABC 成本法？

8. 简述平衡记分卡的含义。

9. 简述关键绩效控制法的含义。

10. 试述全面质量管理的工作流程。

案例分析

国际酒店采购内控案例

2007 年 10 月 1 日，国际酒店在鲜花的簇拥和鞭炮的喧嚣中正式对外营业了。这是一家集团公司投资成立的涉外星级酒店，该酒店不仅拥有装潢豪华、设施一流的套房和标准客房，下设的老宁波餐厅更是特色经营传统宁波菜和海派家常菜肴，为中外客商提供各式专业和体贴的服务。由于集团公司资金雄厚、实力强大，因此在开业当天，不仅社会各界知名人士到场剪彩庆祝，更吸引了大批新闻媒体竞相采访报道。一时之间，国际酒店门前是人头攒动，星光熠熠。

最让国际人感到骄傲和荣耀的是，酒店大堂里天花板上如天宇星际一般的灯光装饰和一个圆圆的、超级真实的月亮水晶灯，整个酒店绚丽夺目、熠熠生光。这些天花板上装饰所用的材料以及星球灯饰均是由水晶材料雕琢而成，是公司王副总经理亲自组织货源，最终从瑞士某珠宝公司高价购买的，货款总价高达 150 万美元。这样的超级豪华水晶灯饰不仅是在全国罕见，即使是国外，也只有在少数几家五星级酒店里能见到。开业当天，来往宾客无不对

这个豪华的水晶天花板灯饰赞不绝口，称美不已。尤其是经过媒体报道，更成为当天的头条新闻，国际酒店在这一天也像那盏水晶灯饰一样，一举成名，当天客房入住率就达到了80%以上。

王副总经理也因此受到了公司领导的高度赞扬，一连几天，他的脸上都洋溢着快乐而满足的笑容。

然而，好景不长。两个月后，这些高规格高价值的水晶灯饰就出了状况。首先是失去了原来的光泽，变得灰蒙蒙的，即使用清洁布使劲擦拭都不复往日光彩。其次，部分连接的金属灯杆出现了锈斑，还有一些灯珠破裂甚至脱落。人们看到这破了相的水晶灯，议论纷纷，这就是破费百万美元买来的高档水晶灯吗？鉴于情况严重，公司领导责令王副总经理限期内对此事做出合理解释，并停止了他的一切职务。这时候，王副总经理是再也笑不出来了。事件真相很快就水落石出，原来这盏价值百万美元的水晶灯根本不是从瑞士某珠宝公司购得的，而是通过南方某地的奥尔公司代理购入的赝品水晶灯。王副总经理在交易过程中贪污受贿，中饱私囊。虽然出事之后，王副总经理受到了法律的严惩，但国际酒店不仅因此遭受了数千万元的巨额损失，更为严重的是酒店名誉蒙受重创，成为同行的笑柄。这对于一个新开业的公司而言，不啻是个致命的打击。

思考：国际酒店怎么会发生这样的悲剧，在以后的企业经营中又该如何防范呢？

实训练习

实训目标

走访小型生产企业和超市，了解其质量保证体系或库存管理的控制方法，提高对建立企业管理控制系统的整体认识。通过实训后分析，具备初步的控制技术和方法的运用能力。

实训内容与要求

1. 学习了解质量保证体系的具体组成或库存管理办法的具体运作过程，运用相关控制技术和方法加以分析，并能找出具体的关键控制点。

2. 参加实训的成员共分两组，一组走访中小型生产企业，另外一组走访超市。

3. 出发前，每位成员组长要拟订一份调查计划和知识点概要，并分发给全体成员，明确要调查的流程、方法和知识目标。

实训成果与检测

每人写出一份关于质量保证体系或库存管理办法的（说明）报告（600~800字）。

组织人力资源管理

- 掌握人力资源规划的含义、内容及程序。
- 掌握员工招聘录用的甄选方法及员工时间、空间上的配置安排。
- 了解绩效管理的基本内容。
- 掌握绩效考核的主要方法。

- 学会进行人力资源的规划。
- 具有基本的甄选人员素质的能力和安排员工任务的能力。
- 能借鉴绩效管理的理念，并灵活应用到实际工作中。

刘邦为什么能够取得天下？

与之争天下的是力拔山兮气盖世的大英雄楚霸王项羽，刘邦一介小吏，手无缚鸡之力。刘邦的自我总结："夫运筹策帷帐之中，决胜于千里之外，吾不如子房。镇国家，抚百姓，给馈饷，不绝粮道，吾不如萧何。连百万之军，战必胜、攻必取，吾不如韩信。此三者，皆人杰也，吾能用之，此吾所以取天下也！项羽有一范增而不能用，此其所为我擒也！"（《史记·高祖本纪》）

管理心得：从这个意义上讲，管理主要就是做人的工作！所以任何部门经理，他的第一要职就是人力资源管理之职，人力资源管理绝非人力资源经理一家之责！

任务一 人力资源管理及人力资源规划

任务目标

- 认识人力资源，并熟知什么是人力资源管理。
- 掌握人力资源管理的基本职能和基本原理。
- 熟悉人力资源规划的含义和内容。
- 了解人力资源规划的程序。
- 掌握人力资源供求综合平衡的措施。

一、人力资源及人力资源管理

经济学上的资源指为了创造物质财富而投入生产活动中的一切要素。组织的资源包括物资设备资源、财政资本资源、技术能力资源、人力资源。

世界银行发表报告指出：人才是企业首要战略资源，当前世界财富的 64% 由人力资源构成。1992 年诺贝尔经济学奖得主、美国经济学家和社会学教授贝克尔深刻地指出：发达国家资本 75% 以上不在实物资本，而人力资本成了人类财富增长、经济进步的源泉。

（一）人力资源的概念

人力资源（HR）指能够推动特定社会系统或组织发展进步并达成其目标（创造物质财富和精神财富）的人员数量和能力的总和。

人力资源的内涵可以从以下数量和质量两个方面来理解。

1. 人力资源的内涵——数量特征

宏观角度（社会层面）：HR 数量 = 未成年就业人口 + 适龄就业人口 + 老年就业人口

（18 岁以下） （18 ~ 55 岁） （55 岁以上）

注意：HR 数量 ≠ 总人口数

微观角度（企业层面）：HR 数量 = 实际 HR + 潜在 HR

人力资源内涵（数量特征）如图 9 - 1 所示。

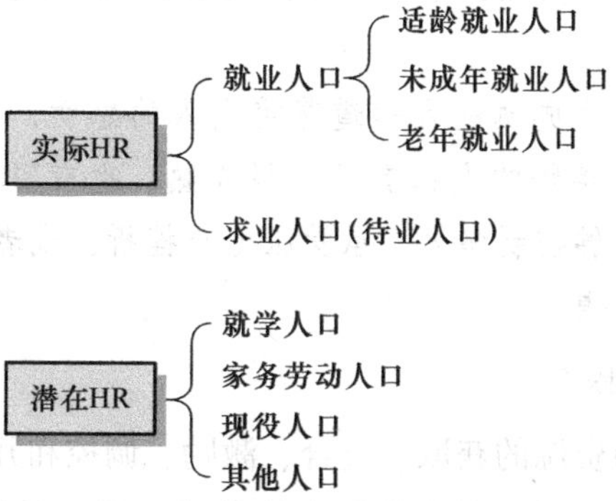

图 9 - 1 人力资源内涵（数量特征）

2. 人力资源的内涵——质量特征

人力资源的质量也称为人力资源的素质，即指人力资源所具有的体质、智力、知识和技能水平，以及劳动者的劳动态度，一般体现在劳动者的体质、文化、专业技术水平及劳动积极性上。

人力资源内涵（质量特征）如图 9-2 所示。

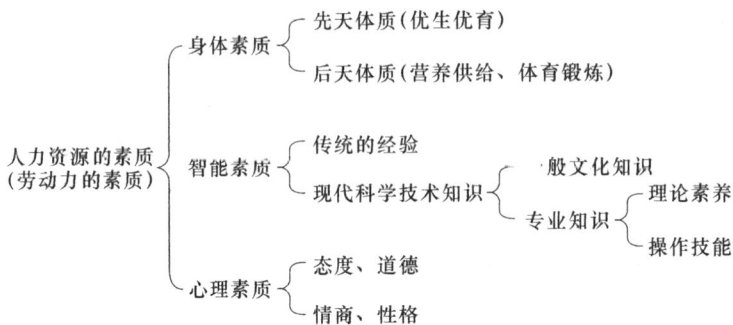

图 9-2 人力资源内涵（质量特征）

阅读材料

美国通用电气集团的人力资源管理

美国通用电气集团前首席执政官杰克·韦尔奇认为，招聘到好的员工是件困难的事情，招聘到优秀的员工更是难上加难。要让企业能"赢"，没有比找到合适的人更要紧的事情了。他认为，在考虑应聘对象符不符合条件之前，需要进行三项严格的考验。

第一项考验是正直。韦尔奇说，具备正直品行的人要说真话、守信，他们要对所做过的事情负责，勇于承认错误并改正。他们了解自己国家的法律、行业的规范以及公司的制度——既包括书面的规定，也包括法规的精神，此外，还要自觉遵守，并用光明正大的手段来竞争到胜利。

第二项考验是智慧，但这绝不等同于文凭的认证。没有必要去苛求应聘者读过莎士比亚作品，也没有必要责令他们能够解答出复杂的化学方程式及高深的物理学问题。智慧指的要有一种强烈的求知渴望，要有宽广博大的知识面，能够在今天这个纷繁复杂的世界，与其他同样优秀的人一起工作、团队协进，甚至于领导他们。假如，有人借此要把智慧与学历完全等同起来，那就混淆视听了。当然，不可否认，在某种程度上，应聘者的教育程度体现了智慧方面的因素。

第三项考验是成熟，因为成熟的人知道尊重别人的感受，他们充满自信但并不傲慢无礼。有必要提出的是，任何年龄的人都有可能很成熟，也有可能还不够成熟。但无论怎么说，成熟似乎可以界定为能够控制怒火、承受压力与挫折，或者是在自己功成名就时，懂得如何去分享喜悦但却又不失谦逊。

（二）人力资源管理的概念

人力资源管理是对人力资源的获取、整合、激励、调控和开发的管理过程，通过协调人与事的关系，处理人与人的矛盾，充分发挥人的潜能，使人尽其才、物尽其用、人事相宜，以实现组织的目标和个人的需要。

也可以说，人力资源管理是各种社会组织对员工的招募、录取、培训、使用、升迁、调动，直至退休的一系列管理活动的总称。就像我们从质和量两个方面来理解人力资源，对于人力资源的管理也要从两个方面来理解，如图9-3所示。

图9-3　人力资源管理

1. 对人力资源外在要素——量的管理

对人力资源进行量的管理，就是根据人力和物力及其变化，对人力进行恰当的培训、组织和协调，使二者经常保持最佳比例和有机的结合，使人和物都充分发挥出最佳效应。

2. 对人力资源内在要素——质的管理

对人力资源质的管理指对人的心理和行为的管理，就是采用现代化的科学方法，对人的思想、心理和行为进行有效的管理，充分发挥人的主观能动性，以实现组织目标。

阅读材料
思考两个问题

1. 金字塔是谁建的？

2. 兵马俑为什么叫秦始皇兵马俑？

答案：

1. 我们也许不能确切地知道金字塔是谁建的，但一定知道金字塔是为谁建的——躺在金字塔内的人，而且知道是谁要求建的。

2. 同样，兵马俑之所以叫秦始皇兵马俑，一定不是因为它是秦始皇建的，而是因为它是根据秦始皇的要求，为秦始皇建造的。

不同的问题，共同的特点：

1. 通过他人完成自己（个人）无法完成的工作。

2. 中外皆有，自古以来就有人善于"使唤别人"来完成自己的工作。

二、人力资源管理的基本职能及基本原理

（一）人力资源管理的基本职能

1. 选才

企业通过何种方式来招募人才？选择的标准是什么？选一个适合的人，比选一个优秀的人更为重要，适才是企业用人的最高原则。

2. 用才

通过组织规划来合理组合现有的人力资源，使人力资源发挥出最大的经济效益。

3. 育才

在企业里对人才的教育和培训是相当重要的。只有通过教育培训，使员工不断更新知识，积累不同的经验，才能对千变万化的市场做出有效的应变。

4. 留才

对于企业来说，辛辛苦苦培育的员工不能留在企业里工作，将是一大损失。企业与员工之间需要长期相互了解，才能达成一种默契，使员工心甘情愿地留在公司，为实现公司的目标而努力工作。

选才、用才、育才、留才的四大基本职能，又都体现在人力资源管理的各个环节，互相影响，互为依存，形成一体，缺一不可，如图9-4所示。

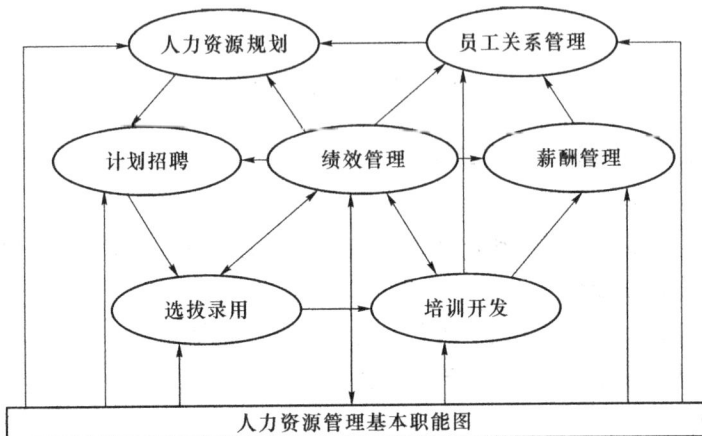

图9-4　人力资源管理基本职能

软功能管理

1992年美国《幸福》杂志500名最大工业企业排名中，美国惠普公司排名第四十二位。资产137亿美元，销售额164.3亿美元，利润为5.5亿美元。惠普公司是世界上最大的电子检测和测量仪器公司，微型计算机产量位居美国第二。

惠普公司取得的成功，在惠普公司自己的许多经理看来，靠的是重视人的宗旨。惠普公司的这种重视人的宗旨不但源远流长，而且不断地进行自我更新。

惠普公司"人为本管理"宗旨的具体体现是关心人、重视人、尊重人。而关心人要体现在领导者深入工作现场，进行现场管理、巡视管理，与职工进行面对面的非正式的口头形式的思想交流。创始人休利特和当了四十年研制开发部主任的巴尼·奥利弗一样，经常到惠普公司的设计现场去。后来，虽然二人不再任职了，但公司的职员们却都有一种感觉，好像休利特和奥利弗随时都会走到他们的工作台前，对他们手上干的活提出问题。

关心人需要真心实意地把职工当作人来关怀。在惠普公司里，领导者总是同自己的下属打成一片，他们关心职工、鼓励职工，使职工们感到自己的工作成绩得到了承认、自己受到了重视。与此同时惠普公司也注重教育职工，该公司要求人们不要专门"往上爬"，而是鼓励他们把心思放在生产、销售和产品服务上，扎扎实实地为公司做贡献。公司还教育职工要有高度的信心和责任感。对于个人的职位升迁问题，公司总是教育职工要在做好自己的本职工作上求发展。

惠普公司信任人。惠普公司相信职工们都想有所创造，都是有事业心的人。这一点在该公司的一项政策里即"开放实验室备品库"表现得最为突出。实验室备品库是该公司存放电气和机械零件的地方。工程师们可以随意地取用实验室备品库里的物品,不但这样,公司还鼓励他们拿回自己家里去供个人使用!这样做是因为惠普公司有一种信念,即不管工程师们拿这些设备所做的事是不是跟他们手头从事的工作有关,反正他们无论是在工作岗位上还是在自己的家里摆弄这些玩意儿,都总能学到一些有用的东西。

曾经有一次,休利特在周末到一家分厂里去视察,他发现该分厂的实验室备品库门上上了锁。他很生气,马上就跑到维修组去,拿来一柄螺栓切割剪,把备品库门上的锁一下子给剪断了,然后扔得远远的。

在星期一早上,人们上班的时候,就看到门上有一张条子,上面写着:"请勿再锁此门,谢谢!威廉。"惠普公司并不是像别的公司那样对这些设备器材严加控制,而是让它敞开大门,随你拿用,充分表明公司对职工的信任程度。

惠普公司重视职工福利。公司的福利除基本生活福利、医疗保险、残废保险、退休金,两天一次的午间茶点、生日送礼以及新职工搬迁补贴外,还有两项特殊福利:一项是现金分红制度,即凡在公司任职达半年以上职工,每年夏初及圣诞节,都可得到一份额外收入,1983 年左右此额约为年薪的 8.35%;另一项是股票购买制,即职工任职满 10 年后公司还另赠 10 股。据一次全美调查,惠普是全美的最佳福利企业之一。

综上所述,惠普公司以人为本的管理给人的感觉是"员工进了公司后,就像进了温暖的家"。

(二)人力资源管理的基本原理

1. 系统优化原理

系统优化原理是最重要的原理。系统优化原理是指在对人力资源系统进行组织、协调、运行、控制过程中,应遵循使群体的整体功效达到最优的原则。

2. 激励强化原理

激励强化原理是指应对遵守企业行为准则并对企业做出贡献的人给予相应的奖励和激励,鼓励他们继续遵守企业的行为准则并努力为企业做出更大的贡献。应根据不同层次、不同性格员工的不同需求,采用多样化、个性化的激励方式。

3. 反馈控制原理

反馈控制原理是指根据对人力资源的需求而确定相应的政策和措施,即通过正反馈环或负反馈环的运行,或者对某些人力资源的需求正向强化,或者对某些人力资源的需求负向转化,从而使人力资源的需求得到控制。

4. 弹性冗余原理

弹性冗余原理是指在人力资源聘任、使用、解雇、辞退、晋升等过程中要留有充分的余地,应使人力资源整体运行过程中具有一定的弹性,当某一决策发生偏差时,留有纠偏和重新决策的余地。

"弹性"通常都有一个"弹性度",超过了某个度,弹性就会丧失。人力资源也一样,人们的劳动强度、劳动时间、劳动定额等都有一定的"度",超过这个"度"进行开发,只会使人身心疲惫,精神萎靡不振,造成人力资源的巨大损失。因此,人力资源开发要在充分发挥和调动人力资源的能力、动力和潜力的基础上,主张松紧合理、张弛有度、劳逸结合,使人们更有效、更健康、更有利地开展工作。

- 确定员工编制时，应留有一定的余地。
- 员工使用要适度有弹性。
- 企业目标的确定要有弹性。
- 解雇或辞退员工时，事先要做好调查。
- 员工晋升要有弹性。

5. 互补增值原理

互补增值原理是指团队成员之间通过气质、性格、知识、专业、能力、性别、年龄等各因素的互补，扬长避短，使整个团队的战斗力更强，达到增值效应。

- 知识互补。每个人在知识的领域、深度和广度上都是不同的，不同知识结构互为补充，整体的知识结构就比较全面。
- 能力互补。若个体在能力类型、能力大小方面实现互补，那么整个集体的能力就比较全面，即一个组织中应集中各种能力的人才，既有善于经营管理的，也有善于公关协调的，还有善于搞市场营销的和做行政人事的等。
- 性格互补。每个个体各具有不同的性格特点，具有互补性。有人内向，有人外向；有人急躁，有人冷静；有人激烈，有人温和；有人直爽，有人含蓄，等等。那么，作为一个整体而言，这个集体就易于形成良好的人际关系并胜任处理各类问题的良好的性格结构。
- 年龄互补。一个组织中，既要有经验丰富、决策稳定的老年人，也要有精力充沛、反应敏捷的中年人，还要有勇于开拓、善于创新的青年人。不同年龄段的人相互补充，组织效率会更高。
- 关系互补。每个员工都有自己特殊的社会关系，包括亲戚、朋友、同学，以及老上级、老部下、老同事等。如果各人的社会关系重合不多，具有较强的互补性，那么从整体上看，就易于形成集体的社会关系优势。

6. 利益相容原理

利益相容原理是指当双方利益发生冲突时，寻求一种方案，该方案在原来的基础上，经过适当的修改、让步、补充或者提出另一个方案，使双方均能接受从而获得相容。

- 利益相容必须有一方或多方的让步、谅解和宽容。
- 利益相容必须是矛盾的各方都到场进行协商以求得解决。
- 利益相容原理要求原则性和灵活性的统一。

三、人力资源规划的含义及内容

（一）人力资源规划的含义

人力资源规划是指为实施企业的发展战略，完成企业的生产经营目标，根据企业内外环境和条件的变化，运用科学的方法，对企业人力资源的需求和供给进行预测，制定相宜的政策和措施，从而使人力资源供给和需求达到平衡，实现人力资源的合理配置，有效激励员工的过程。宗旨就是将组织对雇员数量和质量的需求与人力资源的有效供给相协调。需求源于公司运作的现状与未来预测，供给则涉及内部与外部的有效人力资源数量。

夏普科技制造公司的营销经理马克·斯旺在每周经理例会上说:"我有个好消息,我们可以与麦多德公司签订一笔大合同。我们所要做的就是在一年而不是两年内完成该计划。我告诉他们我们能够做到。"

然而人力资源副经理琳达·克兰的话却使每个人都必须面对现实,她说:"在我看来,我们现有的工人并不具备按麦多德公司的标准生产出优质产品所需的专业知识。在原来两年的计划进度表中,我们曾计划对现有工人逐步进行培训。但是按现在这个新的时间表,我们将不得不到劳动力市场上招聘那些具有该方面工作经验的工人。或许我们有必要进一步分析一下这个方案,看看是否确实需要这么做。如果我们要在一年而不是两年中完成这一计划,人力资源成本将大幅度上升。不错,马克,我们能做到这一点,但是由于有这些约束条件,这个计划的效益会好吗?"

在上述情况中,马克在其计划中没有考虑人力资源计划的重要性。在如今发展迅速、充满竞争的环境中,如果没有认识到人力资源计划的重要性,常常会使原本深思熟虑的计划付之东流。

(二)人力资源规划的内容

1. 总体规划

总体规划是以企业战略目标为依据,对计划期内人力资源开发利用的总目标、总方针和政策、实施步骤、时间安排表、总费用预算等做出总体的安排。

2. 具体(业务)规划

具体计划包括人员补充计划、人员使用计划、后备人才选拔与任用计划、老职工与老技术人员安排计划、教育培训计划、员工职业开发与职业发展计划、绩效评估及激励计划、劳动关系与员工参与团队建设计划等。

永辉超市人资改革

如下图,改变原有多级管理、层层传达的职务级别,支持扁平化、平台化的组织架构,将职务级别进行简化,从原来的9个层级转变为4个层级,实行简单、高效、扁平化的职务体系。

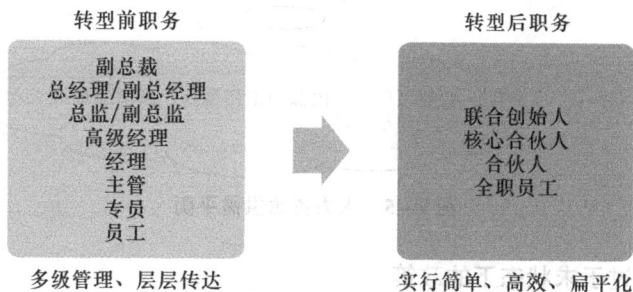

转型前职务	转型后职务
副总裁 总经理/副总经理 总监/副总监 高级经理 经理 主管 专员 员工	联合创始人 核心合伙人 合伙人 全职员工
多级管理、层层传达	实行简单、高效、扁平化

图　人资改革对比

采用同行业内较高的薪酬水平,并且加大薪酬档级之间的差距,大幅提升薪酬的竞争力,通过高激励的措施和手段提升员工的积极性。合伙人以盈利分红作为报酬收入,在盈利水平还达不到要求时，公司发保底分红，当实际盈利分红高于保底分红时按实际盈利分红发放。

全职员工实行时薪制，视同为合伙人团队雇用的计时工。为了确保全职员工的每个小时都是有事可做，有相应的产出，合伙人团队应充分沟通，确认好全职员工的具体工作内容，并做好工作分工和安排。合伙人团队自行决定团队内每位成员的保底分红/全职员工时薪标准，以及调整时间，所产生的费用由各团队自己承担。人力服务团队不再审核人员调薪的费用和幅度。

（材料来源：永辉同道微信公众号）

四、人力资源规划的程序及供求综合平衡

（一）人力资源规划的程序

（1）弄清企业战略决策及经营环境。

（2）弄清人力资源现状。

（3）预测人力资源需求与供给。

（4）制订人力资源开发及管理计划。

（5）实施人力资源计划并监督、分析与评价。

（二）人力资源供求综合平衡

1. 人力资源供求平衡状态下的政策

这种情况极少见，甚至不可能。即使总量平衡，也会在层次、结构上发生不平衡。

供需平衡是人力资源管理中追求的一种状态。该种状态下，需要做好员工的激励，可通过进行工作调换和工作扩大化来保持这种平衡，如图9-5所示。

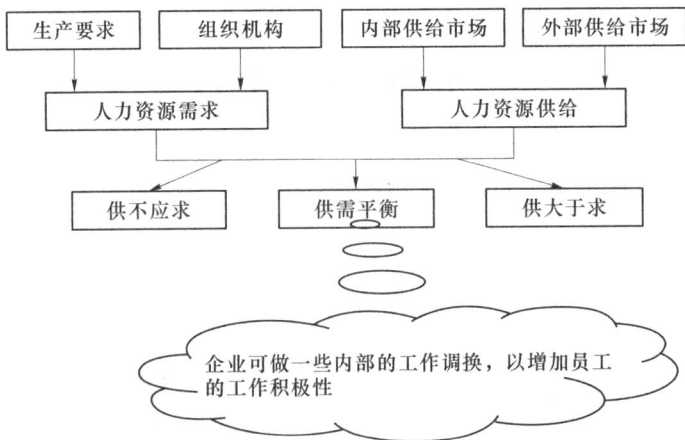

图9-5 人力资源供需平衡

2. 人力资源供过于求状态下的政策

产品和服务市场是不稳定的，经济形势时好时坏。生产计划不周密等原因都可能造成供过于求的情况。

该种状态下可以采取的措施（如图9-6所示）：

（1）裁减或辞退。

（2）关闭或合并分机构。

（3）提前退休。

（4）对员工进行培训储备。

（5）开发新的生产领域，鼓励员工另谋职业。

（6）减少工作时间，降低工资水平。

（7）多个员工分担工作，按工作完成量计发工资。

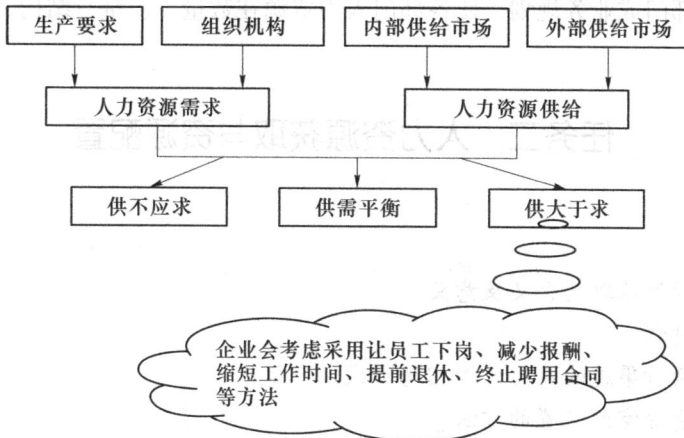

图 9-6　人力资源供过于求状态下的政策

3. 人力资源供不应求状态下的政策

企业的生产要求和组织结构也会随着产品和服务市场而变化，内外部的人才供给也会随着国际政策和地区优劣而有所变化，这些都可能造成供不应求的情况。

该种状态下可以采取的措施（如图 9-7 所示）：

（1）激励员工进行技术革新，提高劳动生产率。

（2）择优提升员工进行补缺。

（3）平行性岗位调动。

（4）外部招聘。

（5）延长工作时间。

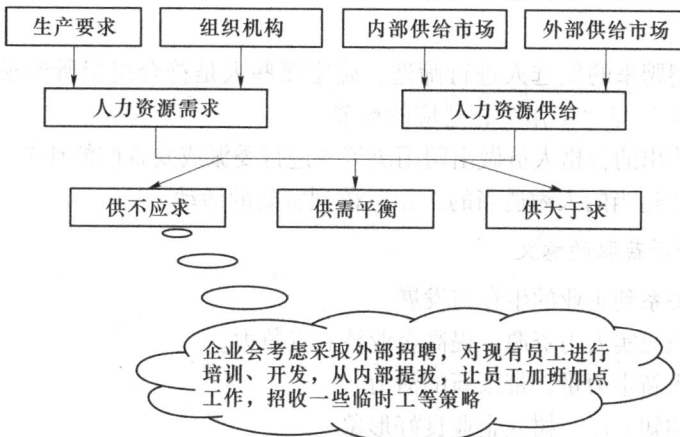

图 9-7　人力资源供不应求状态下的政策

（6）提高企业资本技术有机构成。

（7）聘用临时工。

（8）进行岗位设计。

在制定平衡人力资源供求的政策措施过程中，不可能是单一的供大于求、供小于求，往往最大可能出现的是某些部门人力资源供过于求，而另几个部门可能供不应求，也许高层次人员供不应求，而低层次人员却供给远远超过需求量。所以，应具体情况具体分析，制定出相应的人力资源部门或业务规划，使各部门人力资源在数量、质量、结构、层次等方面达到协调平衡。

任务二　人力资源获取与资源配置

任务目标

- 了解人力资源获取的含义及意义。
- 熟悉招聘过程。
- 掌握内外两种渠道的人力资源招聘形式。
- 掌握人力资源空间配置的方法。

一、人力资源获取的含义及意义

（一）人力资源获取的含义

组织为了发展的需要，根据工作分析和人力资源规划的数量和质量要求，寻找、吸引那些有能力又有兴趣到本企业任职的人，并从中选出合适的人予以录用的过程，称为人力资源获取。

招聘、选拔、录用、配置构成一个不可分割的统一体，共同承担着人力资源获取的重任。

- 招聘即招募，是人力资源获取的第一环节，也是人员选拔的基础。为了寻找和吸引更多、更好的候选人前来应聘，应为候选人提供了解该组织的一个窗口，以达到宣传组织形象的作用。

- 选拔是对招聘来的候选人进行筛选，确定哪些人是符合组织所要求的工作任职资格的，它是实现"人"与"工作"相适应的环节。

- 录用是对选出的合格人员做出聘用决策并进行委派或安置前的环节。

- 配置是将"适当的人做适当的工作"落到实处的活动。

（二）人力资源获取的意义

- 招聘工作关系到企业的生存与发展。
- 不断为组织充实人力资源，提高企业核心竞争力。
- 为企业输入新生力量，带来新的活力。
- 扩大企业的知名度，树立企业良好形象。
- 有利于人力资源的合理流动。

二、招聘过程的管理

（一）招聘的过程（如图9-8所示）

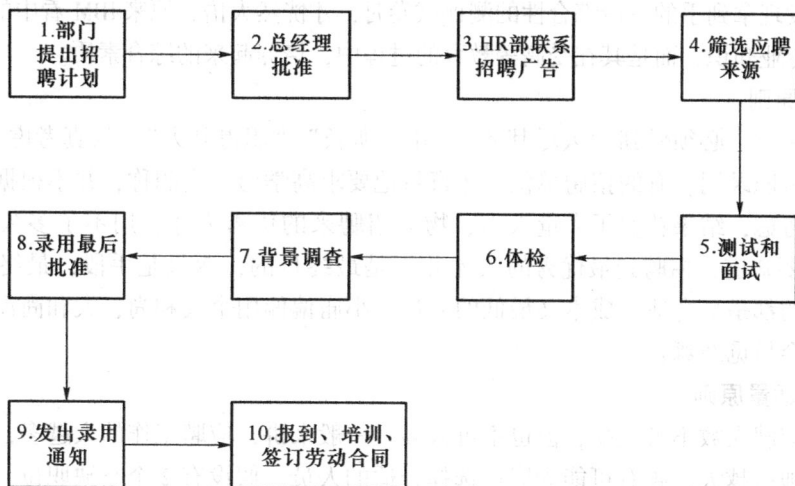

```
1.部门          2.总经理      3.HR部联系      4.筛选应聘
提出招          批准          招聘广告        来源
聘计划
                                              ↓
8.录用最后  ←  7.背景调查  ←  6.体检    ←   5.测试和
批准                                          面试
  ↓
9.发出录用      10.报到、培训、
通知           签订劳动合同
```

图9-8　招聘过程

（二）招聘原则

1. 公开的原则

把招聘的单位，招聘的职位种类、数量、要求的资格条件及考试方式均向社会公开。这样做不但可以大范围广招贤才，而且有助于形成公平竞争的氛围，使招聘单位确实招到德才兼备的优秀人才。此外，在社会的监督下，还可以防止不正之风。在北京，已经连续3年开始面向全社会公开招聘厅、局级干部，这种做法在全社会引起了很大的反响。招考启事就登在像北京青年报这样有相当大的社会影响的公共媒体上，招考条件、选拔方式等公开而明确地登在报纸上，不但使相关人员了解有关招考的条件，而且让全社会都看到了我国在改革人事干部选拔和任用方面所迈出的坚实步伐，产生了良好的社会影响。

2. 遵守公平就业的原则

对待所有的应聘者应该一视同仁，不得人为制造不平等的条件。在我国的一些招聘启事中常常可以看到关于年龄、性别的明确限制，这在国外是违反法律的，有歧视的嫌疑。招聘单位应努力为人才提供公平竞争的机会，不拘一格地吸纳各方面的优秀人才。

法律一般不禁止主考人员大多数的提问，但是某些含糊、暧昧的提问包括有关婚姻状况、子女看护、周六或周日能否工作等方面的提问，以及任何可能对妇女或少数民族人员有不利影响的提问将受到质疑。

3. 竞争原则

人员招聘需要各种测试方式来考核和鉴别人才，根据测试结果的优劣来选拔人才。靠领导的目测和凭印象，往往带来很大的主观片面性和不确定性。因此只有制定科学的考核程序、录用标准，才能真正地选拔人才。

4. 全面的原则

录用前的考核应兼顾德智体等方面因素。因为一个人的素质不仅取决于他的智力水平、专业技能，还与他的人格、思想等因素密切相关。近年来，人们对情商越来越重视。公务员考试内容涉及职业倾向、个性倾向、认知能力等多方面的考察项目正是基于全面考核人才的原则。1998 年，IBM 公司在北京地区招聘院校毕业生时，不少毕业生对公司招聘启事中不限专业的说法，有点摸不着头脑。专业的计算机公司居然不限专业招聘，很让人费解。当自以为准备充分的应聘者们发现拿到手的一份综合性的测评试卷时，才恍然大悟，原来 IBM 看中的不是毕业生的某方面的专业知识，而是其在受高等教育的过程中，培养起来的综合素质。

5. 量才原则

招聘录用时，必须做到"人尽其才""用其所长""职得其人"，认真考虑人才的专长，量才录用，量职录用。有的招聘单位一味盲目地要求高学历、高职称，并不根据招聘岗位的实际要求来考虑，结果花费了大量人力、物力招聘来的优秀人才，用不了多久都"孔雀东南飞"了。要知道，招聘到最优秀的人才并不是最终目的，而只是手段，最终目的是每一个岗位上用的都是最合适、成本又最低的人员。小庙偏偏用个大和尚，大和尚没有发挥的舞台，最终还会另觅新舞台。

6. 人数适量原则

接受的应聘人数不可太少，但也不可太多。一般来讲，应聘工作的人越多，进行聘用决策的选择余地就越大，越有可能为岗位选择合适的人员。假设有 2 个空缺职位，结果只有两个人来应聘，那就不是真正的人才筛选。因为，迫于用人需要，招聘者不得不招聘他们。如果有 10~20 个人应聘的话，招聘者可以运用面试或笔试等手段进行挑选，优先录取优秀人才。但是，若应聘人数太多，无疑会增加筛选成本。一个职位，上千人应聘，招聘的意义和作用实际上已经失效了。

阅读材料

一、永辉的核心价值观：融合共享·成于至善

永辉是共同创业和共同发展的平台；来永辉工作是创业，不仅是就业；以认可融合、以诚信融合、以事业融合；共享成长、共享收获、共享未来。

服务我们的顾客、照顾我们的员工、善待我们的供应商、回报我们的股东；精心服务顾客，阳光、微笑、感恩；精细营运门店，标准、流程、培训、执行、提升；创新拓展，谦虚好学，与时俱进，不断挑战自我，不断超越自我。

二、永辉对员工的期待：勤奋、创新、沟通、总结

勤劳肯干、充满激情、奋发向上，是永辉员工崇尚的工作态度；以高于业界和公司的标准去要求自己，努力工作，享受工作。来永辉不仅是就业，而是来学习做生意，学习服务顾客；创新就是关注细节，创新就是提升标准，创新就是挑战自我。

分享信息，分享成功，分享教训，共同学习，共同提升，共同进步；热心帮助下属、宽容善待同事、用心接待客户。

不断总结经验和吸取教训，在新的起点，向更高的目标前进；通过总结，更加关注，更加专业，更加精细化。

三、永辉的人才观

永辉是大家的企业，在这里每一位员工都能找到适合自己的岗位并得到周围每一位同事真心的帮助和支持。永辉是发展的企业，我们发展的目标是建立一个广阔的平台，在这个平台上，同事们互相帮助：无论是就业、创业、培养、生活，每个进入永辉的人，在这里学习、成

长、贡献，分享着永辉这个团队所带给每一个人的权益。现在的永辉腾飞在即，可为各类能才提供广阔的发展空间。来自各行业的精英，许多已在永辉这个平台上找到了自己的事业切入点，并一步步实现自己的梦想。永辉已准备好与您共创佳绩，现邀请您的加入……

四、永辉的薪酬福利

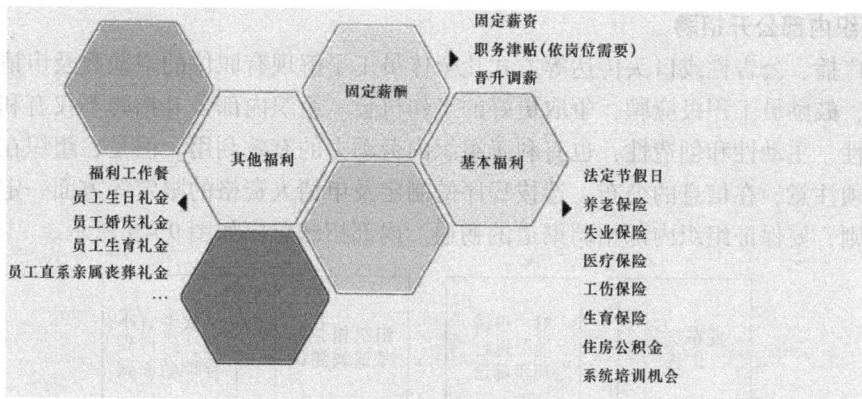

图1　永辉的薪酬福利

五、永辉的职业发展

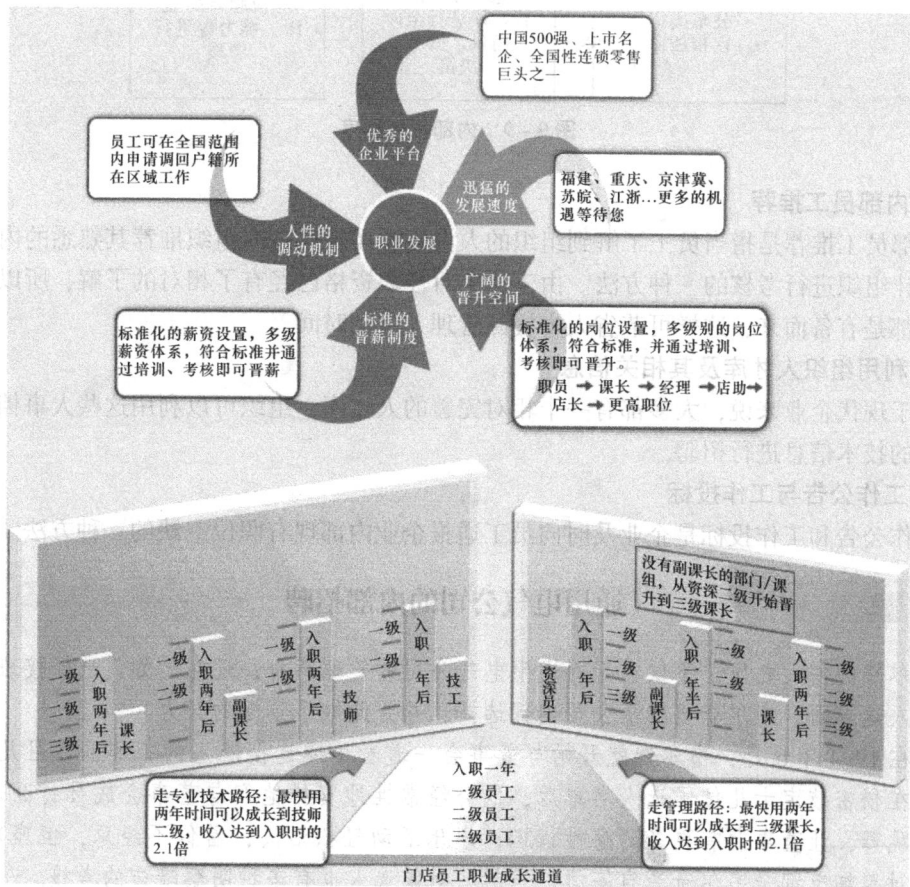

图2　永辉的职业发展

（材料来源：永辉超市官网）

三、招聘的主要形式

人员招聘的形式有内部提升和外部招聘两种。

（一）内部招聘的主要方法

1. 组织内部公开招聘

通过广播、公告栏或口头传达等方式让全体员工了解现有职位的空缺数及申请人资格限制等信息，鼓励员工积极应聘，争取更好的工作机会。组织内部公开招聘不仅有利于激发员工的积极性、主动性和创造性，也有利于组织内劳动力的有效利用。但是，组织在进行内部招聘时必须注意，在信息的公布、选拔程序的制定及申请人资格的限定等方面一定要坚持公平公正原则，要保证组织内部招聘渠道的畅通。内部招聘程序如图9-9所示。

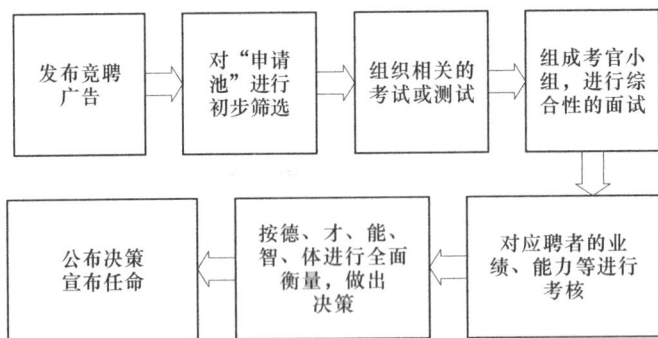

图9-9　内部招聘程序

2. 内部员工推荐

内部员工推荐是指当员工了解到组织的人力资源需求后，向组织推荐其熟悉的内部或外部人员让组织进行考核的一种方法。由于员工对任职资格已经有了相对的了解，所以他们推荐的人都是有备而来，这样可节省人力资源管理人员的时间。

3. 利用组织人才库及其相关信息

对于现代企业来说，大多都有一个相对完善的人才库，组织可以利用这些人事档案信息和相应的技术信息进行招聘。

4. 工作公告与工作投标

工作公告和工作投标是企业及时向员工通报企业内部现有职位空缺的一种方法。

阅读材料　**通用电气公司的内部招聘**

韦尔奇的伟大之处，不仅在于对通用电气公司的管理革命，还在于如何选择接班人。在选接班人这方面，韦尔奇坚持从公司内部选择，并为此做了不懈的努力。

早在1994年6月，韦尔奇就开始与董事会一道着手遴选接班人的工作，而且几乎事必躬亲。在秘密敲定十几位候选人名单后，他会经常性地安排他们与董事会成员打高尔夫球，或聚餐跳舞，让董事们有更多的感性认识。娱乐活动轻松活泼，看似不经意，但座次安排、组合配对等细节都是韦尔奇亲自安排。当然，对候选人也有多种明察暗访的考核。

经过6年零5个月的筛选，最后三名候选人是詹姆斯·麦克纳尼、罗伯特·纳尔代利、杰弗里·伊梅尔特，他们分别是通用电气公司下属飞机发动机、电气涡轮机、医疗设备业务的负责人，各自在辛辛那提、奥尔巴尼、南卡罗来纳办公。此前他们从各处隐约知道自己是候选人之一，但并不知道还有多少竞争对手，因而并没有面对面的竞争机会，一直保持良好的同人与朋友关系，这正是韦尔奇所需要的。在宣布接班人之前的周末，韦尔奇行踪显得有些诡秘。

周五，他邀请伊梅尔特和妻儿从南卡罗来纳飞到自己在佛罗里达棕榈滩的寓所共度感恩节，但并不让他乘坐通用电气公司的飞机，而是搭一架与其他公司合用的商务飞机绕一圈后才到达佛罗里达，以避免公司内部人员的议论。韦尔奇与伊梅尔特在周六谈了一整天，晚餐就在韦尔奇家中进行。周日上午，伊梅尔特一家坐上一架与他人合用的商务飞机直奔纽约。下午，韦尔奇通知自己的飞行员改变飞往纽约的计划，改飞辛辛那提。在雨夜中着陆后，韦尔奇在飞机库一个隐秘的房间里，与詹姆斯·麦克纳尼详谈了一会儿。回到飞机上后，他再次令飞行员惊奇，还不能去纽约，而是和纳尔代利见了面，并交谈了一阵。晚上10点钟，韦尔奇终于飞到纽约。此时，他百感交集："为我的继任者感到高兴，为把坏消息告诉朋友而伤心。同时也觉得松了口气。"

周一上午8点，通用电气公司在纽约宣布，44岁的杰弗里·伊梅尔特将成为全世界最有价值的公司下任CEO。

3周后，在通用电气公司董事、高级主管出席的曼哈顿通用电气"彩虹室"聚餐会上，麦克纳尼和纳尔代利与伊梅尔特一样，得到大家的起立鼓掌。

（二）外部招聘的主要方法

外部招聘是根据一定的标准和程序，从企业外部众多候选人中选拔符合空缺职位要求的工作人员。

1. 广告招聘

广告招聘是指通过广播、报纸、杂志、电视等新闻媒体面向社会大众传播招聘信息，通过详细的工作介绍和资格限制吸引潜在的应聘者。广告招聘对任何职务都适用，它是现代社会非常普遍的一种招聘方式。一般来说，广告内容要包括公司基本情况介绍、职位描述、应聘者资格要求、联系方式和应聘方式等。

现代市场最常见的广告媒体有报纸、杂志、广播、电视、网络等。在进行广告媒体的选择时，必须考虑以下三点：第一，要能够及时地将有效信息传播给目标受众。第二，应该考虑吸引到哪些人而不是吸引多少人，因此要注重目标性。第三，要注意所选择媒体上同类广告的数量和质量。

一般来说，进行广告设计时要注意以下五个方面：第一，趣味性。广告最重要的是有趣味性，要新颖别致，要能在第一时间内吸引目标受众，要有让目标受众长时间关注的兴趣点。第二，创意。一个好的创意是广告的生命之源，只有有了好的创意，才能准确地表达思想，才能引起人们的注意。第三，策略。任何一个好的广告都有一个非常好的策略，这个策略就是吸引目标受众的策略。第四，设计。广告的设计一定要独特，要坚决避免千篇一律的现象，要在第一时间内抓住目标受众的视角，使其能够有立即行动的决心和信心。第五，广告的撰写要做到真实、合法、简洁、准确。虚假广告不仅影响企业的招聘效果，而且还破坏企业的形象，甚至组织还可能为此承担法律责任。

2. 校园招聘

有些企业通过赞助学校文艺、学术等活动的方式来扩大知名度；有些企业还通过设立奖学金的办法与学校建立长期的稳定关系，使学校真正成为员工的来源之地。

在校园招聘的过程中，可以通过举办大型专场招聘会的方式进行招聘，也可以通过选择校园广播、校园网络、公告栏或学院推荐等渠道进行招聘。

校园招聘也存在不足之处，主要表现在：第一，受招聘时间的限制。对于大多数企业来说，随时都有补充新员工的需要，而应届毕业生每年只能招聘一次，并且要受到时间的限制。企业如果需要对人才进行储备，就必须编制人才储备预算，在预算控制下进行招聘，以免出现人才浪费。第二，实际工作经验缺乏。一般来说，校园招聘大多招收应届毕业生，而学生在校园里是以书本知识为主，他们的实际工作经验缺乏，需要企业对他们进行一定程度的培训才能真正地发挥作用。对于那些急于用人的企业来说，进行校园招聘则很难达到目的。

3. 猎头公司

所谓猎头公司就是为企业寻找高层管理人员的服务机构。猎头公司一方面为企业搜寻高级管理人才，另一方面也为各类高级管理人才寻找合适的工作。猎头公司拥有自己的人才库，他们掌握着大量的求职和招聘信息，它们熟悉各类企业对特殊人才的需求，因此利用猎头公司进行招聘一般成功率较高，但相应的费用较高。

4. 利用网络进行招聘

随着网络的普及和计算机技术的发展，利用网络进行电子化招聘已经越来越广泛地被企业所采用。这种方法传递信息快捷而准确，影响范围又十分广泛，且费用低廉，不受其他因素的影响。目前已经有许多企业在自己的网站上设立了专门的招聘专栏，这不仅为求职者带来了极大的方便，而且对公司形象的宣传也起到了非常好的效果。

5. 人才交流中心

在全国的各大中城市，一般都有人才交流服务机构。这些机构常年为企事业用人单位服务。它们一般建有人才资料库，用人单位可以很方便地在资料库中查询条件基本相符的人员的资料。通过人才交流中心选择人员，针对性强、费用低廉，但对一些热门专业的人才招聘效果不太理想。

6. 招聘洽谈会

人才交流中心和其他人才机构每年都要举办多场人才招聘洽谈会。在洽谈会中，用人企业和应聘者可以直接进行接洽和交流，节省了企业和应聘者的时间。随着人才交流市场的日益发展，洽谈会呈现出向专业方向发展的趋势。比如，有中高级人才洽谈会、应届毕业生双向选择会、信息技术人才交流会，等等。由于洽谈会应聘者集中，企业的选择余地较大，但招聘高级管理人才还是比较困难。

案例分析

随着涉足领域的拓宽和企业规模的不断扩大，A 集团公司的业务蒸蒸日上，但是最近老总却陷入烦恼中。公司准备投资一项新的业务，已经通过论证准备上马了，但是几位高层在事业部总经理的人选上产生了很大的分歧。一派认为应该选择公司内部的得力干将小王，而另一派主张选用从外部招聘的熟悉该业务的小李，大家各执己见，谁也不能说服对方，最后还是需要老总来拍板。那么，究竟哪一种选择更好呢？

思考：

（1）应该如何进行选择呢？

（2）究竟在什么时候该适用内部招聘，什么时候适用外部招聘呢？

（三）内外部招聘的优缺点

1. 内部招聘的优缺点

内部招聘的优点主要有：有利于激发员工的内在积极性；有利于员工迅速熟悉工作和进入角色；有利于保持企业内部的稳定性；有利于规避识人、用人的失误；人员获取的费用最少。

内部招聘的缺点主要有：容易形成企业内部人员的板块结构；可能引发企业高层领导的不团结；缺少思想碰撞，影响企业活力；容易出现"涟漪效应"。

2. 外部招聘的优缺点

外部招聘的优点：带来新思想、新观念，补充新鲜血液，使企业充满活力；有利于战略性人力资源目标的实现；可以规避"涟漪效应"产生的各种不良反应；大大节省了部分培训费用。

外部招聘的缺点：招聘成本高（招聘人员费用、广告费、测试费、专家顾问费用等）；错选人的风险大，有些应聘场上的"老运动员"，不具备实践工作所要求的能力；文化的融合需要时间，引入的人才会带来新观念、新思想、新信息，也带来对现有企业文化的挑战；工作的熟悉以及配合需要时间，对本职工作的熟悉、对企业工作流程的熟悉等需要时间。

大多数企业实行内外部招聘并举。当企业的外部环境和竞争情况变化非常迅速时，它就既需要开发利用内部人力资源，同时又必须侧重利用外部人力资源。当企业的外部环境变化缓慢时，从内部进行提拔往往更为有利。内部选拔的重点是管理人才，外部招聘的重点是技术人才。

阅读材料　　　　　　　**隐藏在招聘启事中的玄机**

某地有份报纸曾刊登出这样一份招聘启事：

鑫达高新技术有限公司招聘启事

本公司招聘市场部公关经理3名。工作职责如下：

（1）组织实施公司的公关活动。

（2）建立并维护与新闻媒体的良好关系。

（3）组织有利于公司品牌及产品形象的相关报道及传播。

（4）对公关活动进行监控。

（5）参与处理事件公关、危机公关等。

（6）组织实施内部沟通等项目和其他相关工作。

应聘要求：

（1）中文、广告或相关专业本科以上学历。

（2）3年以上公关公司或信息类公司从业经验。

（3）有良好媒介关系者优先。

（4）形象好，善沟通，文字表达能力强。

（5）具有良好的媒体合作关系。

（6）较强的客户沟通能力及亲和力。

（7）有各种新闻稿件的媒体发放及传播监控工作能力。

（8）具有吃苦耐劳、认真细致、优秀的人际沟通能力。

一经录用，月薪4 000元以上，具体面议。有意者请将简历于3月23日之前寄给本公司，公司将对应聘人员统一进行初试和复试。

招聘启事登出后，立刻引起众多人员的关注。但是，他们最终发现，在这则启事中，尽管应聘条件、岗位职责、工资待遇等内容俱全，就是没有应聘的联系方式。多数人认为这是招聘单位疏忽或是报社排版错误，于是，便耐心等待报社刊登更正或补充说明。但有3位应聘者见招聘的岗位适合自己，便马上开始行动。小李通过互联网，找到公司详细信息，将简历发送过去；小强则通过114查询台，也很快取得了该公司的联系方式；小孙则通过在某商业区的广告牌，取得了该公司的地址和邮编。

鑫达公司人事主管与他们三人相约面试，当即决定办理录用手续。三人为此颇感蹊跷，招聘启事中不是说要进行考试吗？带着这一疑问，他们向老总请教。老总告诉他们：“我们的试题其实就藏在招聘启事中，作为一个现代公关人员，思路开阔，不循规蹈矩是首先应具备的素质，你们三人机智灵活，短时间内迅速找到公司的联系方式，这就说明你们已经非常出色地完成了这份答卷。”

四、人力资源的空间配置

（一）以人为标准进行配置

原则：按每人在招聘面试中得分最高的一项给其安排工作岗位。

可能出现多人在岗位上得分最高，结果只能选择一个员工，从而使优秀人员被拒之门外的情况。

如表9-1所示，A、B、C、D、E、F、G、H、I、J分别为员工，1、2、3、4、5分别为岗位，表中数值为每个应聘者在各个岗位上的得分。（注：阴影为选中的人。）

表9-1　应聘人员得分情况（一）

得分 岗位 \ 员工	A	B	C	D	E	F	G	H	I	J
1	4.5	3.5	2.0	2.0	1.5	1.5	4.0	2.5	2.0	1.0
2	3.5	3.0	2.5	2.5	2.5	2.0	3.5	2.0	2.5	0.5
3	4.0	2.0	3.5	3.0	0.5	2.5	3.0	3.0	1.0	1.5
4	3.0	2.0	2.5	1.5	2.0	2.0	3.5	2.0	0.5	0.5
5	3.5	4.5	2.5	1.0	2.0	2.0	1.5	1.5	1.0	0.5

按每人在招聘面试中得分最高的一项给其安排工作岗位。最后的结果是1岗位A做，2岗位E或I做，3岗位C或D做，4岗位没人做，5岗位B做，出现了空岗现象。

（二）以岗位为标准进行配置

原则：每个岗位都挑选最好的人来做。

可能会出现一个人被好几个岗位选中的情况，但也可能会出现空岗。

如表9－2所示，A、B、C、D、E、F、G、H、I、J分别为员工，1、2、3、4、5分别为岗位，表中数值为每个应聘者在各个岗位上的得分。（注：阴影为选中的人。）

表9－2　应聘人员得分情况（二）

岗位＼得分＼员工	A	B	C	D	E	F	G	H	I	J
1	4.5	3.5	2.0	2.0	1.5	1.5	4.0	2.5	2.0	1.0
2	3.5	3.0	2.5	2.5	2.5	2.0	3.5	2.0	2.5	0.5
3	4.0	2.0	3.5	3.0	0.5	2.5	3.0	3.0	1.0	1.5
4	3.0	2.0	2.5	1.5	2.0	2.0	3.5	2.0	0.5	0.5
5	3.5	4.5	2.5	1.0	2.0	2.0	1.5	1.5	1.0	0.5

最后的结果是：1岗位A做，2岗位A或G做，3岗位A做，4岗位G做，5岗位B做。多岗位争夺一个人，但还是有空岗。

（三）以双向选择为标准进行配置

原则：在岗位和应聘者两者之间进行必要调整，以满足各岗位人员配置的要求。

有可能导致得分最高的员工不能被安排在本岗位上，不能做自己最擅长的工作，但整个组织的效益是最好的。

如表9－3所示，A、B、C、D、E、F、G、H、I、J分别为员工，1、2、3、4、5分别为岗位，表中数值为每个应聘者在各个岗位上的得分。（注：阴影为以人为标准选中的人；▲为以岗位为标准选中的人。）

表9－3　应聘人员得分情况（三）

岗位＼得分＼员工	A	B	C	D	E	F	G	H	I	J
1	4.5 ▲	3.5	2.0	2.0	1.5	1.5	4.0	2.5	2.0	1.0
2	3.5 ▲	3.0	2.5	2.5	2.5	2.0	3.5	2.0	2.5	0.5
3	4.0 ▲	2.0	3.5	3.0	0.5	2.5	3.0	3.0	1.0	1.5
4	3.0	2.0	2.5	1.5	2.0	2.0	3.5 ▲	2.0	0.5	0.5
5	3.5	4.5 ▲	2.5	1.0	2.0	2.0	1.5	1.5	1.0	0.5

最后的结果是1岗位A做，2岗位E或I做，3岗位C做，4岗位G做，5岗位B做。

任务三　考核管理员工绩效

任务目标

- 认识绩效及绩效考核。
- 理解绩效考核的标准和原则。
- 掌握绩效考核的方法。

一、绩效与绩效考核

(一) 绩效

绩效是相对于一个人的工作而言的，指员工按照其工作职责的要求，完成工作的结果或履行职责的效果。

在企业中，员工的绩效具体表现为完成工作的数量、质量、成本费用以及为企业做出的其他贡献等。

(二) 绩效考核

绩效考核也称业绩评估或业绩评价等，是指对被评估者完成岗位 (或某项) 工作的结果进行考量与评价。绩效评估不仅对行为本身和行为结果感兴趣，而且对态度、表现和影响给予关注。

阅读材料

黑熊棕熊竞争采蜜

黑熊和棕熊喜食蜂蜜，都以养蜂为生。他们各有一个蜂箱，养着同样多的蜜蜂。有一天，他们决定比赛看谁的蜜蜂产的蜜比较多。

黑熊想，蜜的产量取决于蜜蜂每天对花的"访问量"。于是，他买来了一套昂贵的测量蜜蜂访问量的绩效管理系统。在他看来蜜蜂所接触的花的数量就是其工作量。每过完一个季度，黑熊就公布每只蜜蜂的工作量。同时黑熊还设立了奖项，奖励访问量最高的蜜蜂。但是，他从不告诉蜜蜂他是在和棕熊比赛，他只是让他的蜜蜂比赛访问量。

棕熊与黑熊想法不一样。他认为蜜蜂能产多少蜜，关键在于他们每天采回多少花蜜，花蜜越多，酿的蜂蜜也越多。于是，他直截了当地告诉蜜蜂：他在和黑熊比赛，看谁产的蜂蜜多。他花了不多的钱买了一套绩效管理系统，测量每只蜜蜂每天采回花蜜的数量和整个蜂箱每天产出蜂蜜的数量，并把测量结果张榜公布。他也设立了一套奖励制度，重奖当月产蜂蜜最多的蜜蜂。如果某个月的蜂蜜总产量高于上个月，那么，所有的蜜蜂都将受到不同程度的奖励。

一年过去了，两只熊查看比赛结果，黑熊的蜂蜜不及棕熊的一半。

黑熊的评估体系很精确，但是他评估的绩效与最终的绩效并不直接相关。黑熊的蜜蜂为尽可能提高访问量，都不采太多的花蜜，因为采的花蜜越多，飞起来就越慢，每天的访问量就越少。另外，黑熊本来是为了让蜜蜂搜集更多的信息才让他们竞争的，由于奖励范围太小，为搜集更多的信息，变成了互相封锁信息。蜜蜂之间竞争的压力太大，一只蜜蜂即使获得很有价值的信息，比如某一个地方有一片巨大的槐树林，他也不愿将此信息与其他蜜蜂分享。

棕熊的蜜蜂则不一样，因为他不限于奖励一只蜜蜂，为了采集到更多的花蜜，蜜蜂互相合作，嗅觉灵敏、飞得快的蜜蜂负责打探哪儿的花最多最好，然后回来告诉力气大的蜜蜂一起到那儿去采集，剩下的蜜蜂负责储存，将其酿成蜂蜜。虽然采集花蜜多的能得到最多的奖励，但其他蜜蜂也能得到部分好处，因此，蜜蜂之间不用闹到人人自危、互相拆台的地步。

激励是手段，激励员工之间竞争固然重要，但相比之下，激发起所有员工的团队精神尤显重要。绩效评估是专注于活动，还是专注于最终成果，须细细思量。

二、绩效考核的标准及原则

（一）绩效考核标准的概念

预先确定的对员工工作的数量和质量进行考核的规范准则，是依据其岗位职责和规定的工作目标，对照衡量被考核者的德、能、勤、绩、体等情况而确定其考核档次（优、良、中、合格、差）的范围程度。

绩效考核的标准适度重点：要比在没有压力的情况下干得更好、更多！

`阅读材料`　　　　　　　　　　**唐僧师徒的故事**

唐僧团队是一个知名的团队，但是这个团队的绩效管理似乎做得并不好。

话说，唐僧团队乘坐飞机去旅游，途中，飞机出现故障，需要跳伞，不巧的是，四个人只有三个降落伞。为了做到公平，师父唐僧对各个徒弟进行了考核，考核过关就可以得到一个降落伞，考核失败，就自由落体，自己跳下去。

于是，师父问孙悟空："悟空，天上有几个太阳？"悟空不假思索地答道："一个。"师父说："好，答对了，给你一个伞。"接着又问沙僧："天上有几个月亮？"沙僧答道："一个。"师父说："好，也对了，给你一个伞。"八戒一看，心里暗喜："啊哈，这么简单，我也行。"于是，摩拳擦掌，等待师父出题，师父的题目出来，八戒却跳下去了，大家知道为什么吗？师父的问题是："天上有多少星星？"八戒当时就傻掉了，直接就跳下去了。这是第一次旅游。

过了些日子，师徒四人又乘坐飞机旅游，结果途中飞机又出现了故障，同样只有三个伞。师父如法炮制，再次出题考大家。先问悟空，"中华人民共和国哪一年成立的？"悟空答道："1949年10月1日。"师父说："好，给你一个。"又问沙僧："中国的人口有多少亿？"沙僧说是13亿，师父说："好的，答对了。"沙僧也得到了一把伞，轮到八戒，师父的问题是："13亿人口的名字分别叫什么？"八戒当时晕倒，又一次以自由落体结束旅行。

第三次旅游的时候，飞机再一次出现故障，这时候八戒说："师父，你别问了，我跳。"然后纵身一跳，师傅双手合十，说："阿弥陀佛，殊不知这次有四个伞。"

点评：这个故事说明绩效考核标准值的设定要在员工的能力范围之内，员工跳一跳可以够得着，如果员工一直跳，却永远也够不着，那么员工的信心就丧失了，考核标准也就失去了本来的意义。很多企业在设定考核标准的时候，喜欢用高指标值强压员工，这个设计的假设是如果指标值设定得不够高的话，员工就没有足够的动力；另外，用一个很高的指标值考核员工，即便员工没有完成100%，而只是完成了80%，也已经远远超出企业的期望了。这种逻辑是强盗逻辑，表现出了管理者的无能和无助，只知道用高指标值强压员工，殊不知，标准背后的行动计划才是真正帮助员工达成目标的手段，而指标值本身不是。其实，设定一个员工经过努力可以达到的指标值，然后，帮助员工制订达成目标的行动计划，并帮助员工去实现，才是经理的价值所在。经理做到了这一点，才是实现了帮助员工成长的目标，才真正体现了经理的价值！

（二）绩效考核的原则

1. 公平原则

公平是确立和推行人员考绩制度的前提。不公平，就不可能发挥考绩应有的作用。

2. 严格原则

考绩不严格，就会流于形式，形同虚设。考绩不严，不仅不能全面地反映工作人员的真实情况，而且还会产生消极的后果。考绩的严格性包括：要有明确的考核标准；要有严肃认真的考核态度；要有严格的考核制度与科学而严格的程序及方法等。

3. 单头考评的原则

对各级职工的考评，都必须由被考评者的直接上级进行。直接上级相对来说最了解被考评者的实际工作表现（成绩、能力、适应性），也最有可能反映真实情况。间接上级（即上级的上级）对直接上级做出的考评评语，不应当擅自修改。这并不排除间接上级对考评结果的调整修正作用。单头考评明确了考评责任所在，并且使考评系统与组织指挥系统取得一致，更有利于加强经营组织的指挥机能。

4. 结果公开原则

考绩的结论应对本人公开，这是保证考绩民主的重要手段。这样做，一方面，可以使被考核者了解自己的优点和缺点、长处和短处，从而使考核成绩好的人再接再厉，继续保持先进；也可以使考核成绩不好的人心悦诚服，奋起上进。另一方面，还有助于防止考绩中可能出现的偏见以及种种误差，以保证考核的公平与合理。

5. 结合奖惩原则

依据考绩的结果，应根据工作成绩的大小、好坏，有赏有罚，有升有降，而且这种赏罚、升降不仅与精神激励相联系，而且还必须通过工资、奖金等方式同物质利益相联系，这样，才能达到考绩的真正目的。

6. 客观考评的原则

人事考评应当根据明确规定的考评标准，针对客观考评资料进行评价，尽量避免渗入主观性和感情色彩。

7. 反馈的原则

考评的结果（评语）一定要反馈给被考评者本人，否则就起不到考评的教育作用。在反馈考评结果的同时，应当向被考评者就评语进行说明解释，肯定成绩和进步，说明不足之处，提供今后努力的参考意见，等等。

8. 差别的原则

考核的等级之间应当有鲜明的差别界限，针对不同的考评评语在工资、晋升、使用等方面应体现明显差别，使考评带有刺激性，鼓励职工的上进心。

制度的力量

这是历史上一个制度建设的著名例证。18世纪末期，英国政府决定把犯了罪的英国人统统发配到澳洲去。

一些私人船主承包从英国往澳洲大规模地运送犯人的工作。英国政府实行的办法是以上船的犯人数支付船主费用。当时那些运送犯人的船只大多是一些很破旧的货船改装的，船上设备简陋，没有什么医疗药品，更没有医生。船主为了牟取暴利，尽可能地多装人，但船上条件十分恶劣，一旦船只离开了岸，船主按人数拿到了政府的钱，对于这些人能否远涉重洋活着到达澳洲就不管不问了。有些船主为了降低费用，甚至故意断水断食。3年以后，英国政府发现：运往澳洲的犯人在船上的死亡率达12％，其中最严重的一艘船上424个犯人死了158个，死亡率高达37％。英国政府费了大笔资金，却没能达到大批移民的目的。

英国政府想了很多办法。每一艘船上都派一名政府官员监督，再派一名医生负责犯人和医疗卫生，同时对犯人在船上的生活标准做了硬性的规定。但是，死亡率不仅没有降下来，有的船上的监督官员和医生竟然也不明不白地死了。原来一些船主为了贪图暴利，贿赂官员，如果官员不同流合污就被扔到大海里喂鱼了。政府支出了监督费用，却照常死人。

政府又采取新办法，把船主都召集起来进行教育培训，教育他们要珍惜生命，要理解去澳洲开发是为了英国的长远大计，不要把金钱看得比生命还重要；但是情况依然没有好转，死亡率一直居高不下。

一位英国议员认为是那些私人船主钻了制度的空子。而制度的缺陷在于政府给予船主报酬是以上船人数来计算的。他提出从改变制度开始：政府以到澳洲上岸的人数为准计算报酬，不论你在英国上船装多少人，到了澳洲上岸的时候再清点人数支付报酬。

问题迎刃而解。船主主动请医生跟船，在船上准备药品，改善生活，尽可能地让每一个上船的人都健康地到达澳洲。一个人就意味着一份收入。

自从实行上岸计数的办法以后，船上的死亡率降到了1%以下。有些运载几百人的船只经过几个月的航行竟然没有一个人死亡。

点评：这个故事告诉我们，绩效考核的导向作用很重要，企业的绩效导向决定了员工的行为方式。如果企业认为绩效考核是惩罚员工的工具，那么员工的行为就是避免犯错，而忽视创造性。忽视创造性，就不能给企业带来战略性增长，那么企业的目标就无法达成。如果企业的绩效导向是组织目标的达成，那么员工的行为就趋于与组织目标保持一致，分解组织目标，理解上级意图，并制订切实可行的计划，与经理达成绩效合作伙伴，在经理的帮助下，不断改善，最终支持组织目标的达成。

三、绩效考核的方法

（一）评级量表法

评级量表法，是绩效考核中最普遍的考核方法。由考评人员用一定的量表，对员工在每一考评因素上的情况作出评判和记分，常用五点表。

（二）等级鉴定法

等级鉴定法又称图表考核法，是一种历史最悠久、应用非常广泛的员工业绩考核方法。

1. 实施过程

在应用这种考核方法时，首先确定绩效考核的标准，然后对于每个考核项目列出几种行为程度供选择。等级鉴定法有多种形式，根据各自结构的变化，它们大致有三个方面的区别：一是各项选择含义的明确程度；二是上层管理人员在分析考核结果时分辨理想答案的清晰程度；三是对于考核者来说各个考核项目含义的清晰程度。

2. 优点

这种方法成本比较低，容易使用。假定优秀、良好、满意、尚可、不满意分别等于5、4、3、2、1分，在对各个考核标准设定了权重之后，员工业绩的考核结果可以加总为数字，可以进行员工之间的横向比较。

3. 缺点

等级鉴定法在考核内容的深度方面不如关键事件法。

（三）强制分配法

所谓强制分配法就是按"正态分布"，对考核评价结果或被考核者进行合并归类，避免主管偏宽的评价而规定的方法。常用于绝对考核（一般一些客观的考核要素，如任职资格、工作任务等）之后的调整，由考核人员将员工分为几类，每一类强制规定一个百分比，按员工整体绩效归入某一类。

1. 实施过程

（1）确定A、B、C、D、E各个评定等级的奖金分配的点数，使每个等级之间点数的差别具有充分的激励效果。

（2）由每个部门的每个员工根据绩效考核的标准，对自己以外的所有员工进行0～100的评分。

（3）对称地去掉若干个最高分和最低分，求出每个员工的平均分。

（4）将部门中所有员工的平均分加总，再除以部门的员工人数，计算出部门所有员工的绩效考核平均得分。

（5）用每位员工的平均分除以部门的平均分，得出一个标准化的评价分。评价以"1"为标准，明显大于"1"的员工可以得B或者A等级的评价，为"1"的员工可以得C等级的评价，而小于"1"的则得D甚至E等级的评价。

2. 优点

可以克服评价者过分宽容或过分严格的缺点，也可以克服所有员工不分优劣的平均主义。

3. 缺点

如果员工的业绩水平事实上不遵从所设定的分布样式，那么按照评价者的设想对员工进行强制区别容易引起员工不满。

（四）目标管理法

目标管理体现了现代管理的哲学思想，是领导者与下属之间双向互动的过程。目标管理法由员工与主管共同协商制定个人目标，个人目标依据企业的战略目标及相应的部门目标而确定，并与它们尽可能一致。该方法用可观察、可测量的工作结果作为衡量员工工作绩效的标准，以制定的目标作为对员工考评的依据，从而使员工个人努力目标与组织目标保持一致，减少管理者将精力放到与组织目标无关的工作上的可能性。

1. 实施过程

考评期内的目标设定首先由组织的最高层领导开始，由他们制订总体的战略规划，明确总体的发展方向，提出企业发展的中长期战略目标以及短期工作计划。

（1）组织规划目标。在总方向和总目标确定的情况下，分解目标，逐级传递，建立被考评者应该达到的目标，这些目标通常成为对被考评者进行评价的根据和标准。制定目标时，应注意目标的具体性和客观性，目标的数量不宜过多；目标应做到可量化、可测量，且长期与短期并存；目标由管理层和员工共同参与制定；设立目标的同时，还应制定达到目标的详细步骤和时间框架。

（2）实施控制。目标实施过程中，管理者提供客观反馈，监控员工达到目标的进展程度，比较员工完成目标的程度与计划目标，根据完成程度指导员工，必要时修正目标。在一个考评周期结束后，留出专门的时间对目标进行回顾和分析。

2. 优点

目标管理法的评价标准直接反映员工的工作内容，结果易于观测，所以很少出现评价失误，也适合于对员工提供建议，进行反馈和辅导。由于目标管理的过程是员工共同参与的过程，因此，员工工作积极性大为提高，增强了责任心和事业心。

3. 缺点

目标管理法没有在不同部门、不同员工之间设立统一目标，因此难以对员工和不同部门间的工作绩效做横向比较，不能为以后的晋升决策提供依据。

（五）360 度考核法

360 度评价法是近年来人力资源管理常用的一种评价方法，也叫 360 度反馈法或多源评价法。它是指在一个组织中，通过所有了解和熟悉被评价者的人，即由同事、上级、下属、顾客以及其他部门人员作为评价者来评价员工绩效，然后对来自多方位的信息进行综合分析和判断，形成最终评价结果。

1. 实施过程

（1）发起。员工或经理均可发起，双方都采取一种主动的方式，有利于双方的有效合作。

（2）落实考核评估人员，准备考核评估。在落实考核评估人员中，员工和经理应就考核评估人员达成一致，以避免双方对评估结果的误解。经理和员工分发考评表格给评估人员。

（3）进行考核评价。考评人员根据有关评估标准填写 360 度评估表，并把表交给经理。人力资源部应把握评估标准的一致性，并做好标准的制定与监督。

（4）经理收集并总结资料数据，这些数据信息为经理如何有效管理员工提供了依据。

（5）经理和员工经过讨论就发展的行动达成一致。按照开诚布公的原则，经理将结果告知员工，并与员工讨论业绩，以发展的眼光对待结果。人力资源部充当顾问的角色，并在意见不一致时从中协调。

（6）评估总结，制订行动计划。360 度全方位总结，并存入员工的考核档案。

（7）促进员工发展。行动计划是员工能力发展的一部分，只有员工能力的发展，才能不断推动员工绩效改进，并能成功地开始下一轮考核。

2. 优点

运用了心理学、心理统计学、社会学、组织行为学、管理学、人力资源管理理论等多学科的理论和技术，多角度、多来源地对组织及个人绩效做出评价。该模式是对传统模式的挑战，具有传统模式没有的优势。这种评价方式可以提供全面、公正、真实、客观、准确、可信的信息。从员工个人角度看，通过评价，可以了解自己在职业发展中存在的不足，从而激励个人努力工作，创造更好的业绩；从组织角度看，可以从更多的渠道了解被评者的绩效信息，对其做出客观的评价。而且360度评价结果有多种用途。因为信息来源多，使得其评价结果比其他评价方法更准确、可信，可以被广泛应用在奖励、薪酬管理、职务晋升以及个人职业开发等各种管理实践中。

3. 缺点

实施成本高，收集和处理的信息量大，对评价进行专门的训练等。此外，因为评价信息来自不同角度、处于不同职位的所有评价者，可能发生意见冲突。同时，如何保证评价的客观性，有效剔除不客观的信息和评价，以及如何将评价信息与个人绩效提升有机结合等，都是比较重要的问题。

阅读材料　　　　　　　　　**永辉合伙人制度**

一、合伙人制度适用范围

参与人员
{
1. 店长、店助；
2. 四大营运部门人员；
3. 后勤部门人员；
4. 固定小时工（工作时间≥192小时/月）
}

不参与人员
{
1. 微店课、咏悦汇、新肌荟、茅台等课组人员；
2. 培训生、实习生、寒暑假工、学习干部；
3. 小时工（工作时间＜192小时/月）
}

二、分红前提条件

表1　分红条件

类别	分红条件
店长、店助、后勤人员	门店销售达成率≥100%，利润总额达成率≥100%
营运部门经理、经理助理 部门公共人员	部门销售达成率≥95%，部门毛利达成率≥95%
营运部门各课组人员	课组销售达成率≥95%，课组毛利达成率≥95%

三、合伙人奖金包

门店奖金包＝门店利润总额超额或减亏部分×30%

门店利润总额超额或减亏部分＝实际值－目标值

门店奖金包上限：门店奖金包≥30万时，奖金包按30万元发放。

表2　分红比例

职级	各职级奖金包分配
店长、店助	门店奖金包×8%
经理级	门店奖金包×9%
课长级	门店奖金包×13%
员工级	门店奖金包×70%

四、合伙人奖金计算

表3　合伙人奖金计算

职级	个人奖金
店长、店助	店长级奖金包×出勤系数
经理级	经理级奖金包÷经理级总份数×对应分配系数×出勤系数
课长级	课长级奖金包÷课长级总份数×对应分配系数×出勤系数
员工级	员工级奖金包÷员工级总份数×对应分配系数×出勤系数

注：有二助的门店，店长级奖金包店长分配70%，店助分配30%。

五、结算说明

1. 分配系数

按部门毛利达成率的排名情况，确定各部门对应分配系数。例如，某店生鲜部毛利达成率在该店四大营运部门中排名第1，生鲜部对应分配系数为1.5，即生鲜部的经理、经理助理、课长、员工的分配系数均为1.5。

表4　分配系数

部门毛利额达成率排名	分配系数
第1名	1.5
第2名	1.3
第3名	1.2
第4名	1.1
后勤部门	1.0

2. 总份数

总份数 = $\sum$（各部门同职级人员人数×部门毛利额达成率排名对应分配系数）

注：① 经理级份数，含经理助理；课长级份数，含副课长。

② 以上统计的总份数，不包含双指标未达成的部门或课组各职级人数。

3. 出勤系数

出勤系数 =（当季应出勤天数－事假、病假、产假、工伤假天数）÷当季应出勤天数

4. 奖金发放

按季度结算，奖金与次月工资一起发放。

六、案例说明

卖场店 A 店第一季度，全店销售达成 100.1%，利润总额达成 106%，利润超额 33 万元，门店合伙人奖金包 10 万元。

表5　各部门人数、达成情况

部门	店长级人数	经理级人数	课长级人数	员工级人数	销售达成率/%	利润总额达成率/%	毛利达成率/%	毛利达成率排名	对应分配系数	超额利润总额/万元	门店合伙人奖金包/万元
全店	1	10	24	136	100.1	106				33	10
生鲜	/	2	7	60	100.6		107.0	第1名	1.5		
食品用品	/	2	7	15	101.0		103.0	第2名	1.3		
服装	/	1	6	12	93.4		90.0	第3名	1.2		
加工	/	1	/	1	91.5		87.0	第4名	1.1		
后勤	/	3	4	48					1.0		

1. 各职级奖金包

表6　各职级奖金包

职级	门店奖金包/万元	分配比例/%	奖金包/元
店长	10	8	8 000
经理级	10	9	9 000
课长级	10	13	13 000
员工级	10	70	70 000

2. 参与分红部门、课组总份数核算（达成课组：生鲜部 5 个、食品用品部 4 个）

表7　奖金核算情况

部门	店长级	经理级			课长级			员工级		
		人数	对应系数	总份数	人数	对应系数	总份数	人数	对应系数	总份数
合计	1	8		8.6	17		16.7	102		126.8
店长办公室	1									
生鲜部		2	1.5	3	5	1.5	7.5	43	1.5	64.5
食品用品部		2	1.3	2.6	4	1.3	5.2	11	1.3	14.3
后勤部门		3	1	3	4	1	4	48	1	48

3. 各职级人均奖金

表 8　奖金分配情况

部门	店长	经理级	课长级	员工级
店长办公室	8 000 元	—	—	—
生鲜部	—	9 000÷8.6 份×1.5 =1 570 元	13 000÷16.7 份×1.5 =1 168 元	70 000÷126.8 份×1.5 =828 元
食品用品部	—	9 000÷8.6 份×1.3 =1 360 元	13 000÷16.7 份×1.3 =1 012 元	70 000÷126.8 份×1.3 =718 元
后勤部门	—	9 000÷8.6 份×1 =1 047 元	13 000÷16.7 份×1 =778 元	70 000÷126.8 份×1 =552 元

4. 奖金实发

①生鲜部经理，如果第一季度出满勤，没有请假，分红奖金为 1 570 元。

②生鲜部水果课，销售达成率 101%、毛利达成率 98%，该课第一季度出满勤、没有请假的课长分红奖金为 1 168 元/人，员工分红奖金为 828 元/人。

（材料来源：网络材料整理）

项目小结

人力资源管理	人力资源管理	人力资源、人力资源管理的概念	
		人力资源管理的基本职能	选才、用才、育才、留才
		人力资源管理的基本原理	系统优化、激励强化、反馈控制、弹性冗余、互补增值、利益相容原理
	人力资源规划	人力资源规划的含义	
		人力资源规划的内容	总体规划、具体（业务）规划
		规划的程序及供求平衡	供求平衡、供过于求、供不应求下的对策
	人力资源获取	人力资源获取的含义及意义	
		招聘过程及原则	遵守公平就业、竞争、全面、量才和人数适量原则
		内部招聘的主要方法	公开招聘、员工推荐、人才库、工作公告
		外部招聘的主要方法	广告、校园、猎头公司、网络、人才交流中心、招聘洽谈会
		人力资源的空间配置	以人为标准、以岗位为标准、双向选择标准

续表

人力资源管理	绩效管理	绩效与绩效考核的概念	
		绩效考核的标准和原则	公平原则、严格原则、单头考评的原则、结果公开原则、结合奖惩原则、客观考评的原则、反馈的原则、差别的原则
		绩效考核的方法	评级量表法、等级鉴定法、强制分配法、目标管理法、360度考核法

能力自测

一、单选题

1. 人力资源规划师根据（　　）的变化，预测企业未来对人力资源的需求。
   A. 市场
   B. 经营战略
   C. 组织内部环境和外部环境
   D. 组织内部人员的多少

2. 人力资源规划的首要任务是（　　）。
   A. 人力资源需求检测
   B. 人力资源供给预测
   C. 核查现有人力资源
   D. 确定企业发展目标

3. 甲公司在报纸上刊登一消息：本公司因业务发展需要，需销售部经理一名……这属于组织中哪一个重要活动？（　　）
   A. 培训
   B. 招聘
   C. 晋升
   D. 广告宣传

4. （　　）是以技能为基础来支付的一种薪酬系统。
   A. 技能工资
   B. 绩效工资
   C. 工龄工资
   D. 岗位工资

5. 企业招聘的来源有两种（　　）。
   A. 内部招聘　外部招聘
   B. 笔试　面试
   C. 招聘空间　招聘时间
   D. 广告招聘　借助中介机构

6. 现代人力资源以（　　）为中心。
   A. 信息
   B. 资本
   C. 知识
   D. 人

7. 将全体职工逐一配对比较，按照逐对比较中被评为较优的总次数来确定等级名次的绩效考核方法是（　　）。
   A. 简单分级法
   B. 交替分级法
   C. 范例对比法
   D. 成对比较法

8. 下面属于绩效考核的方法是（　　）。
   A. 关键事件法
   B. 点数法
   C. 德尔菲法
   D. 马尔科夫法

9. 通过检查人力资源需求，确保组织能够在需要的时候聘用到足够数量合格员工的人力资源实践活动是（　　）。
   A. 人力资源培训
   B. 人力资源招聘
   C. 人力资源选拔
   D. 人力资源规划

二、简答题

1. 什么是人力资源？
2. 什么是人力资源管理？
3. 人力资源管理要实现哪些职能？

4. 企业对员工进行管理过程中要遵循的基本原理有哪些？

5. 企业获得员工的主要形式有哪些？

6. 什么是绩效考核？

7. 企业对员工进行绩效考核的方法有哪些？

案例分析

赛特购物中心 B2 楼层主要经营家电、日用品等业务，以往考核是把员工的销售业绩、卫生环境、柜台陈列、账册管理等方面的情况汇总在一块考评，根据综合考评的结果来发放奖金。这样容易出现单项销售业绩突出，最后综合评价分数不一定高、奖金不一定拿得多的现象，严重影响了员工的积极性。1998 年 9 月起，中心推出了一套新的考核改革措施。

首先，把总奖金的 40% 提出来，作为销售奖金，按销售业绩排序分档，第一名拿第一档，第二名拿第二档，最后一名如果是具有客观原因（如生病、事假等），而排在最后一名，则可以按序拿最后一名的奖金；如果没有客观原因而排在最后一名，则不能按序拿最后一名的奖金，而是直落到底，拿底线奖金 50 元。其次，再把总奖金的 20% 提出来，作为销售服务奖，也是按业绩分档排序。最后，拿出总奖金的 5% 作为领班奖，奖励领班分配的一些临时性的、不能进入业绩考核的工作。剩下的总奖金的 35% 按销售、卫生、陈列、账册综合考核情况分配。

新方案与过去考核最大的不同是突出了员工的销售业绩，并把每个人的业绩摆在明处。

新措施实施后，确实极大地调动了员工销售的积极性，出现踊跃迎客、热情服务的大好形势，9、10 月份销售额连续增长 20%。但也引起一些负面效应：一些员工争抢顾客，在一定程度上影响了团结——来了顾客，常常出现两位员工同时争着上去迎接介绍商品，当顾客决定购买时，为了争功发生争吵，令顾客很难堪；一些员工平时工作态度积极，因为不善于与顾客沟通，销售业绩不突出，被排在了末档，感到很委屈；考核排在后面的员工觉得没有面子，心理压力很大。

思考：

1. 如何评价这项绩效考评改革措施的负面效应？

2. 为了消除这些负面影响，如何改进考核办法？

实训练习

如何开展招聘工作

实训目标

1. 培养人员招聘工作的能力。

2. 训练应聘的能力与心理素质。

实训内容与要求

1. 角色扮演的情景设定：模拟公司的工作计划建立组织结构，安排各部门负责人（班级统一制定编制或职数）；招聘由总经理主持，公司成员均为招聘组成员；每名学生可向不超过三家公司（不含本公司）应聘；各公司根据每个应聘者的表现决定聘任。招聘程序按课程讲授内容进行，学生们先在课下进行精心准备，在课上完成角色扮演。

2. 各公司要制订详细的招聘计划，包括招聘目的、招聘岗位、任用条件、招聘程序，特别是聘用的决定办法。

3. 每个人要写出应聘提纲或应聘演讲稿，一定要体现出应聘竞争优势。

4. 以公司为单位，组织招聘活动（全班可分为两大组，轮流担任招聘方与应聘方）。

实训成果与检测

1. 各公司提供招聘计划书。

2. 每个人提供应聘提纲或者演讲稿。

3. 评估各公司招聘状况的好坏，并以前来应聘者的人数作为重要衡量指标。

4. 评价每个人的表现，特别是受到其他公司聘任的频次。

5. 由教师做出统计与综合评估。

组织管理伦理与社会责任

知识目标 ////

- 理解伦理和管理伦理的概念、特点。
- 区分四种不同的伦理观。
- 了解影响管理伦理的因素。
- 理解企业社会责任的概念、内涵与本质。

核心能力 ////

- 掌握改善伦理行为的途径。
- 掌握管理伦理在我国的实践意义。
- 掌握利益相关者的分类和有效管理利益相关者的方法。
- 掌握承担社会责任对社会发展的积极作用。

案例导入 ////

变味的月饼

2005 年 11 月 1 日，《东方早报》以"南京冠生园月饼又曝细菌超标"为题，报道了"重出江湖"半年的南京冠生园月饼再次登上"黑榜"。现将该报道原文摘录如下：

江苏省卫生厅在昨天举行的《食品卫生法》宣传周发布会上透露，在今年该厅对江苏与健康有关产品进行的抽检中，南京冠生园一款月饼的菌落总数超标，成为该次抽检中唯一不合格的月饼产品。

此前，江苏省卫生厅委托省卫生监督所对食品、化妆品、一次性使用卫生用品、涉水产品等进行了卫生监督抽检，共发现 12 个产品不符合国家标准。其中，在苏果超市有限公司江宁连锁店销售的南京冠生园食品厂有限公司于今年 8 月 17 日生产的 100g/只的"老南京麻五仁月饼"菌落总数达到25 000cfu/g，远远超过国家标准。

昨天，该厅卫生法律与监督处副处长周玲告诉记者，查出产品不合格后，他们立即查封了产品，并与南京冠生园联系，在对企业留存仓库、同样批号的产品进行检验时，发现其产品指标均合格。"我们认为，可能是出场后在运输途中包装出了问题。"周玲表示，南京冠生园食品厂有限公司的生产流程是比较规范的。

"出厂前，这一批号、标志的月饼均为合格产品，发生这样的事情也是我们不愿看到的，我们希望先冷一冷，过段时间会作出回复。"昨天，南京冠生园食品厂有限公司副总经理王健告诉早报记者。

"冠生园月饼又有问题了？"昨天，南京一位姓陈的女士告诉记者，"反正我以后不会买了，现在面点店多，产品都不合格，怎么赢得消费者信任？"南京市建筑安装管理处工程师李健告诉记者，在"陈馅事件"后，南京冠生园能再站起来很不容易，"我认为问题可能来自基层员工——管理层肯定是下了很大的决心，但没有落实到每一个员工心中。"

2001年9月，"南京冠生园用霉变及退回馅料生产月饼"的消息被央视曝光之后，其市场销售量急剧萎缩，次年3月便宣告破产，被称为国内"失信破产第一案"。

2005年复出仅仅5个月，南京冠生园再次陷入月饼危机，不由得让人感慨其当初重组时的承诺——"做一家有良心的企业"，似乎很难。

（资料来源：根据新闻报道加工整理而成）

管理心得：企业经营应遵守最基本的伦理道德和社会责任，以品牌、品质、服务和技术去赢取利润，而不是赚"黑心"钱。企业想在市场上站稳脚跟，就必须遵守诚信原则。只有诚信经营，才能赢得消费者的信任。建立在诚信经营基础上的企业声誉是一种稀缺资源，是企业重要的无形资产，是企业永续经营的源动力。

任务一　认知管理伦理及四种伦理观

任务目标

- 理解伦理、管理伦理的含义。
- 掌握管理伦理在我国的实践意义。
- 区别四种不同的伦理观。

一、伦理的含义

伦理是一定社会依靠人们内心信念、传统习惯和社会舆论维系的，以善恶进行评价的，调整人们关系的行为规范的总和。

伦理是一种自然法则，是有关人类关系（尤其以姻亲关系为重心）的自然法则。这个概念也是与道德及法律的绝对分界线。道德是对人类关系和行为的柔性规定，这种柔性规定是以伦理为大致范本，但又不同于伦理这种自然法则，甚至经常与伦理相悖。法律则是对人类关系和行为的刚性规定，这种刚性规定是以法理为基础原则的。

关于"道德"，老子说："道可道，非常道。"那意思无非是说，"道"并非指的是一条具体的道路，而是一个抽象出来的概念，譬如几何学上的"点，线，面"的概念，物理学上的"质点"的概念。"道德"，可以引申为人在社会上为人处世的规则。从这个角度来讲，伦理与道德在内涵上是有一些共通之处的。伦，次序之谓也，"伦理"便是指长幼尊卑的道理，比如中国有"天地君亲师"的古训。伦理与道德都在一定程度上起到了调节社会成员之间相互关系的作用。

二、管理伦理的含义及表现

管理伦理就是要求管理者在经营全过程中，应主动考虑社会公认的伦理道德规范，使其经营理念、管理制度、发展战略、职能权限设置等符合伦理道德要求，处理好企业与员工、股东、顾客、厂商、竞争者、政府、社会等利益相关者的关系，建立并维系合理、和谐的市场经济秩序。

管理活动必然涉及个人与个人、个人与社会、组织与组织、人与自然等各种关系，而伦理正是调节这些关系的行为规范。管理具有伦理价值，而伦理具有管理功能，两者具有内在的统一性。

（一）追求理想与利润最大化的结合

传统管理以利润最大化为目的，单纯从企业自身利益而非社会整体利益来看待企业目的。伦理化管理则把企业作为社会一分子所肩负的使命来界定企业目的。讲求伦理的企业倾向于追求多个目标，既追求利润，也追求范围更广泛的、意义更深远的理想。在追求理想的同时又得到了利润。

（二）从手段人到目的人

管理中对人的认识从早期的"机器人""经济人"发展到"社会人""复杂人""自我实现人"，取得了明显的进步。传统管理之所以认为人重要，是因为人是一种弹性最大、具有潜力可挖的资源，是能带来丰厚回报的资源，是实现企业自身利益最大化的工具。伦理化管理尊重人，把人看作目的而不仅仅是实现目的的手段，尊重每个人的尊严、权利、价值和愿望，以人为中心，高度重视人的作用，充分发挥人的创造精神，认为这是企业社会责任概念的核心。人在实现经济过程的同时，保持个人尊严并达到个人价值的实现。

（三）从注重目标、战略、结构、制度到强调企业价值观

目标、战略、结构、制度一直是管理中的关键因素。随着管理与伦理结合，进一步凸显了企业价值观的作用。首先，伦理观是价值观的核心。人们对真假、善恶、美丑等价值观的评判常常是以善恶观为轴心的。在经营活动中，大量的价值判断都是关于"应该不应该"，即"善"或"恶"的。例如，是"质量第一还是假冒伪劣"，是"为顾客着想还是坑蒙拐骗"，是"爱护员工还是忽视安全"，是"公平竞争还是不择手段"，是"关心社会还是对社会不闻不问"，等等，都是"善恶"问题。其次，价值观有崇高和庸俗之分。伦理化管理所说的企业价值观，正是崇高的价值观。如 P&G 公司的核心思想是：一流的产品，不断自我完善，诚实与公正，尊重和关心人。IBM 公司所坚守的信念是尊重人、一流服务、追求卓越。追求崇高的价值观，实际上也就是用高标准的道德来要求自己。

（四）注重所有利益相关者的利益

伦理是处理"人""己"关系的规范，管理与伦理结合，使人们对企业经营中各种"关

系"的认识有了变化。人们发现，企业的所有决策，不仅会给企业及其所有者带来利益或者损失，而且会对其他利益相关者产生正面或负面影响。企业与利益相关者之间存在相互依赖关系，企业离不开所有者、顾客、员工、供应者、政府、社区、公众，而后者也能从与企业的合作中获得好处。企业甚至需要竞争者，竞争可以促使企业更快地发展。所以，协调各有关方面，注重所有利益相关者，是企业经营管理中应持的正确态度。考虑利益相关者的利益是一种责任，它要求企业在实现所有者利益目标的同时，能合乎道德地对待其他利益相关者，使他们的需要也得到满足。

（五）从遵纪守法到德法并重

通常认为，只要不违法，做什么、怎么做都行。管理与伦理结合，给管理带来的最显著变化是：仅仅守法是不够的。不考虑伦理的企业关心的是在合法的情况下能做什么。企业之所以不做某些事，是因为害怕受到法律的惩罚；员工之所以做或不做某些事，是命令、制度使然，服从命令、遵守制度可以获得承认、奖赏，否则，就会受到批判、处罚。这只是一种他律。管理与伦理结合，则要求企业通过管理措施营造良好的道德环境，使企业成员认识到什么是应该做的，什么是不应该做的，并以这种认识指导自己的行为。员工做或不做某件事，不仅仅因为奖惩，而且还因为感到那样做是道德的或不道德的。传统管理把讲究道德与追求利润对立起来，伦理化管理则认为，追求利润是企业的责任，讲道德同样是企业的责任，两者都不能偏废，应该兼顾。

（六）从玩弄技巧到注重道德修养

管理与伦理结合，要求企业及其成员不断提高道德素质。技巧是末，修养是本，不能本末倒置。技巧应该是道德修养前提下的技巧，要从玩弄技巧转变到注重道德修养上来。对管理者来说真正重要的是要做到处事公正，尊重人，为他人着想。做到了这些，哪一种技巧都能收到良好的效果。即使方式方法不是很妥当，也会得到下属的谅解。否则，再注意技巧，也不能使下属心悦诚服。

三、管理伦理的特点

企业行为涉及多种相关人群之间的经济利益关系，比如顾客、员工、股东、供应商、竞争者、政府以及其他社会团体等，因而企业伦理管理的实质就是以符合社会文化的伦理道德标准为基础，正确处理这些利益相关者之间的经济利益关系。企业管理伦理具有自身的特点。

（一）全方位性

管理伦理的全方位性体现在两个方面。一是管理内容的全方位性。对内企业要实行人本伦理管理，全方位地尊重员工的人权；对外在企业与顾客、企业与社会之间寻求和谐的伦理关系，实行全方位的质量伦理管理；在企业与自然之间要尊重自然，保护环境，实行全方位的生态伦理管理。二是管理目的的全方位性。内容的全方位性也就决定了目的的全方位性，21世纪是保护环境和满足消费者多样化需求的时代，企业必须通过全方位伦理管理做到：让顾客满意，满足消费者的合理要求；让员工满意，创建强有力的企业文化，尊重员工的基本人权，增强员工的向心力；让股东满意，消除渎职，减少挥霍，保证资产保值增值；让经营者满意，杜绝欺诈，加强信用，与其他企业建立良好的关系；让社会满意，增进社会福利，承担社会责任；让世界满意，树立全球观念，尊重异邦文化，维护世界利益；让地球满意，尊重自然，减少污染，保护生态环境。

（二）层次性

《社会契约论》认为企业是由社会各方按契约组成的一个利益共同体，规范该利益共同体行为的契约存在两个层次：宏观社会契约提供了全球性规范（最高规范），而微观社会契约提供了社团规范。由此可见企业的管理伦理也需要分为三个层次进行：

（1）普通伦理。普遍适用于世界上所有人的最高伦理规范。它包括：人权、所有权以及维持自然和社会可持续发展的义务等。也就是说，企业必须通过普遍伦理管理来尊重和维护人们的人身自由权、财产所有权、生存权、人身安全及健康权、政治参与权、知情权和发展权，保护环境，消除污染，维护和平。

（2）民族伦理。管理离不开一个国家或民族的文化背景和社会状况，管理必须和民族文化相结合，企业管理伦理更应如此。东西方文化存在很大区别，其社会道德伦理也各有特点，因此，企业的管理伦理不能离开本国、本民族的国情、民族性和文化。

（3）职业伦理。管理伦理除了要符合其普遍性和民族性的要求外，还必须以职业道德为基础，实行职业伦理管理，以建立高于普遍伦理和民族伦理的具有企业自身文化特点的职业伦理。职业伦理也称为企业个性伦理。

（三）恒久性

恒久性包括三个方面的含义。

1. 作用的深刻性

管理伦理不同于经济管理，它直接指向人的精神世界，通过改变人的思想价值观念来控制、调节人的行为，从而控制、调节企业的行为。因此。它所解决的是企业深层次的问题，它的作用也是深刻的：一方面，它使企业成为一个具有高度凝聚力的和谐大家庭；另一方面，它为企业的长期持续的成长创造一个和谐的外部生态伦理环境。

2. 效益的长远性

企业管理伦理的效益不能着眼于短期，而只能立足于长远。其效益指标已不再仅以货币计算，而是以为此而获得的信用、声誉和企业成长的可持续性来衡量。也就是说，实施伦理管理，企业短期内可能要为此付出昂贵的代价，但长期所换来的却是宝贵的信用、声誉和企业可持续性地成长。

3. 实施的坚持性

要管好一个企业，就是要管好它的未来，企业管理伦理就是对企业未来的管理。因此，要使企业有持续的未来，必须长久坚持伦理管理。企业管理伦理作用的深刻性和效益的长远性也决定了它实施的长久坚持性。

四、管理伦理在我国的实践意义

面对 21 世纪经济和社会发展的要求，管理伦理以其所具有的时代性、世界性意义和视野，日渐显示其巨大的魅力。我国目前还没有建立健全的与社会主义市场经济相适应的法律体系和道德体系，仍存在一些道德失范、经济秩序混乱现象。我国的企业家和企业管理工作者也迫切需要学习管理伦理学，同时将其运用到企业管理的实践中。

首先，管理伦理对于培养我国合格的现代管理者具有重要作用。腐败的发生与管理的缺位或失序紧密相关。管理失序表现为见利忘义、唯利是图、损公肥私、损人利己、以权谋私、贪污受贿、买官卖官、挥霍浪费等腐败现象。管理伦理有利于提高人们识别善恶的能力，促使人们正确认识管理活动中的善恶美丑，增强抵制腐败现象的自觉性。许多管理者之所以取得成功，在很大程度上取决于管理者良好的职业道德素养和巨大的人格魅力。

其次，管理伦理对于促进我国企业学习世界先进管理理念，顺应全球企业发展的潮流具有重要作用。注重企业管理的伦理特征，是当今全球企业管理发展的潮流。在经济全球化和我国进入 WTO 的条件下，我国企业必须在遵循世界惯例的基础上才能谋求可持续发展。如必须正确认识企业的地位、作用，履行企业的社会责任；从追求利润最大化到通过合乎法律和伦理的方式，提供具有国际竞争力、能增进社会福利的产品和服务；从以所有者为中心到注重利益相关者；从遵守法律到法律和道德并重；从注重目标、战略、结构、制度到强调企业价值观；提倡公平、正当的竞争，尊重竞争对手，遵守公正交易和竞争秩序；树立与顾客的共存意识，保护和增进消费者权益；实行按个人努力和业绩进行公平分配，保障企业成员的利益；树立环境意识，推行与环境协调的经营；尊重地区传统文化，为地方经济与社会发展做出贡献等。

五、几种不同的伦理观

（一）伦理的功利观（utilitarian view of ethics）

功利主义正式成为哲学系统是在 18 世纪末与 19 世纪初期，由英国哲学家兼经济学家边沁和密尔提出。

其基本原则是：一种行为如有助于增进幸福，则为正确的；若导致产生和幸福相反的东西，则为错误的。幸福不仅涉及行为的当事人，也涉及受该行为影响的每一个人。

功利主义认为决策要完全依据其后果或结果做出，功利主义的目标是为尽可能多的人提供尽可能多的利益。比如，接受功利观的管理者可能认为解雇其工厂中 20% 的工人是正当的，因为这将增强工厂的盈利能力，使余下的 80% 工人的工作更有保障以及符合股东的利益。功利主义伦理标准一方面对效率和生产率有促进作用，并符合利润最大化的目标。另一方面，它会造成资源配置的扭曲，尤其是在那些受决策影响的人没有参与决策的情况下；同时，功利主义也会导致一些利益相关者的权利受到忽视。

（二）伦理的权利观（rights view of ethics）

权利观是关注于尊重和保护个人自由和特权的观点，包括隐私权、思想自由、言论自由、生命与安全以及法律规定的各种权利。但它也有消极的一面（主要是针对组织而言），即接受这种观点的管理者把对个人权利的保护看得比工作的完成更加重要，从而在组织中会产生对生产率和效率有不利影响的工作氛围。

比如，在维克多·雨果的名著《悲惨世界》中有这样的情节：冉阿让在非常饥饿的情况下偷了一块面包，这在当时是他维持自己生命的唯一办法。这种行为是否合理呢？在这个例子中存在相互对立的权利：面包师的财产所有权与冉阿让的生存权。二者中哪一个居于主导地位呢？因此，管理者在进行决策时应当对各个备选行动计划进行比较和对照，分析每一个可选计划给不同的利益相关群体带来的影响，最终采取最能有效保护利益相关者权益的行动计划。

（三）伦理的公正观（theory of justice view of ethics）（又称公平观）

公正观指在不同利益相关者之间应公平、合理、无偏见的分配利益与损失。要求管理者公平和公正地贯彻和加强规则，并在此过程中遵守所有的法律法规。这种道德观有利于保护那些未被充分代表的或缺乏权力的利益相关者的利益，但不利于培养员工的风险意识和创新精神。

（四）综合社会契约理论（integrative social contracts theory）

综合社会契约理论主张把实证因素（是什么）和规范因素（应该是什么）两种方法并入商业伦理中，即要求决策人在决策时综合考虑实证和规范两个方面的因素。这种伦理观综合了两种"契约"：一种是经济参与人当中的一般社会契约，这种契约规定了做生意的程序；另一种是一个社区中特定数量的人当中的较特定的契约，这种契约规定了哪些行为方式是可接受的。这种伦理观与其他三种的区别在于它要求管理者考察各行业和各公司中的现有伦理守则，以决定什么是对的、什么是错的。

研究表明，大多数生意人对伦理行为持功利主义态度。因为功利主义与诸如效率、生产率和高额利润之类的目标相一致。例如，在追求利润最大化的过程中，管理者可以从容地争辩说他正在为尽可能多的人谋取尽可能多的好处。随着个人权利和社会公平日益得到重视，功利主义遭到了越来越多人的非议，因为它在照顾多数人的利益的时候忽视了个人和少数人的利益。对个人权利和社会公平的考虑，意味着管理者要在非功利标准的基础上建立伦理标准。这对当今的管理者来说无疑是个严峻的挑战。

任务二　熟悉影响管理伦理的因素和改善途径

任务目标

- 了解影响管理伦理的因素。
- 掌握改善伦理行为的途径。

一、了解影响管理伦理的因素

（一）道德发展阶段

人们的伦理道德意识及其行为表现有其发展过程，这一过程发展需要经历三个层次，每个层次又分为两个阶段。随着阶段的上升，个人的伦理判断越来越不受外部因素的影响。道德发展的最低层次是前惯例层次。在这一层次，个人只有在其利益受到影响的情况下才会做出伦理判断。道德发展的中间层次是惯例层次。在这一层次，伦理判断的标准是个人是否维持平常的秩序并满足他人的期望。道德发展的最高层次是原则层次。在这一层次，个人试图在组织或社会的权威之外建立伦理准则。道德发展所经历的三个层次和六个阶段如表 10-1 所示。

表 10 – 1　道德发展的三层次六阶段

层次	阶段
前惯例层次 只受个人利益的影响。 按怎样对自己有利制定决策，并按照什么行为方式会导致奖赏或惩罚来确定自己的利益	1. 遵守规则以避免受到物质惩罚。 2. 只在符合你的直接利益时才遵守规则
惯例层次 受他人期望的影响。 包括对法律的遵守，对重要任务期望的反应，以及对他人期望的一般感觉	3. 做你周围的人所期望的事。 4. 通过履行你允诺的义务来维持传统秩序
原则层次 受个人用来辨别是非的道德准则的影响。 这些准则可以与社会的规则或法律一致，也可以与社会的规则或法律不一致	5. 尊重他人的权利，在自身价值观和权利的选择上，置多数人的意见于不顾。 6. 遵守自己选择的道德准则，即使那些准则违背了法律

（二）个人特征

进入组织的每一个人都有一套相对稳定的价值准则，这些准则是个人早年从父母、老师、朋友和其他人那里发展起来的，是关于什么是对、什么是错的基本信念。从而组织的管理者通常有着非常不同的个人准则，有两种个性变量影响着人们的行为，这些行为的依据是个人的是非观念。

一是自我强度，衡量个人自信心强度的一种个性变量。高度自尊的人相信自己是有能力的、有价值的。低度自尊的人对自己的评价较低，对自己的才能不敢确信，并且怀疑自己通过各种努力取得成功的能力。

二是控制中心，用来度量人们在多大程度上是自己命运的主宰。具有内在控制中心的人认为他们控制着自己的命运，而具有外在控制中心的人则认为他们生命中发生什么事是由运气和机会决定的。从伦理角度看，具有外在控制中心的人不大可能对其行为后果负责，更可能依赖外部力量。相反地，具有内在控制中心的人则更可能对后果负责，并依赖自己内在的是非标准来指导其行为。与具有外在控制中心的管理者相比，具有内在控制中心的管理者的伦理判断和伦理行为可能更加一致。

（三）结构变量

组织的结构设计有助于管理者伦理行为的产生。一些结果提供了有利的指导，而另一些令管理者模糊不清。正式的规章制度可以降低模糊程度，职务说明书和明文规定的伦理守则可以促进行为的一致性。不断有研究表明，管理者的行为符合伦理或不符合伦理对员工有着很大的影响。人们密切关注管理者在做什么并以此作为可接受行为和期望与他们做什么的标准。一些绩效评估系统仅评估结果，另一些则既评估结果也评估手段。在仅根据结果来评价的地方，人们会不择手段地追求结果。与评估系统密切相关的是报酬的分配方式。奖赏或惩罚越依赖于特定的结果，管理者所感到的取得结果和降低伦理标准的压力越大。在不同的结构中，管理者在时间、竞争和成本等方面的压力也不同。压力越大，越可能降低伦理标准。

（四）组织文化

组织文化的内容和力量也会影响道德行为。最有可能产生高伦理标准的组织文化是那种有较强的控制能力以及风险和冲突承受能力的组织文化。处在这种文化中的管理者，具有进取心和创新精神，以及对他们认为不现实或个人所不合意的需要或期望进行自由、公开的挑战。与弱组织文化相比，强组织文化对管理者的影响更大。如果组织文化是强的并支持高伦理标准，它就会对管理者的伦理行为产生重要的和积极的影响。

（五）问题强度

问题强度是指伦理道德问题本身的重要程度。具体表现为：当管理者认为问题很重要时，他往往会采取相对更道德的行为。问题的强度主要取决于行为导致人们受害或受益的程度和范围，社会舆论对此的反响程度，行为导致该结果的可能性及时间的长短，观察者与受害者或受益者的接近程度和行为作用对象的集中度等影响因素。

二、改善伦理行为的途径

（一）挑选高道德素质的员工

人在道德发展阶段、个人价值体系和个性上存在的差异使管理者有可能通过严格的挑选过程（挑选过程通常包括审查申请材料、组织笔试和面试以及试用等阶段）而把低道德素质的求职者淘汰掉。这并非易事，事实证明，仅仅通过"挑选"这一控制措施是很难把伦理标准有问题的求职者挡在门槛之外的。所以通常做法是辅之以其他控制措施。

挑选过程的另一作用是有助于管理者了解个人道德发展阶段、个人价值观、自我强度和控制中心。

（二）建立伦理守则和决策规则

在一些组织中，员工对"伦理是什么"认识不清，这显然于组织不利。建立伦理守则可以缓解这一问题。

伦理守则是表明组织的基本价值观和组织期望员工遵守的伦理规则的正式文件。伦理守则既要相当具体以便让员工明白以什么样的精神来从事工作、以什么样的态度来对待工作，也要相当宽泛以便让员工有判断的自由。

（三）在伦理方面领导员工

高层管理人员在伦理方面的领导作用主要体现在以下两个方面。

1. 高层管理人员在言行方面是员工的表率

因为高层管理人员所做的比所说的更为重要，所以他们作为组织的领导者要在伦理方面起模范带头作用。如果高层管理人员把公司资源据为己有、虚报支出项目或优待朋友，那么这无疑向员工暗示，这些行为都是可接受的。

2. 高层管理人员可以通过奖惩机制来影响员工的伦理行为

选择什么人和什么事作为提薪和晋升的对象，会向员工传递强有力的信息。管理者通过不符合伦理的手段让人感到其成果惊人，从而获得晋升，这种行为本身向所有人表明，采取不符合伦理的手段是可接受的。鉴于此，管理人员在发现错误行为时，不仅要严惩当事人，而且要把事实公布于众，让组织中所有人都认清后果。这就传递了这样的信息：做错事要付出代价，行为不符合伦理不是你的利益所在。

（四）设定工作目标

员工应该有明确和现实的目标。如果目标对员工的要求不切实际，即使目标是明确的，也会产生伦理问题。在不现实的目标的压力下，即使道德素质较高的员工也会感到迷惑，很难在伦理和目标之间做出选择，有时为了达到目标而不得不牺牲伦理。而明确和现实的目标可以减少员工的迷惑，并能激励员工而不是惩罚他们。

（五）对员工进行伦理教育

越来越多的组织意识到对员工进行适当的伦理教育的重要性，它们积极采取各种方式（如开设研修班、组织专题讨论会等）来提高员工的道德素质。人们对这种做法意见不一。反对者认为，个人价值体系是在早年建立起来的，从而成年时的伦理教育是徒劳无功的。而支持者指出，一些研究已发现价值准则可以在童年后建立。另外，他们也找出了一些证据，这些证据表明：

（1）向员工讲授解决伦理问题的方案，可以显著改变其伦理行为。

（2）这种教育提升了个人的道德发展阶段。

（3）伦理教育至少可以增强有关人员对商业伦理问题的认识。

（六）对绩效进行全面评价

如果仅以经济成果来衡量绩效，人们为了取得结果，就会不择手段，从而有可能产生不符合伦理的行为。如果组织想让其管理者坚持高的伦理标准，它在评价过程中就必须把伦理方面的要求包括进去。在对管理者的评价中，不仅要考虑其决策带来的经济成果，还要考察其决策带来的伦理后果。

（七）进行独立的社会审计

有不符合伦理的行为的人都有害怕被抓住的心理，被抓住的可能性越大，产生不符合伦理的行为的可能性越小。根据组织的伦理守则来决策和管理行为进行评价的独立审计，会使不符合伦理的行为被发现的可能性大大提高。

审计可以是例行的，如同财务审计；也可以是随机的，并不事先通知。有效的伦理计划应该同时包括这两种形式的审计。审计员应该对公司的董事会负责，并把审计结果直接交给董事会，这样做是为了确保客观、公正。

（八）提供正式的保护机制

正式的保护机制可以使那些面临伦理困境的员工在不用担心受到斥责的情况下自主行事。例如，组织可以任命伦理顾问，当员工面临伦理困境时，可以从这些伦理顾问那里得到指导。伦理顾问首先要成为那些遇到伦理问题的人的诉说对象，倾听他们陈述伦理问题本身、产生这一问题的原因以及自己的解决方法。在各种解决方法变得清晰之后，伦理顾问应该积极引导员工选择正确的方法。

另外，组织也可以建立专门的渠道，使员工能放心地举报伦理问题或告发践踏伦理守则的人。

综上所述，高层管理人员可以采取多种措施来提高员工的道德素质，这些措施包括：挑选高道德素质的员工、建立伦理守则和决策规则、领导员工、设定工作目标以及对员工进行伦理教育等。在这些措施中，单个措施的作用是极其有限的，但若把它们中的多数或全部结合起来，就很可能收到预期的效果。

任务三　掌握企业的社会责任

任务目标

- 了解企业社会责任的含义。
- 熟悉如何用经济学原理来分析企业的社会责任。
- 掌握承担社会责任的积极作用。

一、理解企业社会责任的定义、内涵与本质

（一）企业社会责任的概念

企业社会责任是指现代企业自创立开始，就要制定多元发展目标，在谋取自身合理利润的同时，对受企业影响的利益群体和影响企业发展的利益相关方承担经济责任、法律责任、伦理责任和公益慈善责任，以满足不同时期企业生存和发展的要求以及社会对企业组织的期望。这个定义用公式表示如下：

经济责任 + 法律责任 + 伦理责任 + 慈善责任 = 企业的社会责任

若用更通俗易懂的语言表达：一个对社会负责的企业应该努力去追求和实现企业赢利，并要遵守法律，合乎道德地经营，尽其所能积极参与社会公益慈善事业，争做社会期望的企业好公民。

（二）企业社会责任的内涵

1. 经济责任

经济责任包括：实现利润最大化（长期和短期的），提高生产率（生产要素的质量、生产过程的质量、产品或服务的质量），保护（提高）股东和投资者的福利，尊敬供应商，与竞争者公平竞争，关注员工（提供或创造就业机会、公平的劳动报酬、提高社会福利，员工的培训、再教育和个人的发展机会），服务顾客，防止企业的内部交易，防止勾结和贿赂等。

2. 法律责任

法律责任包括：遵纪守法、履行合同、诚信经营、合法经营、承兑允诺及依法而为牺牲其利润的行为，例如，企业投资并不属于其产品生产设备的环保设备，就是承担了减少污染的法律责任。

3. 社会责任

社会责任包括：遵守法律法规的字面意义和内在精神，遵守社会习俗和文化遗产，有选择地从事社会文化和政治活动，对本企业和供应商生产条件的关注等。

4. 伦理责任

在市场交易中以公平和负责任的态度和方式，尤其当不是法定要求时，要求企业的行为模式完全遵循道德标准、伦理规范，像企业行为准则或者道德培训项目都有助于企业履行伦理道德责任。

5. 环境（生态）责任

企业以及供应商的生产过程和产品流通要以"可持续发展"方式消耗更少的自然资源，减少对环境的影响，维护生态平衡。

6. 慈善责任

企业自愿以比实际所承担的责任和期望更高的企业准则来指导企业活动。例如企业志愿者服务社会、向文化机构的捐助、扶持贫困、抗震救灾等都是企业主动履行慈善责任。慈善义务是纯粹的自愿行为，因此，超越法律、道德行为要求的范围也是企业社会责任的一个领域。

（三）企业社会责任的本质

1. "以人为本"是企业社会责任的根本本质

"以人为本"是企业社会责任的根本本质，既体现责任本质，又体现价值观本质。责任本质要以人为中心，以人为根本，要尊重人、关爱人、帮助人、理解人；人既是一切社会发展活动的出发点，也是根本目的和归宿，是社会发展的主体力量；对人要讲公平、公正、正义、诚信、友善、和谐、自由。价值观本质的核心既在于企业在生产经营中尊重劳动者作为人的价值，必须尊重员工的劳动价值、劳动者价值、创造价值，把员工作为企业的根本；又要尊重消费者的消费价值，真正体现"用户是帝王"的理念与价值，没有消费及消费者也就没有企业的生存空间；还要尊重竞争者、合作者以及一切涉及价值创造的价值链上的人们。

2. 讲求"伦理道德"是企业社会责任的道德本质

要遵循社会伦理道德规范，遵纪守法，遵守社会公德、职业道德。

3. 实现"利益分享"是企业社会责任的经营本质

要重视承认社会各个主体的经济权利，承认其追求自身利益的合理性和合法性，与直接、间接利益相关者分享利益。

4. 推动和谐社会建设是企业社会责任的政治本质

企业履行社会责任不仅是企业存在的使命，也是全面建设小康社会、和谐社会必须参与的现实；企业不仅要重视与直接利益相关者的和睦，也要重视与间接利益相关者的和谐；不仅要全面体现人与己、人与人、企业与企业、企业与社会团体、企业与国家的和谐，也要重视企业与自然、与资源、与环境的和谐，重视建设资源节约型、环境友好型企业。

二、企业社会责任的经济学分析

（一）传统经济学对企业社会责任的理论分析

1. 古典经济学的分析

1776年，亚当·斯密在《国富论》中指出，企业的目的是尽可能高效地使用资源，以生产社会需要的产品和服务；同时特别提出，对员工支付的工资应比维持其基本生活所需的费用高一些，以养活其家人。一个国家的富裕应带动人民收入的增加，只有当工人的生活水平提高时才能使人口得以增加，国家才得以发展。虽然没有直接提到企业社会责任的概念，但斯密提出的提高生产力、给员工发能养家的工资、带动人民收入增加等，已含有社会责任的含义了。

2. 企业社会责任的"古典观"

从事企业经营管理的经理们并不拥有企业，其主要责任是按股东的利益经营业务，追求最高的财务收益率。古典观认为，无论是市场上的单个企业，还是整个国家的所有企业，为了自身的发展，企业唯一的社会责任就是追求利益最大化。这种观点的典型代表是自由经济主义的旗手、诺贝尔经济学奖获得者米尔顿·弗里德曼提出的企业有一个并且只有一个社会责任——使用它的资源，按照游戏规则，从事增加利益的活动，只要它存在一天它就如此。弗里德曼认为，在一个自由企业和私人财产体系中，一个公司的主管是一个企业所有者的员工，他对他的雇主负有直接的责任，这个责任就是依照他们的欲望去尽可能地创造利润。如果管理者把股东的钱花到公众利益上，他就是在没有股东的许可下花股东的钱。同样，如果社会行动的成本通过提高产品价格而转嫁到消费者身上，他就在花消费者的钱；如果他的行动降低了员工的薪金，他就在花员工的钱。因此，公司经营就只能以追求最大化利润为唯一目标，只能以股东为承担责任的对象。实质上，是从根本上拒绝企业社会责任。

（二）企业社会责任的"社会经济观"

与上述古典观对立的社会经济观认为，利润最大化是企业的第二位目标，而不是第一位目标，企业的第一位目标是保证自身的生存。其主要论据为：

（1）追求企业长久生存。企业经营管理者为求得企业的长远生存，应该关心的是企业长期资本收益的最大化。为此，必须承担履行社会义务及由此而产生的社会成本，必须以不污染环境、不歧视员工、不从事欺骗性的广告宣传等方式来保护社会福利；必须融入企业所在的社区并资助慈善组织，从而在社会中扮演积极的角色。

（2）建设良好的公众形象、和谐的工作氛围。良好的公众形象可以获得更多的顾客、更好的雇员，可以更顺畅地进入市场，赢得更佳的企业声誉；和谐的工作氛围能促进企业创造出更好的生活质量，成为更令人向往的团体。这都需要企业自觉地承担社会责任。

（3）激励兼容，追求企业目标与社会目标的协调一致。向社会表明自己是一个负责的企业、有社会责任感的企业，既可以展示企业的经营能力、经济实力、社会融合力，又可以产生一定的广告效应、社会效应，还可以获得政府、公众和舆论的支持。

三、承担社会责任对社会发展的积极作用

企业履行社会责任是 21 世纪的大势所趋。众所周知，市场经济是法治经济、规则经济。所有参与其中的国家和企业都必须遵守同一个规则，而不能各行其是。中国已经加入 WTO，已经确定了要建设社会主义市场经济体制，中国面向国际市场已经敞开了大门，伴随着中国经济的发展企业"走出去"战略的实施，中国企业、人才、技术、资金也开始投向全世界，中国经济已经开始全面地融入经济全球化进程。中国的发展离不开世界，世界的发展也同样离不开中国，这已成为铁的事实和不可逆转的大势。因此，企业要与世界接轨，也要同步承担社会责任。

（一）我国企业履行社会责任的现状

根据调查，公众认为目前我国企业履行社会责任的情况较差，主要表现在以下几个方面。

1. 企业履行社会责任处于被动地位

一些企业社会责任意识淡薄，假冒伪劣产品屡禁不止、偷税漏税问题严重，坑蒙拐骗、唯利是图，以邻为壑、为所欲为。尽管有关部门对假冒伪劣产品的打击力度不断加大，但从假酒、假药、假化肥，蔓延到劣质奶粉、黑心棉、染色馒头，威胁到消费者衣食住行的方方面面，使消费者失去了消费的安全感。

2. 企业履行社会责任的层次较低

我国企业承担社会责任的层次主要停留在经济责任和法律责任层面，对伦理责任和慈善责任的承担意识较弱，甚至没有。即便在经济责任和法律责任层面，在对待员工这样一个基本问题上，仍有相当数量的企业只顾企业的经济目标，忽视甚至无视员工的切身利益，缺乏应有的人文关怀。从总体来看，我国企业在对待员工方面存在的主要问题包括如下几类：第一类，工资、工时问题。包括拖欠员工工资、工资低于最低工资标准、不依法支付加班费、不提供法定的福利待遇、迫使员工超时加班加点等。第二类，劳动保护问题。包括员工在高温、粉尘、噪声、有毒环境下缺乏个人防护用品；工作场地的消防器材缺乏，安全出口不畅；居住条件恶劣。第三类，社会保障问题。其明显表现是社会保险覆盖率低，几千名员工的企业，即使劳动保障部门上门检查督促，也只是象征性地缴纳办理几个至十几个员工的基本社会保险。原因是许多企业，尤其是中小企业视社保支出为负担。一旦员工出现工伤或严重疾病，往往给予一次性补偿，甚至辞退。第四类，违法侵权行为。包括非法雇用童工、违法使用未成年人、辱骂体罚员工、限制人身自由。第五类，歧视问题。包括性别歧视、年龄歧视、学历歧视、城乡歧视、地域歧视，等等。

3. 安全与环境责任缺失问题突出

根据国家统计局和环保总局的调查，目前我国的企业，近80%的工业生产存在严重的污染问题，占我国污染源的60%以上。由此可见，我国相当一部分企业是以牺牲环境和资源为代价获取价格竞争优势的。除此以外，企业生产安全事故层出不穷、劳资纠纷不断，置消费者、股东、员工以及利益相关者的利益于不顾，导致贫富差距日益增大、社会仇富心理加剧，影响了整个社会的和谐发展。

4. 主动承担慈善责任的企业占比过低

据有关机构统计分析，国内工商注册的4 300余万家中小企业，有过捐赠记录的不超过8万家，98%以上的企业从来就没参与过社会捐赠。汶川地震后，中华慈善总会募捐的赈灾款，80%以上来自海外、18%以上来自国内大型企业和社团组织。由此可见，我国绝大部分中小企业在社区贡献、关爱特殊群体、关注社会公益事业、关注特大自然灾害等社会责任方面做得十分不够，与国外同等企业相比还有很大差距。

企业社会责任缺失问题不仅给社会造成重大损失，也会给企业带来深重的灾难和不可预料的危机。因此，我们倡议在企业创业时期就应当把社会责任纳入企业的理念中，以便在企业成长中不断传播，深入人心。在创业早期提倡社会责任，有助于企业杜绝在艰难时期损害社会利益的行为。

（二）我国企业社会责任失范原因分析

（1）生存压力是我国企业追求经济利益最大化的动力。

（2）约束机制不健全为我国企业逃避社会责任留下真空地带。

（3）企业能力和实力限制了我国企业社会责任的履行。

（4）宣传教育不够、伦理管理体系不健全和规范缺失，直接影响着我国企业的社会责任履行结果。

（三）推动我国企业履行社会责任的积极作用

我国企业要与世界企业同步发展，在社会责任运动中，不仅要勇于承担社会责任，而且应该做出中国特色。企业履行社会责任对社会具有积极的作用。

1. 企业履行社会责任有助于建立企业的品牌形象，提升企业竞争力

品牌是企业的无形资产，企业社会责任是企业文化构建的基点，企业社会责任通过企业文化建设与企业品牌联系紧密。企业社会责任是企业合法生存的依据、企业发展提升的机会、企业社会资本形成的源泉。品牌企业通过对整个社会履行经济、法律及道义上的责任，积极推动品牌和社会的共同发展，这是企业能够获得可持续发展和长期繁荣的基础。

2. 企业履行社会责任有助于解决社会就业问题

除通过增加投资、新增项目扩大就业外，最重要的是提倡企业科学安排劳动力，扩大就业门路，创造不减员而能增效的经验，尽量避免把人员推向社会而加大就业压力。过去只有 ISO 9000 和 ISO 14000 国际认证，现在对企业社会责任也有了一个旨在解决劳动力问题、保证工人工作条件和工作环境的 SA 8000 国际认证标准体系。这一标准明确规定了企业需保证工人工作的环境干净卫生，消除工作安全隐患，不得使用童工，等等，切实保障了工人的切身利益。企业积极履行社会责任，努力获得 SA 8000 国际认证，不仅可以吸引劳动力资源，激励他们创造更多的价值，更重要的是通过这种管理可以树立良好的企业形象，获得美誉度和信任度，从而实现企业长远的经营目标。从这个意义上说，企业履行社会责任，有助于解决就业问题。

3. 企业履行社会责任有助于保护资源和环境，实现可持续发展

企业作为社会公民对资源和环境的可持续发展负有不可推卸的责任，而企业履行社会责任，通过技术革新可首先减少生产活动各个环节对环境可能造成的污染，同时也可以降低能耗，节约资源，降低企业生产成本，从而使产品价格更具竞争力。企业还可通过公益事业与社区共同建设环保设施，以净化环境，保护社区及其他公民的利益。这将有助于缓解城市尤其是工业企业集中的城市经济发展与环境污染严重、人民环境恶化间的矛盾。

4. 企业履行社会责任有助于缓解贫富差距，消除社会不安定的隐患

一方面，大中型企业可集中资本优势、管理优势和人力资源优势对贫困地区的资源进行开发，既可扩展自己的生产和经营，获得新的增长点，又可弥补贫困地区资金的不足，解决当地劳动力和资源闲置的问题，帮助当地脱贫致富。另一方面，企业也可以通过慈善公益行为帮助落后地区的人民发展教育、社会保障和医疗卫生事业，既解决当地政府因资金困难而无力投资的问题，帮助落后地区逐步发展社会事业，又通过公益事业达到无与伦比的广告效应，提升企业的形象和消费者的认可程度，提高市场占有率。

任务四　认清利益相关者与企业社会责任

任务目标

- 熟悉利益相关者的概念及内涵。
- 掌握企业社会责任的具体表现。

一、利益相关者概述

(一) 利益相关者的概念和内涵

企业利益相关者的概念是美国弗吉尼亚大学教授弗里曼最早提出来的。他认为，企业利益相关者就是"任何可能影响公司目标实现或受这种实现影响的群体或个人"，弗里曼教授的这个定义经常被称为利益相关者的经典定义。

此后，有很多学者都撰文定义利益相关者，归纳起来主要有狭义论者和广义论者两类。狭义论者认为，企业的利益相关者是一些个人或群体，他们与企业以及企业的业务、绩效都存在着利益关系、权益主张关系或者股份关系。广义论者认为，企业利益相关者是指那些能影响企业目标的实现或被企业目标的实现所影响的个人或群体。广义论者不仅将影响企业目标的个人和群体看作利益相关者，同时还将受企业目标实现过程中所采取的行动影响的个人和群体看作利益相关者，如把当地社区、政府部门、环境保护主义者等实体纳入利益相关者的研究范畴，大大扩展了狭义论者定义的利益相关者的范围。

本教材采用广义论学者的观点，将利益相关者定义如下：

现代企业利益相关者是指那些对企业组织投资和经营有各种期望和要求，并能够影响企业业绩或受企业绩效影响的利益团体或个人，包括股东、员工、供应商、经销商、消费者以及竞争者、媒体、社区、政府等众多利益团体。

(二) 利益相关者分类

利益相关者涉及众多的群体，为了有效地满足不同群体的利益诉求，可将其按照不同标识进行分类。例如，由于不同的利益相关者对企业战略决策的影响程度是不同的，根据影响程度的不同，可将其分为主要利益相关者和次要利益相关者。又因为与利益的密切关系不同，我们又将其分为直接利益相关者和间接利益相关者。所有的利益相关者不可能对所有问题保持一致意见，其中一些群体要比另一些群体的影响力更大，例如，股东、员工、消费者等，我们将其定位为重要的利益相关者。企业发展与重要利益相关者关系密切，因此要慎重处理与他们的关系。

对企业利益相关者的不同划分，是为了表明不同利益相关者追求的目标不同。例如，股东着眼于公司价值及红利；经理重视职位、权利与待遇；员工关心工资、奖金、工作安全等；消费者关心产品的质量、售后服务、价格水平；供应商侧重于业务稳定、价格谈判、交货条件、付款期限；经销商侧重于所经销商品的利润空间、商品的品质、顾客购买的欲望和满足顾客的程度；银行关注企业的财务状况，如企业现金流量、投资决策、还贷能力等；竞争者关心企业的市场份额、市场占有率、行业排名；新闻媒体关心企业信誉、企业行为和新闻采访点；地方公众关心就业、环境保护、经济景气指数；政府侧重于财政收入、国际收支、经济发展、国家安全等。

众所周知，利益相关者概念的演变与深化是与企业发展的进步同步的。该术语最初是股东、企业的投资者或所有者等一系列词的一个统一代名词，随着现代企业组织形式的发展，这一概念的范围随之扩大，其内涵也越来越细化、翔实和丰富。

企业可以直接或间接地影响利益相关者的利益，利益相关者也可以通过其自身的努力和行动对企业的近期利益和长远利益产生影响，甚至会影响到企业战略、企业决策、企业政策或企业行为。企业与利益相关者之间是互动和交叉影响的关系，对利益相关者进行分类，有利于对其进行深入的分析。

特别是进入 21 世纪以来，当对企业内外部环境进行分析时，对企业直接利益相关者和间接利益相关者期望的分析已经越来越不可或缺。因为在今天这样一个经济一体化、经营全球化、生产社会化、利益多元化、关联网络化、商务电子化、资本国际化的时代，企业与其利益相关者之间的依存度比以往任何时候都高，从一定意义上讲，企业和利益相关者已成为利益共同体和命运共同体。企业高层管理人员应对利益相关者的期望和合理合法的利益诉求有清晰的了解，并尽可能以适当方式予以满足。

二、企业社会责任的具体表现形式

（一）企业对股东的责任

在企业的整个活动中，作为法人，企业是股东的代理人，与雇员是雇佣和被雇佣的关系，与银行是借贷关系，与政府是征税主体与纳税人的关系。在这种种契约关系里面，企业所要承担的社会责任首先就是对股东的责任，这些责任集中表现在以下三个方面。

1. 保证股东的利益最大化

维护股东的利益，保证股东的利益最大化，是企业最重要的责任。这是因为保证股东的利益是企业承担社会责任的基础。虽然企业追求股东利益最大化并不能保证企业其他利益相关者的利益最大化，但是反之，企业如果不追求股东利益最大化，其他利益相关者的利益就根本无法得到保证。也就是说追求股东利益最大化是实现企业其他利益相关者利益的必要条件，而非充要条件。

企业要维护股东的利益，保证股东的利益最大化，就必须对股东的资金安全和收益负责任。投资人把自己的资金交付给企业，是希望通过企业的经营而获得丰厚的回报，企业不能拿着股东的钱去做不道德的甚至违法的事情，企业更不能用股东的钱恣意挥霍，企业所从事的任何经营活动都必须以能给股东带来利润为基本前提。当然，企业也不是某个大股东的傀儡或银行，任由其驱使或消费。

2. 保障股东权利的实现

股东是企业的投资人，股东权利就是实现投资人利益的法律保证。尊重股东的权利，保障股东权利的实现，从某种意义上说就是尊重企业的生存和发展的基础。没有了投资人的利益就没有了投资人，没有了投资人，就没有了投资，企业就成了无源之水、无本之木。所以尊重股东权利，保障股东权利的实现，是企业对股东最基本的责任，也是企业的最基本义务。企业要善待每一位股东，要帮助他们了解自己的权利，要为股东实现自己的权利提供便利条件，要把股东行使自己的权利看作企业正常发展的必然行为而泰然处之，不能因为股东到企业来主张自己的权利而产生任何厌烦的情绪。

3. 向股东提供真实的经营和投资方面的信息

股东是企业的投资者，他们的切身利益与企业经营状况的好坏息息相关。因此，企业有义务定期根据股东关心的问题经常性地向股东报告下列信息：企业的方针、政策、发展目标、发展规划、经营计划；企业的资金流转状况、经营状况；股利的分配政策；赢利预测；企业面临的内外部经济环境的变异情况；企业面临和曾出现过的重大问题；有关企业的各种详尽的统计数字。

企业依据公司法通过财务报表、公司报告等向股东提供信息。上市公司依据《上市公司信息披露管理办法》向股东报告信息。在全面规定上市公司内部信息事务的管理流程和相关人员责任义务的基础上，《上市公司信息披露管理办法》明确了应披露的信息包括招股说明书（募集说明书）、上市公告书、定期报告和临时报告四大类。其中临时报告应披露对证券交易价格可能产生影响的重大事件，并以列举方式规定了二十种重大事件的类别和触发披露义务的标准。比如，公司发生重大亏损或者重大损失；公司的董事、三分之一以上监事或者经理发生变动；董事长或者经理无法履行职责；董事会就发行新股或者其他再融资方案、股权激励方案形成的相关决议；法院裁决禁止控股股东转让其所持股份；任一股东所持公司百分之五以上股份被质押、冻结、司法拍卖、托管、设定信托或者被依法限制表决权等。《上市公司信息披露管理办法》还提高了临时报告披露监管的法律效力。由此投资人可以了解到公司的经营品种、经营业绩、市盈率、资产收益率、资产负债率等情况。

在向股东传达有关企业的经营信息时，特别要注意，不论企业经营状况好坏，都必须保证公布的信息是真实的、可靠的，任何瞒报、谎报企业信息，欺骗股东的行为不仅是不道德的，而且是违法的。企业也绝不可报喜不报忧，否则，极易丧失股东的信任。

（二）企业对员工的责任

企业与员工之间最基本的关系是建立在契约基础上的经济关系。除此之外，还有法律关系和道德关系。经济关系是企业与员工之间的劳动和雇佣关系，法律关系是以我国劳动法和劳动合同法等法律为依据而形成的权利义务关系，道德关系则是指依企业伦理和职业道德而形成的敬业、精业、乐业、勤业的员工关系。正是基于这三种关系，企业对员工所承担的责任也主要包括以下三个方面。

1. 企业对员工承担的经济责任

企业的经济责任可以理解为企业按照经济性质即追求利润最大化的基本要求，在法律允许的范围内，为社会提供产品和服务，积累和创造社会财富。员工是企业实现自身追求的核心资源。没有人的努力，任何先进的技术和设备都不会自动产生任何经济利益和社会财富。所以企业要想实现自己的经济利益，必须首先保证员工经济利益的实现。员工的经济利益是员工维持基本生活的基础，也是劳动力再生产的基本条件。

企业对员工承担的经济责任主要包括：按时、足额发放员工的工资、津贴和必要的劳动保护用品，不得随意开除或解雇员工，不得逃避交纳或克扣员工的社会保险金额等。

2. 企业对员工承担的法律责任

企业对员工承担的法律责任主要来自《劳动法》《劳动合同法》《就业促进法》《社会保险法》《劳动争议调解仲裁法》《工会法》等法律的规定。《劳动法》规定，劳动者享有平等就业和选择职业的权利、取得劳动报酬的权利、休息休假的权利、获得劳动安全卫生保护的权利、接受职业技能培训的权利、享受社会保险和福利的权利、提请劳动争议处理的权利以及法律规定的其他劳动权利。对员工的法律责任具体表现在：

（1）劳资方面：应签订劳动合同；按法定劳动时间履行，日工作时间不超过8小时，每周至少有一天休息日；禁止招用童工、禁止强迫或强制劳动、禁止歧视；严禁骚扰与虐待，严禁体罚、殴打等。

（2）职业健康与安全方面：依法提供健康安全用具、设施。相关法律主要有：《安全生产法》《使用有毒品作业场所劳动保护条例》《放射性同位素与射线装置放射防护条例》《劳动法》《职业病防治法》《尘肺病防治条例》《妇女权益保障法》等。

（3）社会保障方面：主要包括依法参加各种社会保障体系，包括基本养老保险、失业保险、医疗保险、工伤保险、生育保险。

（4）培训与发展方面：既应提供国家规定的特殊岗位技能培训，也应开展多形式、多渠道的员工培训，以不断提升员工的职业素养和技能，为企业发展提供坚实的人力资源保障。

（5）工会方面：依法成立工会。

3. 企业对员工承担的道德责任

道德责任是凌驾于法律之上的一种责任，是一种以尊重、友善、公平、正义、诚实信用为内容的责任。这种责任无法用法律和制度来衡量。道德责任是无形的、抽象的，只能用自己的良心来做尺度，并且只能自觉地把握和遵守。道德责任几乎涵盖了所有的法律层面，因为法律的绝大部分内容都是来自道德。所以，企业对员工的道德责任不仅表现为对法律的遵守，更表现在对人权的尊重和保护：对员工要有合理的义利观、诚信价值观和以人为本的和谐发展观。这就意味着企业要以遵守法律的规定为自己行为的底线，要在超越法律追求的至善方面孜孜以求。

（三）企业对供销商的责任

合法性是企业社会责任的最低要求，也是社会对企业最基本的限制。企业与供销商的关系，首先应该依据《合同法》的有关规定确立。1999年3月15日颁布的《合同法》是企业与供销商关系确立和承担法律责任的依据。《合同法》的目的是保护合同当事人的合法权益，维护社会经济秩序，促进社会主义现代化建设。《合同法》只调整平等主体的自然人、法人、其他组织之间设立、变更、终止民事权利义务的关系，不调整婚姻、收养、监护等有关身份的关系。

《合同法》坚持以下基本原则：

（1）平等：法律地位平等，一方不得将自己的意志强加给另一方。

（2）自愿：当事人依法享有自愿订立合同的权利，任何单位和个人不得非法干预。

（3）公平：当事人应当遵循公平原则确定各方的权利和义务。

（4）诚信：当事人行使权利、履行义务应当遵循诚实信用原则。

（5）尊重社会公德：当事人订立、履行合同，应当遵守法律、行政法规，尊重社会公德，不得扰乱社会经济秩序，损害社会公共利益。

（6）守约：依法成立的合同，对当事人具有法律约束力。当事人应当按照约定履行自己的义务，不得擅自变更或者解除。依法成立的合同，受法律保护。

阅读资料   **巴斯夫："1+3"的雪球**

作为全球最大的化工公司，巴斯夫不仅自身做到可持续发展，自觉履行企业社会责任，也积极带动供应链的上下游企业都重视社会责任，并协助中小企业发掘并提升它们可持续发展的潜力。

从 2006 年开始，巴斯夫"1+3"企业社会责任团队联合其他一些大公司，率先倡议了"1+3"企业社会责任项目。项目是每个公司带动其供应链中三个业务合作伙伴，向他们传授企业社会责任的最佳实践与量身定制的解决方案，从而将企业社会责任原理和经验带给国内企业。之后合作伙伴们致力于向自己的另三家业务合作伙伴传递企业社会责任最佳实践模式，从而产生"雪球"效应。目前，巴斯夫已有 6 家合作伙伴直接参与该项目，包括华峰集团、广州立白企业集团有限公司、中化国际（控股）股份有限公司、北京塑化贸易有限公司、浙江开普特氨纶有限公司和浙江启明药业有限公司。

巴斯夫积极贡献力量于"1+3"项目中，公司专家特意安排时间，利用自身技术专长，通过研讨会、实地演练、现场参观、建立辅导自我评估体系等方式，将承诺转化为实际行动。巴斯夫将企业社会责任融入业务运营的这一创新方式，促进了中国中小企业的迅速发展。同时，公司也开拓了更广阔的平台，同业务伙伴展开双向交流，有助于减少风险，并巩固长期战略合作伙伴关系。截至 2008 年，该项目已经在国内 55 家企业中传播，并被联合国全球契约组织当作最佳企业社会责任案例分享。

（四）企业对消费者的责任

1. 保证产品与服务的质量和安全是根本

质量是企业的生命。企业的最大使命就是通过生产和提供消费者所需要的高质量、高安全的产品和服务，为社会发展做贡献。企业必须为消费者提供符合质量和安全要求的合格产品或服务，这既是法律对企业生产经营的最基本要求，也是企业能生存发展的根本所在，还是企业履行对消费者社会责任的必然要求。在 21 世纪的今天，后 WTO 时代到来的中国社会，要把良好的产品质量、服务质量、管理质量的优化组合作为企业社会责任的新内涵，作为提升企业消费者社会责任的新起点，才能适应新形势的需要。

2. 优化产品或服务的质量和安全

第一，建立高质量、高服务、高安全、高管理的全员质量安全服务意识，把它作为企业的生命线，从管理者和员工意识入手，向企业内外表明自己确保质量和安全的决心和能力。

第二，建立提高产品质量和服务的管理体系，将履行对消费者的社会责任提升到一个更高的层次，整合从设计到开发、生产、流通、营销、消费过程的所有环节，在企业内部建立全面质量管理体系并力求通过相关认证，如通过 ISO 国际质量管理体系认证，从而从制度、流程、方法、操作规则上为产品质量和安全提供保障。

第三，要不断改进产品设计与工艺，研发可持续的产品或服务，更好地满足消费者现有的、未来的需求，并洞察消费者的潜在需求，提高他们对于产品或服务的满意度和忠诚度。

（五）企业在竞争中的责任

1. 法律责任

《反不正当竞争法》是一部旨在规范市场经济秩序，倡导公平有序竞争的法律。此法对于保护市场参与者的合法权益和打击不法市场经济行为具有重要意义。

《反不正当竞争法》与有关竞争的法律法规在法理上是有区别的。竞争法作为经济法属下的部门法，只能调整竞争关系，而竞争管理关系应属行政法调整的范围。竞争法调整的竞争关系是一种新的经济关系，由于传统公司法不调整这种关系，所以只能由竞争法加以调整。竞争法就是调整竞争关系的经济法律规范的总称。《反不正当竞争法》与《商标法》《产品质量法》等一起作用，成为开展正当市场竞争的法律保障。

2. 伦理责任

在市场竞争中，面对种种不正当的竞争行为，企业何去何从就是对企业道德素质的直接考验。有良好道德规范的企业，会在守法的基础上，追求更高的道德目标，坚守社会对企业的伦理要求的底线，最终会形成它的一种无形资产——企业声誉。

企业违反法律规定的不正当竞争行为，或者称为不伦理、不道德的竞争行为，会给企业带来灭顶之灾。无数事实证明企业伦理道德是企业一种极为宝贵的无形资产，会对人的经济行为发生作用，从而促进企业经济目标的实现。显然，以追求利润为唯一目标的思维方式是落后于新时代的。在当今竞争与合作并存的条件下，如果企业只追求利润而不考虑竞争的正当性，必定会被时代所淘汰。也就是说，如果企业在经营活动中忽略声誉管理，那么它的经营本身就不可能取得最后的成功。

（六）企业对媒体的责任

企业与媒体是利益关系、合作关系、对立统一关系。企业在与媒体发生关系的过程中，也对媒体承担着社会责任。这些责任具体表现在经济责任、法律责任和伦理责任层面。

1. 经济责任

企业在媒体上做广告，找媒体做策划宣传，都需要与媒体签合同，支付费用。这就必然产生企业对媒体的经济责任。企业是媒体的主要经济来源。

2. 法律责任

法律责任与经济责任是伴生存在的，如果企业在签了合同之后，未能实际履行合同或不完全履行合同，就要承担法律责任。例如，在 2008 年 5 月 18 日中央电视台举办的大型赈灾义演活动中，就有一些企业因为倡捐不诺，上了中央电视台的黑名单。这些企业也许没有意识到倡捐就是一种承诺，就是一种正式合同，不实际履行或不完全履行就是违反合同法的行为，是一种欺骗行为，甚至是诈骗行为。企业对这些行为是要承担法律责任的。

3. 伦理责任

在市场经济体制下，企业做广告、搞宣传，主观上是为了赚钱，但客观上只是为消费者服务、为社会服务才能赚到钱。企业要提供满足人民消费需求和心理需求的产品，企业在生产中要提供工作岗位，企业要实施清洁生产、创建绿色企业，企业要缴纳税收，支持国家财政和国家建设，这一切都是企业在履行伦理责任。而企业对媒体履行伦理责任的最突出表现，就是支持媒体，积极参与媒体组织的各项活动。企业不仅是媒体的主要经济来源，更是媒体从事的活动的支持者、赞助者。在媒体的主要经济节目里，在媒体组织的重大活动中，在那些赈灾、节能环保的大型晚会上，我们都能看到企业家的参与和企业的赞助。诚然，媒体忠诚地为全体社会成员守望着生存环境、社会道德环境，消除弊端，增进社会福祉，履行着媒体的伦理责任；而媒体的背后站着的是千千万万的企业，它们也以实际行动履行着对媒体的道德责任和伦理责任，它们无怨无悔地与媒体一道履行着对社会的终极道德责任、伦理责任和慈善责任。

（七）企业对社区的责任

企业的生存与发展依赖于社区的支持和理解，所以，作为社区中一员的企业，应当通过适当的方式把利润中的一部分回馈给所在的社区，运用自己拥有的资金、产品、人力或服务为社区提供帮助。企业积极主动地参与社区的建设活动，利用自身的产品优势和技术优势扶持社区的文化教育事业和社区公益事业，吸收社区的人员就业，扶贫济困，帮助失学儿童，关注社会弱势群体，热心公益事业，为社区人民创造良好的生活环境等，这既是企业对社区的回报也是企业对社区应尽的责任。

除此以外，企业作为社区的一员还必须遵守城市管理的有关规定，例如"门前三包"的规定。

（八）企业对政府的责任

1. 经济责任

政府是通过法律来规制社会的活动的，企业的经营活动也不例外。守法经营是企业的基本责任，在法律的规制下获得合法利益是企业不断发展的基本保证。

企业赢利的最终基础是国家和集体的资源，常言道"有国才有家"，企业也是如此。企业向国家纳税是企业对国家的回报，是企业应尽的责任。

税收是国家财政收入的主要形式，是国家富民的根本保障。"国家要发展，经济是后盾"，任何一个国家的发展，都离不开经济的强力支持。

社会主义税收取之于民，用之于民，只有纳税人真诚地依法经营，照章纳税，才能换来社会主义的长足发展，人民的安居乐业和全面实现小康社会的奋斗目标。在国民经济的持续和快速发展中，政府依靠集中管理社会的总体财富，通过价格、税收和福利政策实施社会财富的公正分配；企业则要按规律、法规的规定享受自己的权利，承担自己的义务，并依法接受政府的监督和管理，不见利忘义、投机钻营，不逃税、偷税、漏税和非法避税，否则就是对自己责任与义务的亵渎。

2. 法律责任

市场经济的正常运行是通过一只"看得见的手"和一只"看不见的手"来实现的。这只"看得见的手"就是国家管理，其中法律起着重要作用。企业在经济活动中要遵守《劳动合同法》《反不正当竞争法》《反垄断法》《消费者权益保护法》《商标法》《专利法》等一系列调整经济关系的法律，做一个知法、懂法、守法的经营者，遵约守纪、诚信经营，维护市场经济秩序，履行自己的法律责任。

3. 伦理责任

政府的主要任务是服务社会，政府推动的工作希望企业积极响应和参与，而企业的响应和参与就是展示对政府的伦理责任。企业不仅要赢利还要为社会和谐做出贡献，这不仅是社会发展的要求也是企业发展的要求。没有社会的和谐就不会有企业的发展，这是被无数历史事实证明了的真理。企业发展离不开人员，所以企业要树立以人为本的理念；企业发展离不开资源和环境，所以企业要节能减排，合理利用资源；企业发展离不开社区，所以企业要积极参与社会公益事业，帮助社区解决环保、就业等问题。履行自己的伦理责任，是企业求得持久和谐发展的唯一途径。

（九）企业对生态环境保护的责任

企业所承担的生态环境保护方面的社会责任指的是企业在生产经营活动中，遵守有关环境法律、法规的要求，在追求企业经济效益的同时，必须尽可能地保护环境，对造成环境污染的工艺流程采取改造等措施，对环境污染及时预防和治理，努力争取经济效益、社会效益和环境效益协调发展。为此，企业应承担起相应的法律责任和伦理责任。

1. 法律责任

环境保护是我国的基本国策，党和政府高度重视环保工作，制定了多部环境保护方面的法律，另外还有相关地方性法规、规章等。依据《环境保护法》《节约能源法》《环境影响评价法》《海洋环境保护法》《水污染防治法》《清洁生产促进法》等一系列法律的要求，企业若违反法律的要求，就要承担相应的法律责任。

2. 伦理责任

具体来说，企业应在以下方面承担相应的伦理责任：

（1）大力推进节能降耗。开展千万家企业节能降耗行动，合理控制能源消费量，严格中小企业的用能管理。抑制高耗能产业过快增长，强化企业节能目标责任考核，健全奖惩制度。在企业内推广先进节能技术和产品，实现设备升级。加强节能能力建设，节约能源和提高能效。

（2）加快推行清洁生产。在农业、工业、建筑、商贸服务等重点领域的中小企业中积极推进清洁生产示范，从源头和全过程控制污染物产生和排放，降低资源消耗。

（3）减少碳排放。在中小企业中积极推进植树造林，利用增加森林碳汇等多种手段，大幅度降低能源消耗强度和二氧化碳排放强度，有效地控制温室气体排放。

阅读材料 ░░░░░ # 戴尔：体现环境责任的绿色革新

就在大规模环境污染一点点抹去 IT 业"朝阳"光辉的同时，一些富有社会责任感的 IT 企业一语中地提出了 IT 产业发展的关键，并从产品及技术上探寻 IT 产业可持续发展的新路径。其中，戴尔公司更是以其独有的"绿色革新"理念，掀起了 IT 产业革命。

戴尔的节能环保理念绝非仅仅停留在口号层面，而是为自身制定了苛刻的发展目标，即致力成为全球最绿色的科技公司。为了实现这一目标，戴尔公司实施了一系列彻底的绿色革新行动。在产品设计方面，戴尔致力打造"最绿色的产品"，从选择材料、设计开发到生产销售的全过程都积极履行环保承诺。为打造绿色工厂，戴尔公司实施多项运营措施提高能效并降低电力消耗。如果说戴尔在企业内部的运营管理仅代表其是一家注重履行社会责任的企业的话，那么戴尔向消费者推出的电脑免费回收服务，则是领先行业的举措，而这个举措，则深刻揭示出戴尔公司心系全行业乃至全世界的环境责任。戴尔于 2006 年开始面向中国大陆及香港地区的企业客户推出电脑回收服务，并于同年年底，向个人消费者提供免费的电脑回收服务。据统计，到 2009 年年底，已实现回收近 3 亿英镑废旧设备的目标。

（十）企业对社会的慈善责任

1. 慈善责任的内容

企业自愿将自己的赢利用于以下各项活动，就是在履行慈善责任。

（1）扶老：就是帮助老人。例如，联合利华超市每开一家连锁超市，就在当地社区选择 5 位孤寡老人作为扶助对象，坚持了很多年。

（2）助残：救助残疾或对先天性疾病进行救助等。例如，嫣然天使基金就是对家庭贫困的唇腭裂患者的救助方式之一。嫣然天使基金会已经救助了许多唇腭裂儿童，使这些儿童重新绽放了健康纯真的笑容。

（3）救孤：就是救助孤儿。在汶川、玉树大地震中，有许多失去了双亲的孤儿，为了帮助他们找回家的亲情和温暖，许多家庭和企业伸出了援助之手，领养孤儿，帮助他们重新拥有幸福的人生。

（4）济困：就是救济困苦的人。中国首善企业家陈光标坚持数年，联络许多企业家给困苦的人发红包，就是典型的例证。

（5）赈灾：包括赈济灾荒、救助灾害、救济灾民等项内容。洪水、海啸、地震、泥石流、干旱等不可抗力造成的自然灾害，是我们经常遇到的天灾，每到此时，大家就会伸出援助之手，企业是援助大军中的主力。

2. 慈善责任的模式

模式一：主题活动。主题活动是指以某一具体目标为主题展开的慈善捐助活动。例如，希望工程、春雷工程、母亲水窖等，这种活动指向明确，捐助款额不大，适宜企业员工个人参与，也适宜企业组织员工参与。其目的是提高员工对慈善事业的参与意识，提升员工和企业的社会责任感。

模式二：慈善捐赠。无论是对扶老、助残，还是对济困、救孤、赈灾，企业开展的有组织的、自愿基础上的捐赠，不论钱多钱少，都是慈善捐赠。

模式三：社区志愿者活动。例如，医院在所在社区定期开展义诊、免费医疗咨询；商店定期派人对所在社区的鳏寡老人上门服务、代买代卖等。

模式四：企业价值链上的慈善活动。企业更加关注与自己的事业发展利益相关地区的慈善捐助。例如，在原料来源地若发生了天灾人祸，就会更加牵动企业的心，捐助活动就会开展得更快、更多、更好。

模式五：企业战略性慈善捐助。就是企业将捐助与自己的事业发展联系起来，并纳入企业发展规划。例如，企业每年拿出营业额的1%用于慈善捐助。届时，不管有没有发生天灾人祸，企业都会按时拿出钱来，定向开展慈善活动。

模式六：成立企业慈善基金会。现在，一般大企业都成立了自己的基金会，学习管理慈善捐助资金，使每一分钱都用在刀刃上。

模式七：做企业社会责任年报。大型企业已有一些开始将每年履行社会责任、捐助慈善公益事业的情况列入年报范围，定期要向企业职工代表大会汇报，并作为制度固定下来。

阅读资料

阿斯利康：震后系统援助工程

面对"5·12"特大地震灾难，有着高度社会责任感的跨国制药公司阿斯利康不是简单地捐款援助，而是精心策划、认真组织，打出了一套高质量的赈灾援助组合拳，彰显了阿斯利康崇高的企业社会责任。

地震发生后，阿斯利康在捐出813万余元现金及价值50万元药品后，又启动了耗资600万元的灾区重建项目。这些项目包括：与北京"农家女实用技能培训学校"合作，开展了共4批总计121人的基层防疫员培训班，开展卫生防疫工作、向群众普及卫生防疫知识；赞助部分四川灾区孤儿来北京观看美国费城交响乐团和休斯敦儿童合唱团的演出、与美国小朋友联欢，希望通过美妙的歌声慰藉灾区儿童受伤的心灵，同时为他们提供专业的心理辅导，帮助他们坚强面对人生、面对未来；按照世界银行和国家卫生部门的标准在灾区支援建设乡镇卫生院，为当地百姓提供高质量的医疗服务，在当地开展健康知识普及和疾病教育工作；开展"为生命护航——寻找最可爱的白衣天使"活动，表彰在四川汶川特大地震中表现突出的医护人员和医疗机构等；为感谢所有为抗震救灾工作做了贡献的阿斯利康人，同时纪念这项阿斯利康有史以来员工参与度最高的活动，公司员工利用业余时间制作了一部纪录短片，即《为生命护航——阿斯利康抗震救灾专辑》，希望曾经的凝聚力与坚韧能够不断激励每一位阿斯利康人更多地关心弱势群体，为公益事业贡献更多的力量，真正履行"为生命护航"的企业社会责任。

项目小结

管理伦理与社会责任	管理伦理	伦理、管理伦理的含义	
		管理伦理的表现	追求理想与利润最大化的结合；从手段人到目的人；从注重目标、战略、结构、制度到强调企业价值观；注重所有利益相关者的利益；从遵纪守法到德法并重；从玩弄技巧到注重道德修养
		管理伦理的特点	全方位性、层次性、恒久性
		管理伦理在我国的实践意义	
	影响管理伦理的因素和改善途径	几种不同的伦理观	伦理的功利观、伦理的权利观、伦理的公正观、综合社会契约理论
		影响管理伦理的因素	道德发展阶段、个人特征、结构变量、组织文化、问题强度
		改善伦理行为的途径	挑选高道德素质的员工；建立伦理守则和决策准则；在伦理方面领导员工；设定工作目标；对员工进行伦理教育；对绩效进行全面评价；进行独立的社会审计；提供正式的保护机制
	社会责任	企业社会责任的概念、公式	
		企业社会责任的内涵	经济责任、法律责任、社会责任、伦理责任、环境（生态）责任、慈善责任
		企业社会责任的本质	"以人为本"是企业社会责任的根本本质；讲求"伦理道德"是企业社会责任的道德本质；实现"利益分享"是企业社会责任的经营本质；推动"和谐社会建设"是企业社会责任的政治本质
		企业社会责任的经济学分析	古典观、社会经济观
		承担社会责任对社会发展的积极作用	我国企业履行社会责任现状；我国企业社会责任失范原因分析；推动我国企业履行社会责任的积极作用
	利益相关者与企业社会责任	利益相关者的概念、内涵及分类	
		企业社会责任的具体表现形式	股东、员工、供应商、消费者、竞争者、媒体、政府、生态环境、慈善

能力自测

一、单选题

1. (   ) 认为决策要完全依据其后果或结果做出。

  A. 功利观   B. 权利观

  C. 公平观   D. 综合观

2. 接受 (   ) 的管理者可能决定向新来的员工支付比最低工资高一些的工资。

  A. 功利观   B. 权利观

  C. 公平观   D. 综合观

3. 为了提升员工的道德修养，组织的高层管理者应特别重视 (   )。

  A. 新员工招聘   B. 建立明确可行的工作目标

  C. 定期的道德教育   D. 以上都是

4. 以下 (   ) 措施与提高组织的道德标准或提升员工的道德修养无关。

  A. 对绩效进行全面的评价

  B. 以市场占有率最高而不是利润最大化作为经营目标

  C. 确立道德准则

  D. 建立正式的保护机制

5. 下列关于伦理说法正确的是 (   )。

  A. 合乎伦理的管理具有他律的特征

  B. 具有外在控制中心的人，伦理判断和伦理行为可能更加一致

  C. 合乎伦理的管理超越了法律的要求

  D. 合乎伦理的管理仅仅把遵守伦理规范视为组织获利的一种手段

二、多选题

1. 在商业道德方面存在四种道德观是 (   )。

  A. 功利观   B. 权利观   C. 公平观   D. 综合观

2. 影响管理道德的主要因素中，应该包括的有 (   )。

  A. 当地所实行的经济制度   B. 伦理道德的发展阶段

  C. 行为本身所涉及道德问题的严重程度 D. 组织文化的内容和强度

3. 下面 (   ) 不是人本管理的观点？

  A. 职工是企业的主体

  B. 人是"经济人"，所以只要给予足够的物质刺激，就能让他为企业卖力

  C. 职工参与是有效管理的关键

  D. 服务于人是管理的根本目的

  E. 组织中存在非正式组织，对此管理者要给以压制

4. 以下行为中属于企业伦理表现的是 (   )。

  A. 治理污染   B. 定期和不定期培训员工

  C. 为顾客提供售后服务   D. 开发新产品

5. 以下几项哪些属于企业的利益相关者 (   )。

  A. 股东   B. 员工   C. 消费者   D. 政府

三、简答题

1. 管理伦理的具体表现有哪些？
2. 改善伦理的途径有哪些？
3. 企业对员工都应承担哪些经济责任？

案例分析

100 位民营企业家致全国民营企业家的倡议书

——对员工的五大责任：尊重、理解、善待、感恩、回报

最近一段时间，我们看到了一系列现象：比如"民工荒"，比如 A 企业十多位员工的"跳楼事件"，比如 B 公司员工的"罢工事件"，等等。这些现象也引起了我们的思考与重视。我们觉得，企业作为改革开放的最大受益者之一，我们有责任去感恩与回报一起打拼的员工，为此，我们向全国民营企业家发出如下倡议：

第一，我们要尊重员工，真诚地倾听员工内心的呼声，理解与关心员工的期望与需求，信守对员工的承诺。为此，我们呼吁每个民营企业建立"总经理热线"，每周总经理至少值班一次，倾听员工的建议。

第二，我们要理解员工，建立一种企业管理人员与员工上下同心，团结一致，共同为客户创造价值的文化。为此，我们倡议每个民营企业都至少每季度开展一次不记名的员工调查，了解员工真实的工作和心理状态，倾听他们对工作与管理的建议，沟通他们对薪酬福利、个人成长以及工作环境、生活环境等方面的要求，把企业建设成一个员工与企业共同成长的利益共同体。

第三，我们要善待员工，建立员工工资与利润增长之间的机制。我们倡议每一家公司在利润增长的同时，保证整个企业员工平均工资增长率同步增长，改善员工工作环境与福利待遇，最大限度地增加在员工培训与学习成长方面的投入。让员工离开公司的时候，能够拥有更强的专业能力与更好的职业前景。

第四，我们要感恩员工，感谢员工及其家人对公司的支持。为此，我们承诺在每个员工生日的时候，由公司赠送一份生日礼物，在每年春节员工回家的时候，精心地为员工的父母、家人准备一份礼物，并附上公司总经理亲笔签名的感谢信，感谢员工及其家人为公司所做的贡献。

第五，我们要投资员工，把公司的成长建立在每一个员工的成长之上。为此，我们倡议每一家公司建立员工"职业生涯成长系统"，帮助每一位员工设计职业生涯规划，让员工为自己的梦想而努力，为员工的职业生涯发展提供机会与晋升路线。使他们在为公司提供结果、创造价值的基础上，实现自己的理想和人生价值。

当然，民工问题是一个社会性的问题，特别是目前进入企业的民工大多是"80 后""90后"员工，他们是"城市化新一代"，他们的成长涉及中国企业的竞争力问题，更涉及社会的长治久安，我们在此也呼吁全社会都来关心他们，特别是他们的子女教育问题，他们的社会保障机制问题，他们的户籍管理问题，他们的业余娱乐以及身心健康问题等，都需要全社会站在未来的高度来认真思考与对待！

倡议人签名：

（案例来源：徐州大通市政建设工程有限公司网站"公司联名 100 家民营企业倡议《感

恩回报员工》"，原文载于《中国经营报》，2010 年 8 月 9 日）

思考：

1. 你赞成"企业作为改革开放的最大受益者之一，我们有责任去感恩与回报一起打拼的员工"这句话吗？为什么？

2. 本案例给了你什么启示？

3. 如果你也是这 100 位民营企业家中的一员，你会怎样做？

实训练习

实训目标

1. 理解并能解释伦理道德社会责任的内涵。

2. 认知并能有意识地培养自己良好的道德修养。

3. 理论和实际相结合，认识到中国企业社会责任的现状。

4. 理解承担社会责任的重大意义。

实训内容与要求

1. 将全班同学分成若干小组，每组 4 ~ 6 人，实地走访生活的小区，就遇到的或者听到的一些不道德行为，找出其中最典型的实例向全班陈述。然后分析判断这些事例是否符合道德的重要标准，思考这些标准是否合理，并运用相关标准对其进行评价。

2. 校园中，看到操场上到处是垃圾却没有学生会主动捡起来；教学楼门口放着"禁止早餐进教室"的警示标语，但是，教室的抽屉里仍然被放满了早餐吃剩的东西。针对此种现象，选取一周的时间对你所在学校进行实地调查，选取比较典型的同学进行访谈，看他们如何看待校园环境、社会责任。

3. 实地考察当地几家有代表性的企业，了解它们对于社会责任的履行情况，以及各利益相关者之间关系处理得如何。

实训成果与检测

1. 每个人根据收集到的资料简要写出提纲。

2. 课下在班级组织一次交流与讨论。

3. 写出简要书面分析报告，上交教师进行评估后存档。

4. 由教师根据分析报告与讨论表现评估打分。